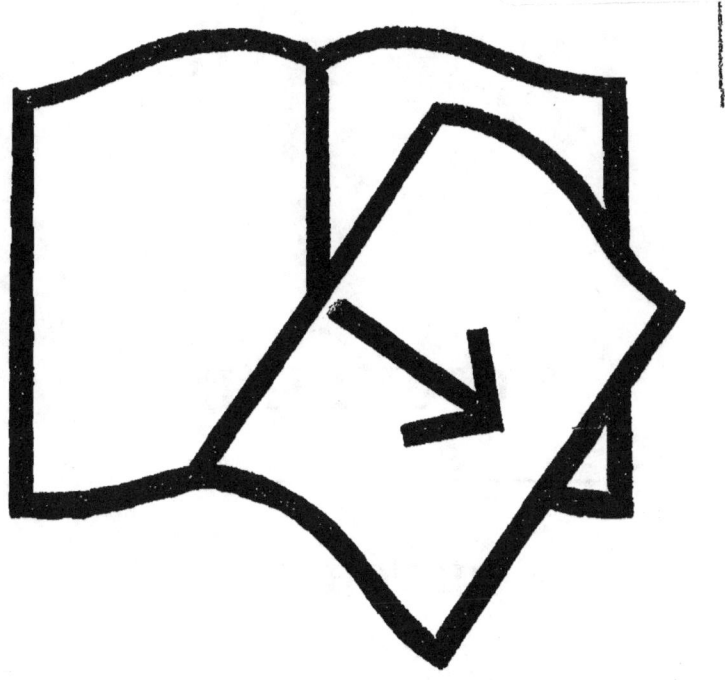

Couvertures supérieure et inférieure manquantes

THUCYDIDE

HISTOIRE
DE LA
GUERRE DU PÉLOPONNÈSE
II

6385-82. — CORBEIL. Typ. et stén. CRÉTÉ.

THUCYDIDE

HISTOIRE

DE LA

GUERRE DU PÉLOPONNÈSE

TRADUCTION NOUVELLE

PAR

CH. ZEVORT

Recteur de l'Académie de Bordeaux

TROISIÈME ÉDITION

TOME SECOND

PARIS

G. CHARPENTIER, ÉDITEUR

13, RUE DE GRENELLE-SAINT-GERMAIN, 13

1883

HISTOIRE

DE LA

GUERRE DU PÉLOPONNÈSE

LIVRE CINQUIÈME.

I. L'été suivant, le terme de la trêve d'un an avait été fixé aux jeux pythiens [1]. Pendant l'armistice, les Athéniens expulsèrent de Délos les habitants de l'île : ils s'imaginaient qu'une faute déjà ancienne les ayant rendus impurs et indignes d'habiter une terre sacrée, ce complément avait manqué à la purification dont j'ai parlé plus haut [2], lorsque, par l'enlèvement des tombeaux des morts, ils crurent n'avoir rien laissé à faire [3]. Les Déliens s'établirent à Atramytion [4], ville d'Asie, que leur donna Pharnace, et où ils furent admis à mesure qu'ils se présentèrent.

II. Cléon, avec l'assentiment des Athéniens, fit voile, après l'armistice, pour l'Épithrace, avec douze cents hoplites athéniens, trois cents cavaliers, un plus grand

---

[1] Deuxième année de la quatre-vingt-troisième olympiade, 423 avant notre ère, au commencement du printemps.
[2] Livre III, ch. 104.
[3] Diodore (XII, 73) donne de cette expulsion une raison plus plausible : les Athéniens reprochaient aux habitants de Délos de s'être alliés secrètement avec les Lacédémoniens.
[4] Aujourd'hui Adramiti, au fond du golfe du même nom.

nombre d'alliés, et trente vaisseaux[1]. Il toucha d'abord à Scione, dont le siége durait encore, en retira une partie des hoplites qui gardaient les murs, et alla aborder au port des Colophoniens[2] dépendant de Toroné, et à peu de distance de la ville. Instruit par des transfuges que Brasidas était absent de Toroné, et que la garnison n'était pas en force, il se dirigea de là, avec son infanterie, contre la ville, et envoya dix vaisseaux croiser devant le port. Il se présenta d'abord devant la nouvelle enceinte que Brasidas avait élevée, en renversant une partie de l'ancien mur, afin d'enfermer le faubourg dans la place et de faire du tout une seule ville.

III. Le Lacédémonien Pasitélidas, commandant de la place, se porta sur ce point avec ce qu'il avait de garnison, pour repousser l'attaque des Athéniens ; mais, se sentant forcé, et apercevant les vaisseaux que Cléon avait envoyés croiser devant le port, il craignit, si la flotte le prévenait en occupant la ville maintenant sans défense, et si l'enceinte venait à être forcée, de se trouver pris entre deux ennemis : il abandonna l'enceinte et courut vers la ville ; mais les Athéniens de la flotte l'avaient devancé et occupaient Toroné ; en même temps l'infanterie, qui s'était précipitée sur ses traces, entrait d'emblée par la partie détruite de l'ancien mur. Une partie des Péloponnésiens et des Toronéens furent tués dans la lutte, au moment même ; d'autres furent faits prisonniers, et parmi eux le commandant Pasité-

---

[1] Socrate, suivant Platon, prit part à cette malheureuse expédition.

[2] C'était le nom d'un petit golfe sur le territoire de Toroné. On ignore d'où lui venait ce nom de port des Colophoniens.

lidas. Brasidas venait au secours de Toroné ; mais il apprit en route qu'elle était prise, et s'en retourna : il ne s'en fallut que de quarante stades [1] au plus, qu'il ne prévînt par son arrivée la prise de la ville. Les Athéniens élevèrent deux trophées, l'un sur le port, l'autre près de l'enceinte ; ils réduisirent en esclavage les femmes et les enfants des Toronéens ; quant à eux, ils les envoyèrent à Athènes, avec les Péloponnésiens, et ce qu'il y avait de Chalcidiens, en tout sept cents hommes. Les Péloponnésiens furent relâchés dans la suite, lors de la conclusion de la trêve ; les Olynthiens intervinrent pour les autres, et les échangèrent homme pour homme.

Vers la même époque, les Béotiens prirent par trahison Panacton, fort des Athéniens, sur la frontière. Cléon mit garnison à Toroné, s'embarqua et tourna l'Athos pour gagner Amphipolis.

IV. Vers le même temps, Phéax, fils d'Érasistrate, fit voile avec deux vaisseaux pour l'Italie et la Sicile, où il était envoyé en ambassade, lui troisième, par les Athéniens. Les Léontins, après l'évacuation de la Sicile par les Athéniens, lors de la paix, avaient inscrit un grand nombre de citoyens nouveaux, et le peuple méditait le partage des terres [2] ; les riches, instruits du projet, appelèrent les Syracusains, et expulsèrent le peuple. Les bannis se dispersèrent chacun de leur côté ; quant aux riches, ils traitèrent avec les Syracusains, abandonnèrent la ville, la laissèrent déserte, et allèrent

---

[1] Un peu plus de sept kilomètres.

[2] Il est probable qu'il ne s'agit ici que d'une nouvelle division des terres publiques, rendue nécessaire par l'extension du droit de cité.

habiter Syracuse, avec le droit de cité. Mais, plus tard, une partie d'entre eux abandonna Syracuse, à la suite de quelque mécontentement, pour s'établir dans un quartier de Léontium appelé Phocées, et à Bricinnes [1], forteresse sur le territoire de cette même ville. La plupart des bannis de la faction populaire vinrent les rejoindre, s'établirent avec eux et se défendirent [2] du haut des murailles. A cette nouvelle, les Athéniens envoient Phéax, avec mission d'entraîner leurs alliés de ces contrées et les autres Siciliens, s'il était possible, à faire en commun la guerre aux Syracusains, sous prétexte que ceux-ci aspiraient à la domination; leur but était de sauver le peuple de Léontium. Phéax, à son arrivée, réussit auprès des Camarinéens et des Agrigentins; mais il rencontra de l'opposition à Géla, et ne fit dès lors aucune tentative auprès des autres villes, sentant bien qu'il ne pourrait les convaincre. Il revint à Catane à travers le pays des Sicules, entra, en passant, à Bricinnes, y ranima les courages et s'embarqua.

V. Dans le trajet pour aller en Sicile, et pour en revenir, il négocia en Italie avec quelques villes, pour les engager dans l'alliance d'Athènes ; il rencontra aussi la colonie locrienne de Messène, récemment expulsée de cette ville. — Après la pacification de la Sicile, Messène avait été en proie aux séditions, et l'un des partis avait appelé les Locriens, qui y envoyèrent une colonie et furent quelque temps maîtres de la ville. — Phéax, les ayant rencontrés dans leur traversée, ne leur fit

---

[1] Plus avant dans les terres que Léontium.
[2] Contre les Syracusains.

aucun mal ; car les Locriens venaient de régler avec lui les préliminaires d'un accord avec les Athéniens. C'étaient les seuls des alliés qui, à l'époque de la réconciliation des Siciliens, n'eussent pas traité avec Athènes : ils ne l'eussent même point fait encore, sans les embarras d'une guerre contre les Itoniens et les Méléens, leurs voisins, et en même temps leurs colons. Phéax revint ensuite à Athènes.

VI. Cléon, parti de Toroné, s'était dirigé, en côtoyant, vers Amphipolis. D'Éion il alla attaquer Stagyre, colonie d'Andros, sans pouvoir s'en rendre maître ; mais il prit de vive force Galepsos, colonie de Thasos. Il envoya des ambassadeurs mander Perdiccas avec son armée, suivant les stipulations du traité[1] ; d'autres allèrent en Thrace presser Pollès, roi des Odomantes, d'amener le plus qu'il pourrait de Thraces mercenaires ; quant à lui, il se tint en repos à Eion. Brasidas, informé de ces faits, vint de son côté s'établir en face des Athéniens, à Cerdylion, place des Argiliens, sur une hauteur, au delà du fleuve et à peu de distance d'Amphipolis. De là on découvrait tous les environs, de sorte que Cléon ne pouvait lui dérober ses mouvements, s'il quittait sa position et portait son armée en avant ; car Brasidas prévoyait que Cléon, plein de mépris pour un ennemi si peu nombreux, marcherait sur Amphipolis avec les seules forces qu'il eût actuellement sous la main. En même temps il réunit quinze cents Thraces mercenaires, et manda tous les Édoniens, tant peltastes que cavaliers ; il avait en outre mille peltastes de Myrcinie et de Chalcidique, sans compter

---

[1] V. livre iv, ch. 132.

ceux qui étaient à Amphipolis ; ses hoplites étaient au nombre de deux mille en tout, plus trois cents cavaliers grecs : quinze cents seulement étaient avec Brasidas dans son camp de Cerdylion ; le reste était à Amphipolis, sous les ordres de Cléaridas.

VII. Cléon, après s'être tenu d'abord en repos, fut ensuite forcé de faire ce qu'attendait Brasidas : ses soldats s'ennuyaient de leur inaction ; ils dissertaient entre eux de son incapacité pour le commandement, de tant d'ignorance et de lâcheté qui allaient être opposées à tant de science et de courage, de la répugnance avec laquelle ils l'avaient suivi. Cléon, instruit de ces rumeurs, et ne voulant pas les lasser en les retenant trop longtemps dans le même lieu, leva le camp et se porta en avant. Il agit comme à Pylos, où le succès lui avait persuadé qu'il avait quelque capacité ; il comptait, du reste, que personne ne sortirait pour l'attaquer, et ne gagnait la hauteur, disait-il, que pour mieux découvrir la place ; s'il attendait du renfort, ce n'était pas pour s'assurer la supériorité, dans le cas où il lui faudrait combattre, mais pour entourer la ville et l'emporter de vive force. Il s'avança donc, et fit camper son armée sur une colline, dans une forte position, en face d'Amphipolis. De là il contemplait le lac formé par le Strymon et l'assiette de la ville du côté de la Thrace ; il croyait pouvoir, à volonté, se retirer sans combat : car personne ne se montrait sur les remparts, personne ne sortait des portes, qui toutes restaient fermées. Il se reprochait même, comme une faute, de n'avoir pas amené des machines, se disant que, dans l'état d'abandon où se trouvait la ville, il l'eût emportée.

VIII. Brasidas, dès qu'il vit le mouvement des Athéniens, quitta de son côté Cerdylion et descendit dans Amphipolis. Il ne voulut ni sortir ni se mettre en ligne contre les Athéniens ; car il se défiait de ses propres forces et se croyait inférieur, non par le nombre (il y avait à peu près égalité), mais par la qualité des troupes, l'armée ennemie étant composée exclusivement d'Athéniens et des meilleurs soldats de Lemnos et d'Imbros[1]. Il se disposa donc à attaquer par surprise ; car s'il eût à l'avance montré aux ennemis la force réelle et le misérable équipement de son armée, il se croyait moins assuré de vaincre qu'en la dérobant à la vue, pour éviter le mépris que ne manquerait pas d'inspirer son état. Il prit avec lui cent cinquante hoplites choisis, et laissa le reste à Cléaridas : son dessein était de brusquer l'attaque avant le départ des Athéniens, n'espérant pas, s'ils venaient à être secourus, retrouver jamais l'occasion de les combattre ainsi réduits à leurs propres forces. Ayant rassemblé tous ses soldats pour les encourager et leur faire connaître son dessein, il leur parla ainsi :

IX. « Braves Péloponnésiens, songez de quel pays nous venons ; songez que notre patrie est toujours restée libre par le courage, et que, Doriens, vous allez combattre des Ioniens, dont vous avez coutume de triompher ; il me suffit de vous rappeler tout cela en peu de mots. Ce que je veux, en ce moment, c'est vous faire connaître mon plan d'attaque [2], de peur que le petit

[1] C'étaient deux colonies athéniennes. Les soldats de Brasidas étaient, pour la plupart, des Hilotes et des mercenaires. V. liv. iv, ch. 80.
[2] Ce discours est un de ceux qui pèchent le plus contre la vrai-

nombre de ceux qui vont combattre, l'absence de la plus grande partie des troupes, et l'insuffisance apparente de nos forces ne vous jettent dans le découragement. C'est par mépris pour nous, je suppose, c'est dans l'espoir qu'il ne sortirait personne pour les attaquer, que nos ennemis sont montés sur cette colline, et que maintenant ils perdent le temps à contempler en désordre le spectacle qui est sous leurs yeux. Quand on surprend une pareille faute chez ses adversaires, si on les attaque dans la mesure de ses propres forces, non pas à découvert ni en ligne, mais en tirant parti de tous ses avantages, il est rare qu'on ne réussisse pas. Rien n'est plus glorieux que ces stratagèmes par lesquels on trompe autant qu'on le peut ses ennemis, pour rendre à ses amis les plus grands services; aussi je veux profiter du moment où l'ennemi, encore en désordre et sans défiance, songe bien plutôt, ce me semble, à se retirer qu'à garder sa position; je veux, tandis qu'il s'abandonne à une insouciante sécurité, le prévenir, s'il est possible, sans lui donner le temps de se reconnaître, et, entouré de mes soldats, me jeter à la course au milieu de son armée. Toi, Cléaridas, lorsque déjà tu me verras le presser vivement et probablement le frapper d'épouvante, prends avec toi tes soldats, les Amphipolitains et les autres alliés, ouvre les portes à l'improviste, accours, et hâte-toi d'en venir aux mains, sans perdre un moment. C'est ainsi surtout qu'on peut espérer les frapper de terreur : car un ennemi qui survient après coup inspire bien plus d'ef-

---

semblance. Il n'est pas probable que, même chez les Grecs, et au milieu d'une armée peu nombreuse, un général ait ainsi exposé son plan et ses desseins.

froi que celui qu'on a en présence, et dont on soutient le choc. Sois brave, comme il convient à un Spartiate. Et vous, alliés, suivez-le avec courage ; songez qu'à la guerre la volonté, le respect de soi-même, l'obéissance aux chefs sont les éléments du succès ; ce jour vous donnera, si vous êtes courageux, la liberté et le titre d'alliés de Lacédémone ; sinon, sujets des Athéniens, vous subirez un joug plus dur encore, — à supposer même que vous soyez assez heureux pour éviter l'esclavage ou la mort, — et vous deviendrez un obstacle à l'affranchissement des autres Grecs. Vous, tenez donc ferme, en voyant quels intérêts sont en jeu ; moi, je montrerai que je ne suis pas moins capable d'agir que de conseiller les autres. »

X. Brasidas, après ces paroles, fit ses dispositions pour la sortie ; il plaça le reste des troupes avec Cléaridas à la porte de Thrace [1] pour sortir à leur tour, au moment convenu. De l'autre côté, cependant, on avait aperçu Brasidas descendre de Cerdylion ; dans la ville même, où la vue plongeait du dehors, on l'avait vu sacrifier auprès du temple de Minerve et faire tous ses préparatifs. On annonça à Cléon, qui s'était écarté pour voir le pays, qu'on découvrait dans la ville toute l'armée ennemie, et que sous les portes apparaissaient un grand nombre de pieds de chevaux et d'hommes, comme si une sortie se préparait. Sur cet avis il s'approcha ; mais lorsqu'il eut vu par lui même, décidé à ne pas venir aux mains avant l'arrivée de ses auxiliaires, espérant d'ailleurs pouvoir prévenir l'ennemi, il fit donner le signal de la retraite. En même temps il or-

---

[1] A l'ouest d'Amphipolis.

donne de filer par l'aile gauche, la seule chose possible, et de se retirer sur Eion. Mais bientôt, trouvant la marche trop lente, il fait faire un mouvement de conversion à la droite, et présente, dans sa retraite, son flanc découvert à l'ennemi. A ce moment Brasidas, voyant l'occasion favorable et l'armée athénienne en mouvement, dit aux soldats qu'il prenait avec lui et aux autres : « Ces gens-là ne nous attendent pas ; on le voit au mouvement de leurs lances et de leurs têtes ; on n'a pas cette allure quand on attend l'ennemi de pied ferme. Que l'on m'ouvre la porte désignée et, sans tarder, élançons-nous avec confiance. » Il sort alors par la porte du côté de la palissade et par la première de la longue muraille qui existait alors [1], et suit au pas de course la route en ligne droite au point culminant de laquelle s'élève aujourd'hui un trophée. Il aborde les Athéniens effrayés de leur propre désordre et frappés de son audace, tombe sur le centre de leur armée et les met en déroute. Cléaridas sort en même temps par la porte de Thrace, comme il était convenu, et se porte à la rencontre de l'ennemi avec son armée. Cette attaque soudaine, inattendue, de deux côtés à la fois, porta le trouble à son comble chez les Athéniens. Leur aile gauche qui filait sur Eion et avait l'avance se rompit aussitôt et se mit en fuite ; elle était déjà en déroute lorsque Brasidas fut blessé en se portant sur la droite. Les Athéniens ne le virent pas tomber ; ceux des siens qui étaient auprès de lui le prirent et l'emportèrent. La droite des Athéniens fit meilleure

---

[1] La muraille dont il a été question précédemment (IV, 102) et qui allait du fleuve au fleuve.

contenance. Cléon, qui dès l'abord n'avait pas songé à attendre l'ennemi, avait sur-le-champ pris la fuite; mais il fut arrêté et tué par un peltaste de Myrcinie. Les hoplites se formèrent alors en peloton sur la colline, soutinrent sans fléchir deux ou trois charges de Cléaridas, et ne cédèrent que lorsque la cavalerie myrcinienne et chalcidienne, jointe aux peltastes, les eut entourés, accablés de traits et enfin mis en fuite. La déroute fut complète alors dans toute l'armée athénienne; elle n'échappa qu'avec peine et se dispersa dans tous les sens à travers les montagnes. Tous ceux qui ne furent pas tués sur place dans la mêlée ou massacrés par la cavalerie chalcidienne et les peltastes, se réfugièrent à Eion.

Ceux qui avaient enlevé Brasidas de la mêlée, pour le mettre en sûreté, le transportèrent à la ville, respirant encore. Il connut la victoire des siens, et mourut peu d'instants après. Le reste de l'armée, au retour de la poursuite avec Cléaridas, dépouilla les morts et éleva un trophée.

XI. Tous les alliés suivirent, en armes, le convoi de Brasidas; on l'ensevelit aux frais du public, dans l'intérieur de la ville, devant la place actuelle [1]. Les Amphipolitains entourèrent ensuite son tombeau d'une enceinte [2]; ils lui immolèrent des victimes, comme à un héros, et établirent en son honneur des combats et

---

[1] On lui éleva aussi à Sparte un cénotaphe. — Il n'était pas permis chez les Grecs d'ensevelir dans l'intérieur des villes; c'était un insigne honneur qui n'était que rarement accordé. Il en était de même à Rome; une des lois des Douze Tables défendait d'ensevelir dans la ville, et il n'y fut que rarement dérogé.

[2] C'était un usage universel chez les anciens; les tombeaux étaient entourés d'une balustrade de bois, de pierre ou de marbre.

des sacrifices annuels [1]. Ils lui dédièrent la colonie, à titre de fondateur, renversèrent les édifices d'Agnon, et firent disparaître tout ce qui pouvait rester de monuments commémoratifs de sa fondation ; car ils voyaient en Brasidas leur sauveur, et de plus ils donnaient par là une marque de déférence aux Lacédémoniens, dont ils voulaient alors se ménager l'alliance, par crainte des Athéniens. Ennemis d'Athènes, au contraire, ils ne trouvaient ni la même utilité ni la même satisfaction à honorer Agnon. Ils rendirent aux Athéniens leurs morts. La perte pour ces derniers fut d'environ six cents hommes, et de sept seulement du côté de leurs adversaires ; cela tient aux circonstances qui firent de l'affaire moins une bataille rangée qu'une panique et une déroute. Les Athéniens, après l'enlèvement des morts, mirent à la voile pour s'en retourner ; Cléaridas régla les affaires d'Amphipolis.

XII. Vers la même époque, à la fin de l'été, les Lacédémoniens Rhamphias, Autocharidas et Épicydidas dirigèrent un secours de neuf cents hoplites vers les places fortes de l'Épithrace. Arrivés à Héraclée de Trachinie, ils opérèrent quelques réformes qui leur parurent nécessaires : ils y étaient encore quand eut lieu le combat d'Amphipolis. L'été finit.

XIII. Dès le commencement de l'hiver suivant, Rhamphias et les siens s'avancèrent jusqu'à Piérion en Thessalie ; mais l'opposition des Thessaliens et la mort de Brasidas, à qui ils conduisaient ce secours, les décidèrent à rentrer chez eux. Ils jugèrent qu'il n'y

---

[1] Chaque colonie célébrait ainsi des fêtes en l'honneur de son fondateur ; c'était un moyen de maintenir plus étroitement les liens qui l'unissaient à la métropole.

avait plus opportunité, vu le départ des Athéniens après leur défaite et l'impuissance où ils se trouvaient eux-mêmes de suivre en rien les projets de Brasidas. Mais ce qui les décida surtout, c'est qu'ils savaient qu'à leur départ les Lacédémoniens penchaient davantage vers la paix.

XIV. A partir du combat d'Amphipolis et du départ de Rhamphias de la Thessalie, il y eut des deux côtés cessation de toute hostilité, et les pensées inclinèrent plus fortement vers la paix. Les Athéniens, maltraités à Délium et peu après à Amphipolis, n'avaient plus cette ferme confiance dans leurs forces qui leur avait fait précédemment repousser tout accommodement, lorsque leur fortune présente semblait leur promettre une supériorité plus grande encore. Ils craignaient aussi que leurs alliés, enhardis par ces revers, ne fussent plus disposés à la défection, et ils regrettaient de n'avoir pas traité après l'affaire de Pylos, quand ils pouvaient le faire avec avantage. Les Lacédémoniens, de leur côté, avaient vu la guerre prendre une tournure contraire à l'espoir qu'ils avaient conçu d'abattre, en quelques années, la puissance des Athéniens par le ravage de leur territoire : ils avaient éprouvé à Sphactérie un désastre tel que Sparte n'en avait encore jamais essuyé; Pylos, Cythère portaient le pillage dans leurs campagnes; les Hilotes désertaient; on était toujours dans l'appréhension que ceux de l'intérieur, comptant sur les fugitifs, ne profitassent des circonstances pour se soulever [1] comme autrefois. A cela se joignait l'expiration prochaine de la trêve

---

[1] Comme précédemment à Ithome. Voyez livre I, ch. 101 et 102.

de trente ans qu'ils avaient conclue avec les Argiens, ceux-ci ne voulant pas la renouveler qu'on ne leur eût rendu la Cynurie [1], les Lacédémoniens se sentaient dans l'impossibilité de faire face en même temps à Argos et à Athènes. Enfin, ils prévoyaient la défection en faveur d'Argos de quelques villes du Péloponnèse ; ce qui arriva en effet [2].

XV. Ces réflexions, auxquelles on se livrait de part et d'autre, disposaient à un accommodement. Les Lacédémoniens surtout le désiraient, à cause des guerriers de l'île dont ils avaient à cœur l'élargissement ; car quelques-uns d'entre eux étaient des Spartiates du rang le plus illustre, et en même temps alliés aux premières familles. Les négociations avaient été entamées dès les premiers moments de leur captivité ; mais les Athéniens n'avaient pas voulu alors, au milieu de leurs succès, traiter à des conditions acceptables. Plus tard, après leur désastre de Délium, les Lacédémoniens, les voyant plus traitables, avaient aussitôt conclu la trêve d'un an, pendant laquelle devaient se tenir des conférences pour arriver à une plus longue paix.

XVI. Après la défaite des Athéniens à Amphipolis, la mort de Cléon et de Brasidas changea la face des choses : c'étaient les adversaires les plus déclarés de la paix dans les deux États, l'un à cause de ses succès militaires et de la gloire qu'ils lui valaient, l'autre parce qu'il sentait qu'en temps de paix ses crimes seraient plus en vue, ses calomnies moins facilement acceptées [3].

---

[1] Ce territoire était en litige entre Lacédémone et Argos. Voyez livre v, ch. 41.
[2] Voyez ch. 29.
[3] On trouve la même pensée dans Plutarque, Nicias, ch. 9.

Après eux, les hommes qui avaient les prétentions les mieux fondées à la direction des affaires dans les deux États, Plistoanax, fils de Pausanias, roi des Lacédémoniens, et Nicias, fils de Niceratos, le général le plus heureux du temps, inclinaient fortement à la paix : Nicias voulait, tandis que la fortune ne l'avait point encore trahi, au milieu de sa gloire, mettre en sûreté son bonheur, goûter dans le présent le repos après ses fatigues, en faire jouir ses concitoyens, et laisser à l'avenir la réputation de n'avoir jamais trompé les espérances de son pays : le moyen d'arriver à ce but était, il le sentait bien, de ne rien risquer, d'abandonner le moins possible au hasard ; et la paix seule permet de ne rien risquer. Plistoanax était en butte aux attaques de ses ennemis à propos de son rappel : ils ne cessaient, à l'occasion de chaque revers, de réveiller les scrupules des Lacédémoniens, en disant que c'était là le résultat de son retour illégal. Ils l'accusaient d'avoir, de concert avec son frère Aristoclès, engagé la prêtresse de Delphes à répondre aux théores [1] lacédémoniens qui venaient souvent consulter l'oracle, « qu'ils eussent à ramener chez eux de la terre étrangère la race du demi-dieu fils de Jupiter [2] ; qu'autrement ils laboureraient avec un soc d'argent [3] ; » d'avoir ensuite, — dans le temps même où il vivait réfugié au mont Lycie, sur le soupçon d'avoir évacué l'Attique à prix d'argent, et où la crainte

---

[1] Les théores étaient les députés envoyés par les villes, soit pour consulter les oracles, soit pour accomplir les sacrifices dans les temples publics; il y avait à Sparte quatre théores entretenus aux frais du public.

[2] Hercule.

[3] C'est-à-dire qu'il y aurait une famine, et qu'on ne se procurerait des vivres que difficilement et à prix d'argent.

des Lacédémoniens le forçait à habiter une maison située mi-partie sur l'enceinte de Jupiter [1], — fait conseiller par cette même prêtresse de le rappeler, après dix-neuf ans, avec les mêmes sacrifices, les mêmes chœurs, qui avaient été établis autrefois pour l'inauguration des rois [2], lors de la fondation de Lacédémone.

XVII. — Fatigué de ces attaques, songeant d'ailleurs qu'une fois la paix rétablie, l'absence de revers et le retour des prisonniers lacédémoniens ôteraient à ses ennemis toute prise contre lui, qu'en guerre au contraire tout échec devient nécessairement prétexte à accusation contre les chefs, Plistoanax souhaitait un accommodement. Des conférences eurent lieu pendant tout l'hiver jusqu'aux approches du printemps : en même temps les Lacédémoniens faisaient à l'avance sonner bien haut leurs préparatifs; le bruit se répandait de ville en ville qu'ils allaient élever des fortifications [3]; tout cela pour rendre les Athéniens plus traitables. Enfin, à la suite des conférences, et après de nombreuses prétentions élevées de part et d'autre, on convint de faire la paix, à la condition de restituer réciproquement tout ce que chacun avait pris les armes à la main; les Athéniens toutefois devaient garder Nisée. (Ils avaient réclamé Platée ; mais les Thébains prétendirent être entrés en possession de cette place non de vive force, mais par le consentement des habitants, ceux-ci s'étant librement soumis sans qu'il

---

[1] Afin d'être protégé par la sainteté du lieu, en se réfugiant dans la partie située sur l'enceinte sacrée.
[2] Proclès et Eurystène.
[3] Sur le territoire de l'Attique.

y eût trahison : Nisée devait au même titre rester aux Athéniens.)

Les Lacédémoniens convoquèrent alors leurs alliés ; tous votèrent pour la paix, à l'exception des Béotiens, des Corinthiens, des Éléens et des Mégariens qui n'approuvaient pas le traité. La paix fut donc conclue, et les deux peuples s'engagèrent réciproquement l'un envers l'autre par des libations et des serments ; le traité était ainsi conçu :

XVIII. « Les Athéniens, les Lacédémoniens et leurs alliés ont fait la paix aux conditions suivantes, dont chaque ville a juré l'observation : chacun pourra à volonté, suivant les usages anciens, sacrifier dans les temples communs [1], prendre les oracles, assister aux solennités, s'y rendre sans crainte, par terre et par mer.

« L'enceinte et le temple d'Apollon à Delphes, la ville et ses habitants ne relèveront que de leurs propres lois [2] et ne payeront tribut à personne ; pour la justice, ils ne ressortiront que d'eux-mêmes, eux et leur pays, conformément à ce qui est établi.

« La paix est pour cinquante ans entre les Athéniens et les alliés des Athéniens, les Péloponnésiens et les alliés des Péloponnésiens, sans dol ni dommage [3], sur terre et sur mer.

---

[1] Les principaux de ces temples, communs à tous les Grecs, étaient ceux de Delphes, d'Olympie de Némée, de Neptune-Isthmique. Tous les peuples grecs pouvaient y sacrifier.

[2] Tous les Grecs étaient également intéressés, sous le rapport religieux, à l'indépendance du temple et de la ville de Delphes. Il importait à chacun de trouver là un terrain neutre, où il pût en tout temps sacrifier et consulter l'oracle.

[3] Cette même formule se retrouve dans presque tous les traités.

« Il est interdit de porter les armes, en vûe de nuire[1], aux Lacédémoniens et à leurs alliés contre les Athéniens et leurs alliés, aux Athéniens et à leurs alliés contre les Lacédémoniens et leurs alliés, par quelque moyen et sous quelque prétexte que ce soit.

« S'il s'élève quelque différend réciproque, qu'on ait recours aux voies légales et aux serments, conformément aux conventions faites.

« Les Lacédémoniens et leurs alliés rendent aux Athéniens Amphipolis. Dans toutes les villes restituées par les Lacédémoniens aux Athéniens, il sera loisible aux habitants de se retirer où ils voudront, en emportant ce qui leur appartient. Ces villes se gouverneront par leurs propres lois[2], en payant le tribut fixé par Aristide[3]. Ni les Athéniens ni leurs alliés ne pourront porter les armes contre elles, ni chercher à leur nuire, si elles payent le tribut après la conclusion de la paix. Ces villes sont Argilos, Stagire, Acanthe, Scolos, Olynthe, Spartolos[4]; elles n'auront d'alliance ni avec les Lacédémoniens ni avec les Athéniens. Que si cependant les Athéniens peuvent les amener par la persua-

---

[1] Ἐπὶ πημονῇ. C'est encore là une de ces formules qui n'ajoutent rien au sens ; il en est de même des mots μήτε τέχνῃ, μήτε μηχανῇ μηδεμιᾷ.

[2] Αὐτονόμους. On voit par là que l'autonomie pouvait se concilier avec la dépendance des villes tributaires. Elles se distinguaient par là de celles auxquelles on imposait le gouvernement et les lois du vainqueur.

[3] Le tribut fixé primitivement par Aristide à 460 talents avait été élevé à 600, et fut plus tard doublé par Alcibiade.

[4] Argilos, Stagire et Acanthe s'étaient livrées à Brasidas ; les villes chalcidiennes d'Olynthe et de Spartolos avaient fait défection dès le commencement de la guerre. Thucydide ne parle pas de la défection de Scolos.

sion et librement à entrer dans leur alliance, il leur sera loisible de la faire.

« Les Mécybernéens, les Sanéens, les Singéens habiteront leurs villes[1], ainsi que les Olynthiens et les Acanthiens.

« Les Lacédémoniens et leurs alliés rendront aux Athéniens Panacton ; les Athéniens rendront aux Lacédémoniens Coryphasion[2], Cythère, Méthone, Ptéléon et Atalante. Ils rendront également tous les Lacédémoniens qui sont dans les prisons d'Athènes, ou dans tout autre lieu de leur domination. Ils renverront tous les Lacédémoniens assiégés dans Scione, tous les autres alliés des Lacédémoniens qui se trouvent dans cette place, tous ceux que Brasidas y a fait passer, enfin tous ceux des alliés de Lacédémone qui sont dans les prisons soit à Athènes, soit en tout autre lieu de la domination athénienne.

« Les Lacédémoniens et leurs alliés rendront de même les prisonniers des Athéniens et de leurs alliés.

« Scione, Toroné, Sermylion et toutes les autres villes qui peuvent être en la puissance des Athéniens, restent à leur discrétion, pour être par eux décidé comme ils l'entendront.

« Les Athéniens s'engageront par serment envers les Lacédémoniens et leurs alliés ; chaque ville s'obligera en particulier, et dans chacune on prêtera de part et d'autre le serment le plus sacré[3] dans le pays. La for-

---

[1] Comme Thucydide ne dit nulle part qu'ils en eussent été chassés, on a supposé avec quelque vraisemblance que, sans faire défection, ils étaient devenus suspects à Athènes, par quelques ouvertures faites aux Lacédémoniens.

[2] Pylos.

[3] Il y avait dans les serments divers degrés qui engageaient plus

mule est : « Je resterai fidèle aux stipulations et au présent traité, suivant la justice et sans dol. » Les Lacédémoniens et leurs alliés prêteront serment de la même manière aux Athéniens.

« Le serment sera renouvelé chaque année par les deux parties [1] ; on l'inscrira sur des colonnes, à Olympie, à Delphes, sur l'Isthme, à Athènes dans la citadelle, à Lacédémone dans l'Amycléon [2].

« Si quelque chose a été oublié de part et d'autre sur quelque point que ce soit, les deux parties, Lacédémoniens et Athéniens, pourront, sans manquer au serment, faire, après convention amiable, tous les changements mutuellement consentis.

XIX. « Le traité date de l'éphorat de Plistolas, le quatrième jour avant la fin du mois artémision, et, à Athènes, de l'archontat d'Alcée, le sixième jour avant la fin du mois élaphébolion. Ont juré et fait les libations, pour les Lacédémoniens : Plistolas, Damagétos, Chionis, Métagènes, Acanthos, Daïthos, Ischagoras, Philocharidas, Zeuxidas, Antippos, Tellis, Alcinidas, Empédias, Ménas, Laphilos ; pour les Athéniens : Lampon, Isthmionicos, Nicias, Lachès, Euthydème, Proclès, Pythodore, Agnon, Myrtilos, Thrasyclès, Théagènes, Aristocratès, Iôlcios, Timocratès, Léon, Lamachos, Démosthènes. »

XX. L'hiver finissait, et on entrait dans le printemps, lorsque fut conclue cette trêve, aussitôt après les fêtes

---

ou moins : on jurait par Jupiter, par les dieux infernaux, par son père, sa mère, ses enfants.

[1] Afin que les magistrats annuels ne pussent prétendre qu'ils n'étaient pas engagés par le serment de leurs prédécesseurs.

[2] Temple d'Apollon, à Amyclée, à vingt stades de Sparte (POLYBE, V, 19).

urbaines de Bacchus. Il y avait dix ans révolus et quelques jours qu'avaient eu lieu la première invasion de l'Attique et le commencement de cette guerre : on peut s'en convaincre en suivant l'ordre des temps, mode de supputation bien préférable à celui qui repose sur la succession des magistrats, archontes ou autres, suivant les lieux, dont les noms servent à fixer la date des événements passés : car on n'a ainsi aucune exactitude, les événements pouvant se rapporter au commencement, au milieu, ou à toute autre époque de la magistrature. Mais si on compte, comme je l'ai fait par étés et par hivers, on trouvera — chacune de ces saisons correspondant à la moitié d'une année — que cette première guerre embrasse dix étés et autant d'hivers.

XXI. Les Lacédémoniens, désignés par le sort pour commencer les restitutions, rendirent sur-le-champ les prisonniers qui étaient entre leurs mains ; ils envoyèrent dans l'Épithrace Ischagoras, Ménas et Philocharidas, avec ordre pour Cléaridas de remettre Amphipolis aux Athéniens ; pour les autres[1] d'accepter le traité et les stipulations relatives à chacun d'eux. Mais ceux-ci, trouvant le traité désavantageux, s'y refusèrent ; Cléaridas, de son côté, pour complaire aux Chalcidéens, refusa de rendre la ville, sous prétexte qu'il n'était pas en son pouvoir de la livrer malgré eux. Lui-même vint en toute hâte à Lacédémone, avec des délégués du pays, pour se justifier si Ischagoras et ses collègues l'accusaient de désobéissance, et pour voir

---

[1] Les peuples de la Chalcidique, qui s'étaient donnés aux Lacédémoniens.

s'il n'était plus possible de modifier le traité. Mais, l'ayant trouvé ratifié, il repartit aussitôt, avec mission des Lacédémoniens de remettre la place avant tout ; sinon, d'en retirer tous les Péloponnésiens qui s'y trouvaient.

XXII. Les alliés [1] se trouvaient pour lors à Lacédémone : ceux d'entre eux qui n'avaient pas adhéré au traité furent invités par les Lacédémoniens à le faire ; mais ils déclarèrent qu'ils ne l'accepteraient pas, par les mêmes motifs qui le leur avaient fait repousser d'abord, à moins qu'on ne fît des stipulations plus équitables. Les Lacédémoniens, n'ayant pu les convaincre, les congédièrent et conclurent en leur propre nom un traité d'alliance avec les Athéniens. Ils y étaient déterminés par cette considération, qu'un accommodement était impossible avec les Argiens, puisqu'ils avaient repoussé les propositions portées par Ampelidas et par Lichas ; que du reste ils seraient peu redoutables sans les Athéniens, et que c'était là [2] le meilleur moyen de maintenir en repos les autres peuples du Péloponnèse ; car c'était du côté des Athéniens qu'ils devaient se tourner s'il leur était possible. Comme il y avait alors des ambassadeurs athéniens à Lacédémone, des conférences furent entamées avec eux ; on tomba d'accord et une alliance fut jurée sur les bases suivantes :

XXIII. « Les Lacédémoniens seront alliés d'Athènes pendant cinquante ans. Si quelque ennemi envahit le territoire des Lacédémoniens et exerce contre eux des

---

[1] Il s'agit ici des alliés péloponnésiens.
[2] A savoir l'alliance avec les Athéniens.

hostilités, les Athéniens leur viendront en aide, autant que faire se pourra, par les moyens les plus efficaces en leur pouvoir. S'il se retire après avoir ravagé le pays, les Lacédémoniens et les Athéniens le regarderont comme ennemi. Les deux États lui feront la guerre, et ne la termineront que d'un commun accord ; le tout, conformément à la justice, en alliés zélés, et sans dol.

« Si quelque ennemi envahit le territoire des Athéniens et exerce contre eux des hostilités, les Lacédémoniens leur viendront en aide, autant que faire se pourra, par les moyens les plus efficaces en leur pouvoir. S'il se retire après avoir ravagé le pays, les Lacédémoniens et les Athéniens le regarderont comme ennemi ; les deux États lui feront la guerre, et ne la termineront que d'un commun accord ; le tout, conformément à la justice, en alliés zélés et sans dol.

« Si les esclaves se soulèvent, les Athéniens viendront en aide aux Lacédémoniens de toutes leurs forces, autant que faire se pourra.

« Ces conventions seront jurées, de part et d'autre, par ceux qui ont juré le précédent traité. Le serment sera renouvelé tous les ans ; les Lacédémoniens se rendront à cet effet à Athènes, aux fêtes de Bacchus, et les Athéniens, à Lacédémone à celles d'Hyacinthe.

« Chacun de son côté dressera une colonne [1], les Lacédémoniens près du temple d'Apollon, à Anyclée, les Athéniens dans la citadelle, près du temple de Minerve.

« Si les Lacédémoniens et les Athéniens jugent à

---

[1] Pour y inscrire le traité, suivant l'usage.

propos de faire quelque addition ou retranchement au traité, ce qu'ils auront décidé en commun ne contreviendra pas au serment.

XXIV. « Ont juré : pour les Lacédémoniens, Plistoanax, Agis [1], Plistolas, Damagétos, Chionis, Métagènes, Acanthos, Daïthos, Ischagoras, Philocharidas, Zeuxidas, Antippos, Alcinidas, Tellis, Empédias, Ménas, Laphilos ; pour les Athéniens : Lampon, Isthmionicos, Lachès, Nicias, Euthydème, Proclès, Pythodore, Agnon, Myrtilos, Thrasyclès, Théagènes, Aristocratès, Iolcios, Timocratès, Léon, Lamachos, Démosthènes. »

Cette alliance fut conclue peu de temps après la trêve. Les Athéniens rendirent aux Lacédémoniens les prisonniers de l'île, et l'été de la onzième année commença. Ici se termine le récit de la première partie de la guerre, qui se poursuivit sans interruption pendant dix ans.

XXV. Après le traité de paix et d'alliance conclu entre les Lacédémoniens et les Athéniens, à la suite de la guerre de dix ans, Plistolas étant éphore à Lacédémone et Alcée archonte à Athènes, il y eut paix entre les États qui avaient adhéré. Mais les Corinthiens et quelques-unes des villes du Péloponnèse s'agitaient contre cet arrangement, et tout aussitôt se produisirent de nouveaux mouvements des alliés contre Lacédémone. Les Lacédémoniens, de leur côté, devinrent, avec le temps, suspects aux Athéniens, pour ne s'être pas conformés à quelques-unes des stipulations du

---

[1] Ce sont les deux rois de Lacédémone ; leurs noms ne se trouvent pas au bas du premier traité.

traité. Cependant il se passa six ans [1] et dix mois sans que les deux peuples fissent aucune expédition sur le territoire l'un de l'autre : mais au dehors, malgré cette trêve mal assurée, ils se faisaient réciproquement tout le mal possible, jusqu'à ce qu'enfin ils furent obligés de rompre la trêve conclue après les dix ans d'hostilités et en vinrent de nouveau à une guerre ouverte.

XXVI. Le même Thucydide d'Athènes a écrit également le récit de ces événements dans l'ordre où ils se sont produits, par été et par hiver, jusqu'à l'époque où les Lacédémoniens et leurs alliés mirent fin à la domination d'Athènes et s'emparèrent des longs murs et du Pirée. La durée totale de la guerre jusqu'à cette époque fut de vingt-sept ans. On se tromperait si on voulait en distraire l'intervalle de la trêve ; car, en considérant le détail des faits, tels que je les ai exposés, on reconnaîtra que cette période ne peut pas être considérée comme un temps de paix : en effet, toutes les restitutions convenues ne furent pas faites. En dehors de ces griefs, il y eut dans la guerre de Mantinée et d'Épidaure, et dans d'autres circonstances encore, des torts réciproques ; l'hostilité des alliés de l'Épithrace ne fut pas moindre [2] ; enfin les Béotiens n'avaient qu'un armistice de dix jours [3]. Si donc on réunit la première guerre de dix ans, la trêve douteuse qui la suivit, et la guerre qui succéda à cette trêve, on trouvera par la supputation des temps [4] le

---

[1] Il y a ici une erreur ; les hostilités ne reprirent réellement qu'au bout de sept ans et quelques mois.

[2] Contre les Athéniens.

[3] Ces trêves se prolongeaient quelquefois fort longtemps ; mais on pouvait les dénoncer tous les dix jours.

[4] C'est-à-dire en comptant les étés et les hivers, suivant la méthode que j'ai indiquée.

nombre d'années que j'ai dit et quelques jours de plus. De toutes les prédictions mises en avant au nom des oracles ce fut la seule qui se trouva vérifiée par l'événement : car je me rappelle avoir constamment entendu dire par une foule de personnes, depuis l'origine et jusqu'à la fin de la guerre, qu'elle devait durer trois fois neuf ans. J'ai traversé toute cette guerre, dans un âge où l'intelligence a toute sa force, et j'ai appliqué ma pensée à en connaître exactement les circonstances. Exilé de ma patrie pendant vingt ans, après mon expédition d'Amphipolis, témoin des événements chez les deux peuples, et surtout auprès des Péloponnésiens, à cause de mon exil, j'ai pu en prendre à loisir une plus exacte connaissance. Je vais donc raconter les différends qui s'élevèrent après les dix ans de guerre, la rupture de la trêve et les hostilités qui suivirent.

XXVII. Lorsque la trêve de cinquante ans et plus tard l'alliance eurent été conclues, les députés du Péloponnèse venus à Lacédémone pour cet objet se retirèrent. Mais les Corinthiens, au lieu de rentrer chez eux, comme tous les autres, se dirigèrent d'abord vers Argos, et s'abouchèrent avec quelques-uns des magistrats du pays. Ils leur représentèrent que ce n'était point dans l'intérêt, mais pour l'asservissement du Péloponnèse, que les Lacédémoniens avaient fait la paix et contracté alliance avec les Athéniens, leurs plus grands ennemis, jusque-là; qu'il appartenait dès lors aux Argiens d'aviser au salut du Péloponnèse, et de décréter qu'il serait loisible à toute ville grecque qui le voudrait, pourvu qu'elle fût autonome[1] et accordât

---

[1] Le mot *autonome* est pris ici dans son sens le plus large ; il s'agit

la justice égale et réciproque [1], de contracter alliance avec les Argiens, pour la défense mutuelle du territoire ; qu'il fallait choisir un petit nombre de citoyens investis de pleins pouvoirs et ne pas conférer devant la multitude, afin de ne pas mettre en évidence ceux dont le peuple pourait repousser les avances [2]. Ils ajoutaient que beaucoup de villes adhéreraient, en haine des Lacédémoniens. Après ces ouvertures, les Corinthiens rentrèrent chez eux.

XXVIII. Ceux des Argiens qui avaient reçu ces propositions les ayant rapportées aux magistrats et au peuple, les Argiens les décrétèrent, et choisirent douze citoyens autorisés à contracter alliance avec tous ceux des Grecs qui le voudraient, excepté les Athéniens et les Lacédémoniens, avec lesquels il ne pourrait être traité sans la participation du peuple. Ces mesures furent accueillies avec d'autant plus de faveur par les Argiens, qu'ils se voyaient sur le point d'entrer en guerre avec les Lacédémoniens, le traité avec eux touchant à sa fin. Ils aspiraient, d'ailleurs, à la suprématie dans le Péloponnèse ; car Lacédémone était extrêmement décriée, à cette époque ; ses revers l'avaient déconsidérée [3]. Les Argiens, au contraire, étaient dans une situation florissante à tous égards : restés en de-

---

des villes complétement indépendantes, libres de toute sujétion et de tout tribut.

[1] Cette réciprocité était l'objet de l'ambition de tous les petits États ; ils demandaient qu'entre eux et les citoyens des puissances prépondérantes, il y eût égalité parfaite, et que la justice fût rendue d'après les mêmes principes de part et d'autre.

[2] C'eût été les compromettre aux yeux des Lacédémoniens.

[3] Le désastre de Sphactérie, l'occupation de Pylos et de Cythère, etc.

hors de la guerre avec Athènes, en paix avec les deux peuples, ils avaient recueilli les fruits de cette situation. Ce fut ainsi que les Argiens admirent à leur alliance tous ceux des Grecs qui voulurent y entrer.

XXIX. Les Mantinéens et leurs alliés s'y rangèrent les premiers, par crainte des Lacédémoniens : ils avaient réduit sous leur obéissance une partie de l'Arcadie, pendant que durait encore la guerre contre les Athéniens, et ils pensaient bien que les Lacédémoniens, maintenant tranquilles d'ailleurs, ne manqueraient pas de leur contester cette conquête. Ils se tournèrent donc avec joie vers les Argiens ; car ils voyaient en eux un grand peuple, toujours ennemi des Lacédémoniens, et soumis, comme eux-mêmes, au gouvernement démocratique. Une fois la défection des Mantinéens déclarée, le reste du Péloponnèse murmura qu'il fallait les imiter : on pensait que, pour changer ainsi leurs alliances, il fallait qu'ils fussent mieux renseignés que les autres ; on était d'ailleurs profondément irrité contre les Lacédémoniens ; on leur reprochait, entre autres choses, la clause par laquelle les Lacédémoniens et les Athéniens se réservaient le droit de faire, sans violer leur serment, toute addition, tout retranchement mutuellement consenti par les deux peuples. Cette clause surtout inquiétait les Péloponnésiens ; elle leur faisait craindre que les Lacédémoniens, d'accord avec les Athéniens, ne voulussent les asservir ; car, autrement, il eût été juste d'attribuer le même droit de modification à tous les alliés. Aussi, sans qu'il y eût concert entre eux, beaucoup, sous le coup de ces inquiétudes, se tournèrent avec un égal empressement vers l'alliance d'Argos.

XXX. Les Lacédémoniens, sachant que le Péloponnèse était en proie à cette agitation, que le signal en était parti des Corinthiens, et que ceux-ci se disposaient eux-mêmes à traiter avec Argos, leur envoyèrent des députés afin de tâcher de prévenir cet événement. Ils les accusaient d'avoir organisé tout ce trouble et d'être sur le point d'abandonner leur alliance pour celle d'Argos. Ils ajoutaient que ce serait là une violation de leurs serments, qu'ils étaient même déjà coupables de n'avoir pas adhéré à la paix avec les Athéniens, lorsqu'il était formellement stipulé [1] que les décisions prises par la majorité des alliés sortiraient leur entier effet, à moins d'empêchement de la part des dieux et des héros [2]! Les Corinthiens répondirent aux Lacédémoniens en présence de tous ceux des alliés qui n'avaient pas adhéré au traité, car ils les avaient convoqués précédemment. Ils ne se prévalurent pas des griefs qui leur étaient personnels ; ils ne parlèrent ni de Sollion [3] qui ne leur avait pas été restituée par les Athéniens, ni d'Anactorion [4], ni d'aucun des points sur lesquels ils se croyaient lésés ; ils affectèrent à dessein d'alléguer pour unique motif qu'ils ne pouvaient trahir les peuples de l'Épithrace, avec lesquels ils s'étaient engagés par serments, en leur propre nom, aussitôt après leur défection avec les

---

[1] Dans les traités antérieurs entre les peuples du Péloponnèse.

[2] Cette formule, insérée dans la plupart des traités, était une porte ouverte à la mauvaise foi, et pouvait se traduire ainsi dans la pratique : à moins que l'une des parties ne se croie intéressée à rompre le traité.

[3] Voyez liv. II, 30.

[4] Les Athéniens avaient pris Anactorion par trahison; IV, 49.

Potidéates, serments renouvelés depuis [1]. Ils ne manquaient donc pas, disaient-ils, à leurs serments comme membres de la ligue, en refusant d'entrer dans le traité avec Athènes ; car, ayant pris les dieux à témoin de leurs engagements avec les villes de Thrace, ils seraient parjures s'ils les trahissaient. Qu'il était stipulé dans les traités : « A moins d'empêchement de la part des dieux et des héros ; » et que le motif qu'ils invoquaient [2] leur paraissait un empêchement divin. Telle fut leur réponse au sujet des anciens serments. Quant à l'alliance avec Argos, ils dirent qu'ils se consulteraient avec leurs amis, et feraient ce qui serait juste. Les députés lacédémoniens se retirèrent. Il se trouvait aussi à Corinthe, en ce moment, des députés d'Argos qui invitèrent les Corinthiens à entrer sans différer dans leur alliance. Les Corinthiens les engagèrent à venir au prochain congrès qui se tiendrait chez eux.

XXXI. Aussitôt après arrivèrent des ambassadeurs d'Élée, qui contractèrent alliance avec les Corinthiens, puis se rendirent à Argos et firent alliance avec les Argiens sur les bases décrétées [3]. Ils étaient en différend avec les Lacédémoniens au sujet de Lépréon : les Lépréates ayant eu autrefois une guerre à soutenir contre quelques Arcadiens, avaient sollicité l'alliance des Éléens, en leur offrant la moitié de leur territoire ; les Éléens avaient mis fin à la guerre et laissé aux Lépréates la jouissance de leur pays, moyennant une of-

---

[1] Lorsque tous les alliés de Lacédémone avaient contracté alliance avec les villes grecques de la Chalcidique soumises par Brasidas.
[2] Leur alliance antérieure avec les Grecs de Thrace.
[3] Décrétées à Argos, sur la proposition des Corinthiens.

frande annuelle d'un talent à Jupiter Olympien [1]. Jusqu'à la guerre de l'Attique, ils payèrent ce tribut; mais ils cessèrent ensuite, sous prétexte de la guerre, et, les Éléens ayant voulu les contraindre, ils se tournèrent vers les Lacédémoniens, auxquels fut remis l'arbitrage. Les Éléens, soupçonnant qu'ils n'obtiendraient pas justice, déclinèrent l'arbitrage et ravagèrent le territoire des Lépréates. Les Lacédémoniens n'en prononcèrent pas moins que les Lépréates étaient autonomes, et donnèrent tort aux Éléens; puis, sous prétexte que ceux-ci avaient décliné l'arbitrage, ils envoyèrent une garnison d'hoplites à Lépréon. Les Éléens prétendirent alors que les Lacédémoniens accueillaient dans sa défection une ville de leur dépendance; ils invoquèrent l'article par lequel il était stipulé que chacun garderait à la fin de la guerre d'Attique ce qu'il possédait au moment où il y était entré; se croyant lésés, ils rompirent avec les Lacédémoniens et firent alliance, eux aussi, avec les Argiens, sur les bases précédemment décrétées. Aussitôt après, les Corinthiens et les Chalcidiens de l'Épithrace entrèrent aussi dans l'alliance d'Argos. Les Béotiens et les Mégariens, quoique formulant les mêmes plaintes [2], se tinrent cependant à l'écart : ils étaient traités avec égards par les Lacédémoniens et pensaient que le gouvernement démocratique d'Argos leur était moins favorable, avec leur constitution oligarchique, que celui de Lacédémone.

XXXII. Vers la même époque de cet été, les Athé-

---

[1] C'était moins un tribut qu'un aveu de dépendance de la part du peuple vaincu : de là l'intérêt qu'il croyait avoir à s'y soustraire.
[2] Contre les Lacédémoniens.

niens réduisirent les Scioniens assiégés ; ils tuèrent tout ce qui avait âge d'homme, réduisirent en esclavage les enfants et les femmes, et donnèrent aux Platéens la jouissance du territoire. D'un autre côté, la pensée des tristes vicissitudes de la guerre et un oracle du dieu de Delphes les décidèrent à rétablir les Déliens dans leur île.

La lutte commença entre les Phocéens et les Locriens.

Les Corinthiens et les Argiens, dès lors alliés, envoyèrent à Tégée pour la détacher des Lacédémoniens : ils pensaient qu'en se l'attachant ils auraient avec eux tout le Péloponnèse dont elle était une portion importante. Mais les Tégéates répondirent qu'ils n'entreprendraient rien contre Lacédémone ; aussi les Corinthiens, qui jusqu'alors avaient agi avec beaucoup de vivacité, se relâchèrent-ils de leur animosité, dans la crainte qu'aucune des autres villes ne se joignît plus à eux. Cependant ils envoyèrent chez les Béotiens, pour les engager à entrer dans leur alliance et dans celle des Argiens, et à agir en tout de concert avec eux. Ils les prièrent aussi de les accompagner à Athènes et de faire étendre à Corinthe la trêve supplémentaire de dix jours conclue entre les Athéniens et les Béotiens peu de temps après le traité de cinquante ans. Dans le cas où les Athéniens refuseraient, ils voulaient que les Béotiens renonçassent à l'armistice, pour s'engager à ne traiter désormais que d'accord avec eux. A ces propositions des Corinthiens, les Béotiens demandèrent du temps pour se déterminer sur l'alliance d'Argos : ils accompagnèrent les Corinthiens à Athènes ; mais ne purent leur obtenir la trêve de dix jours. Les Athéniens répondirent que les Corinthiens étaient compris dans le traité, à titre d'alliés de Lacédémone. Les Béotiens, du reste, ne renoncèrent pas à la trêve de dix jours, malgré les reproches des Corinthiens et leurs instances pour la conclusion d'une alliance. Il y eut néanmoins armistice entre Corinthe et Athènes, mais sans traité.

XXXIII. Le même été, les Lacédémoniens, sous la conduite de Plistoanax, fils de Pausanias, roi de Lacédémone, se portèrent en masse en Arcadie sur le territoire des Parrhasiens, sujets de Mantinée. Appelés par une des factions qui agitaient alors le pays, ils avaient en outre pour but de détruire, s'il était possible, les murailles de Cypsèles. Cette place fortifiée par les Mantinéens, qui y tenaient garnison, était située dans le pays des Parrhasiens, près de la Sciritide en Laconie. Les Lacédémoniens ravagèrent le territoire des Parrhasiens. Les Mantinéens confièrent la défense de leur ville à une garnison argienne[1], et allèrent eux-mêmes garder leurs alliés ; mais, dans l'impossibilité de sauver la forteresse de Cypsèles et les villes des Parrhasiens, ils se retirèrent. Les Lacédémoniens rendirent l'indépendance aux Parrhasiens, démolirent les fortifications, et rentrèrent chez eux.

XXXIV. Le même été, lorsque les troupes qui étaient parties avec Brasidas revinrent de Thrace, ramenées par Cléaridas, après la trêve, les Lacédémoniens décrétèrent pour les Hilotes qui avaient combattu avec Bradisas la liberté, et le droit d'habiter où ils voudraient ; peu après, lorsque la guerre eut éclaté avec les Éléens, ils les établirent avec les Néodamodes[2]

[1] Afin de se porter en masse à la défense de la Parrhasie.
[2] On ne connaît pas exactement la situation civile et politique des Néodamodes ; c'étaient des affranchis, mais distincts des Hilotes.

à Lépréon, sur les confins de la Laconie et de l'Élide. Quant à leurs prisonniers de l'île, qui avaient posé les armes, ils craignirent qu'ils ne se crussent déchus, par suite de leur malheur, et ne tentassent dès lors quelque révolution, s'ils conservaient l'entière jouissance de leurs droits. Ils les frappèrent donc d'incapacité, quoique déjà quelques-uns fussent dans les charges : cette incapacité les rendait inhabiles à commander, à acheter et à vendre. Plus tard ces droits leur furent rendus.

XXXV. Le même été les Diens prirent Thyssos, ville de l'Athos, alliée d'Athènes. Pendant tout cet été, il y eut commerce réciproque entre les Athéniens et les Péloponnésiens. Cependant, à peine la paix conclue, il s'était élevé entre les Athéniens et les Lacédémoniens des défiances mutuelles, fondées sur ce que ni les uns ni les autres ne restituaient les places. Les Lacédémoniens, désignés par le sort pour commencer les restitutions, ne rendaient ni Amphipolis ni les autres villes; ils n'avaient procuré l'adhésion au traité, ni de leurs alliés de l'Épithrace, ni des Béotiens, ni des Corinthiens, quoiqu'ils promissent sans cesse de les contraindre d'accord avec les Athéniens, s'ils refusaient, et qu'ils eussent fixé, mais sans garantie écrite, une époque où tous ceux qui n'auraient pas accédé seraient ennemis des deux peuples. Les Athéniens, voyant qu'en réalité aucun de ces engagements n'aboutissait, soupçonnèrent les Lacédémoniens de n'avoir que de mauvais desseins, et refusèrent de leur restituer Pylos,

---

auxquels on rendait la liberté pour prix de leurs services militaires. Ils ne jouissaient pas de tous les droits civils.

malgré leurs réclamations. Ils regrettaient même d'avoir rendu les prisonniers de l'île, et gardaient les autres places, en attendant que les Lacédémoniens eussent rempli leurs promesses. Les Lacédémoniens prétendaient avoir fait tout ce qu'ils pouvaient : ils avaient rendu les prisonniers athéniens qui étaient entre leurs mains, retiré leurs soldats de l'Épithrace et fait tout ce qui dépendait d'eux personnellement : quant à Amphipolis, ils n'en étaient pas maîtres, disaient-ils, pour la rendre ; ils feraient tous leurs efforts pour obtenir l'adhésion des Béotiens et des Corinthiens au traité, pour faire restituer Panacton et mettre en liberté les Athéniens prisonniers en Béotie ; mais ils demandaient, de leur côté, la restitution de Pylos, ou tout au moins le rappel des Messéniens et des Hilotes, comme eux-mêmes avaient rappelé leurs soldats de Thrace, consentant à ce que les Athéniens missent personnellement garnison dans la place, s'ils le voulaient. Enfin, à force de négociations et de conférences, dans le cours de cet été, ils amenèrent les Athéniens à retirer de Pylos les Messéniens, les autres Hilotes et tous les transfuges de Laconie. Ils furent établis à Cranies, ville de Céphallénie. Ainsi il y eut, durant cet été, repos et liberté de communications entre les deux peuples.

XXXVI. L'hiver suivant [1], il se trouva que les éphores en charge n'étaient plus ceux sous lesquels avait été conclu le traité ; quelques-uns d'entre eux y étaient même opposés. Des députations des pays alliés vinrent à

[1] 421 avant notre ère, quatrième année de la quatre-vingt-neuvième olympiade.

Lacédémone, et s'y rencontrèrent avec des ambassadeurs d'Athènes, de la Béotie et de Corinthe : de nombreuses conférences eurent lieu entre eux, mais sans amener aucun accord. Comme ils se retiraient, Cléobule et Xenarès, ceux des éphores qui étaient le plus prononcés pour la rupture du traité, prirent à part les députés béotiens et corinthiens ; ils leur demandèrent de marcher d'accord autant que possible ; puis d'amener les Béotiens, d'abord, à entrer dans l'alliance d'Argos, et ensuite à entraîner avec eux les Argiens dans celle de Lacédémone. C'était pour les Béotiens le meilleur moyen, disaient-ils, de ne pas subir les traités athéniens; car les Lacédémoniens désiraient par-dessus tout, même au prix de la haine des Athéniens et de la rupture des traités, l'amitié et l'alliance des Argiens ; en effet, ajoutaient-ils, les Lacédémoniens ont de tout temps désiré une amitié avec Argos, persuadés qu'alors ils seraient dans de meilleures conditions pour faire la guerre hors du Péloponnèse. Du reste ils prièrent les Béotiens de remettre Panacton aux Lacédémoniens, afin de l'échanger, s'il était possible, contre Pylos, dont la restitution leur faciliterait la guerre avec Athènes.

XXXVII. Les Béotiens et les Corinthiens se retirèrent chargés de ces communications pour leurs gouvernements respectifs par Xénarès, Cléobule et tous ceux des Lacédémoniens qui partageaient leurs vues. Deux Argiens, des principaux en dignité, les guettaient sur la route, à leur retour : les ayant rencontrés, ils se mirent en rapport avec eux, dans le but de rattacher les Béotiens à leur alliance, comme ils l'avaient fait pour les Corinthiens, les Éléens et les Mantinéens. Ils étaient persuadés, disaient-ils, que, si ce projet aboutissait, il leur serait dès lors facile, en se concertant, de faire à leur gré la guerre et la paix, même avec les Lacédémoniens, et avec tout autre peuple, s'il le fallait. Les ambassadeurs des Béotiens accueillirent avec empressement ces ouvertures ; car ce qu'on leur demandait se trouvait précisément d'accord avec les propositions dont les avaient chargés leurs amis de Lacédémone. Les Argiens, voyant leurs avances accueillies, dirent qu'ils enverraient des ambassadeurs en Béotie, et se retirèrent. Les Béotiens, à leur arrivée, communiquèrent aux Béotarques les ouvertures qui leur avaient été faites à Lacédémone, et celles des Argiens qu'ils avaient rencontrés : les Béotarques reçurent avec joie ces nouvelles ; toute indécision cessa lorsqu'ils virent que, par une heureuse coïncidence, leurs amis de Lacédémone leur demandaient précisément ce qui était l'objet des avances empressées d'Argos. Peu après arrivèrent les ambassadeurs argiens chargés de les inviter à suivre le plan convenu. Les Béotarques agréèrent leurs propositions et les congédièrent avec la promesse d'envoyer à Argos des députés pour traiter de l'alliance.

XXXVIII. Cependant les Béotarques, les Corinthiens, les Mégariens et les députés de la Thrace jugèrent à propos de s'engager d'abord par des serments mutuels à s'entr'aider dans l'occurrence, et à ne faire ni la guerre ni la paix avec qui que ce fût que d'un commun accord. Ces réserves stipulées, les Béotiens et les Mégariens, qui faisaient cause commune, devaient ensuite traiter avec les Argiens. Avant de prêter le serment, les Béotarques firent part de ce projet aux quatre conseils de la Béotie, en qui résident tous les pouvoirs, et demandèrent qu'on se liât par serment avec toutes les villes qui voudraient prendre le même engagement avec eux pour la défense commune. Mais les conseils des Béotiens repoussèrent ces propositions, dans la crainte de se mettre en opposition avec les Lacédémoniens, en s'unissant aux Corinthiens qui avaient rompu avec eux [1]. Car les Béotarques ne leur avaient pas communiqué ce qui s'était passé à Lacédémone, à savoir l'invitation faite par les éphores Xenarès et Cléobule, ainsi que par leurs amis, de s'allier d'abord avec les Argiens et les Corinthiens, pour entrer ensuite dans l'alliance de Lacédémone : ils avaient pensé que, même sans cette déclaration, les conseils voteraient, sur leur proposition, tout ce qu'ils auraient arrêté d'avance. L'affaire ayant pris un tour différent, les Corinthiens et les députés de la Thrace s'en allèrent sans avoir rien fait. Les Béotarques, qui précédemment étaient résolus, s'ils avaient réussi sur ce point, à travailler à une alliance avec les Argiens, ne firent dès lors aucune proposition aux conseils relativement à Argos, et n'envoyèrent pas dans cette ville les députés qu'ils avaient promis : tout languit et fut ajourné.

XXXIX. Le même hiver, les Olynthiens emportèrent d'emblée Mécyberna, défendue par une garnison athénienne.

Les conférences continuaient entre les Athéniens et les Lacédémoniens, au sujet des places qu'ils retenaient réciproquement. Les Lacédémoniens, espérant recouvrer Pylos, si les Béotiens rendaient Panacton aux

---

[1] n s'alliant avec les Argiens.

Athéniens, envoyèrent des ambassadeurs aux Béotiens, avec prière de leur remettre Panacton et les prisonniers athéniens, pour les échanger contre Pylos. Mais les Béotiens déclarèrent qu'ils ne les rendraient pas que Lacédémone ne fît avec eux une alliance particulière, comme elle avait fait avec les Athéniens. Les Lacédémoniens sentaient bien qu'ils allaient blesser les Athéniens, puisqu'il était stipulé entre eux qu'ils ne feraient ni paix ni guerre avec personne que d'un commun accord : mais ils voulaient se faire livrer Panacton comme moyen d'échange contre Pylos. D'un autre côté, ceux qui chez eux travaillaient à la rupture de la trêve avaient fort à cœur ces négociations avec les Béotiens ; l'alliance fut donc conclue, sur la fin de l'hiver, aux approches du printemps. On commença aussitôt à démanteler Panacton [1].

Ici finit la onzième année de la guerre.

XL. L'été suivant, dès le commencement du printemps, les Argiens, ne voyant pas arriver les députés que les Béotiens avaient promis de leur envoyer, informés d'ailleurs de la destruction de Panacton et de l'alliance particulière intervenue entre les Béotiens et les Lacédémoniens, craignirent de se trouver isolés, si tous les alliés venaient à se tourner du côté de Lacédémone ; ils supposaient que c'était Lacédémone qui avait engagé les Béotiens à raser Panacton et à entrer dans l'alliance d'Athènes ; que les Athéniens en étaient instruits ; que dès lors il ne leur était plus possible, à eux-mêmes, de s'allier avec Athènes. Car ils avaient compté jusque-là que, si leur traité avec les Lacédémoniens ne pouvait

[1] Les Béotiens démolirent les fortifications, afin de n'avoir rien à craindre lorsqu'ils la rendraient aux Athéniens.

pas tenir, par suite de leurs différends, ils pourraient du moins contracter alliance avec les Athéniens. Ainsi pris au dépourvu, les Argiens craignaient d'avoir à lutter en même temps contre les Lacédémoniens, les Tégéates, les Béotiens et les Athéniens. Eux qui précédemment avaient refusé d'accéder au traité des Lacédémoniens, qui avaient porté leurs prétentions jusqu'au commandement du Péloponnèse, ils envoyèrent en toute hâte à Lacédémone les ambassadeurs qu'ils croyaient y devoir être le mieux accueillis, Eustrophos et Eson. Ils pensaient qu'en faisant alliance avec les Lacédémoniens, aux meilleures conditions possibles dans les circonstances actuelles, ils auraient la tranquillité, quoi qu'il arrivât.

XLI. Les députés, à leur arrivée, entrèrent en conférences avec les Lacédémoniens sur les bases du traité : tout d'abord ils demandèrent qu'on remît à l'arbitrage soit d'une ville, soit d'un particulier, leur éternel différend au sujet de la Cynurie, pays limitrophe entre eux (elle renferme les villes de Thyréa et d'Anthéné, et est au pouvoir des Lacédémoniens). Les Lacédémoniens ne voulurent même pas qu'il fût fait mention de cette contrée ; mais ils se déclarèrent prêts à traiter sur les anciennes bases, si les Argiens le voulaient. Cependant les ambassadeurs les amenèrent aux conditions suivantes : il y aurait pour le présent une trêve de cinquante ans ; mais chacune des deux parties pourrait, après déclaration préalable, et sauf le cas de peste ou de guerre, soit à Lacédémone, soit à Argos, prendre les armes pour la possession de cette contrée, comme cela avait eu lieu autrefois lorsque de part et d'autre on s'était attribué la victoire ; la poursuite ne pourrait avoir lieu au delà des frontières d'Argos et de Lacédémone. Ces propositions parurent d'abord insensées aux Lacédémoniens ; mais ensuite le désir de se concilier à tout prix l'amitié des Argiens leur fit donner les mains à ce qu'on demandait, et le traité fut rédigé ; toutefois les Lacédémoniens exigèrent, avant qu'il devînt définitif, que les députés retournassent à Argos le présenter au peuple ; s'il était approuvé, ils devaient revenir aux fêtes d'Hyacinthe pour l'échange des serments. Les ambassadeurs se retirèrent.

XLII. Pendant ces négociations des Argiens, les ambassadeurs lacédémoniens Andromèdes, Phédimos et Antiménidas, chargés de recevoir Panacton et les prisonniers des mains des Béotiens pour les remettre aux Athéniens, trouvèrent Panacton rasée par les Béotiens. Ceux-ci prétextaient qu'à la suite de différends au sujet de cette même place, il avait autrefois été convenu, sous la foi du serment, entre les Athéniens et les Béotiens, que ni les uns ni les autres ne la posséderaient exclusivement et qu'ils en jouiraient en commun. Quant aux prisonniers athéniens au pouvoir des Béotiens, remise en fut faite à Andromèdes et à ses collègues, qui les conduisirent à Athènes et les rendirent. Ils annoncèrent aux Athéniens que Panacton était rasée, et prétendirent que cela équivalait à la remise de la place, puisqu'il n'y logerait plus aucun ennemi d'Athènes. A ces paroles, les Athéniens firent éclater leur indignation : ils faisaient un crime aux Lacédémoniens de la destruction de Panacton, qui devait leur être remise en bon état ; ils avaient appris en outre leur alliance particulière avec les Béotiens, contrairement à l'engagement qu'ils avaient pris antérieurement de contraindre de concert ceux qui n'accepteraient pas le traité ; enfin ils se remémoraient toutes les stipulations dont l'exécution se faisait encore attendre, et se croyaient joués. Aussi répondirent-ils durement aux ambassadeurs, et ils les congédièrent.

XLIII. Au milieu de ces contestations entre les Lacédémoniens et les Athéniens, ceux qui, à Athènes, voulaient aussi la rupture du traité, se mirent aussitôt à l'œuvre avec ardeur ; c'était, entre autres, Alcibiade, fils de Clinias, qui, à cette époque, n'eût encore été qu'un jeune homme dans toute autre ville [1], mais à qui l'illustration de ses ancêtres [2] avait valu une grande considération. Il pensait, sans doute, que le mieux était de s'unir aux Argiens ; mais, en dehors même de ce motif, les révoltes de l'orgueil blessé l'avaient rendu hostile aux Lacédémoniens : ceux-ci, en effet, avaient conclu la trêve à la considération de Nicias et de Lachès, sans tenir aucun compte de lui, à cause de sa jeunesse ; ils ne lui avaient pas témoigné les égards que commandait le titre de proxène des Lacédémoniens, depuis longtemps dans sa famille. Son aïeul, il est vrai, y avait renoncé ; mais Alcibiade avait espéré le faire revivre par ses attentions pour les prisonniers de l'île. Croyant qu'on lui avait manqué à tous égards, il avait dès l'origine manifesté son opposition, en disant que les Lacédémoniens n'étaient pas sûrs, qu'ils ne trai-

---

[1] Il avait environ trente ans. Dans la plupart des États de la Grèce, en particulier chez les Achéens et les Lacédémoniens, on n'avait droit de suffrage qu'à trente ans.

[2] Son aïeul Alcibiade avait contribué avec Clisthènes à l'expulsion des Pisistratides ; son père Clinias avait obtenu le prix de la valeur à Artémisium et était mort à Coronée.

taient que pour écraser les Argiens, à la faveur de cette alliance, et pour attaquer ensuite les Athéniens isolés. Puis, une fois ce démêlé engagé, il s'empressa d'envoyer, en son propre nom, des émissaires aux Argiens, pour les engager à venir en toute hâte, avec les Mantinéens et les Éléens, réclamer l'alliance. Le moment était opportun, disait-il, et il leur apporterait un énergique concours.

XLIV. Sur cet avis, les Argiens, informés d'ailleurs que l'alliance avec les Béotiens avait eu lieu sans la participation des Athéniens, que, tout au contraire, de graves contestations s'étaient élevées entre eux et les Lacédémoniens, ne s'inquiétèrent plus des ambassadeurs qu'ils avaient envoyés négocier un accommodement à Lacédémone. Ils aimaient mieux tourner leurs pensées du côté des Athéniens, par cette considération que, s'ils avaient à faire la guerre, ils seraient soutenus par une ville avec laquelle ils avaient d'anciennes relations d'amitié, constituée comme eux en démocratie et disposant d'une grande puissance maritime. Ils envoyèrent donc sur-le-champ des députés à Athènes pour négocier une alliance ; les Éléens et les Mantinéens se joignirent à cette ambassade. Les Lacédémoniens s'empressèrent également d'envoyer aux Athéniens des ambassadeurs qu'ils croyaient devoir leur être agréables, Philocaridas, Léon et Endios ; car ils craignaient que les Athéniens irrités ne contractassent alliance avec les Argiens. Ils voulaient aussi réclamer la restitution de Pylos, en échange de Panacton, et démontrer que leur alliance avec les Béotiens ne couvrait aucun mauvais dessein contre Athènes.

XLV. Quand ils eurent exposé ces divers objets de

leur mission dans le sénat, et déclaré qu'ils venaient mu--- de pleins pouvoirs pour régler toutes les difficultés, Alcibiade craignit qu'en renouvelant les mêmes déclarations devant le peuple, ils n'entraînassent la multitude et ne fissent rejeter l'alliance d'Argos. Voici le piége qu'il leur tendit : il leur persuade, en leur donnant des assurances positives, que, s'ils ne déclarent pas devant le peuple qu'ils sont munis de pleins pouvoirs, il leur fera rendre Pylos; qu'il y décidera les Athéniens, tout aussi bien qu'il les en détourne maintenant, et qu'il arrangera tout le reste. Il voulait, par là, les détacher de Nicias; en même temps il espérait, en les décriant auprès du peuple, comme n'ayant que fausseté dans l'esprit, que duplicité dans le langage, obtenir par ce moyen l'alliance d'Athènes pour les Argiens, les Éléens et les Mantinéens ; ce fut ce qui arriva. Lorsque les ambassadeurs parurent devant le peuple, et qu'aux questions qu'on leur fit ils ne répondirent plus, comme au sénat, qu'ils avaient de pleins pouvoirs, les Athéniens ne se continrent plus. Alcibiade alors attaqua les Lacédémoniens avec bien plus de force encore qu'auparavant, et se fit écouter avec faveur ; déjà on se disposait à introduire immédiatement les Argiens et les autres ambassadeurs, pour contracter alliance, lorsqu'un tremblement de terre, survenu avant qu'il y eût rien d'arrêté[1], fit ajourner l'assemblée.

XLVI. A l'assemblée suivante, Nicias, — tout abusé qu'il était par la déclaration des Lacédémoniens, qui s'étaient laissé abuser eux-mêmes jusqu'à nier leurs

---

[1] Si le tremblement de terre survenait au milieu d'une action déjà commencée, c'était au contraire un signe favorable.

pleins pouvoirs, — n'en prétendit pas moins que l'amitié des Lacédémoniens devait être préférée ; qu'il fallait suspendre les négociations avec Argos, et députer de nouveau à Lacédémone, pour savoir ce qu'on y pensait. Il disait qu'Athènes étant dans une situation glorieuse, et Lacédémone humiliée, il convenait de différer la guerre ; que le mieux pour les Athéniens, dans l'état prospère où se trouvaient leurs affaires, était de conserver leur bonheur le plus longtemps possible ; tandis que, pour les Lacédémoniens qui étaient malheureux, c'était une bonne fortune que de courir au plus tôt les hasards. Il obtint qu'on enverrait une députation, dont il fit partie, pour enjoindre aux Lacédémoniens, si leurs intentions étaient droites, de rendre Panacton en bon état, ainsi qu'Amphipolis, et de renoncer à l'alliance des Béotiens, — à moins que ceux-ci n'accédassent au traité, — conformément à la clause qui ne permettait pas de contracter les uns sans les autres. Les ambassadeurs avaient ordre d'ajouter que les Athéniens auraient pu déjà, eux aussi, s'ils avaient voulu manquer à leur parole, admettre à leur alliance les Argiens ; car ceux-ci étaient à Athènes dans ce but. Enfin on donna à Nicias et à ses collègues des instructions sur tous les autres griefs, et on les fit partir.

A leur arrivée, ils firent connaître les divers objets de leur mission, et finirent par déclarer que, si les Lacédémoniens ne renonçaient pas à l'alliance des Béotiens, dans le cas où ceux-ci n'accéderaient pas au traité, Athènes, de son côté, ferait alliance avec les Argiens et leurs amis. Les Lacédémoniens répondirent qu'ils ne renonceraient pas à l'alliance des Béotiens : cette décision fut emportée par l'influence de l'éphore

Xénarès et de ceux qui partageaient son opinion. Cependant on renouvela les serments, à la demande de Nicias. Il craignait de partir sans avoir absolument rien fait, et d'être en butte aux récriminations, ce qui arriva en effet, d'autant plus qu'il passait pour l'auteur du traité. A son retour, les Athéniens, apprenant qu'il n'avait rien obtenu à Lacédémone, s'irritèrent ; et tout aussitôt, se croyant lésés, ils conclurent avec les Argiens et leurs alliés, qui se trouvaient présents et qu'Alcibiade introduisit, un traité de paix et d'alliance dont voici la teneur :

XLVII. « Un traité de paix de cent années est conclu entre les Athéniens, les Argiens, les Mantinéens et les Éléens, tant pour eux que pour les alliés auxquels ils commandent respectivement, sans dol ni dommage, sur terre et sur mer.

« Il est interdit de porter les armes en vue de nuire : aux Argiens, aux Éléens, aux Mantinéens et à leurs alliés, contre les Athéniens et les alliés soumis à la domination athénienne ; aux Athéniens et à leurs alliés, contre les Argiens, les Éléens, les Mantinéens et leurs alliés, de quelque façon et sous quelque prétexte que ce soit.

« A cette condition, les Athéniens, les Argiens, les Éléens et les Mantinéens seront alliés pendant cent ans. Si quelque ennemi envahit le territoire des Athéniens, les Argiens, les Éléens et les Mantinéens viendront au secours d'Athènes, sur l'invitation des Athéniens, autant que faire se pourra et par les moyens les plus efficaces en leur pouvoir. S'il se retire après avoir ravagé le pays, il sera considéré comme ennemi d'Argos, de Mantinée, d'Élée et d'Athènes ; toutes ces villes lui feront la guerre, et aucune d'elles ne pourra se retirer de la lutte sans le consentement unanime de toutes.

« Si quelque ennemi envahit le territoire des Éléens, des Mantinéens ou des Argiens, les Athéniens viendront au secours d'Argos, de Mantinée et d'Élée, sur la réclamation de ces villes, autant que faire se pourra et par les moyens les plus efficaces en leur pouvoir. S'il se retire après avoir ravagé le pays, il sera considéré comme ennemi des Athéniens, des Argiens, des Mantinéens et des Éléens ; tous ensemble lui feront la guerre, et aucun d'eux ne pourra se retirer de la lutte sans le consentement unanime de tous.

« Ils s'engagent à interdire à toutes troupes armées en guerre le passage sur leur territoire et sur celui des alliés soumis à leur domination, ainsi que la traversée par mer, — à moins que l'autorisation n'ait été accordée de concert par toutes les villes, par Athènes, Argos, Mantinée et Élée.

« La ville qui enverra des troupes auxiliaires leur fournira trente jours de vivres, à dater de leur arrivée dans la ville qui les aura réclamées, et pourvoira de même au retour. Si la ville qui a mandé ces troupes veut en disposer plus longtemps, elle payera, pour subsistances, trois oboles d'Égine par jour à chaque hoplite, soldat léger ou archer, et aux cavaliers une drachme d'Égine [1].

« La ville qui aura réclamé les secours aura le commandement tant que la guerre se fera sur son territoire. Si les villes confédérées jugent à propos de faire quel-

---

[1] Trois oboles d'Égine valaient cinq oboles, et la drachme d'Égine dix oboles attiques, c'est-à-dire environ un franc cinquante centimes de notre monnaie.

que expédition en commun, le commandement sera partagé sur le pied de l'égalité.

« Les Athéniens jureront le traité pour eux et leurs alliés ; du côté des Argiens, des Mantinéens, des Éléens et de leurs alliés, chaque ville s'obligera en particulier [1] ; chacune prêtera le serment le plus sacré dans le pays, et immolera des victimes parfaites [2]. La formule est : « Je resterai fidèle à l'alliance et aux présentes stipulations, suivant la justice, sans dommage et sans dol ; je n'y contreviendrai en quelque façon et sous quelque prétexte que ce soit. »

« A Athènes le serment sera prêté par le sénat et les magistrats urbains [3], et reçu par les prytanes ; à Argos par le sénat, les quatre-vingts et les artynes [4], entre les mains des quatre-vingts ; à Mantinée par les démiurges [5], le sénat et les autres magistrats, entre les mains des théores [6] et des polémarques [7] ; à Élis, par les démiurges, les magistrats souverains et les six cents, entre les mains des démiurges et des thesmophylaces [8].

---

[1] Cette différence tient à ce que les Athéniens tenaient leurs alliés dans une complète dépendance, tandis que les peuples du Péloponnèse, dans la jouissance entière de leurs droits, n'étaient engagés que de leur propre consentement.

[2] C'est-à-dire des bœufs, des béliers, et non des animaux encore allaités, comme les veaux et les agneaux.

[3] Par opposition à ceux que leurs fonctions appelaient au dehors, comme les généraux, les commandants des colonies.

[4] Les fonctions de ces magistrats ne sont pas bien connues ; peut-être présidaient-ils le conseil des quatre-vingts.

[5] C'était sans doute là une magistrature populaire analogue au tribunat.

[6] Collége de prêtres chargés de consulter les oracles.

[7] Magistrats chargés de l'intendance militaire et de tout ce qui avait trait à la guerre.

[8] Gardiens des lois.

« Les serments seront renouvelés, par les Athéniens, à Élis, à Mantinée et à Argos, trente jours avant les jeux Olympiques ; par les Argiens, les Éléens, les Mantinéens, à Athènes, dix jours avant les grandes Panathénées [1].

« Les clauses relatives à la paix, aux serments et à l'alliance, seront inscrites sur une colonne de marbre, à Athènes, dans l'Acropole ; à Argos, dans l'Agora, au temple d'Apollon ; à Mantinée, dans le temple de Jupiter, sur l'Agora. On placera aussi en commun une colonne d'airain à Olympie, pendant les jeux actuels. Si les États contractants trouvent quelque chose de mieux, ils pourront l'ajouter à ces articles, et ce qui aura été arrêté de concert dans une délibération commune sortira son entier effet. »

XLVIII. Ainsi fut conclu ce traité de paix et d'alliance. Ni les Lacédémoniens ni les Athéniens ne renoncèrent pour cela à celui qu'ils avaient entre eux. Les Corinthiens, quoique alliés des Argiens, ne voulurent ni adhérer à ce nouveau traité, ni même jurer l'alliance conclue précédemment entre les Éléens, les Argiens et les Mantinéens, sous la condition de ne faire la guerre et la paix que d'un commun accord. Ils déclarèrent se contenter de la première alliance défensive, en vertu de laquelle ils devaient se prêter un mutuel secours, sans attaquer personne de concert. Par là les Corinthiens se séparaient de leurs alliés, et tournaient de nouveau leurs vues vers les Lacédémoniens.

XLIX. Cet été furent célébrés les jeux Olympiques, où Androsthènes d'Arcadie remporta pour la première

---

[1] Les petites Panathénées se célébraient tous les ans ; les grandes tous les quatre ans, la troisième année de chaque olympiade.

fois le prix du pancrace [1]. Les Lacédémoniens se virent interdire par les Éléens l'entrée du temple ; ils ne purent, dès lors, ni sacrifier, ni participer aux jeux, comme n'ayant pas payé l'amende à laquelle les Éléens les avaient condamnés, suivant la loi olympique, sous prétexte qu'ils avaient, pendant la trêve olympique [2], porté les armes contre la place des Phrycos et envoyé des hoplites à Lépréon. L'amende était de deux mille mines, à deux mines par hoplite [3], suivant la loi. Les Lacédémoniens envoyèrent des députés et soutinrent qu'ils avaient été condamnés à tort, la trêve n'ayant pas encore été proclamée à Lacédémone [4] quand ils envoyèrent leurs hoplites. Les Éléens alléguaient que pour eux la suspension d'armes existait déjà, — car ils ont coutume de la proclamer chez eux d'abord, — et que, tandis qu'ils étaient tranquilles, sans inquiétude, comme en temps de trêve, les Lacédémoniens en avaient profité pour commettre inopinément cette injuste violence. Les Lacédémoniens répondaient que les Éléens n'auraient pas dû faire proclamer la trêve à Sparte, si déjà à cette époque ils se croyaient lésés par les Lacédémoniens ; qu'ils l'avaient fait cependant, preuve qu'ils étaient loin de cette pensée ; que de ce moment les Lacédémoniens n'avaient plus porté les

[1] Vers le milieu de juillet.
[2] Les Éléens, chargés de l'administration du temple et des jeux, faisaient publier cette trêve, afin que tous les Grecs pussent assister aux fêtes ; les hostilités devaient être partout suspendues pendant ce temps.
[3] C'était le prix de rachat d'un soldat péloponnésien, dans les guerres des Péloponnésiens entre eux. Tous les soldats qui avaient porté les armes pendant la trêve olympique étaient considérés comme captifs de Jupiter.
[4] Elle était proclamée par des hérauts appelés spondophores.

armes contre eux. Néanmoins les Éléens persistèrent dans leur dire, soutenant qu'on ne leur persuaderait pas que les Lacédémoniens fussent irréprochables ; que si cependant ceux-ci voulaient leur rendre Lépréon, ils offraient de leur côté de faire remise de ce qui leur revenait sur l'amende, et de payer pour les Lacédémoniens la part afférente au dieu.

L. N'ayant pu se faire écouter, ils leur proposèrent encore, non plus de rendre Lépréon, s'ils ne le voulaient pas, mais de monter à l'autel de Jupiter Olympien, puisqu'ils tenaient à jouir du temple, et là de s'engager par serment, en présence des Grecs, à payer plus tard l'amende. Les Lacédémoniens, ayant repoussé même cette proposition, furent exclus du temple, des sacrifices et des jeux, et durent sacrifier chez eux. Les autres Grecs prirent part à la solennité, à l'exception des Lépréates. Cependant les Éléens, craignant que les Lacédémoniens n'employassent la force pour sacrifier dans le temple, établirent une garde de jeunes gens armés : mille Argiens, autant de Mantinéens vinrent se joindre à eux, ainsi que des cavaliers athéniens, qui attendaient à Argos la célébration de la fête. La crainte était grande, au milieu des Grecs assemblés, que les Lacédémoniens ne vinssent en armes, surtout depuis que Lichas, de Lacédémone, fils d'Arcésilas, avait été frappé dans la lice par les sergents d'armes [1] : son attelage était vainqueur; mais comme il ne lui était pas permis de concourir, le héraut proclama que la victoire était au char envoyé par le peuple béotien [2] ; Li-

---

[1] Mot à mot, les porte ....., espèce de licteurs.
[2] Lichas, ne pouvant concourir comme Lacédamonien, avait fait inscrire son char sous le nom du peuple béotien.

chas alors s'avança dans la lice, et ceignit le cocher d'une bandelette, pour montrer que le char lui appartenait. Cela ne fit qu'augmenter la crainte générale, et on s'attendait à quelque événement. Cependant les Lacédémoniens se tinrent en repos, et la fête se passa sans accident.

Après les jeux Olympiques, les Argiens et leurs alliés se rendirent auprès des Corinthiens pour les engager à se joindre à eux. Des ambassadeurs de Lacédémone se trouvaient alors à Corinthe. De nombreuses conférences eurent lieu, mais sans résultat en définitive : un tremblement de terre étant survenu, on se sépara, et chacun retourna chez soi. L'été finit.

LI. L'hiver suivant [1], les Héracléotes de Trachine [2] en vinrent aux mains avec les Énianes, les Dolopes, les Méliens et quelques Thessaliens. Ces peuples, voisins d'Héraclée, lui étaient hostiles; car l'érection de cette place forte ne pouvait être dirigée que contre leur pays. Aussi, à peine fondée, ils l'attaquèrent et lui firent tout le mal possible. Dans cette circonstance, les Héracléotes furent vaincus; le Lacédémonien Xénarès, fils de Cnidis, qui les commandait, fut tué ; plusieurs Héracléotes eurent le même sort. L'hiver finit, et, avec lui, la douzième année de la guerre.

LII. Dès le commencement de l'été suivant, les Béotiens, voyant Héraclée affaiblie et ruinée par cette défaite, l'occupèrent et en chassèrent le Lacédémonien Hégésippidas, sous prétexte d'incapacité : ils mirent la main sur cette ville, dans la crainte que les Athéniens

---

[1] 420 avant notre ère.
[2] Les Lacédémoniens avaient envoyé une colonie à Trachine et changé son nom en celui d'Héraclée.

ne profitassent, pour s'en emparer, de l'occupation que donnaient aux Lacédémoniens les troubles du Péloponnèse. Les Lacédémoniens n'en furent pas moins irrités contre eux. Le même été, Alcibiade, fils de Clinias, général des Athéniens, secondé par les Argiens et leurs alliés, pénétra dans le Péloponnèse avec un petit nombre d'hoplites et d'archers athéniens. Il prit à sa suite quelques alliés du pays, régla avec eux tout ce qui intéressait les contrées alliées, traversa le Péloponnèse avec son armée et persuada aux habitants de Patras de pousser leurs murs jusqu'à la mer. Il songeait lui-même à élever d'autres fortifications à Rhion d'Achaïe ; mais les Corinthiens, les Sicconiens et tous ceux que cet établissement eût incommodés, accoururent et s'y opposèrent.

LIII. Le même été, la guerre éclata entre les Épidauriens et les Argiens, à propos d'un sacrifice que les Épidauriens devaient offrir à Apollon Pythéen [1] pour un droit de pâturage [2] et qu'ils n'avaient pas envoyé. Les Argiens avaient l'intendance suprême du temple ; mais, en dehors même de ce motif, ils méditaient, d'accord avec Alcibiade, de s'emparer d'Épidaure, afin de tenir Corinthe en respect et d'ouvrir aux Athéniens, obligés maintenant de doubler Scylléon, une voie plus courte pour leur amener des secours d'Égine. Les Argiens se disposèrent donc à attaquer Épidaure, afin d'exiger le sacrifice.

---

[1] Il y avait un temple d'Apollon Pythéen à Asiné. Pythé passait pour le fils d'Apollon.

[2] La plupart des commentateurs ont désespéré de ce passage : les manuscrits portent παραβοταμίων, ou παραποταμίων. J'ai adopté la première leçon qui seule pouvait offrir un sens raisonnable. Βοτάμια signifiant des herbages, j'ai traduit παραβοτάμια par droit d'herbage, quoique je ne connaisse aucun autre emploi de ce mot.

LIV. Vers le même temps, les Lacédémoniens, sous la conduite du roi Agis, fils d'Archidamos, firent de leur côté une expédition en masse à Leuctra, sur leur frontière, du côté du Lycée. Personne ne savait le but de l'expédition, pas même les villes qui avaient fourni les troupes. Mais, les sacrifices offerts avant d'entrer chez l'ennemi n'ayant pas été favorables [1], ils rentrèrent chez eux, et prévinrent partout leurs alliés de se tenir prêts pour une expédition aussitôt après le mois suivant. C'était le mois carnéen [2], mois sacré pour les Doriens. Lorsqu'ils furent rentrés, les Argiens se mirent en marche, le quatrième jour avant le commencement du mois carnéen; et, comme s'il ne devait être tenu compte, pour toute la durée de l'expédition, que du jour de l'entrée en campagne [3], ils envahirent le territoire d'Épidaure et le ravagèrent. Les Épidauriens appelèrent à eux leurs alliés; mais les uns prétextèrent le mois où l'on se trouvait, les autres vinrent jusqu'aux frontières de l'Épidaurie et restèrent dans l'inaction.

LV. Pendant que les Argiens étaient à Épidaure, des députés des divers États [4] se rassemblèrent à Mantinée,

[1] On trouve dans Thucydide et dans les autres historiens de nombreux exemples de cette superstition, bien d'accord d'ailleurs avec le caractère temporisateur des Lacédémoniens.

[2] Ce mois était consacré à Apollon, surnommé Carnéus. Pendant tout le mois, les Lacédémoniens n'entreprenaient aucune expédition, à moins d'une extrême urgence.

[3] Καὶ ἄγοντες τὴν ἡμέραν ταύτην πάντα τὸν χρόνον, *et ducentes hanc diem omne tempus;* et considérant ce jour comme tout le temps, c'est-à-dire pensant que, du moment où le jour de l'entrée en campagne n'était pas réservé, il devait communiquer son caractère à tout le reste de l'expédition. Aucun des traducteurs n'a compris ce passage.

[4] Athéniens et Péloponnésiens.

sur la convocation des Athéniens. Les conférences ouvertes, Euphamidas de Corinthe dit que les actes n'étaient pas d'accord avec les paroles, puisque, pendant qu'eux étaient tranquillement assis à traiter de la paix, les Épidauriens et leurs alliés étaient, les armes à la main, en présence des Argiens ; qu'il fallait d'abord aller séparer les deux armées, et qu'on pourrait alors revenir traiter de la paix. Cette proposition fut agréée ; on partit et on éloigna les Argiens de l'Épidaurie. Mais plus tard, les conférences ayant été reprises sans qu'on parvînt à s'entendre, les Argiens firent une nouvelle irruption dans l'Épidaurie et la ravagèrent. Les Lacédémoniens, de leur côté, se portèrent à Caryes [1] ; mais, cette fois encore, les sacrifices offerts avant d'entrer chez l'ennemi furent contraires, et ils revinrent sur leurs pas. Les Argiens ravagèrent environ le tiers de l'Épidaurie, et rentrèrent chez eux. Mille hoplites athéniens, sous la conduite d'Alcibiade, étaient venus se mettre à leur disposition ; mais lorsqu'on apprit que les Lacédémoniens avaient renoncé à leur expédition, leur secours cessant d'être nécessaire, ils se retirèrent. Ainsi se passa l'été.

LVI. L'hiver suivant [2], les Lacédémoniens, à l'insu des Athéniens, envoyèrent, par mer, à Épidaure, une garnison de trois cents hommes, sous le commandement d'Agésippidas. Les Argiens allèrent à Athènes se plaindre de ce que, malgré les traités qui portaient que chacun des peuples contractants interdirait à l'en-

---

[1] Petite ville au nord de la Laconie, sur la frontière de l'Arcadie ; distincte d'une autre ville du même nom au nord de l'Arcadie.
[2] Olympiade quatre-vingt-dixième, seconde année, 419 avant notre ère ; octobre.

nemi le passage sur son territoire, ils eussent laissé passer ces troupes par mer. Ils disaient qu'il y aurait injustice de leur part à ne pas envoyer aussi les Messéniens et les Hilotes à Pylos contre les Lacédémoniens. Les Athéniens, à l'instigation d'Alcibiade, écrivirent sur la colonne [1], au bas du traité conclu avec Lacédémone, que les Lacédémoniens avaient violé leurs serments ; puis ils transportèrent les Hilotes de Cranies [2] à Pylos, pour piller le pays ; du reste ils se tinrent en repos. Dans la guerre que se firent cet hiver les Argiens et les Épidauriens, il n'y eut point de bataille rangée, mais seulement des embuscades et des incursions où la perte se bornait à quelques hommes de part et d'autre. L'hiver finissait et on touchait au printemps, lorsque les Argiens s'approchèrent d'Épidaure avec des échelles : ils espéraient la trouver sans défense à cause de la guerre [3] et l'emporter de vive force ; mais ils durent se retirer sans avoir rien fait. L'hiver finit, et avec lui la treizième année de la guerre.

LVII. Au milieu de l'été suivant [4], les Lacédémoniens, voyant la détresse des Épidauriens, leurs alliés, la défection d'une partie du Péloponnèse et les mauvaises dispositions du reste, songèrent que le mal ne ferait qu'empirer s'ils ne le prévenaient au plus tôt. Ils se portèrent en masse contre Argos, eux et les Hilotes, sous

[1] Quand on déclarait le traité rompu, on renversait la colonne sur laquelle il était inscrit ; les Athéniens, ne voulant pas encore reprendre les hostilités, se contentaient, comme vengeance, d'une insulte publique aux Lacédémoniens.
[2] Voyez même livre, ch. 35.
[3] Par suite de la dispersion des troupes dans tout le pays.
[4] 418 avant notre ère ; juin.

la conduite d'Agis, fils d'Archidamos, leur roi. Les Tégéates prirent part à cette expédition, ainsi que tous les alliés des Lacédémoniens dans l'Arcadie. Les alliés du reste du Péloponnèse et ceux du dehors se rassemblèrent à Phlionte : les Béotiens avaient cinq mille hoplites, autant de troupes légères, cinq cents cavaliers et même nombre d'hamippes [1]. Les Corinthiens avaient fourni deux mille hoplites ; les autres en proportion. Les Phliasiens prirent les armes en masse, l'armée se trouvant sur leur territoire.

LVIII. Les Argiens avaient été tout d'abord informés des préparatifs des Lacédémoniens ; lorsqu'ils les surent en marche pour rejoindre leurs alliés à Phlionte, ils se mirent eux-mêmes en campagne. Les Mantinéens, assistés de leurs alliés, et trois mille hoplites éléens, vinrent à leur secours. Ils se portèrent en avant, et rencontrèrent les Lacédémoniens à Méthydrion, en Arcadie ; chacune des deux armées occupa une colline. Les Argiens se disposaient à profiter de l'isolement des Lacédémoniens pour attaquer, lorsque Agis leva secrètement son camp pendant la nuit et se porta vers Phlionte à la rencontre de ses alliés. Lorsque les Argiens s'en aperçurent, au point du jour, ils marchèrent d'abord vers Argos et suivirent ensuite la route de Némée, par où ils supposaient que les Lacédémoniens descendraient avec leurs alliés. Mais Agis, au lieu de suivre ce chemin, comme ils s'y étaient attendus, prit avec lui les Lacédémoniens, les Arcadiens et les Épidauriens, s'engagea dans une autre

---

[1] Soldats légers, intercalés dans les rangs des cavaliers, comme l'indique leur nom, et combattant soit à pied, soit à cheval.

route d'un difficile accès, et déboucha dans la plaine d'Argos. Les Corinthiens, les Pelléniens et les Phliasiens prirent un autre chemin par les hauteurs. Les Béotiens, les Mégariens et les Sicyoniens avaient ordre de descendre par la route de Némée, occupée par les Argiens, afin de les prendre par derrière avec la cavalerie, s'ils venaient attaquer les Lacédémoniens dans la plaine. Ces dispositions prises, Agis, après avoir débouché dans la plaine, ravagea Saminthos et d'autres points.

LIX. Il était déjà jour quand les Argiens, mieux renseignés, descendirent de Némée. Ils donnèrent au milieu des troupes de Phlionte et de Corinthe, tuèrent quelques Phliasiens et éprouvèrent eux-mêmes, de la part des Corinthiens, des pertes qui ne furent pas beaucoup plus considérables. Les Béotiens, les Mégariens et les Sicyoniens s'avancèrent vers Némée, suivant leurs instructions, mais n'y trouvèrent plus les Argiens ; ceux-ci étaient déjà descendus, et, à la vue de leur territoire ravagé, s'étaient mis en ordre de bataille. En face d'eux étaient les Lacédémoniens, également en ordre de combat. Les Argiens se trouvaient cernés au milieu des ennemis : du côté de la plaine, les Lacédémoniens et les alliés qu'ils avaient avec eux leur fermaient toute communication avec la ville ; les Corinthiens, les Phliasiens et les Pelléniens occupaient les hauteurs ; la route de Némée était fermée par les Béotiens, les Sicyoniens et les Mégariens. Ils n'avaient pas de cavalerie ; car, de tous leurs alliés, les Athéniens étaient les seuls qui ne fussent pas encore arrivés. Toutefois les Argiens et leurs alliés ne croyaient pas généralement la situation aussi critique :

le combat leur semblait au contraire se présenter favorablement, et ils s'applaudissaient de tenir ainsi sur leur propre territoire et auprès de leur ville les Lacédémoniens enfermés. Mais, au moment même où les deux armées allaient en venir aux mains, deux Argiens, Thrasyllos, l'un des cinq généraux, et Alciphron, proxène des Lacédémoniens, allèrent trouver Agis et eurent avec lui une conférence pour empêcher le combat : ils disaient les Argiens disposés à donner et à recevoir toutes satisfactions réciproques, sur le pied de l'égalité, si les Lacédémoniens avaient quelques griefs contre eux ; à faire la paix pour l'avenir et à conclure un traité.

LX. Ceux des Argiens qui faisaient ces propositions parlaient en leur nom propre et sans aucune mission publique. Agis les accepta, également de sa propre autorité : sans aucune délibération générale, sans les communiquer à d'autres qu'à un des magistrats qui l'accompagnaient dans son expédition [1], il conclut une trêve de quatre mois, pendant laquelle les Argiens devaient exécuter leurs promesses. Aussitôt après il ramena son armée, sans rien dire à aucun des alliés. Les Lacédémoniens et les alliés obéirent aux ordres d'Agis, conformément à la loi [2] ; mais, entre eux, ils le critiquèrent amèrement, en songeant qu'au moment même où s'offrait une si belle occasion de combattre, quand l'ennemi était enveloppé de toutes parts par la cavalerie et l'infanterie, ils se retiraient sans avoir rien fait qui répondît à leurs préparatifs. C'était, en effet, la

---

[1] Deux éphores accompagnaient toujours le roi dans ses expéditions.

[2] Quand le roi commandait, lui seul donnait les ordres.

plus belle armée grecque qui eût été rassemblée jusque-là : rien de plus brillant, surtout à Némée, quand elle s'y trouvait réunie tout entière. Là étaient les Lacédémoniens avec toutes leurs forces, les Arcadiens, les Béotiens, les Corinthiens, les Sicyoniens, les Pelléniens, les Phliasiens et les Mégariens; toutes troupes d'élite et qui semblaient capables de se mesurer, non-seulement avec la confédération des Argiens, mais avec bien d'autres forces encore réunies aux leurs. L'armée se retira donc, tout en accusant Agis ; on se sépara, et chacun regagna son pays.

Les Argiens, de leur côté, accusaient bien plus amèrement encore ceux qui avaient traité sans l'aveu de la multitude : ils pensaient, eux aussi, que jamais plus belle occasion ne s'était présentée à eux que celle où les Lacédémoniens venaient de leur échapper; car ils auraient combattu au pied de leurs murailles, avec l'assistance d'alliés nombreux et braves. Aussi, à leur retour, se mirent-ils à lapider Thrasyllos dans le Charadron [1], là où ils jugent, avant de rentrer, les délits militaires. Thrasyllos se réfugia au pied de l'autel, et échappa à la mort; mais ses biens furent confisqués [2].

LXI. Après ces événements, il arriva d'Athènes mille hoplites et trois cents cavaliers, commandés par Lachès et Nicostratos. Les Argiens craignant, malgré tout [3], de rompre la trêve avec les Lacédémoniens, les engagèrent à se retirer. Ils ne les introduisirent même

---

[1] Torrent près d'Argos, dans le lit duquel siégeait ce tribunal improvisé.

[2] Diodore de Sicile ajoute que sa maison fut rasée.

[3] Malgré leur griefs contre les Lacédémoniens, énumérés plus haut.

devant le peuple, avec qui les Athéniens demandaient à négocier, que contraints par les prières des Mantinéens et des Argiens, qui étaient encore présents. Alcibiade était à Argos à titre d'ambassadeur; il déclara, au nom des Athéniens, en présence des Argiens et des alliés, que la trêve n'avait pu être légalement conclue sans l'assentiment des autres alliés ; que dès lors il fallait sur-le-champ, puisqu'ils arrivaient à temps, commencer la guerre. Les confédérés goûtèrent ces raisons, et tous, à l'exception des Argiens, se portèrent sur Orchomène d'Arcadie. Les Argiens, quoique tout aussi convaincus que les autres, restèrent d'abord en arrière, mais ils rejoignirent ensuite. Tous ensemble allèrent camper devant Orchomène, y mirent le siége et donnèrent plusieurs assauts. A tous les motifs qu'ils avaient de s'en rendre maîtres s'ajoutait la présence des otages d'Arcadie, que les Lacédémoniens y avaient déposés. Les Orchoméniens, inquiets de la faiblesse de leurs remparts et du nombre des ennemis, ne voyant, d'ailleurs, personne leur venir en aide, craignirent de succomber avant d'être secourus : ils capitulèrent à la condition d'entrer dans l'alliance et de remettre aux Mantinéens des otages d'Orchomène, indépendamment de ceux que les Lacédémoniens leur avaient confiés.

LXII. Les confédérés, une fois maîtres d'Orchomène, mirent en délibération quelle place ils attaqueraient d'abord parmi celles qui restaient : les Éléens opinaient pour Lépréon, les Mantinéens pour Tégée. Les Athéniens et les Argiens s'étaient rangés à l'avis des Mantinéens; les Éléens, irrités de ce que le choix ne fût pas tombé sur Lépréon, se retirèrent. Le reste des alliés fit à Mantinée ses dispositions pour aller attaquer Tégée. Quelques-uns des Tégéates conspiraient avec eux pour la leur livrer.

LXIII. Les Lacédémoniens, depuis qu'ils avaient quitté Argos, après la conclusion de la trêve de quatre mois, accusaient amèrement Agis de n'avoir pas profité, pour soumettre cette place, de la plus belle occasion qui se fût jamais offerte, à ce qu'ils croyaient : car c'était chose rare que d'avoir réunis sous la main des alliés aussi nombreux et de si belles troupes. Mais l'indignation fut bien plus grande encore, quand on apprit la prise d'Orchomène. Dans le premier mouvement de colère, ils décidèrent sur-le-champ, contrairement à leurs habitudes [1], que la maison d'Agis serait rasée et qu'il payerait une amende de cent mille drachmes. Il les supplia de n'en rien faire, promettant que, dans la première campagne, il rachèterait par quelque action d'éclat ce qu'on lui imputait ; sinon ils feraient alors ce qu'ils jugeraient à propos. Ils ajournèrent l'amende et la démolition ; mais ils rendirent en cette circonstance une loi sans précédents chez eux : ils lui nommèrent un conseil de dix Spartiates, sans l'avis desquels il lui était interdit de faire aucune expédition.

LXIV. Cependant les Lacédémoniens reçurent avis de leurs partisans à Tégée que, s'ils ne se hâtaient d'arriver, cette ville allait faire défection pour passer aux Argiens et à leurs alliés ; que cette défection était imminente. Aussitôt ils s'y portèrent en masse, eux et

---

[1] Les Lacédémoniens ne prononçaient jamais une condamnation, sans prendre le temps de s'éclairer à loisir. On en trouve la preuve dans Thucydide, livre I, ch. 132, à propos de Pausanias.

les Hilotes, avec une célérité jusqu'alors sans exemple. Ils se dirigèrent vers Oresthion de Ménalie, et avertirent ceux des Arcadiens qui étaient leurs alliés de se réunir et de marcher sur leurs pas à Tégée. Eux-mêmes s'avancèrent jusqu'à Oresthion avec toutes leurs forces : de là ils renvoyèrent chez eux le sixième de leur monde, particulièrement les vieillards et les hommes les plus jeunes, pour garder le pays. Le reste arriva à Tégée, et fut rejoint peu après par les alliés d'Arcadie. Ils envoyèrent aussi à Corinthe, chez les Béotiens, les Phocéens et les Locriens, pour les inviter à se porter au plus vite sur Mantinée. Cet avis prit les alliés à l'improviste ; il ne leur était pas facile, d'un autre côté, de traverser isolément et sans s'attendre mutuellement le pays ennemi, qui leur barrait le chemin. Cependant ils firent diligence. Quant aux Lacédémoniens, ils prirent avec eux leurs alliés d'Arcadie qui déjà avaient rejoint, envahirent le territoire de Mantinée, et, campés près du temple d'Hercule, ils ravagèrent le pays.

LXV. Dès que les Argiens et leurs alliés les eurent aperçus, ils allèrent occuper une position très-forte, d'un difficile accès, et se rangèrent en bataille. Les Lacédémoniens marchèrent aussitôt sur eux et s'avancèrent jusqu'à un jet de pierre ou de javelot; mais à ce moment un vieillard, voyant la force de la position contre laquelle ils allaient donner, cria à Agis qu'il voulait guérir un mal par un autre. C'était dire que par cette audace intempestive il voulait, en cette circonstance, prendre sa revanche de la retraite tant critiquée d'Argos. Soit qu'Agis fût frappé de cet avis, soit qu'une autre idée ou une réflexion analogue se fût présentée à lui tout à coup, il ramena sur-le-champ son armée en arrière, avant l'engagement, et entra sur le territoire de Tégée. Là il détourna vers Mantinée les eaux qui sont un objet de contestation entre les Mantinéens et les Tégéates, à cause du dommage qu'elles causent, de quelque côté qu'elles se portent [1]. Il espérait qu'à cette nouvelle les Argiens et leurs alliés, campés sur la colline, en descendraient pour venir s'opposer à la dérivation des eaux, et que le combat s'engagerait dans la plaine. Il resta tout le jour à cet endroit, occupé à détourner les eaux. D'abord les Argiens et leurs alliés, étonnés de cette retraite subite au moment de l'action ne surent que conjecturer. Mais ensuite, lorsqu'ils virent que l'ennemi s'était dérobé sans qu'ils fissent un mouvement pour le poursuivre dans sa retraite, ils recommencèrent à accuser leurs généraux : « Ce n'était pas assez, disaient-ils, d'avoir une première fois laissé échapper les Lacédémoniens lorsqu'ils étaient si bien cernés près d'Argos ; maintenant encore ils fuient sans que personne les poursuive ; ils se sauvent en toute tranquillité, et nous sommes trahis. » Les généraux, déconcertés au premier abord, firent ensuite descendre l'armée de la colline ; ils s'avancèrent dans la plaine, et y campèrent avec l'intention d'attaquer.

LXVI. Le lendemain, les Argiens et leurs alliés se rangèrent dans l'ordre où ils devaient combattre, si l'occasion s'en présentait. Les Lacédémoniens, en re-

---

[1] La plaine de Mantinée forme un bassin sans issue ; les eaux se font jour à travers le calcaire poreux des montagnes et les cavernes, pour ne reparaître que plus loin. Cette plaine est d'ailleurs tellement basse que les eaux des torrents l'inonderaient, si on n'avait soin de les diriger par des canaux vers les gouffres où elles sont absorbées.

venant des eaux pour reprendre leur position au temple d'Hercule, aperçurent tout à coup toute l'armée ennemie descendue de la colline et déjà rangée en bataille. A cet instant, les Lacédémoniens furent frappés d'une panique comme ils ne se rappelaient pas en avoir jamais éprouvé; car il leur fallut faire précipitammant leurs dispositions et prendre aussitôt leurs rangs en toute hâte. Agis, leur roi, donnait tous les ordres, conformément à la loi; car, lorsque le roi commande, tout émane de lui [1] : il donne personnellement ses instructions aux polémarques [2]; ceux-ci aux lochages; les lochages aux pentécontères, qui les transmettent aux énomotarques et ces derniers à l'énomotie. Tous les ordres qu'il peut y avoir à donner suivent cette voie et sont rapidement transmis ; car telle est l'organisation de l'armée lacédémonienne, que chaque homme, ou peu s'en faut, commande à d'autres commandants placés sous lui, ce qui étend à un grand nombre de personnes la responsabilité de l'exécution.

LXVII. A l'aile gauche allèrent se placer les scirites [3],

[1] Cela n'aurait rien d'extraordinaire partout ailleurs; mais Thucydide fait cette remarque, parce qu'en temps de paix le pouvoir du roi était extrêmement borné.

[2] Les polémarques ne commandaient pas un corps particulier, puisque les lochos qui répondent à nos régiments avaient leurs chefs, les lochages. Les polémarques, placés immédiatement au-dessous du roi et chargés de transmettre ses ordres, pouvaient prendre suivant l'occurrence le commandement supérieur d'un ou de plusieurs lochos. Pour se former une idée des autres fonctions, il suffit de se rappeler que le lochos, commandé par un lochage, était composé d'environ cinq cent douze hommes ; il se partageait en quatre pentécostys de cent vingt-huit hommes chacune, commandées par un pentécontère. La pentécostys se subdivisait en quatre énomoties ; l'énomotarque avait donc trente-deux hommes sous ses ordres.

[3] Les scirites paraissent, d'après le récit même de Thucydide,

qui occupent toujours ce poste, et qui, seuls parmi les Lacédémoniens, forment un corps spécial ; venaient ensuite les soldats qui avaient fait l'expédition de Thrace sous Brasidas, et avec eux les Néodamodes ; immédiatement après, les Lacédémoniens disposés par cohortes, et auprès d'eux les Arcadiens-Héréens [1], puis les Ménaliens ; à l'aile droite les Tégéates, avec quelques Lacédémoniens à l'extrémité ; là cavalerie lacédémonienne aux deux ailes.

Dans l'armée opposée, les Mantinéens occupaient l'aile droite, parce que l'affaire avait lieu sur leur territoire ; près d'eux étaient les Arcadiens alliés ; ensuite les mille soldats d'élite que depuis longtemps Argos entretenait à ses frais et faisait exercer au métier des armes [2] ; à la suite les autres Argiens, et après eux leurs alliés, les Cléoniens et les Ornéates ; enfin les Athéniens, qui occupaient l'aile gauche et avaient avec eux leur cavalerie.

LXVIII. Telles étaient, de part et d'autre, les dispositions et l'ordonnance des armées. Celle des Lacédémoniens paraissait plus nombreuse : je ne saurais donner exactement le chiffre des forces de part et d'autre, ni en détail ni en totalité. Le nombre des Lacé-

---

avoir été un corps de fantassins ; ils avaient le privilége de n'être jamais mêlés aux autres troupes, comme les vétérans chez les Romains ; ils étaient toujours employés aux postes les plus périlleux ; c'est pour cela qu'ils étaient placés à l'aile gauche, toujours exposée à être débordée par l'ennemi.

[1] Héréa était située près des frontières de la Triphylie, sur la rive droite de l'Alphée.

[2] Suivant Diodore, XII, 75, on choisissait pour former cette troupe les jeunes gens des familles les plus riches. Aussi passèrent-ils tous à l'aristocratie lorsqu'après la bataille de Mantinée, elle conspira la ruine du gouvernement populaire.

moniens n'était pas connu, grâce au secret de leur gouvernement ; et, de l'autre côté, la jactance naturelle aux hommes qui leur fait exagérer leur propre puissance, rend les assertions à peine croyables. On peut cependant estimer la force numérique des Lacédémoniens, à cette journée, au moyen du calcul suivant : sept lochos combattirent, sans compter les scirites au nombre de six cents ; chaque lochos comprenait quatre pentécostys ; la pentécostys était formée de quatre énomoties ; chaque énomotie présentait un front de quatre hommes à la première ligne. La profondeur n'était pas partout la même ; elle variait au gré de chaque lochage ; cependant en général il y avait huit hommes de profondeur [1]. En tout, la première ligne, sans les scirites, était de quatre cent quarante-huit hommes.

LXIX. Au moment où l'on allait s'aborder, les généraux firent, chacun de leur côté, les exhortations suivantes à leurs soldats : aux Mantinéens ils dirent qu'ils allaient combattre pour la patrie, que l'indépendance et la servitude étaient en cause ; qu'il s'agissait pour eux de ne pas être dépouillés de l'une après en avoir eux joui, et de ne pas retomber dans l'autre ; aux Argiens, ils rappelaient leur antique suprématie, l'égalité de pouvoir [2] dont ils avaient joui autrefois dans le Péloponnèse et dont ils ne devaient pas se laisser dépouiller à jamais, les nombreux griefs qu'ils avaient

[1] Comme chaque énomotie, composée de trente-deux hommes, avait quatre hommes à la première ligne, il fallait, pour que la profondeur pût varier au gré des lochages, que les rangs autres que le premier fussent plus ou moins serrés.

[2] La suprématie se rapporte au temps des Pélopides ; l'égalité de pouvoir à l'époque de la guerre persique.

à venger sur un peuple tout à la fois leur voisin et leur ennemi ; aux Athéniens, qu'il était beau, en combattant avec des alliés nombreux et braves, de ne le céder à personne ; que, vainqueurs des Lacédémoniens dans le Péloponnèse, ils affermiraient et agrandiraient leur empire, et qu'ils n'auraient plus à craindre désormais qu'aucun autre ennemi n'envahît leur territoire. Telles furent les exhortations adressées aux Argiens et à leurs alliés.

Les Lacédémoniens s'encourageaient entre eux ; chacun, au bruit des chants guerriers, s'excitait lui-même en rappelant ses souvenirs et la conscience de sa propre valeur [1] ; car ils savaient que l'expérience, fruit de longs efforts, fait plus pour le succès qu'une exhortation brillante, mais fugitive.

LXX. Ensuite on s'ébranla de part et d'autre : les Argiens s'avancèrent avec impétuosité et colère, tandis que les Lacédémoniens marchaient lentement, aux modulations d'un corps nombreux de joueurs de flûtes institué, non dans un but religieux, mais pour imprimer à la marche une cadence régulière et empêcher les rangs de se rompre, comme il arrive ordinairement dans les grandes armées au moment de l'attaque.

LXXI. — Avant qu'on se fût encore abordé, voici ce qu'imagina Agis. Il arrive, en général, dans toute armée, qu'au moment de l'attaque, on s'appuie sur l'aile droite et que de part et d'autre on déborde la gauche de l'ennemi. Cela tient à ce que chacun, par

---

[1] Thucydide fait évidemment allusion ici aux chants de Tyrtée, dont il semble donner en quelques mots l'analyse.

crainte, s'efforce d'effacer autant que possible la partie découverte de son corps derrière le bouclier de son voisin de droite [1]; on se figure d'ailleurs qu'en se pressant ainsi, sans laisser aucun vide, on est mieux à couvert. Le chef de file de l'aile droite devient la cause première de ce désordre, en manœuvrant incessamment de manière à dérober à l'ennemi la partie découverte de son corps [2]; la même préoccupation fait que les autres le suivent. Dans cette journée, les Mantinéens débordèrent de beaucoup les scirites; mais les Lacédomoniens et les Tégéates débordèrent bien plus encore les Athéniens, leur armée étant plus nombreuse. Agis, craignant que sa gauche ne fût enveloppée, et trouvant que les Mantinéens la débordaient par trop, ordonna aux scirites et aux soldats de Brasidas de se séparer du corps de bataille et de se porter à gauche de manière à faire face aux Mantinéens sur toute la ligne. Pour remplir l'espace laissé vide, il ordonna aux polémarques Hipponoïdas et Aristoclès de se détacher de la droite avec deux lochos et de venir occuper l'intervalle; il pensait que de cette manière sa droite serait encore suffisamment garnie, et que l'aile opposée aux Mantinéens tiendrait avec plus d'avantage.

LXXII. Mais il arriva que, cet ordre étant donné à l'improviste et pendant la charge, Aristoclès et Hipponoïdas refusèrent d'avancer. — Ils furent plus tard, pour ce fait, exilés de Sparte, comme coupables de lâcheté. — Il s'ensuivit que les ennemis attaquèrent

---

[1] On portait le bouclier de la main gauche; la droite maniait la lance; le corps se trouvait donc à découvert de ce côté.

[2] N'ayant aucun voisin sous le bouclier duquel il pût s'abriter, il tendait toujours à dépasser la ligne ennemie.

avant le mouvement terminé ; et quoique Agis, en l'absence des lochos qui devaient soutenir les scirites, eût donné ordre à ces derniers de se replier sur la droite, il ne leur fut plus possible de rejoindre et de fermer la ligne. Mais si, dans cette occasion, les Lacédémoniens furent vaincus en habileté à tous égards, ils se montrèrent d'autant supérieurs par le courage. L'action engagée, les scirites et les soldats de Brasidas furent enfoncés par l'aile droite des Mantinéens. Ceux-ci se jetèrent, avec leurs alliés et les mille Argiens d'élite, dans l'intervalle resté vide; ils écrasèrent les Lacédémoniens [1], les cernèrent, les mirent en fuite, les poursuivirent jusqu'à leurs chariots [2] et tuèrent quelques-uns des vieillards préposés à la garde des bagages. De ce côté les Lacédémoniens eurent le dessous. Mais le reste de l'armée, et surtout le centre où se trouvait Agis avec les cavaliers nommés les trois cents, se précipita sur les vieilles troupes d'Argos, surnommées les cinq lochos, sur les Cléoniens, les Ornéates et les Athéniens rangés près d'eux, et mirent tout en fuite. La plupart n'attendirent même pas le choc de l'ennemi, et cédèrent aussitôt qu'ils virent approcher les Lacédémoniens, au point que quelques-uns furent foulés aux pieds par les leurs, tant était grand l'empressement à s'échapper.

LXXIII. Les Argiens et leurs alliés ayant cédé sur ce point, l'armée se trouva coupée [3]. En même temps

[1] C'est à dire la cavalerie lacédémonienne placée à cette aile, les scirites et les soldats de Brasidas.
[2] Jusqu'au camp.
[3] Παρερρήγνυντο ἅμα καὶ ἐφ' ἑκάτερα. Ils furent rompus et portés dans des directions différentes, l'aile droite avançant pendant que la gauche commençait à céder.

la droite des Lacédémoniens et des Tégéates déborda les Athéniens et les enveloppa. Ils couraient alors un double péril : cernés d'un côté et déjà rompus de l'autre, ils auraient souffert plus que tout le reste de l'armée, si la cavalerie qui était avec eux ne les eût soutenus. D'ailleurs Agis, voyant fléchir sa gauche opposée aux Mantinéens et aux mille Argiens, donna ordre à toute l'armée de se porter sur l'aile en souffrance; grâce à cette manœuvre, les Athéniens purent se sauver à loisir pendant que l'armée défilait et s'éloignait; les Argiens, déjà vaincus, s'échappèrent avec eux. Les Mantinéens, leurs alliés et les soldats d'élite d'Argos ne songèrent plus dès lors à poursuivre l'ennemi : voyant les leurs en déroute et les Lacédémoniens en marche contre eux, ils se mirent à fuir. Les Mantinéens surtout perdirent beaucoup de monde : les Argiens au contraire se sauvèrent pour la plupart. Du reste, la fuite et la retraite ne furent ni précipitées ni longues ; car les Lacédémoniens, tant qu'ils n'ont pas mis l'ennemi en déroute, combattent longtemps de pied ferme ; mais, la fuite décidée, ils ne poursuivent ni loin ni longtemps.

LXXIV. Tel fut, sans insister sur quelques détails analogues, l'ensemble de ce combat le plus important qui eût été livré depuis bien des années entre les Grecs, et auquel concoururent les États les plus considérables. Les Lacédémoniens exposèrent les armes des ennemis morts, élevèrent aussitôt un trophée et dépouillèrent les cadavres [1]. Ils recueillirent leurs morts, pour les transporter à Tégée, où ils les enter-

---

[1] Élien dit, VI, 6, qu'il n'était pas permis aux Lacédémoniens de dépouiller les ennemis.

rèrent, et rendirent par convention ceux des ennemis. Il périt sept cents Argiens, Ornéates et Cléoniens, deux cents Mantinéens, deux cents Athéniens ou Éginètes, et les deux généraux d'Athènes[1]. Les alliés des Lacédémoniens ne firent pas de pertes qui méritent d'être mentionnées ; quant aux Lacédémoniens eux-mêmes, il n'est pas facile de savoir la vérité ; cependant on portait la perte de leur côté à trois cents hommes.

LXXV. Au moment où il fut question de livrer bataille, le second roi de Lacédémone, Plistoanax, prit avec lui les vieillards et les jeunes gens pour rejoindre l'armée[2] ; mais, arrivé à Tégée, il apprit la victoire et s'en retourna. Les Lacédémoniens envoyèrent contremander les Corinthiens et les alliés de l'autre côté de l'isthme ; comme on était alors au mois carnéen, ils se retirèrent eux-mêmes, congédièrent leurs alliés et célébrèrent les fêtes[3]. Par ce seul fait d'armes, ils se lavèrent en même temps et de l'accusation de lâcheté que leur adressaient les Grecs pour leur désastre de Sphactérie, et des reproches d'indécision et de lenteur. On vit que la fortune avait pu les trahir, mais qu'ils étaient restés les mêmes par le cœur.

La veille de cet engagement, les Épidauriens avaient envahi en masse le territoire d'Argos, qu'ils savaient abandonné, et avaient tué un grand nombre des soldats laissés à la garde du pays, pendant que le reste de l'armée était au dehors ; mais les Mantinéens ayant été renforcés, après le combat, par trois mille hoplites

---

[1] Lachès et Nicostratos, suivant le scoliaste d'Aristophane.

[2] Il y avait cependant une loi qui défendait aux deux rois de se mettre en campagne en même temps.

[3] On célébrait dans ce mois des fêtes militaires.

d'Élée et par un second corps de mille Athéniens, toutes ces troupes confédérées se portèrent aussitôt contre Épidaure, pendant que les Lacédémoniens célébraient les fêtes Carnéennes. Ils résolurent d'élever une enceinte de circonvallation et se partagèrent les travaux ; mais tous se fatiguèrent bientôt, à l'exception des Athéniens qui persévérèrent à remplir leur tâche et fortifièrent l'éminence où est le temple de Junon. On y mit une garnison fournie par tous les alliés, et chacun se retira de son côté. L'été finit.

LXXVI. Dès le commencement de l'hiver suivant, les Lacédémoniens, après la célébration des fêtes Carnéennes, se mirent en campagne. Arrivés à Tégée, ils envoyèrent des propositions de paix à Argos, où ils avaient précédemment formé des intelligences : leurs partisans, décidés à renverser le gouvernement démocratique à Argos, avaient bien plus de chances, depuis le combat, d'amener le peuple à un accord ; leur intention était de conclure avec les Lacédémoniens d'abord une trêve, ensuite une alliance, et de s'attaquer alors au gouvernement populaire. Lichas, fils d'Arcésilas, proxène des Argiens, arriva à Argos, apportant, au nom des Lacédémoniens, une double proposition, de guerre ou de paix, à leur volonté. Après de nombreuses contestations, — car Alcibiade se trouvait alors à Argos, — les partisans des Lacédémoniens, ne craignant plus d'agir ouvertement, déterminèrent les Argiens à accepter les propositions de paix. En voici la teneur :

LXXVII. « L'assemblée des Lacédémoniens a décidé qu'un accord serait fait avec les Argiens aux conditions suivantes : Les Argiens rendront [1] aux Orchoméniens leurs enfants, aux Ménaliens les hommes qu'ils leur ont pris, aux Lacédémoniens les prisonniers de Mantinée [2] ; ils sortiront d'Épidaure et en raseront les fortifications.

« Si les Athéniens n'évacuent pas Épidaure, ils seront ennemis des Argiens et des Lacédémoniens, des alliés des Lacédémoniens et de ceux des Argiens.

« Les Lacédémoniens rendront à toutes les villes les enfants qu'ils peuvent avoir.

« Pour ce qui est du sacrifice au dieu [3], le serment sera déféré aux Épidauriens, et les Argiens les admettront à le prononcer.

« Les villes du Péloponnèse, grandes et petites, seront toutes libres, conformément à ce qui est anciennement établi.

« Si quelque peuple étranger au Péloponnèse y pénètre avec des intentions hostiles, on se concertera pour le repousser, faisant en tout ce qui paraîtra le plus juste aux Péloponnésiens.

« Tous les alliés des Lacédémoniens hors du Péloponnèse seront dans la même situation que les alliés des Lacédémoniens et des Argiens dans le Péloponnèse; la jouissance de leurs droits leur est garantie.

« On communiquera ce traité aux alliés pour qu'ils y adhèrent s'il leur agrée ; si les alliés ont quelques

---

[1] C'est-à-dire feront rendre ; car ces otages étaient entre les mains des Mantinéens. Voyez v, 61.

[2] Les otages arcadiens déposés par les Lacédémoniens à Orchomène, et transportés à Mantinée après la prise d'Orchomène par les Argiens.

[3] Objet premier du litige entre les Épidauriens et les Argiens.

observations à présenter, ils les transmettront à Lacédémone. »

LXXVIII. Les Argiens commencèrent par accepter ces propositions : l'armée lacédémonienne quitta Tégée et opéra sa retraite. Les communications furent dès lors rétablies entre eux ; et bientôt après les mêmes agents, poursuivant leur œuvre, amenèrent les Argiens à renoncer à l'alliance des Mantinéens, des Éléens et des Athéniens, pour conclure avec Lacédémone un traité de paix et d'alliance dont voici la teneur :

LXXIX. « Il a été convenu entre les Lacédémoniens et les Argiens qu'il y aura paix et alliance entre eux pendant cinquante ans aux conditions suivantes :

« La justice sera égale et réciproque, conformément aux anciens usages.

« Cette paix et cette alliance seront communes aux autres villes du Péloponnèse : elles resteront autonomes et indépendantes, conserveront la jouissance de leur territoire et auront la justice égale et réciproque, conformément aux anciens usages.

« Tous les alliés des Lacédémoniens en dehors du Péloponnèse seront sur le même pied que les Lacédémoniens ; les alliés des Argiens seront sur le même pied que les Argiens et conserveront leurs possessions.

« S'il est nécessaire de faire quelque expédition en commun, les Lacédémoniens et les Argiens se concerteront pour prendre dans l'intérêt des alliés les mesures les plus équitables.

« S'il s'élève un différend entre quelques-unes des villes du Péloponnèse ou du dehors, soit pour les frontières, soit pour quelque autre objet, il y aura arbitrage. Si, parmi les villes alliées, il en est qui ne peuvent s'entendre, la contestation sera portée devant une troisième ville neutre et choisie comme telle d'un commun accord.

« Les différends entre particuliers seront jugés suivant les anciens usages. »

LXXX. Tel fut ce traité de paix et d'alliance : les conquêtes furent restituées de part et d'autre et tous les différends terminés. Il y eut dès lors entre eux communauté d'action : ils décrétèrent de ne recevoir des Athéniens ni héraut ni ambassadeurs, que ceux-ci n'eussent quitté le Péloponnèse et évacué les forteresses ; et de ne faire ni paix ni guerre que d'un commun accord. De part et d'autre on témoignait une égale ardeur. Des ambassadeurs furent envoyés de Sparte et d'Argos aux villes de Thrace et à Perdiccas. Perdiccas, sollicité par eux d'entrer dans leur alliance, ne rompit pas sur-le-champ avec les Athéniens ; mais déjà il y songeait en voyant la défection des Argiens ; car il était lui-même originaire d'Argos. Quant aux Chalcidiens les anciens serments furent renouvelés avec eux [1] et on en prêta de nouveaux. Les Argiens envoyèrent aussi des ambassadeurs aux Athéniens pour leur enjoindre d'évacuer la forteresse élevée près d'Épidaure. Ceux-ci, ne se sentant pas en forces, — car ils ne formaient qu'une faible partie de la garnison, — envoyèrent Démosthènes pour ramener leur contingent ; mais, une fois arrivé, Démosthènes attira hors de la place les autres troupes de la garnison, sous prétexte d'un combat gymnique qu'il donna hors des

---

[1] Les Chalcidiens s'étaient séparés des Athéniens dès le commencement de la guerre (THUCYDIDE, I, 58). C'est probablement à cette époque qu'ils firent alliance avec les Lacédémoniens.

murs, et ferma ensuite les portes. Plus tard, les Athéniens renouvelèrent leur traité avec les Épidauriens et leur rendirent ce fort.

LXXXI. Les Argiens une fois détachés de l'alliance[1], les Mantinéens, après avoir tenté d'abord de résister, sentirent qu'ils ne pouvaient rien sans Argos; ils traitèrent donc à leur tour avec les Lacédémoniens, et renoncèrent à la suprématie des villes[2].

Les Lacédémoniens et les Argiens mirent chacun de leur côté mille hommes sur pied pour une expédition commune : d'abord les Lacédémoniens allèrent seuls à Sicyone, où ils établirent un gouvernement plus oligarchique; réunis ensuite aux Argiens, ils abolirent de concert la démocratie à Argos, et y établirent l'oligarchie, plus favorable aux intérêts de Lacédémone. Ces événements eurent lieu aux approches du printemps, vers la fin de l'hiver. Ici se termine la quatorzième année de la guerre.

LXXXII. L'été suivant, les Diens du mont Athos rompirent avec Athènes pour passer aux Chalcidiens. Les Lacédémoniens établirent dans l'Achaïe un ordre plus favorable à leurs vues.

Le parti populaire à Argos se ligua peu à peu, reprit courage et attaqua les partisans de l'oligarchie. Il attendit pour cela le moment où les gymnopédies[3] se

---

[1] De l'alliance athénienne.

[2] Ils firent avec les Lacédémoniens une trêve de trente ans (XÉNOPHON, *Helléniques*, v, 2). Les villes dont il est ici question sont les petites villes d'Arcadie, objet de la guerre.

[3] Fêtes de la jeunesse, dans lesquelles des enfants formaient des chœurs en l'honneur d'Apollon; on y chantait aussi des hymnes à la gloire des guerriers morts dans les combats. Elles se tenaient au milieu de l'été.

célèbrent à Lacédémone ; un combat s'étant engagé
dans la ville, le peuple fut vainqueur, tua une partie
de ses adversaires et exila les autres. Les Lacédémoniens, tant qu'ils avaient vu leurs amis aux affaires, ne
s'étaient pas empressés de répondre à l'appel qui leur
était fait depuis longtemps; mais alors [1] ils ajournèrent
les gymnopédies et marchèrent à leur secours. Arrivés à Tégée, ils apprirent la défaite de l'oligarchie, et
refusèrent d'aller plus loin, malgré les prières des bannis [2]. Ils retournèrent chez eux, et reprirent la célébration des fêtes ; il leur vint ensuite des députés envoyés
par les Argiens de la ville et par ceux du dehors pour
exposer leurs griefs réciproques [3]. Les alliés étaient
présents : après de nombreux débats de part et d'autre,
les Lacédémoniens donnèrent tort à ceux de la ville, et
résolurent de marcher contre Argos ; mais il y eut encore bien des retards et des temporisations. Pendant
ce temps, le peuple d'Argos, dans la crainte des Lacédémoniens et en vue de l'alliance athénienne qu'il travaillait à renouer, et dont il se promettait de grands
avantages, construisit de longs murs jusqu'à la mer ;
il voulait par là, s'il était bloqué du côté de terre, se
ménager, avec le concours des Athéniens, la ressource
des arrivages par mer. Cette construction des murs se
faisait de connivence avec quelques villes du Péloponnèse : les Argiens y travaillèrent en masse, eux, leurs
femmes et leurs serviteurs ; Athènes leur envoya des
maçons et des tailleurs de pierre. L'été finit.

[1] Lorsqu'on apprit que la lutte était engagée.
[2] Les bannis d'Argos.
[3] Je rends ainsi le mot ἀγγέλων, qu'on a généralement omis de traduire, faute d'en comprendre la valeur.

LXXXIII. L'hiver suivant [1], les Lacédémoniens, informés de la construction des murs, marchèrent contre Argos avec leurs alliés, les Corinthiens exceptés ; alors encore ils avaient dans Argos même quelques intelligences. Agis, fils d'Archidamos, roi des Lacédémoniens, commandait l'expédition. Mais le succès qu'ils attendaient de leurs intelligences dans la ville leur fit encore défaut ; ils s'emparèrent des murs en construction et les rasèrent ; ils prirent aussi Hysies[2], place de l'Argie, où ils tuèrent tous les hommes libres qui leur tombèrent entre les mains ; puis ils opérèrent leur retraite et se séparèrent.

Les Argiens, à leur tour, envahirent le territoire de Phlionte et ne se retirèrent qu'après l'avoir ravagé, parce qu'on y avait reçu leurs bannis ; c'était là en effet que la plupart d'entre eux s'étaient établis. Le même hiver les Athéniens bloquèrent les côtes de Macédoine ; ils reprochaient à Perdiccas d'être entré dans la ligue de Lacédémone et d'Argos, et d'avoir, — à l'époque où ils préparèrent une expédition contre les Chalcidiens de l'Épithrace et contre Amphipolis, sous la conduite de Nicias, fils de Nicostrate, — violé le contrat mutuel, et amené par son abstention la dissolution de leur armée. Ils le traitèrent donc en ennemi. L'hiver finit, et avec lui la quinzième année de la guerre.

LXXXIV. L'été suivant, Alcibiade fit voile pour Argos avec vingt vaisseaux, et enleva trois cents des habitants

---

[1] Olympiade quatre-vingt-dixième, quatrième année, 417 avant l'ère vulgaire.

[2] Petite place au sud d'Argos, à trois ou quatre lieues de cette ville.

qui passaient encore pour suspects et favorables aux Lacédémoniens. Les Athéniens les déposèrent dans les îles du voisinage qui leur étaient soumises. Ils firent aussi une expédition contre Mélos [1], avec trente vaisseaux athéniens, six de Chio et deux de Lesbos. Ils avaient douze cents hoplites athéniens, trois cents archers, et vingt archers à cheval, sans compter au moins quinze cents hoplites fournis par leurs alliés et les insulaires. Les Méliens, qui sont une colonie lacédémonienne, se refusaient à subir, comme les autres insulaires, la domination d'Athènes; au commencement ils gardèrent la neutralité, et se tinrent en repos; mais ensuite, forcés par les ravages que les Athéniens exerçaient sur leur pays, ils en vinrent à une guerre ouverte. Les généraux athéniens, Cléomèdes, fils de Lycomèdes, et Tisias, fils de Tisimachos, campèrent avec cette armée sur le territoire de Mélos; mais avant d'y exercer aucun ravage, ils envoyèrent des députés pour conférer. Les Méliens, au lieu de les introduire devant le peuple, les invitèrent à exposer l'objet de leur mission devant les magistrats et les principaux citoyens. Les ambassadeurs athéniens parlèrent ainsi :

LXXXV. Les Athéniens. « Si l'on nous interdit de parler devant le peuple, c'est sans doute de peur que l'attrait d'un discours suivi, prononcé sans interruption, sans le contre-poids d'aucune réfutation, ne séduise la multitude. — Car nous sentons bien que c'est dans cette crainte que vous ne nous admettez à parler que devant les principaux citoyens. — Mais alors, vous

---

[1] L'une des Cyclades.

qui siégez ici, prenez encore mieux vos sûretés : au lieu de nous faire vous-mêmes une réponse unique, prenez chaque point isolément, réfutez sur-le-champ tout ce qui dans nos observations ne vous paraîtra pas fondé, et décidez ensuite. Et d'abord, dites-nous si cette proposition vous convient. » Le conseil des Méliens répondit :

LXXXVI. Les Méliens. « On ne peut qu'approuver cette façon courtoise de s'éclairer mutuellement ; mais les actes, les hostilités, non point imminentes, mais déjà commencées, ne semblent guère d'accord avec ces procédés ; car nous voyons bien qu'en venant ici vous vous érigez juges de ce qui va se dire, et que dès lors il ne peut sortir pour nous de cette conférence que la guerre, si, forts de l'évidence de notre droit, nous refusons de céder, ou la servitude si nous nous rendons à vos raisons.

LXXXVII. Les Athéniens. « Si vous êtes assemblés pour raisonner sur vos défiances de l'avenir ; si vous n'avez pas pour but unique d'aviser au salut de votre ville, en partant du présent, de ce qui est sous vos yeux, nous n'insisterons pas ; mais si telle est au contraire votre intention, nous parlerons.

LXXXVIII. Les Méliens. « Il est naturel et pardonnable, dans une telle situation, de laisser la parole et la pensée tenter toutes les voies ; mais, puisque l'objet de cette conférence est de pourvoir à notre salut, que la discussion ait lieu, s'il vous convient, suivant le mode que vous avez proposé.

LXXXIX. Les Athéniens. Nous laisserons donc de côté, pour notre compte, les belles paroles ; nous ne vous prouverons pas, par de longs discours qui ne convaincraient personne, que, vainqueurs des Mèdes, l'empire nous est justement acquis, ou que c'est pour venger de justes griefs que nous vous attaquons aujourd'hui ; mais, par contre, nous ne voulons pas que vous vous figuriez nous convaincre en prétextant que c'est comme colons de Lacédémone que vous avez refusé de marcher avec nous, ou bien encore que vous ne nous avez fait aucun tort. Il faut s'en tenir à poursuivre ce qui est possible, étant donné pour base un principe sur lequel nous pensons de même, et n'avons rien à nous apprendre mutuellement : c'est que, dans les affaires humaines, on se soumet aux règles de la justice quand on y est contraint par une mutuelle nécessité, mais que, pour les forts, le pouvoir est la seule règle, et pour les faibles la soumission.

XC. Les Méliens. « Eh bien, au point de vue de l'utilité (il faut bien partir de là, puisque vous nous provoquez à laisser le juste à l'écart, pour parler intérêt), vous auriez tort, à notre avis, de mettre de côté l'intérêt général [1] ; il est bon, au contraire, d'accorder toujours à qui est dans une situation critique ce qui est juste et convenable, de le laisser même demander à la persuasion quelques avantages au delà du droit strict et rigoureux. Vous y êtes intéressés plus que personne, d'autant mieux que par des châtiments excessifs vous fourniriez aux autres un précédent, si vous veniez à éprouver quelque échec.

XCI. Les Athéniens. « La fin de notre domination, si elle doit finir, nous laisse sans inquiétudes ; car ce ne sont pas les peuples habitués à la domination, comme

[1] C'est-à-dire, vous auriez tort, dans votre intérêt même, de ne tenir aucun compte de l'intérêt d'autrui.

les Lacédémoniens, qui traitent durement les vaincus ; — et d'ailleurs nous n'avons pas affaire aux Lacédémoniens : — ce sont au contraire les peuples soumis, lorsqu'ils attaquent leurs anciens maîtres et prennent sur eux l'avantage. Mais laissons de côté ces chances qui nous regardent : nous voulons établir que c'est l'intérêt de notre domination qui nous amène ici, et que nos propositions tendent au salut de votre ville ; car notre but est de vous tenir sous notre puissance sans qu'il nous en coûte de peine, et de vous conserver pour votre avantage et pour le nôtre.

XCII. Les Méliens. « Et comment donc aurions-nous à la servitude le même intérêt que vous à la domination ?

XCIII. Les Athéniens. « C'est que vous vous soumettriez alors sans passer par les plus dures extrémités ; et, de notre côté, nous aurions avantage à ne pas vous exterminer.

XCIV. Les Méliens. « Ainsi la proposition de nous tenir en repos, d'être vos amis et de rester neutres, ne serait pas acceptée ?

XCV. Les Athéniens. « Non ; mieux vaudrait pour nous votre haine : car l'amitié passerait pour faiblesse ; la haine deviendra un témoignage de notre puissance [1] aux yeux de nos sujets.

XCVI. Les Méliens. « Vos sujets ont-ils donc assez peu de sens droit pour mettre sur la même ligne des peuples qui ne vous tiennent par aucun lien et ceux qui ont été soumis par vous, soit comme colons athéniens, — c'est le plus grand nombre, — soit après défection ?

---

[1] Elle nous permettra de faire sur vous un exemple.

XCVII. Les Athéniens. « Ils pensent que le droit ne manque ni aux uns ni aux autres [1], et que si ceux-là [2] sont restés indépendants, c'est grâce à leur puissance, la crainte nous empêchant de les attaquer. Votre soumission, outre qu'elle accroîtra le nombre de nos sujets, sera donc pour nous une nouvelle cause de sécurité [3]; d'ailleurs votre condition d'insulaires en face d'une puissance maritime prépondérante, et votre faiblesse relative [4], nous permettent d'autant moins de vous laisser cette indépendance.

XCVIII. Les Méliens. « Mais croyez-vous que l'autre politique [5] ne contribuerait pas plus à votre sécurité ? — Car il faut bien que nous partions de là [6], puisque vous nous jetez en dehors des principes de justice, pour nous amener à vous suivre sur le terrain de votre intérêt; il faut que, nous aussi, si notre intérêt se trouve d'accord avec le vôtre, nous nous efforcions de vous le démontrer. — Comment sera-t-il donc possible que vous n'ayez pas pour ennemis tous les peuples neutres aujourd'hui, lorsque, tournant les yeux vers nous, ils penseront qu'un jour viendra où vous les attaquerez aussi à leur tour ? Que faites-vous autre chose par là que de grandir vos ennemis actuels, et de tourner contre vous, en dépit d'eux-mêmes, ceux qui n'avaient aucune intention hostile ?

[1] Ni aux peuples soumis, ni à ceux qui sont restés indépendants.
[2] Ceux qui ne nous tiennent par aucun lien.
[3] Car la vue d'un peuple libre peut devenir une tentation pour nos sujets.
[4] L'exemple serait d'autant plus pernicieux qu'il partirait d'un peuple faible.
[5] Celle qui respecterait l'indépendance des peuples neutres.
[6] C'est-à-dire de votre intérêt, de votre sécurité.

XCIX. Les Athéniens. « Nullement ! car ceux dont nous croyons avoir le plus à craindre ne sont pas les peuples continentaux, qui, forts de leur indépendance, tarderont longtemps à se mettre en garde contre nous ; — ce sont, au contraire, les insulaires insoumis comme vous, et ceux qui, déjà domptés, sont aigris contre la nécessité qui les tient asservis ; car ceux-là, n'obéissant d'ordinaire qu'à un fol emportement, sont toujours prêts à se précipiter dans des dangers évidents, et à nous y entraîner avec eux.

C. Les Méliens. « Mais si tant de dangers sont bravés par vous pour maintenir votre domination, par ceux que vous avez déjà asservis, pour s'y soustraire, quelle faiblesse et quelle lâcheté à nous, qui sommes encore libres, de ne pas tout tenter avant de subir l'esclavage !

CI. Les Athéniens. « Vous n'en ferez rien, si vous êtes sages : car il ne s'agit pas pour vous d'échapper à la honte en disputant le prix de la valeur, dans une lutte à forces égales ; il s'agit bien plutôt d'aviser à votre salut, et de ne pas vous commettre avec des forces de beaucoup supérieures.

CII. Les Méliens. « Mais nous savons que les chances à la guerre ne se partagent pas toujours suivant la force respective des armées ; et d'ailleurs si nous cédons immédiatement, c'en est fait de tout espoir ; si nous résistons, au contraire, nous pouvons encore espérer le succès.

CIII. Les Athéniens. « On peut se livrer à l'espérance, ce soutien de l'homme dans les périls, quand on n'expose que son superflu ; si elle coûte cher, du moins ce n'est pas la ruine ; mais quand on risque sur elle tout ce qu'on possède (car elle est prodigue de sa nature), c'est dans les revers qu'on apprend à la connaître, et elle ne dévoile sa perfidie qu'au moment où elle ne laisse plus rien pour s'en garantir. Vous qui êtes faibles et qui n'avez qu'une chance à courir, gardez-vous de cette folie; ne faites pas comme la plupart des hommes qui, pouvant encore se sauver par des moyens humains, ont recours dans leur détresse, quand tout espoir réel les abandonne, à de chimériques illusions, à la divination, aux oracles, et à tous ces expédients qui mènent à la ruine par de décevantes espérances.

CIV. Les Méliens. « Et nous aussi, nous croyons difficile, n'en doutez pas, de lutter à la fois, dans des conditions inégales, contre votre puissance et contre la fortune ; mais du côté de la fortune, nous avons bon espoir, avec la protection des dieux, de ne vous être pas inférieurs en défendant des droits sacrés contre l'injustice ; quant à l'infériorité de nos forces, nous espérons que l'alliance des Lacédémoniens y suppléera ; car, en dehors même de tout autre motif, la communauté d'origine et l'honneur les obligent à nous venir en aide. Notre confiance n'est donc pas si absolument dépourvue de raison.

CV. Les Athéniens. « Nous croyons, nous aussi, que la faveur divine ne nous fera pas défaut ; car nous ne demandons, nous ne faisons rien qui ne soit d'accord avec les idées religieuses admises parmi les hommes, et avec ce que chacun réclame pour lui-même [1]. Nous pensons en effet, d'accord en cela avec la tradition di-

---

[1] C'est-à-dire avec les principes de justice consacrés par la religion, et avec les principes qui partout dirigent les hommes.

vine et l'évidence des choses humaines, que partout où il y a puissance, une nécessité fatale veut aussi qu'il y ait domination : ce n'est pas nous qui avons posé cette loi; nous ne l'avons point appliquée les premiers; nous l'avons trouvée établie et nous la transmettrons après nous, parce qu'elle est éternelle; nous en profitons, bien convaincus que personne, pas plus vous que d'autres, placé dans les mêmes conditions de puissance, n'en agirait autrement. Pour ce qui est de la faveur divine, nous n'avons donc pas à craindre, suivant toute vraisemblance, d'être plus maltraités que vous; quant à la confiance que vous placez dans les Lacédémoniens, à l'espoir qu'ils viendront par pudeur vous secourir, nous vous félicitons de votre heureuse simplicité, sans envier pourtant votre aveuglement : les Lacédémoniens, entre eux, et pour tout ce qui a trait à leur politique intérieure, observent rigoureusement les lois de la justice ; mais à l'égard des autres il y aurait beaucoup à dire sur leurs procédés; qu'il nous suffise de déclarer sommairement qu'il n'est pas de peuple, à notre connaissance, qui confonde plus manifestement le bien avec l'agréable, le juste avec l'utile. Certes, de pareilles dispositions répondent mal à vos folles espérances de salut.

CVI. Les Méliens. « C'est précisément là ce qui nous donne bon espoir : dans leur propre intérêt, ils ne voudront pas, en trahissant Mélos, une de leurs colonies, mettre en défiance ceux des Grecs qui leur sont favorables, et servir leurs ennemis.

CVII. Les Athéniens. « Ne savez-vous donc pas que dans la recherche de l'utile on a en vue la sécurité, tandis qu'on n'arrive au bien et au juste qu'à travers les dangers [1] ; et les Lacédémoniens, en général, ne s'y exposent que le moins possible.

CVIII. Les Méliens. « Néanmoins nous pensons que pour nous ils s'y exposeront plus volontiers, et croiront leurs sacrifices plus sûrement placés qu'avec d'autres ; car notre proximité du Péloponnèse nous met plus à portée d'agir, et la communauté d'origine garantit mieux la fidélité de nos sentiments.

CIX. Les Athéniens. « La raison déterminante pour ceux dont on réclame le concours à la guerre n'est pas la reconnaissance de l'obligé, mais bien la supériorité de ses forces réelles. C'est là une considération dont les Lacédémoniens tiennent compte, et plus encore que d'autres : défiants de leurs propres forces, ils n'attaquent leurs voisins qu'assistés de nombreux alliés ; il n'est donc guère vraisemblable qu'ils passent dans une île quand nous avons l'empire de la mer.

CX. Les Méliens. « Mais ils pourront en envoyer d'autres : la mer de Crète est vaste, et il est plus difficile aux maîtres des mers d'y atteindre ceux qui veulent se soustraire à leurs recherches, qu'à ceux-ci de leur échapper. D'ailleurs, s'ils échouaient à cet égard, ils se tourneraient au besoin contre votre territoire et contre ceux de vos alliés que n'a pas attaqués Brasidas. Dès lors ce ne sera plus pour une terre étrangère, ce sera pour vos propres alliés, pour votre propre territoire que vous aurez à supporter le poids de la guerre.

CXI. Les Athéniens. « A cet égard vous n'ignorez pas, et vous pourrez apprendre par votre propre expé-

---

[1] C'est-à-dire que les hommes gouvernés exclusivement par des principes égoïstes cherchent avant tout leur sécurité, et que pour rester juste, il y a au contraire des dangers à courir.

rience, que jamais les Athéniens n'ont abandonné un seul siége par crainte de qui que ce fût. Mais nous étions convenus d'aviser aux moyens de vous sauver ; et nous nous apercevons que, dans le cours d'un si long entretien, vous n'avez pas dit un mot sur lequel on puisse fonder quelque espoir de salut. Le plus sûr de vos ressources n'est qu'en espérance et dans l'avenir ; vos forces réelles sont peu de chose pour triompher de celles qui sont là présentes et prêtes à attaquer. Vous faites preuve d'un grand aveuglement si, pendant qu'il en est temps encore, vous ne prenez pas, quand nous serons retirés, une résolution plus sage. N'écoutez donc pas ce faux point d'honneur qui perd si souvent les hommes, en les jetant au milieu de périls manifestes d'où ils ne peuvent sortir que par la honte. Car bien souvent, tout en voyant clairement où l'on marche, on se laisse entraîner par la force irrésistible de ce qu'on appelle l'honneur. On est subjugué par un mot ; et, de fait, on se jette volontairement dans d'irréparables maux ; et la honte qu'on en recueille est d'autant plus grande, qu'elle est l'œuvre de la folie, et non de la fortune. C'est là ce dont vous vous garderez si vous êtes sages : vous ne verrez aucun déshonneur à céder à une grande puissance, modérée dans ses prétentions, qui vous offre son alliance avec jouissance de votre territoire, à la condition d'un tribut ; quand vous avez le choix entre la guerre et votre sûreté, vous ne serez pas jaloux de prendre le plus mauvais parti. Car ne pas céder à ses égaux, être prudent avec les forts, modéré avec les faibles, c'est mettre de son côté les chances les plus favorables. Réfléchissez donc encore quand nous nous serons retirés ; songez plus d'une fois que vous délibérez sur votre patrie, que vous n'avez qu'elle seule, et qu'une seule délibération, favorable ou funeste, va en décider. »

CXII. Les Athéniens quittèrent alors la conférence. Les Méliens, restés seuls, prirent une décision conforme au langage qu'ils avaient tenu, et firent cette réponse : « Athéniens, rien n'est changé à notre première résolution : nous ne nous laisserons pas ravir en un moment la liberté d'une ville que nous habitons déjà depuis sept cents ans; mais, confiants dans les dieux et dans les hommes, dans la fortune qui nous a conservés libres jusqu'à ce jour, et dans le secours des Lacédémoniens, nous essaierons de nous sauver. Nous vous demandons d'être vos amis et de garder la neutralité; nous vous invitons à sortir de notre territoire moyennant un traité qui concilie les intérêts des uns et des autres. »

CXIII. Telle fut la réponse des Méliens. Les Athéniens rompirent la conférence en disant : « Vous êtes les seuls, ce semble, à en croire ces résolutions, qui jugiez l'avenir plus clair que ce qui est sous vos yeux, et qui considériez comme déjà réalisé, parce que vous le voulez ainsi, ce qui n'apparaît pas encore. Vous avez tout risqué, tout confié aux Lacédémoniens, à la fortune et à l'espérance, et vous allez tout perdre. »

CXIV. Les ambassadeurs athéniens retournèrent au camp ; et les généraux, voyant que les Méliens ne voulaient rien entendre, se disposèrent aussitôt à commencer les hostilités. Ils distribuèrent les travaux entre les différentes villes et entourèrent Mélos d'une circonvallation. Puis ils laissèrent des troupes prises parmi les Athéniens et les alliés, pour bloquer la place par terre et par mer, et s'en retournèrent avec la plus grande partie de l'armée. Ceux qui restèrent tinrent la place investie.

CXV. Vers le même temps, les Argiens envahirent le territoire de Phlionte ; mais, surpris dans une embuscade par les Phliasiens et leurs propres bannis, ils perdirent environ quatre-vingts des leurs. Les Athéniens de Pylos firent sur les Lacédémoniens un butin considérable ; les Lacédémoniens, de leur côté, répondirent à cette attaque par des hostilités, sans pourtant considérer le traité comme rompu, et proclamèrent qu'il était loisible à tout Lacédémonien de piller les Athéniens. Les Corinthiens prirent aussi les armes contre les Athéniens, pour quelques différends particuliers : le reste du Péloponnèse se tint en repos. Les Méliens attaquèrent la nuit et emportèrent la partie de l'enceinte athénienne du côté du marché [1] ; ils tuèrent quelques hommes, emportèrent le plus qu'ils purent de vivres et d'objets de première nécessité, et rentrèrent dans la place où ils se tinrent en repos. Les Athéniens firent dès lors meilleure garde, et l'été finit.

CXVI. L'hiver suivant, les Lacédémoniens se disposèrent à envahir le territoire d'Argos ; mais les sacrifices faits sur les frontières avant l'entrée en campagne n'ayant pas été favorables, ils se retirèrent. Les Argiens, aussitôt qu'ils connurent ces projets hostiles, avaient arrêté quelques-uns des leurs comme suspects ; d'autres prirent la fuite.

Vers la même époque, les Méliens enlevèrent une

---

[1] Ces mots s'appliquent mieux au camp qu'à la ville elle-même ; il y avait dans chaque camp un marché, et les Méliens devaient attaquer de ce côté pour se procurer des vivres.

autre partie de l'enceinte où les Athéniens n'avaient que peu de gardes. Mais, après cette surprise, une nouvelle armée arriva d'Athènes, sous le commandement de Philocratès, fils de Déméas, et le siége fut alors poussé vigoureusement. Une trahison eut lieu à l'intérieur et les habitants s'en remirent à la discrétion des Athéniens. Ceux-ci tuèrent tous les hommes en état de porter les armes qui leur tombèrent entre les mains, et réduisirent en esclavage les enfants et les femmes. Plus tard, ils s'établirent eux-mêmes dans la ville et y envoyèrent une colonie de cinq cents hommes.

LIVRE SIXIÈME

I. Le même hiver, les Athéniens résolurent de descendre de nouveau en Sicile, avec des armements plus considérables que ceux de Lachès et d'Eurymédon, et de la soumettre, s'il était possible. La plupart d'entre eux ignoraient la grandeur de l'île, le nombre de ses habitants, Grecs et Barbares ; ils ne soupçonnaient pas que la guerre qu'ils allaient entreprendre ne le cédait que de bien peu en importance à celle du Péloponnèse. En effet, le périple de la Sicile n'est guère de moins de huit jours pour un vaisseau de transport ; et cette île si vaste n'est séparée du continent que par un bras de mer de vingt stades [1].

II. La Sicile fut anciennement habitée ; voici l'énumération de tous les peuples qui l'occupèrent : Les premiers habitants furent, dit-on, les Cyclopes et les Lestrigons établis dans une partie de l'île. Je ne saurais dire ni leur origine, ni d'où ils vinrent, ni où ils se retirèrent ; il faut se contenter de ce qu'en ont raconté les poëtes et de ce que chacun en sait. Après eux, les

---

[1] Environ 3,700 mètres. La plus petite distance est un peu moindre que ne le dit Thucydide.

Sicanes paraissent y avoir les premiers formé des établissements. Ils leur seraient même antérieurs, à les en croire, puisqu'ils se prétendent autochthones ; mais la vérité est que ce sont des Ibères [1], chassés par les Ligyens des bords du fleuve Sicanos [2], en Ibérie. L'île, nommée jusque-là Trinacrie, fut alors appelée, de leur nom, Sicanie. Ils occupent encore aujourd'hui la partie occidentale de la Sicile.

Après la prise d'Ilion, quelques Troyens échappés aux Grecs abordèrent en Sicile, s'établirent sur les confins des Sicanes et prirent en commun le nom d'Élymes ; leurs villes sont Éryx et Égeste. A côté d'eux s'établirent aussi, au retour de Troie, quelques Phocéens qui, jetés d'abord par la tempête en Libye, passèrent de là en Sicile. Les Sicèles passèrent d'Italie, où ils habitaient, en Sicile, pour fuir les Opiques. On dit, et il est vraisemblable qu'ils firent la traversée sur des radeaux, en profitant du moment où le vent souffle de terre ; peut-être aussi y abordèrent-ils de quelque autre façon. Aujourd'hui encore il se trouve des Sicèes en Italie, et cette contrée même fut ainsi appelée d'un certain Italos, roi des Sicèles. Arrivés en Sicile avec des forces considérables, ils vainquirent dans un combat les Sicanes, les refoulèrent vers le sud et l'ouest de l'île et substituèrent au nom de Sicanie celui de Sicélie. A partir de cette invasion jusqu'à l'arrivée des Grecs en Sicile, ils restèrent maîtres de la plus riche partie du pays, l'espace d'environ trois cents ans. En-

---

[1] Ce témoignage est confirmé par celui de Philistus, cité par Diodore, et d'Éphorus.

[2] En l'absence de tout témoignage positif, la position de ce fleuve ne peut être exactement déterminée.

core aujourd'hui ils possèdent le centre et le nord de l'île. Des Phéniciens formèrent aussi des établissements tout autour de la Sicile ; ils occupèrent des promontoires et des îlots situés près du rivage, en vue du commerce avec les Sicèles. Mais quand les Grecs vinrent à leur tour y aborder en grand nombre, ils abandonnèrent la plupart de ces établissements, et se concentrèrent à Motye, à Soloïs et à Panorme, dans le voisinage des Élymes, sur l'alliance desquels ils comptaient ; un autre motif était que cette partie de la Sicile n'est séparée de Carthage que par une fort courte traversée.

Tels sont les peuples barbares qui habitèrent la Sicile et les établissements qu'ils y formèrent.

III. Parmi les Grecs, les Chalcidiens, les premiers, passèrent d'Eubée en Sicile, et fondèrent, sous la conduite de Thouclès, la ville de Naxos [1], ainsi que l'autel d'Apollon Archégétès, qui est maintenant hors de la ville [2] : c'est sur cet autel que les théores, envoyés hors de la Sicile, font leur premier sacrifice. L'année suivante, Archias, l'un des Héraclides, parti de Corinthe, fonda Syracuse. Il chassa d'abord les Sicèles de l'île [3] où est aujourd'hui la ville intérieure, maintenant reliée à la terre ferme ; par la suite des temps une muraille y réunit la ville extérieure, qui devint elle-même très-populeuse. Thouclès et les Chalcidiens, partis de Naxos cinq ans après la fondation de Syracuse,

---

[1] Naxos était située à peu de distance de la colline où fut bâtie plus tard Tauroménium (Taormina).
[2] Appien, contemporain des Antonins, parle de cette statue (*Guerre civile*, liv. v) comme existant encore de son temps.
[3] L'île Ortygie.

combattirent les Sicèles, les chassèrent, et fondèrent Léontium, puis Catane. Les Catanéens choisirent eux-mêmes [1] Évarchos pour fondateur de leur colonie.

IV. Vers le même temps encore, Lamis arriva en Sicile à la tête d'une colonie de Mégariens et fonda, sur le fleuve Pantacyas, un établissement du nom de Trotilos ; mais il l'abandonna ensuite, se mêla quelque temps à la colonie de Léontium et, chassé par les Chalcidiens, alla fonder Thapsos. Après sa mort, ses compagnons, chassés de Thapsos, allèrent, sous la conduite d'un roi sicèle nommé Hyblon, qui leur livra son pays, fonder Mégarée [2], surnommée Hybléenne. Après une occupation de deux cent quarante-cinq ans, ils furent chassés de la ville et du pays par Gélon, tyran de Syracuse ; mais, antérieurement à cette expulsion et cent ans après leur établissement, ils avaient envoyé Pamillos fonder Sélinonte. Pamillos vint de Mégare [3], leur métropole, pour présider à la colonisation.

Antiphémos de Rhodes et Entimos de Crète amenèrent une colonie et fondèrent en commun Géla, quarante-cinq ans après la fondation de Syracuse. Cette ville prit son nom du fleuve Géla; mais l'emplacement où est maintenant la citadelle, c'est-à-dire la ville primitive, s'appelle Lindii. Les institutions furent celles des Doriens [4]. Environ cent huit ans après leur établissement en Sicile, ceux de Géla fondèrent Agri-

---

[1] Ordinairement c'était la mère-patrie qui désignait le chef de la colonie.

[2] A peu de distance au nord de Syracuse.

[3] Il s'agit ici de Mégare en Grèce.

[4] Le gouvernement aristocratique, tempéré par quelques institutions démocratiques.

gente [1], à laquelle le fleuve Acragas donna son nom. Ils choisirent pour fondateurs Aristonoüs et Pystilos, et lui donnèrent les institutions de Géla.

Zancle fut originairement fondée par des pirates venus de Cyme, ville chalcidique de l'Opicie [2]. Plus tard, une foule de nouveaux habitants arrivèrent de Chalcis et du reste de l'Eubée, et se partagèrent le pays qu'ils colonisèrent, sous la conduite de Périérès et de Cratéménès, l'un de Cyme, l'autre de Chalcis. C'étaient les Sicèles qui avaient d'abord donné à la ville le nom de Zancle, parce que l'emplacement a la figure d'une faux et qu'ils appellent la faux *Zanclon*. Eux-mêmes furent expulsés ensuite par les Samiens et d'autres Ioniens qui, fuyant devant les Mèdes, vinrent aborder en Sicile. Les Samiens furent chassés à leur tour, peu de temps après, par Anaxilas, tyran de Rhéges, qui établit dans la ville une population mêlée, et l'appela Messène, du nom de son ancienne patrie.

V. Himère, colonie de Zancle, fut fondée par Euclides, Simos et Sacon. Elle fut peuplée surtout de Chalcidiens, auxquels se joignirent des Syracusains nommés Milétides, vaincus et expulsés à la suite d'une sédition. La langue dominante était un mélange de chalcidien et de dorien; les institutions se rapprochaient davantage de celles des Chalcidiens.

Acré et Casméné furent fondées par les Syracusains: Acré, soixante-dix ans après Syracuse; Casméné, environ vingt ans après Acré.

---

[1] Les Sicanes avaient déjà sur ce point une ville nommée Camicos, dont parle Hérodote, et qui paraît s'être confondue avec Agrigente.

[2] L'Opicie s'étendait sur les côtes de la mer Tyrrhénienne, au midi du Tibre, jusqu'à l'OEnotrie.

Camarina fut d'abord une colonie syracusaine, fondée par Dascon et Ménécolos, environ cent trente-cinq ans après la fondation de Syracuse [1]. Mais les Camarinéens s'étant révoltés contre les Syracusains, ceux-ci les chassèrent, et donnèrent plus tard le territoire de Camarina à Hippocrate, tyran de Géla, comme rançon de prisonniers syracusains. Hippocrate établit une colonie à Camarina et en devint ainsi lui-même le fondateur. Plus tard, les nouveaux habitants furent à leur tour chassés par Gélon, qui la colonisa pour la troisième fois.

VI. Tel est le dénombrement des peuples grecs et barbares établis en Sicile ; et c'est contre une île de cette importance que les Athéniens brûlaient de marcher ! Leur véritable but était de soumettre l'île entière à leur domination ; mais en même temps ils se couvraient d'un prétexte spécieux, celui de secourir les peuples de même race qu'eux et les alliés qu'ils s'étaient faits en Sicile. Ils furent surtout déterminés par les pressantes sollicitations des députés d'Égeste, venus à Athènes pour réclamer leur appui. Limitrophes de Sélinonte, les Égestains étaient en guerre avec elle pour des questions de mariage [2] et pour un territoire contesté ; ceux de Sélinonte, aidés par les Syracusains qu'ils avaient engagés dans leur alliance, serraient de près Égeste par terre et par mer. Dans cette extrémité, les Égestains rappelaient aux Athéniens le souvenir de l'alliance contractée sous Lachès, lors de la première guerre de Léontium, et les priaient d'envoyer des vaisseaux à leur secours ; parmi les nombreux

---

[1] La fondation de Syracuse remonte à l'an 735 avant notre ère.
[2] Diodore, XII, 82, n'indique que le second motif.

motifs qu'ils faisaient valoir, ils alléguaient surtout que, si les Syracusains, après avoir impunément chassé les Léontins et écrasé les autres alliés qui pouvaient rester à Athènes [1], réunissaient entre leurs mains toutes les forces de la Sicile, il était à craindre qu'étant de race dorienne, ils ne vinssent un jour, en vertu de la communauté d'origine, porter secours aux Doriens, et qu'unis aux Péloponnésiens dont ils étaient une colonie, ils ne détruisissent avec eux la puissance d'Athènes ; qu'il était prudent dès lors aux Athéniens de s'opposer aux Syracusains avec les alliés qui leur restaient, surtout quand les Égestains offraient une subvention suffisante pour les frais de la guerre. Les Athéniens, à force d'entendre, dans leurs assemblées, répéter ces discours par les Égestains et les orateurs qui plaidaient dans le même sens, décrétèrent d'abord l'envoi à Égeste d'ambassadeurs chargés de vérifier, d'une part, si les ressources dont ils parlaient se trouvaient en effet dans le trésor public et dans les temples, de l'autre où en était la guerre avec les Sélinontins. Les ambassadeurs athéniens partirent donc pour la Sicile.

VII. Le même hiver, les Lacédémoniens et leurs alliés, à l'exception des Corinthiens, firent une expédition contre l'Argie, ravagèrent une petite partie du pays et emportèrent du blé sur des chariots qu'ils avaient amenés. Ils établirent à Ornées les exilés d'Argos, à qui ils laissèrent quelque peu de troupes prises dans le reste de l'armée; puis ils conclurent un traité aux termes duquel les Ornéates et les Argiens devaient, pendant quelque temps, respecter mutuelle-

---

[1] Les villes chalcidiennes de Sicile.

ment leur territoire, et ils ramenèrent chez eux leur armée. Mais, les Athéniens étant arrivés peu après avec trente vaisseaux et six cents hoplites, les Argiens sortirent en masse avec eux et assiégèrent Ornées pendant un jour. La nuit suivante, pendant qu'ils bivouaquaient à distance, les Ornéates s'échappèrent. Dès que les Argiens s'en aperçurent le lendemain, ils rasèrent Ornées et se retirèrent. Les Athéniens, de leur côté, retournèrent ensuite chez eux sur leurs vaisseaux.

Les Athéniens transportèrent aussi par mer à Méthone, sur les confins de la Macédoine, des cavaliers d'Athènes ainsi que des bannis de Macédoine qu'ils avaient accueillis, et ils ravagèrent les États de Perdiccas. Les Lacédémoniens envoyèrent chez les Chalcidiens de l'Épithrace, qui avaient une trêve de dix jours avec les Athéniens, pour les engager à unir leurs armes à celles de Perdiccas ; mais ils s'y refusèrent. L'hiver finit, et, avec lui, la seizième année de cette guerre dont Thucydide a écrit l'histoire.

VIII. L'été suivant, dès le commencement du printemps [1], les ambassadeurs athéniens revinrent de Sicile, et avec eux ceux d'Égeste. Ils apportaient soixante talents d'argent non monnayé [2], pour un mois de solde de soixante vaisseaux dont ils devaient demander l'envoi. Les Athéniens, réunis en assemblée, écoutèrent les récits séduisants et mensongers des ambassadeurs d'Égeste et des leurs ; entre autres choses, qu'il y avait de grandes richesses toutes prêtes dans les temples et dans le trésor public. Ils décrétèrent l'envoi en Sicile

---

[1] Première année de la quatre-vingt-onzième olympiade, 415 avant notre ère.
[2] A raison d'un drachme par homme et par jour.

de soixante vaisseaux avec des généraux munis de pleins pouvoirs : Alcibiade, fils de Clinias ; Nicias, fils de Nicératos ; et Lamachos, fils de Xénophanes. Ils devaient secourir Égeste contre les Sélinontins, rétablir les Léontins, si la guerre leur en laissait le moyen, et tout disposer en Sicile de la manière qui leur semblerait la plus avantageuse aux Athéniens. Cinq jours après, une nouvelle assemblée eut lieu pour aviser aux moyens d'équiper les vaisseaux le plus promptement possible, et voter aux généraux ce dont ils pourraient avoir besoin pour prendre la mer. Alors Nicias s'avança : élu au commandement malgré lui, il était persuadé qu'on avait pris une résolution funeste, et que sous un prétexte spécieux, mais futile, on voulait entreprendre une tâche immense, la conquête de toute la Sicile. Résolu à combattre ces dispositions, il s'exprima ainsi :

IX. « Cette assemblée est convoquée pour délibérer sur les préparatifs de l'expédition de Sicile, maintenant résolue ; néanmoins il me semble, à moi, que nous devrions encore revenir sur le fond même de la question et examiner si l'envoi d'une flotte est ce qu'il y a de mieux ; si nous n'aurions pas tort, après une délibération aussi précipitée sur des objets de cette importance, de nous laisser entraîner par des étrangers à une guerre qui ne nous touche point. Et pourtant cette expédition est pour moi une source d'honneur ; je crains moins que d'autres pour ma propre vie, — ce qui ne veut pas dire que je regarde comme un moins bon citoyen celui qui a quelque souci de sa personne et de sa fortune ; car celui-là surtout voudra, dans son intérêt même, la prospérité de la république. — Mais n'ayant jamais jusqu'ici parlé contre ma pensée en vue des honneurs, je ne commencerai pas maintenant, et je dirai ce que je crois le meilleur. Avec votre caractère ce serait parler sans fruit que de vous engager à conserver ce que vous possédez et à ne pas risquer ce que vous avez sous la main pour des avantages incertains et à venir ; aussi me contenterai-je de vous montrer que votre précipitation est intempestive et qu'il n'est pas aisé d'atteindre le but que vous poursuivez.

X. « En effet, je le déclare, vous embarquer pour la Sicile quand vous laissez ici de nombreux ennemis, c'est vouloir ici même vous en attirer de nouveaux. Vous croyez sans doute que les traités conclus par vous[1] ont quelque solidité : tant que vous resterez tranquilles, vous aurez la paix, de nom du moins (car on a si bien fait et ici et chez nos adversaires que ce n'est plus autre chose) ; mais si vos armées éprouvent quelque notable échec, aussitôt vos ennemis s'empresseront de vous attaquer : d'abord parce qu'ils n'ont fait la paix que par nécessité, dans des circonstances critiques et à des conditions moins honorables pour eux que pour nous; ensuite parce que nous avons, dans ce traité même, bien des points contestés. Il est même des peuples qui n'ont pas encore accepté la trêve, et ce ne sont pas les plus faibles : les uns nous font ouvertement la guerre[2], les autres ne sont retenus que par l'inaction des Lacédémoniens et par une simple trêve de dix jours avec nous. Qui sait si, profitant de cette division de nos forces que nous avons en ce moment

---

[1] Les traités avec les Lacédémoniens.
[2] Les Corinthiens.

tant de hâte d'opérer, ils ne nous attaqueront pas tous ensemble, d'accord avec les Siciliens, dont naguère ils auraient mis l'alliance à si haut prix? Voilà ce qu'on doit considérer, au lieu d'aller, quand la république est encore loin du port, chercher d'autres périls, ambitionner d'autres conquêtes, avant d'avoir affermi ce que nous possédons ; les Chalcidiens de l'Épithrace, révoltés contre nous depuis tant d'années, ne sont pas encore rentrés sous notre dépendance ; sur plusieurs points du continent, nous n'obtenons qu'une obéissance douteuse ; et nous, qui mettons tant d'ardeur à secourir les Égestains nos alliés, à venger leur offense, nous tardons encore à venger une offense personnelle sur des sujets depuis longtemps révoltés !

XI. « Et pourtant, ces peuples une fois soumis, nous pourrions maintenir sur eux notre autorité ; tandis qu'en Sicile, même vainqueurs, la distance et le nombre des ennemis ne nous permettraient que bien difficilement d'établir notre domination. Or il est insensé de marcher contre un peuple dont la défaite n'assure pas la soumission, et avec lequel un échec ne vous laisse plus dans la même situation qu'auparavant [1]. Les Siciliens, bien peu redoutables, ce me semble, dans l'état actuel, le seront bien moins encore sous la domination des Syracusains, dont les Égestains nous font un épouvantail : maintenant, en effet, chacun d'eux pourrait, à la rigueur, venir nous attaquer, pour complaire aux Lacédémoniens ; mais dans la seconde éventualité, il n'est pas vraisemblable qu'un empire

---

[1] C'est-à-dire qu'un échec diminue la considération des Athéniens et les ressources dont ils peuvent actuellement disposer contre les Lacédémoniens.

attaque un autre empire. Car lorsque, unis aux Péloponnésiens, ils auraient détruit notre domination, la leur pourrait l'être également par les Péloponnésiens. Si nous voulons nous rendre redoutables aux Grecs de Sicile, le mieux est de ne pas aller chez eux ; nous pouvons encore arriver au même but, mais à un degré moindre, en leur montrant notre puissance et en nous retirant après une courte apparition. Si au contraire nous éprouvions le moindre échec, ils nous mépriseraient, et ne tarderaient pas à s'unir aux Grecs d'ici pour nous attaquer : car on admire, nous le savons tous, ce qui est très-éloigné, ce dont la renommée n'a pas encore été soumise à l'épreuve [1]. C'est précisément ce qui vous arrive maintenant, Athéniens, à l'égard des Lacédémoniens et de leurs alliés : pour les avoir vaincus, bien au delà de votre attente si on compare le résultat à vos premières craintes, vous en êtes venus à les dédaigner, et déjà vous portez vos vues jusque sur la Sicile. Ce n'est pas de la mauvaise fortune de ses adversaires qu'on doit s'enorgueillir : c'est quand la pensée même est subjuguée chez eux qu'on peut prendre confiance ; soyons persuadés, au contraire, que les Lacédémoniens, au milieu de leur humiliation, ne songent maintenant encore qu'à une seule chose, aux moyens de nous renverser et d'effacer leur propre honte ; d'autant mieux que ce qui les préoccupe par-dessus tout et sans relâche, c'est l'application à se faire une réputation de bravoure. Aussi n'est-ce pas des Égestains, d'un peu-

---

[1] Il faut ajouter pour compléter le sens : Mais on dédaigne ce qu'on connaît, ce qu'on a soumis à l'épreuve. C'est sur cette pensée sous-entendue que tombe la phrase suivante.

ple barbare de Sicile, qu'il s'agit pour nous, si nous sommes sages, mais bien des moyens de nous mettre sûrement en garde contre les menées oligarchiques de notre rivale.

XII. « Rappelons-nous que nous nous relevons à peine, et depuis bien peu de temps, d'une terrible maladie et des maux de la guerre ; que nos ressources et notre population ne font que commencer à renaître ; qu'il est juste de les employer ici à nos propres besoins au lieu de les consacrer à ces exilés qui mendient nos secours, qui ont intérêt à faire de spécieux mensonges, et qui, s'ils réussissent, au risque d'autrui, sans fournir eux-mêmes autre chose que des paroles, n'auront point une reconnaissance égale au service ; tandis que, s'ils échouent, ils entraîneront leurs amis dans leur ruine.

Que si quelqu'un [1], tout glorieux du commandement auquel il a été élu, vous engage à mettre à la voile ; si, n'ayant en vue que lui seul, trop jeune d'ailleurs pour commander, il n'aspire qu'à se faire admirer par le luxe de ses chevaux et à exploiter sa charge au profit de son faste ; ne lui permettez pas de chercher un éclat tout personnel au péril de la république : songez que de tels hommes compromettent les affaires publiques et se ruinent eux-mêmes ; songez que l'entreprise est grande et qu'elle n'est pas de celles dont on peut abandonner à un jeune homme et la décision et l'exécution précipitée.

XIII. « Quand je vois ceux qui siégent ici en ce moment [2] comme tenants et avocats de cet homme, je

[1] Alcibiade.
[2] Les jeunes gens, partisans d'Alcibiade, chargés par lui de soutenir ses propositions.

crains : j'adjure à mon tour les hommes d'un âge plus mûr, s'il en est quelqu'un qui siége à côté des gens de cette faction, de ne point céder, par une fausse honte, à la crainte de paraître lâches s'ils ne votent pas pour la guerre. Je les supplie de ne pas se laisser aller à cette folle passion pour des objets absents qui pourrait, eux aussi, les entraîner. Ils savent qu'on gagne peu par la convoitise et beaucoup par la prévoyance. Qu'ils protestent donc par leurs votes, dans l'intérêt de la patrie qui se précipite vers le plus grand péril qu'elle ait jamais couru ; qu'ils décrètent que les Siciliens garderont, vis-à-vis de nous et sans contestation, leurs limites actuelles : le golfe d'Ionie pour la navigation le long des côtes, et celui de Sicile pour la navigation en haute mer. Disons aux Égestains en particulier que, puisqu'ils ont, sans les Athéniens, commencé la guerre contre Sélinonte, c'est à eux aussi à la terminer par eux-mêmes : en un mot ne nous faisons plus désormais, selon notre usage, des alliés auxquels il nous faille porter secours quand ils sont malheureux, sans pouvoir en tirer nous-mêmes aucun profit dans le besoin.

XIV. « Et toi, prytane [1], si tu crois qu'il t'appartienne de veiller sur la république, si tu veux être bon citoyen, mets cette proposition en délibération et appelle les Athéniens à voter de nouveau ; songe, si tu crains de revenir sur un vote acquis, que, quand on a pour soi un si grand nombre de témoins, on ne saurait être accusé de violer les lois [2] ; que la république,

[1] Président de l'assemblée, nommé aussi épistate.
[2] Il était contraire aux usages de revenir sur une décision acquise ; cependant nous en trouvons un autre exemple dans Thucy-

compromise par une résolution funeste, trouvera en toi son médecin ; enfin que si on remplit les devoirs d'un magistrat, en faisant tout le bien possible à sa patrie, on le remplit aussi en ne permettant pas volontairement qu'il lui arrive aucun mal. »

XV. Ainsi parla Nicias. La plupart des orateurs, s'avançant au milieu de l'assemblée, insistaient pour la guerre et le maintien du décret ; quelques-uns cependant étaient d'un avis opposé. Celui qui plaidait avec le plus de chaleur en faveur de l'expédition était Alcibiade, fils de Clinias : il voulait contredire Nicias, dont il ne partageait pas du reste les opinions politiques ; il avait d'ailleurs été désigné par lui d'une manière offensante ; mais avant tout il ambitionnait un commandement qui lui permît de s'emparer de la Sicile et de Carthage, objets de ses espérances, et de recueillir personnellement, en cas de succès, richesses et renommée. En grand crédit auprès de ses concitoyens, il avait des goûts de luxe au-dessus de sa fortune : passion des chevaux, autres goûts de dépense; et ce ne fut pas là ce qui contribua le moins, par la suite, à la ruine d'Athènes : car bien des gens, effrayés du débordement inouï de son faste personnel et de la hauteur ambitieuse de ses conceptions dans toutes les affaires auxquelles il avait part, crurent qu'il aspirait à la tyrannie et devinrent ses ennemis. Homme public, il avait imprimé une grande force à l'organisation militaire ; mais, comme homme privé, chacun était cho-

---

dide, à propos de la condamnation des Mityléniens. — Le sens de la phrase est qu'en présence de témoins si nombreux, qui sauront tous comment on est revenu sur le vote, et qui sanctionneront cette infraction à la loi, la responsabilité du prytane ne saurait être engagée.

qué de sa conduite ; on confia à d'autres les affaires, et en peu de temps on perdit l'État.

. Dans cette circonstance, il s'avança au milieu de l'assemblée et harangua ainsi les Athéniens :

XVI. « Mieux que d'autres, j'ai des titres au commandement, Athéniens ! — Il faut bien que je commence par là, puisque Nicias m'a mis en cause, — et je crois d'ailleurs en être digne. Car ce à quoi je dois mon illustration est tout à la fois glorieux pour mes ancêtres et pour moi, utile à la patrie. Les Grecs, à la vue de la magnificence que j'ai déployée aux jeux Olympiques, se sont exagéré la puissance de notre ville qu'ils aimaient auparavant à se figurer écrasée par la guerre. J'ai fait descendre sept chars dans la carrière, ce que n'avait jamais fait encore aucun particulier ; vainqueur, j'ai obtenu en outre le second et le quatrième rang ; j'ai déployé dans tout le reste une magnificence digne de ma victoire ; et, si ces dépenses sont commandées par l'usage, elles n'en sont pas moins, par la manière dont elles sont faites, un indice de puissance. Quant à l'éclat dont je brille au dedans de la république, soit dans les fonctions de chorége [1], soit dans d'autres occasions, il excite tout naturellement, il est vrai, l'envie des citoyens, mais il est aussi aux yeux des étrangers un indice de puissance. Ce n'est point là d'ailleurs une folie inutile, lorsque par des dépenses toutes personnelles on sert tout à la fois et soi-même et l'État. Il n'y a pas non plus injustice, lorsqu'on a de soi une haute opinion, à ne pas rester

---

[1] Les choréges fournissaient les chœurs pour les jeux scéniques et les grandes cérémonies religieuses. C'était à qui se distinguerait le plus par le nombre des personnages et l'éclat des costumes.

l'égal des autres, puisque le malheureux ne trouve personne qui veuille s'égaler à lui par le partage de sa mauvaise fortune. De même qu'on tient à l'écart l'infortuné, on doit par le même motif supporter les dédains de l'homme plus heureux que soi ; ou bien qu'on accorde à autrui l'égalité, si on veut la réclamer pour soi-même.

« Je sais que de tels hommes, que tous ceux qui à quelque égard ont brillé d'un éclat supérieur, sont, pendant leur vie, vus avec chagrin par leurs égaux d'abord, et ensuite par tous ceux avec qui ils vivent : maisp lus tard, on voit des hommes se réclamer du nom qu'ils ont laissé, sous prétexte d'une parenté souent imaginaire ;leu r'patrie aussi les revendique avec orgueil ; elle ne veut ni qu'ils lui soient étrangers, ni qu'ils aient commis de fautes ; ils sont siens, et elle ne voit que leurs grandes actions. C'est à cette gloire que j'as eirp; c'est par là que je me suis rendu illustre comme particulier ; comme homme public, voyez si je le cède à personne pour l'administration des affaires : c'est moi qui ai réuni les peuples les plus puissants du Péloponnèse, sans beaucoup de dangers ni de dépense pour vous, et qui ai amené les Lacédémoniens à tout risquer en un seul jour à Mantinée ; si bien que, même après leur victoire, ils ne sont pas encore aujourd'hui complétement rassurés.

XVII. « Et tout cela est l'œuvre de ma jeunesse, de cette folie qui paraît si incroyable : par elles j'ai pénétré au sein de cette puissance péloponnésienne, j'ai si bien fait par la séduction de mes discours, par l'indignation que j'ai excitée et la confiance qui en a été la suite, qu'elle a cessé aujourd'hui d'être redoutable. Pendant que cette folie de jeunesse est encore chez moi dans sa fleur, pendant que la fortune semble favoriser Nicias, mettez à profit les avantages que nous vous offrons l'un et l'autre ; ne renoncez pas à l'expédition de Sicile, par la pensée qu'elle est dirigée contre une puissance redoutable ; car si la population des villes est nombreuse, elle est mélangée ; les changements de gouvernement et l'adjonction de nouveaux citoyens y rencontrent peu de difficultés. Aussi, comme personne n'y croit avoir de patrie à soutenir, on n'a pas d'armes pour défendre sa vie, et le pays même n'est pas dans un état régulier de défense. Chacun, n'ayant en vue que de s'enrichir aux dépens de l'État, met tout en œuvre, et la persuasion et la sédition, décidé d'avance, s'il ne réussit pas, à s'expatrier. Aussi n'est-il pas vraisemblable que dans une pareille multitude il puisse y avoir aucun accord de volontés pour suivre un avis, aucune entente dans l'exécution. Chacun individuellement s'empressera de se ranger à l'opinion qui pourra le flatter, surtout s'ils sont en état de sédition, comme on nous l'assure. D'ailleurs leurs hoplites ne sont pas aussi nombreux qu'ils ont la prétention de le faire croire. Il en est de la Sicile comme du reste de la Grèce qui, pour le nombre des soldats, s'est montrée, à l'épreuve, bien au-dessous des prétentions de chaque peuple. Après nous avoir grossièrement trompés nous-mêmes sur ses forces, c'est à peine si dans la guerre actuelle elle s'est trouvée avoir des armements suffisants. Tel est, d'après ce que j'entends dire, et plus favorable encore pour nous l'état de la Sicile : car nous trouverons un grand nombre de Barbares qui, en haine des Syracusains, s'uniront à nous pour les attaquer. D'un autre côté, vos affaires ici ne seront pas un obstacle, si vous prenez de sages mesures. Nos pères avaient ces mêmes ennemis qu'on dit que nous laissons derrière nous en nous embarquant ; ils avaient de plus le Mède sur les bras, quand ils ont conquis l'empire, sans autre élément de succès que la supériorité de leur marine. Aujourd'hui moins que jamais les Péloponnésiens ne peuvent espérer aucun avantage sur nous : à supposer même qu'ils reprennent tout à fait confiance, ils seront en mesure sans doute d'envahir notre territoire (ils le pourraient même si nous ne faisions pas l'expédition) ; mais leur marine ne saurait nous inquiéter, puisqu'il nous reste une flotte en état de se mesurer contre la leur.

XVIII. « Quel motif plausible pourrions-nous donc donner de nos hésitations, et sous quel prétexte refuserions-nous de secourir nos alliés de Sicile, nous qui sommes tenus par des serments mutuels à les défendre, sans pouvoir objecter qu'ils ne nous ont point aidés de leur côté? car, en nous les attachant, notre but n'était pas d'obtenir par réciprocité leurs secours chez nous ; nous voulions qu'en inquiétant chez eux nos ennemis, ils ne leur permissent pas de venir ici. D'ailleurs, comment avons-nous obtenu l'empire, nous et tous ceux qui l'ont exercé ? C'est en nous empressant toujours de secourir ceux qui nous invoquaient, Grecs ou Barbares : rester en repos, ou chicaner sur ceux qu'il faut secourir, c'est non-seulement se condamner à ajouter peu de chose à notre domination, mais la rendre elle-même beaucoup plus précaire. Car, contre une puissance supérieure, on ne se borne pas à repousser l'attaque, on prend les devants pour la prévenir. Il n'est pas en notre pouvoir de fixer une limite où s'arrêtera notre empire ; car telle est notre situation, qu'il nous faut agir contre ceux-ci, ne pas abandonner ceux-là, ou bien risquer de subir nous-mêmes le joug d'autrui, si nous ne l'imposons aux autres. Vous ne pouvez envisager le repos du même point de vue que les autres, à moins de changer aussi tout votre système de conduite pour vous assimiler à eux. Soyons donc convaincus qu'en allant en Sicile nous accroîtrons ici notre puissance ; faisons cette expédition, afin que les Péloponnésiens soient humiliés dans leur orgueil, lorsqu'ils nous verront, dédaigneux du repos présent, faire voile pour la Sicile. Cette conquête, ajoutée à notre puissance actuelle, nous assurera vraisemblablement l'empire sur la Grèce entière ; ou du moins le mal que nous ferons aux Syracusains servira à la fois et nos propres intérêts et ceux de nos alliés. Nos vaisseaux nous donneront toute sécurité, soit pour rester si nous avons quelque avantage, soit pour nous retirer ; car du côté de la marine nous serons supérieurs même à tous les Siciliens réunis. Ne vous laissez point détourner par ces discours de Nicias, qui prêchent l'indolence et sèment la division entre les jeunes gens et les vieillards : fidèles aux anciens usages, semblables à nos pères qui, par les conseils réunis de la jeunesse et de la vieillesse, ont élevé la république à ce point de grandeur, tâchez, vous aussi, en ce jour, d'étendre également sa puissance ; songez que jeunes gens et vieillards ne peuvent rien les uns sans les autres ; mais que du mélange de la faiblesse, de la médiocrité, et de la vigueur en pleine possession d'elle-même, résulte une force irrésistible ;

songez que la république abandonnée au repos s'usera contre elle-même comme toute autre chose, que toute capacité s'y éteindra dans la décrépitude, tandis que dans la lutte elle acquerra sans cesse une expérience nouvelle et contractera l'habitude de se défendre, non en paroles, mais par des actes. En un mot, je suis convaincu qu'un État habitué à l'activité périrait bientôt en passant à l'inaction ; que le meilleur gage de sécurité pour un peuple est le respect des coutumes et des lois établies, fussent-elles même défectueuses, et la stabilité du gouvernement. »

XIX. Ainsi parla Alcibiade. Entraînés par ce discours, émus par les prières des exilés d'Égeste et de Léontium, qui étaient venus à l'assemblée et suppliaient, au nom de la foi jurée, de ne pas les laisser sans secours, les Athéniens embrassèrent l'expédition avec plus d'ardeur encore qu'auparavant. Nicias sentit bien qu'il ne les ébranlerait pas en revenant sur les mêmes raisonnements ; mais il espérait encore, par l'immensité des préparatifs et la longue énumération qu'il en ferait, changer leurs dispositions. Il s'avança de nouveau et leur parla ainsi :

XX. « Athéniens, puisque vous êtes, à ce que je vois, tout à fait résolus à l'expédition, puisse-t-elle réussir selon nos vœux ! Pour moi, je vous dirai ma pensée sur la situation actuelle. D'après ce que j'entends dire, les villes contre lesquelles nous devons marcher sont puissantes, indépendantes les unes des autres ; elles n'ont pas besoin de ces révolutions dans lesquelles on se jette volontiers pour passer d'un dur esclavage à une condition plus douce ; elles n'échangeront pas, cela est vraisemblable, leur liberté contre notre domination ; elles sont nombreuses enfin, pour une seule île, à ne prendre même que les villes grecques. En effet, indépendamment de Naxos et de Catane qui, je l'espère, se joindront à nous à cause de leur parenté avec Léontium [1], il y a sept autres villes qui, pour les dispositions militaires, peuvent à tous égards marcher de pair avec la puissance athénienne, surtout celles contre lesquelles notre expédition est plus particulièrement dirigée, Sélinonte et Syracuse. Elles sont abondamment pourvues d'hoplites, d'archers, de gens de trait, de trirèmes et d'équipages pour les monter. Elles ont d'abondantes ressources, soit dans les fortunes privées, soit dans les trésors des temples de Sélinonte ; les Syracusains reçoivent même un tribut de quelques peuples barbares soumis à leur domination ; mais leur principal avantage sur nous est d'avoir une nombreuse cavalerie, et de récolter eux-mêmes des blés, au lieu de les tirer du dehors.

XXI. Contre une telle puissance, ce n'est pas une expédition navale et de peu d'importance qui peut suffire ; il faut de plus embarquer avec nous beaucoup d'infanterie, si nous voulons faire quelque chose qui réponde à nos desseins, et ne pas voir une nombreuse cavalerie nous fermer le pays ; surtout si les villes effrayées se liguent, si nous ne trouvons pas quelques alliés, autres que les Égestains, pour nous fournir de la cavalerie à leur opposer. Il serait honteux d'être contraints par la force à nous retirer, ou réduits à demander plus tard des renforts, pour n'avoir pas tout d'abord pris de sages mesures. Il faut donc partir d'ici

---

[1] Voyez même livre, ch. 3.

avec des préparatifs qui répondent à tous les besoins, et songer que nous allons naviguer très-loin de notre pays, et que nous ne ferons point la guerre dans les mêmes conditions que nos adversaires : il ne s'agit plus de ces expéditions que vous faisiez à titre d'alliés, chez des peuples soumis à votre domination, là où il était facile de tirer d'un pays ami les secours nécessaires ; vous allez être isolés sur une terre absolument étrangère, d'où, pendant quatre mois d'hiver, il est difficile même de faire arriver un courrier.

XXII. « Il faut donc, à mon avis, emmener un grand nombre d'hoplites, levés chez nous, chez nos alliés, chez nos sujets, même dans le Péloponnèse, si nous pouvons en gagner quelques-uns par la persuasion ou l'appât d'une solde [1] ; il faut aussi beaucoup d'archers et de frondeurs pour tenir tête à leur cavalerie ; il faut des vaisseaux en grand nombre pour la facilité des transports ; il faudra encore emporter d'ici des vivres sur des bâtiments de charge, du froment et de l'orge grillée, enrôler de force et solder un certain nombre de boulangers tirés proportionnellement de chaque moulin, afin que, si le mauvais temps nous retient quelque part, l'armée ne manque pas du nécessaire ; car toutes les villes ne seront pas en état de recevoir une armée si nombreuse. Enfin il nous faut, autant que possible, pourvoir à tout le reste, et ne pas être à la discrétion d'autrui ; surtout nous aurons à emporter d'ici le plus d'argent que nous pourrons ; car, croyez-moi, les trésors des Égestains, qu'on dit tout prêts là-bas, sont prêts surtout en paroles.

---

[1] Les Argiens et les Mantinéens.

XXIII. « En supposant même que nous partions d'ici avec des forces, je ne dis pas égales, mais supérieures aux leurs sous tous les rapports (excepté pourtant pour le nombre des hoplites qu'ils peuvent mettre en ligne), ce sera à grand'peine encore si nous pourrons vaincre les uns et protéger les autres. Songez encore une fois[1] que nous allons nous établir au milieu d'étrangers et d'ennemis; que dès lors il nous faut dès le premier jour nous rendre maîtres du pays, là où nous aborderons, ou bien nous attendre, en cas d'échec, à voir tout se tourner contre nous. Redoutant ce malheur et convaincu que nous avons à délibérer mûrement sur bien des points, qu'il en est un bien plus grand nombre encore où il nous faut compter sur un bonheur que l'homme peut difficilement espérer, je veux, en partant, m'abandonner le moins possible à la fortune et ne mettre à la voile qu'avec des préparatifs qui puissent inspirer une légitime confiance. Voilà, selon moi, ce qui donnerait à la république entière les plus sûres garanties, ce qui peut nous sauver, nous qui allons combattre. Si quelqu'un est d'un avis contraire, je lui cède le commandement. »

XXIV. Ainsi parla Nicias : il espérait ou décourager les Athéniens par la multiplicité des demandes, ou du moins, s'il était forcé de faire l'expédition, partir alors avec toute sécurité. Mais l'ardeur des Athéniens ne fut pas refroidie par l'embarras des préparatifs ; bien loin de là, elle s'en accrut, et il arriva tout le contraire de ce que voulait Nicias : ses conseils furent

---

[1] Je lis πάλιν, au lieu de πόλιν, qui donne un sens tout à fait en contradiction avec ce qui suit.

goûtés et on crut désormais n'avoir plus rien à craindre. La fureur de s'embarquer saisit tout le monde à la fois ; les vieillards, dans la pensée qu'ils soumettraient le pays but de l'expédition, ou du moins qu'aucun revers n'était à craindre avec de telles forces ; les hommes jeunes, par l'envie de voir et de connaître une contrée lointaine, jointe à l'espoir de s'en tirer heureusement ; la multitude et les soldats, par l'appât d'une solde pour le moment et l'espérance de trouver dans un accroissement de puissance les éléments d'une solde perpétuelle. Aussi, au milieu de cet entraînement général, si quelques-uns n'approuvaient pas, ils craignaient, en votant contre, de paraître mal intentionnés et se tenaient en repos.

XXV. Enfin un Athénien [1], s'avançant, interpelle Nicias et dit qu'il ne faut ni défaites ni délais ; qu'il ait à déclarer sur-le-champ, en présence de tous, quels préparatifs les Athéniens doivent lui décréter. Nicias répondit à regret qu'il en conférerait plus à loisir avec les généraux ses collègues ; que cependant, autant qu'il pouvait en juger dans le moment, il ne fallait pas se mettre en mer avec moins de cent trirèmes ; que les Athéniens affecteraient eux-mêmes au transport des hoplites le nombre de bâtiments qu'ils jugeraient à propos, et qu'il en faudrait demander d'autres aux alliés ; que l'ensemble des hoplites, tant d'Athènes que des alliés, devait être de cinq mille au moins, et même plus s'il était possible ; les autres préparatifs en proportion, des archers du pays et de Crète, des frondeurs, en un mot tout ce qui serait jugé né-

---

[1] Démostratos, suivant Plutarque (*Vie de Nicias*. ch. 12).

cessaire. Ces armements terminés, ils partiraient à leur tête.

XXVI. Après l'avoir entendu, les Athéniens décrétèrent sur-le-champ que, pour le nombre des soldats et tout ce qui avait trait à l'expédition, les généraux auraient plein pouvoir de faire ce qui leur semblerait le mieux pour la république. Ensuite les préparatifs commencèrent. On députa chez les alliés et on fit des levées dans le pays. Athènes s'était relevée depuis peu des désastres de la peste et d'une guerre continue; une jeunesse nombreuse avait grandi, et le trésor s'était rempli à la faveur de la trêve [1] : aussi se procurait-on toutes choses plus facilement.

XXVII. On était au milieu de ces préparatifs, lorsque, dans une même nuit, la plupart des Hermès de pierre qui sont à Athènes eurent la face mutilée. Ces Hermès sont des figures carrées placées en grand nombre, suivant un usage local, soit aux vestibules des maisons particulières, soit dans les lieux sacrés. Personne ne connaissait les coupables [2] ; mais on en faisait activement la recherche : de grandes récompenses étaient offertes au nom de l'État aux dénonciateurs ; on avait en outre décrété que si quelqu'un, citoyen, étranger ou esclave, avait connaissance de quelque autre impiété, il eût à la dénoncer hardiment. On donna une grande importance à cette affaire ; car on y voyait un présage pour l'expédition, et en même

[1] Suivant Andocide et Eschine, il y avait sept mille talents dans le trésor.

[2] Plutarque dit, dans la *Vie d'Alcibiade*, que les Corinthiens furent soupçonnés d'avoir fait mutiler les Hermès, dans l'intérêt des Syracusains, afin de faire ajourner la guerre sous le coup de ce mauvais présage.

temps on la rattachait à un complot pour changer la face des choses et abolir le gouvernement populaire.

XXVIII. Quelques métœques et des serviteurs, sans faire aucune révélation au sujet des Hermès, dénoncèrent d'autres mutilations de statues précédemment commises par des jeunes gens dans la gaieté et l'ivresse, ainsi que la célébration dérisoire des mystères [1] dans certaines maisons. Comme ils accusaient entre autres Alcibiade, ses ennemis les plus ardents s'emparèrent de ces déclarations : le trouvant sur leur chemin comme un obstacle à l'établissement de leur autorité à la tête du peuple, et espérant, s'ils l'écartaient, occuper le premier rang, ils exagéraient les faits ; ils criaient que la profanation des mystères et la mutilation des Hermès avaient pour objet le renversement de la démocratie, qu'aucun de ces sacriléges n'avait été commis sans sa participation ; et, comme preuve, ils alléguaient toute sa conduite et le contraste de ses déréglements avec l'esprit démocratique.

XXIX. Alcibiade repoussa tout d'abord ces dénonciations, et se déclara prêt, avant de s'embarquer (car déjà les préparatifs étaient terminés), à être jugé sur ce dont on l'accusait, demandant à être puni, s'il avait commis quelqu'un de ces crimes, et à prendre le commandement s'il était absous. Il les conjurait de n'accueillir aucune accusation contre lui en son absence, et de le faire mourir sur-le-champ, s'il était coupable ; ajoutant qu'il serait plus prudent de ne point l'envoyer, sous le coup d'une telle accusation et avant décision, à la tête d'une importante expédition. Mais ses

---

[1] Les mystères de Cérès.

ennemis craignaient, si le débat s'engageait immédiatement, que l'armée ne lui fût favorable, et que le peuple ne mollît et ne le ménageât, parce que c'était seulement à sa considération que les Argiens et quelques Mantinéens prenaient part à l'expédition ; ils s'empressèrent d'éluder et de dissuader le peuple; d'autres orateurs, qu'ils mirent en avant, représentèrent que pour le moment il devait partir et ne pas retarder l'expédition ; qu'à son retour, il serait jugé à jour fixe. Leur but était d'introduire une accusation plus grave, ce qui serait plus facile en son absence, puis de le rappeler et de lui faire son procès. Il fut donc décidé qu'Alcibiade partirait.

XXX. On était déjà au milieu de l'été quand, à la suite de cette affaire, l'expédition de Sicile mit à la voile. Corcyre avait été assignée d'avance pour rendez-vous à la plupart des alliés, aux transports des vivres, aux bâtiments de charge et à tous les bagages qui suivaient l'expédition. Toute l'armée réunie devait, de là, se diriger vers le promontoire d'Iapygie, à travers le golfe d'Ionie. Les Athéniens et ceux des alliés qui étaient à Athènes, descendirent au Pirée au jour fixé, et dès l'aurore montèrent sur les vaisseaux pour faire voile. Toute la population de la ville, pour ainsi dire, citoyens et étrangers, était descendue avec eux ; chacun, parmi les gens du pays, accompagnait les siens : ceux-ci leurs amis, ceux-là leurs parents, d'autres leurs fils ; ils étaient là, mêlant des gémissements à leurs espérances, préoccupés des biens qu'ils allaient conquérir, mais aussi de l'incertitude de revoir jamais ceux qui leur étaient chers, lorsqu'ils songeaient quelle longue navigation allait les séparer de leur patrie.

Dans ce moment de séparation mutuelle et à l'approche du péril, les risques de l'expédition s'offraient bien plus vivement que lorsqu'ils l'avaient décrétée ; cependant les forces dont ils disposaient, la multitude des ressources de tout genre qu'embrassait le regard, frappaient les yeux et inspiraient la confiance. Quant aux étrangers et au reste de la multitude, ils étaient venus pour jouir de la vue, comme à un spectacle d'un haut intérêt et que l'imagination ne pouvait se représenter.

XXXI. C'était en effet, la première fois qu'on vît sortir d'une seule ville les armements les plus splendides, la plus magnifique expédition que la Grèce eût fournie jusqu'alors. Sans doute, pour le nombre des vaisseaux et des hoplites, l'expédition dirigée contre Épidaure par Périclès, et ensuite contre Potidée par Hagnon, ne le cédait en rien ; car elle comptait quatre mille hoplites et trois cents cavaliers athéniens, cent galères d'Athènes, cinquante de Lesbos et de Chio, sans parler d'une multitude d'alliés qui y prirent part. Mais alors la traversée devait être courte ; l'appareil était médiocre : ici, au contraire, l'expédition était organisée en prévision d'une longue guerre, abondamment pourvue, pour parer à toute éventualité, et d'armements maritimes et de forces de terre. La flotte avait été équipée à grands frais par les triérarques et par la ville : l'État payait une drachme par jour à chaque matelot, et fournissait des vaisseaux vides, à savoir : soixante bâtiments légers[1] et quarante pour le transport des hoplites ; il les pourvoyait des meilleurs équipages de matelots.

---

[1] Thucydide désigne ainsi les trirèmes de combat, par opposition aux vaisseaux de transport.

Les triérarques donnaient aux thranites et aux matelots[1] un supplément à la solde payée par le trésor. Leurs bâtiments étaient décorés de sculptures et emménagés avec luxe ; chacun d'eux s'ingéniait à l'envi pour que son navire se distinguât par quelque caractère d'élégance et par la supériorité de sa marche. L'armée de terre avait été choisie sur les rôles d'élite : la beauté des armes et des vêtements y était l'objet d'une ardente rivalité : entre eux c'était une émulation incessante à bien remplir l'emploi confié à chacun ; et on eût dit plutôt un étalage de force et de puissance à la face du reste de la Grèce qu'un armement contre les ennemis. En effet, si on calculait les dépenses du trésor public et celles particulières à chaque homme de l'expédition : pour l'État, ce qu'il avait déjà dépensé et ce qu'il donnait aux généraux qu'il envoyait ; pour les particuliers, les sommes déjà consacrées à l'équipement, à la construction des vaisseaux par les triérarques, et celles dont ils devaient avoir besoin encore ; la réserve que chacun, en partant pour une longue expédition, devait vraisemblablement emporter pour le voyage, indépendamment de la solde qu'il recevait du trésor ; ce que les soldats et les marchands emportaient pour les achats, on trouverait qu'en somme bien des talents sortirent de la ville. Cette expédition ne fut pas moins fameuse par son incroyable audace et l'éclatant spectacle qu'elle présenta, que par la supériorité de l'armée relativement aux peuples qu'on allait attaquer ; c'était d'ailleurs la navigation la plus loin-

[1] Les thranites sont les rameurs du banc le plus élevé, ceux qui fatiguaient le plus ; les matelots dont parle Thucydide étaient la partie de l'équipage distincte des rameurs.

taine entreprise jusque-là, et jamais plus vastes espérances n'avaient été conçues d'ajouter un brillant avenir aux prospérités présentes.

XXXII. Quand les troupes furent embarquées et les bâtiments chargés de tout ce qu'on devait emporter, la trompette donna le signal du silence : les prières d'usage avant le départ furent faites, non point sur chaque vaisseau isolément, mais en commun, par l'armée entière, à la voix d'un héraut. Les cratères remplis dans toute l'armée à la fois, soldats et chefs firent des libations dans des coupes d'or et d'argent. A leurs prières se joignaient celles de toute la foule répandue sur le rivage, des citoyens et de tous ceux qui s'intéressaient à leurs succès. On chanta le Péan, et, les libations terminées, on mit à la voile. D'abord ils sortirent du port à la file, et, jusqu'à Égine, ils rivalisèrent de vitesse ; ils se dirigeaient en toute hâte vers Corcyre, où se réunissaient aussi tous les contingents des alliés.

Cependant la nouvelle de cette expédition arrivait d'une foule de points à Syracuse ; mais pendant longtemps on refusa d'en rien croire. Néanmoins une assemblée fut convoquée, et voici dans quel sens parlèrent, soit ceux qui croyaient à l'expédition des Athéniens, soit ceux qui la révoquaient en doute. Hermocrate, fils d'Hermon, s'avança, et, en homme qui se croit bien instruit de l'état des choses, il prit la parole et donna cet avis :

XXXIII. « Mes déclarations sur la réalité de l'expédition vous paraîtront peut-être incroyables, comme celles de bien d'autres ; je sais d'ailleurs que, quand on dit ou annonce des choses invraisemblables, non-seulement on n'inspire aucune confiance, mais on passe même pour dépourvu de sens. Cependant je ne me laisserai pas arrêter par la crainte, quand la république est en danger, surtout avec la conscience que je suis mieux informé qu'un autre de ce que je vais dire. Les Athéniens s'avancent contre nous ; — cela vous étonne fort, — ils marchent avec une nombreuse armée de terre et de mer. Leur prétexte est l'alliance des Égestains et le rétablissement des Léontins ; mais, en réalité, ils convoitent la Sicile et surtout notre ville, persuadés qu'avec elle ils auront aisément le reste. Convaincus donc qu'ils vont bientôt arriver, voyez quels sont, avec vos ressources actuelles, les meilleurs moyens de les repousser, au lieu de vous laisser prendre au dépourvu par dédain, ou endormir dans une complète incurie par incrédulité.

« Mais, tout en croyant à l'entreprise, ne vous effrayez ni de leur audace, ni de leurs forces : quoi qu'ils fassent, ils auront à souffrir autant que nous ; et même l'immensité des forces qui nous attaquent aura son utilité ; car notre situation n'en sera que meilleure avec les autres peuples de Sicile, que l'effroi disposera plus favorablement à s'unir à nous. Que si nous parvenons à les vaincre, ou à les repousser sans qu'ils aient rien fait de ce qu'ils prétendent (car, quant à réaliser leurs espérances, je ne le crains pas), ce sera pour nous le plus glorieux des événements, et je suis loin d'en désespérer. Rarement, en effet, de grandes armées, grecques ou barbares, ont réussi dans de lointaines expéditions ; elles ne peuvent pas arriver plus nombreuses que les habitants du pays et des contrées voisines ; — car la crainte fait que tout le monde se lève, — et si le manque des objets de première nécessité sur une terre étrangère amène pour elles quelque échec, quoique leurs désastres tiennent surtout à elles-mêmes, elles n'en laissent pas moins la gloire aux peuples attaqués. C'est ainsi que les Athéniens eux-mêmes, lors des désastres aussi nombreux qu'imprévus du Mède, durent à la déclaration par lui faite qu'il marchait contre Athènes une illustration plus grande; et nous aussi, nous ne devons pas désespérer d'une pareille fortune.

XXXIV. « Faisons donc ici nos préparatifs avec confiance ; en même temps envoyons chez les Sicèles pour raffermir encore les bonnes dispositions des uns, et contracter avec les autres, s'il est possible, amitié et alliance. Envoyons aussi des ambassadeurs aux autres villes de Sicile pour leur démontrer que le danger nous est commun à tous, et aux peuples d'Italie pour qu'ils fassent alliance avec nous, ou du moins n'accueillent pas les Athéniens. Il serait bon même, je crois, de députer aussi à Carthage ; car elle n'est pas sans inquiétude ; tout au contraire, elle redoute sans cesse que les Athéniens ne viennent un jour l'attaquer. Peut-être saisiront-ils avec empressement cette occasion, dans la pensée qu'en la laissant échapper, ils pourront se trouver dans l'embarras ; et alors ils nous viendront en aide de façon ou d'autre, secrètement du moins, si ce n'est ouvertement ; car, s'ils le veulent, personne aujourd'hui n'est mieux en position de le faire : ils possèdent en or et en argent d'immenses richesses, gage du succès à la guerre et en toutes choses. Envoyons enfin à Lacédémone et à Corinthe, avec prière de nous secourir ici et de reprendre les hostilités en Grèce.

« Mais il y aurait, suivant moi, une mesure décisive

entre toutes ; aussi, quoique votre apathie habituelle me laisse peu de chances de vous persuader, j'en parlerai néanmoins. Ce serait de nous entendre avec tous les Siciliens, ou du moins avec la plus grande partie, de mettre en mer tous les bâtiments disponibles, avec deux mois de vivres, d'aller à la rencontre des Athéniens à Tarente et au cap d'Iapygie, et de leur montrer qu'avant la lutte pour la Sicile, ils en auront une autre à soutenir pour le passage de la mer Ionienne. Rien ne serait plus propre à les frapper de terreur : par là nous leur donnerions à penser que nous avons pour base d'opérations un pays ami dont nous sommes les gardiens (car Tarente nous accueillerait) ; qu'ils ont eux-mêmes une vaste étendue de mer à traverser avec tout leur appareil ; qu'il est difficile, dans une traversée aussi longue, de rester en bon ordre ; enfin, qu'il nous sera facile d'attaquer leur flotte quand elle s'avancera lentement et par petites divisions. Supposons au contraire que leur flotte se masse, et qu'allégée des bâtiments de charge, elle prenne l'avance pour nous attaquer ; s'ils naviguent à la rame, nous tomberons sur eux quand ils seront fatigués ; si nous ne le voulons pas, Tarente nous offrira un refuge. Mais eux qui, en vue de livrer un combat, se seront avancés avec peu de provisions, en manqueront sur des plages désertes ; s'il y restent, nous les tiendrons en échec ; s'ils tentent d'avancer, il leur faudra laisser en arrière leurs bagages ; les dispositions douteuses des villes, l'incertitude de l'accueil les jetteront dans l'abattement. Aussi suis-je convaincu qu'arrêtés par ces réflexions, ils ne partiront même pas de Corcyre ; occupés à délibérer, à envoyer des reconnaissances pour savoir notre nombre et notre position, ils se laisseront gagner par l'hiver, ou bien, effrayés de cette attitude imprévue, ils renonceront à l'expédition. D'ailleurs le plus expérimenté de leurs généraux ne commande qu'à regret, à ce qu'on m'assure ; et, si nous faisons quelque démonstration sérieuse, il saisira avec joie ce prétexte. On exagérera nos forces, j'en suis persuadé : les opinions des hommes se règlent sur les ouï-dire ; quand on attaque les premiers, ou du moins quand on montre d'avance aux agresseurs qu'on les attend de pied ferme, on inspire plus de terreur, parce qu'on paraît à la hauteur du danger. Telle sera, en cette circonstance, l'impression des Athéniens ; ils nous attaquent avec la pensée que nous ne résisterons pas ; ils nous méprisent à juste titre, parce que nous ne les avons pas écrasés de concert avec les Lacédémoniens ; mais s'ils nous voient déployer une audace sur laquelle ils ne comptent pas, ils seront plus frappés de cette attitude imprévue que de nos forces réelles.

« Croyez-moi donc : avant tout, osez prendre ce parti ; sinon, faites du moins en toute hâte vos préparatifs de guerre. Que cette pensée vous soit présente à tous, que c'est dans la chaleur de l'action qu'il faut mépriser les agresseurs ; mais que, pour le moment, le meilleur parti est de regarder les préparatifs dictés par la crainte comme les plus sûrs, et d'agir comme en vue du danger. L'ennemi s'avance, déjà il est en mer, je le sais, il va paraître. »

XXXV. Ainsi parla Hermocrate. De longs débats s'élevèrent parmi les Syracusains : ceux-ci prétendaient que les Athéniens ne viendraient en aucune façon, et que les assertions d'Hermocrate étaient fausses ; « et,

« quand ils viendraient, disaient ceux-là, quel mal
« pourraient-ils nous faire, sans être plus maltrai-
« tés en retour? » D'autres, avec un souverain dédain, tournaient la chose en raillerie. Il y en avait
bien peu qui crussent Hermocrate et conçussent des
craintes pour l'avenir. Athénagoras s'avança : c'é-
tait un des chefs du peuple et l'homme qui avait
alors le plus d'ascendant sur la multitude. Il parla
ainsi :

XXXVI. « Quiconque ne désire pas que les Athéniens
aient cette folle pensée et viennent se livrer ici entre
nos mains, est ou un lâche, ou un ennemi de sa patrie.
Quant à ceux qui apportent de pareilles nouvelles et
jettent l'effroi parmi vous, ce qui m'étonne, ce n'est pas
leur audace, mais leur sottise, s'ils ne sentent pas que
leurs motifs sont à jour. Ceux qui personnellement
ont peur, veulent jeter l'effroi dans le public afin de
dissimuler leurs propres sentiments sous le voile de la
consternation générale. Tel est en ce moment le but de
ces nouvelles : elles ne se produisent pas d'elles-mêmes,
mais émanent d'hommes qui ne savent qu'exciter sans
cesse de telles agitations. Quant à vous, si vous êtes
sages, vous prendrez en considération, pour vous gui-
der sur le parti à prendre, non ce qu'annoncent de
telles gens, mais ce que doivent faire des hommes pru-
dents et d'une grande expérience, tels que je me figure
les Athéniens. Il n'est pas vraisemblable qu'ils laissent
derrière eux les Péloponnésiens, et qu'avant d'avoir
définitivement terminé la guerre chez eux, ils viennent de propos délibéré entreprendre une autre guerre
non moins considérable. Car, pour ma part, je suis
convaincu qu'ils se félicitent, au contraire, en voyant le

nombre et la puissance de nos cités, de ce que nous n'allons pas les attaquer nous-mêmes.

XXXVII. « Et quand ils viendraient, comme on le dit, je crois la Sicile plus en état que le Péloponnèse de les combattre avec succès, d'autant qu'elle est mieux pourvue sous tous les rapports ; je crois que notre ville seule est plus forte de beaucoup que l'armée qui, dit-on, s'avance maintenant, fût-elle deux fois plus nombreuse encore. Ce que je sais, c'est qu'ils n'amèneront pas de cavalerie, et qu'à part un très-petit nombre de chevaux levés chez les Égestains, ils ne pourront en tirer d'ici : ils ne pourront pas davantage, venant sur des vaisseaux, amener une armée d'hoplites égale à la nôtre ; car le transport est une grande affaire lorsqu'il faut tout à la fois avoir des bâtiments légers pour une traversée aussi longue, et amener l'immense matériel nécessaire pour attaquer une ville de cette importance. Aussi, telle est ma conviction à cet égard, que je crois difficile qu'ils ne soient pas anéantis, quand même ils auraient pour base d'opérations une autre ville aussi grande que Syracuse et seraient maîtres d'un pays frontière, d'où ils pussent nous faire la guerre : à plus forte raison quand ils auront toute la Sicile pour ennemie, — car elle se lèvera tout entière, — quand il leur faudra se retrancher au sortir de leurs vaisseaux, sans autre point d'appui que de mauvaises tentes et des dispositions faites à la hâte, en présence de notre cavalerie qui ne leur permettra pas de s'écarter. En un mot, je suis persuadé qu'ils ne pourront pas même tenir la campagne, tant je crois nos forces supérieures !

XXXVIII. « Au reste, tout ce que je dis, les Athéniens le savent, et ils ne s'occupent, j'en suis sûr, qu'à garder leurs possessions, tandis qu'il se trouve ici des gens pour inventer ce qui n'est pas et ne saurait être. Ces gens-là, je les connais, non pas d'aujourd'hui, mais de tout temps : je sais que par de semblables discours et d'autres plus pervers encore, ainsi que par leurs actes, ils veulent effrayer la multitude et usurper l'autorité dans l'État. Et je crains bien que quelque jour, à force de tentatives, ils ne réussissent, tandis que nous hésitons lâchement à prévenir leurs desseins avant d'en sentir les effets, et à les punir quand nous les connaissons. Aussi est-ce pour cela que notre ville jouit si rarement du repos, agitée qu'elle est par de nombreuses séditions, plus souvent en guerre contre elle-même que contre ses ennemis, soumise quelquefois à la tyrannie et à d'iniques dominations. Pour moi, je travaillerai, si vous voulez me suivre, à ce que rien de pareil n'arrive de nos jours ; avec vous, avec la multitude, j'emploierai la persuasion ; avec les auteurs de semblables trames, la répression, non pas seulement pour les crimes flagrants, — il est difficile de les surprendre, — mais pour ceux qu'ils méditent et ne peuvent accomplir. Car avec un ennemi, ce n'est pas assez de se mettre en garde contre les actes, il faut se prémunir contre les intentions, puisque, faute de l'avoir prévenu, on sera surpris par ses coups. Quant aux riches [1], je les dévoilerai, je les surveillerai, je les avertirai : ce sera le meilleur moyen, je crois, de les détourner de mal faire.

« Et vous, jeunes gens, — car j'ai souvent réfléchi à

[1] Le texte dit ὀλίγους, le petit nombre. C'est ainsi que Thucydide désigne presque toujours la classe des riches.

cela, — que voulez-vous donc? Déjà commander ? Mais la loi s'y oppose; et la loi a été établie bien plus en vue de votre incapacité que dans une intention blessante contre ceux qui seraient capables. L'égalité avec la multitude vous pèse ? Et comment serait-il juste que des égaux ne jouissent pas de l'égalité ?

XXXIX. « On dira que la démocratie n'est ni intelligente, ni juste ; que les détenteurs des richesses sont les plus capables de bien gouverner. Et moi je réponds d'abord que ce qu'on appelle le peuple, c'est l'État tout entier dont l'oligarchie n'est qu'une fraction ; ensuite que les riches excellent à garder les richesses, les gens instruits à donner des conseils, et la multitude à juger après avoir été instruite. Dans une démocratie, chacune de ces classes en particulier, et toutes ensemble, jouissent des mêmes droits : l'oligarchie, au contraire, abandonne bien à la multitude sa part des dangers; mais, pour les avantages, non contente de prendre la première part, elle attire à elle et garde le tout. Voilà ce que convoitent chez vous les riches et les jeunes gens, ce qu'il leur est impossible d'atteindre dans un grand État. Et pourtant, maintenant encore !... O les plus insensés des hommes ! Vous êtes ou les plus ineptes des Grecs que je connaisse si vous ne sentez pas que vous poursuivez de criminels desseins, ou les plus pervers, si, le sachant, vous persistez dans votre audace.

XL. « Mieux instruits, ou revenus à résipiscence, travaillez, dans l'intérêt de l'État, à accroître les biens communs à tous, persuadés que les gens de bien parmi vous y participeront autant et même plus que la multitude, et qu'en agissant autrement vous risquez de tout perdre. Cessez donc de répandre de semblables nouvelles ; car on vous devine et on ne s'y laissera pas prendre. Cette ville saura, même si les Athéniens arrivent, les repousser comme elle le doit ; pour cela, nous avons des généraux qui auront l'œil aux événements ; et si rien de tout cela n'est vrai, comme je le crois, la république ne se sera pas jetée de propos délibéré dans la servitude, en se laissant effrayer par vos nouvelles et en vous choisissant pour chefs : elle veillera par elle-même, jugera vos discours comme équivalant à des actes, et ne se laissera pas ravir, en vous prêtant l'oreille, la liberté dont elle jouit ; elle s'appliquera, au contraire, à la sauver en se gardant d'obtempérer jamais à vos conseils. »

XLI. Ainsi parla Athénagoras. Un des généraux se leva alors, et, sans permettre à personne autre de s'avancer, il s'exprima ainsi lui-même sur l'objet du débat : « Il n'est sage ni de se livrer à des récriminations mutuelles, ni de les écouter et de les accueillir. En présence de ces rumeurs, le mieux est que chaque particulier, que la république entière, avise aux moyens de repousser l'agression. Si ces préparatifs sont inutiles, il n'y aura aucun inconvénient à ce que l'État soit bien pourvu de chevaux, d'armes et de tout ce qui assure le succès à la guerre. Ces soins et ces dispositions nous regardent : nous enverrons en outre des agents dans les villes pour observer et prendre toutes les mesures qui paraîtront nécessaires ; déjà même nous y avons pourvu ; enfin nous vous ferons part de ce que nous pourrons apprendre. » Après ce discours du général, l'assemblée se sépara.

XLII. Les Athéniens étaient déjà réunis à Corcyre

avec tous leurs alliés. Les généraux passèrent d'abord une nouvelle revue de l'armée, et réglèrent l'ordre dans lequel elle devait aborder et camper. Ils en firent trois divisions, une pour chacun d'eux, et les tirèrent au sort. Leur but était, en naviguant séparément, d'éprouver moins de difficultés à faire de l'eau, à trouver des ports et à se procurer des vivres dans les lieux de relâche ; ils voulaient d'ailleurs maintenir plus d'ordre et de subordination dans l'armée, en soumettant chaque corps à un général. Ensuite ils se firent précéder en Italie et en Sicile par trois vaisseaux, avec mission de s'informer des villes qui voudraient les recevoir, et de revenir à la rencontre de la flotte pour leur transmettre ces renseignements avant l'arrivée.

XLIII. Ces dispositions prises, les Athéniens levèrent l'ancre avec ces immenses armements, et firent voile de Corcyre vers la Sicile. Ils avaient en tout cent trente-quatre trirèmes et deux pentécontores de Rhodes ; sur ce nombre, Athènes avait équipé cent bâtiments, dont soixante trirèmes légères, et le surplus pour le transport des troupes. Chio et les autres alliés fournissaient le reste de la flotte. Les hoplites étaient en tout cinq mille et cent, dont quinze cents Athéniens portés au rôle [1], et sept cents thètes, embarqués comme soldats de marine. Le reste se composait des alliés qui prenaient part à l'expédition ; des contingents des peuples sujets d'Athènes, de cinq cents Argiens et de deux cent cinquante Mantinéens et merce-

---

[1] On ne portait au rôle que les citoyens ; les métœques en étaient exclus et même les citoyens de la dernière classe, les thètes, comme trop pauvres pour subvenir aux frais de l'équipement et à toutes les dépenses qui restaient à la charge des soldats.

naires. De plus, trois cent quatre-vingts archers, dont quatre-vingts Crétois ; sept cents frondeurs de Rhodes, et cent vingt bannis de Mégare, armés à la légère. Pour le transport des chevaux il n'y avait qu'un seul vaisseau portant trente cavaliers.

XLIV. Tel fut le premier armement transporté en Sicile pour cette guerre. Trente bâtiments de charge suivaient avec les vivres, les boulangers, les maçons, les charpentiers, et tout l'attirail nécessaire à la construction des murailles. A ce convoi étaient joints, comme partie intégrante de l'expédition, cent autres transports, sans compter une foule de navires de charge et de commerce qui suivaient librement pour l'approvisionnement des marchés. Toute cette flotte sortit de Corcyre et traversa le golfe d'Ionie. On aborda soit au promontoire d'Iapygie, soit à Tarente et ailleurs, suivant la commodité de chacun ; puis l'expédition tout entière côtoya l'Italie. Aucune ville ne leur ouvrit ni ses murs, ni ses marchés : on leur permettait seulement d'ancrer et de faire de l'eau, ce qui fut même refusé par Tarente et Locres. Enfin ils arrivèrent à Rhégium, promontoire d'Italie, où ils se réunirent. Mais, comme on ne les reçut pas dans la ville, ils durent camper au dehors, dans l'enceinte sacrée de Diane, où un marché leur fut ouvert. Ils tirèrent leurs vaisseaux à terre et prirent quelque repos. Là, ils entrèrent en pourparlers avec les Rhégiens, et leur représentèrent qu'en qualité de Chalcidiens ils devaient secourir les Léontins, qui avaient même origine. La réponse des Rhégiens fut qu'ils resteraient neutres et se conformeraient à ce qui serait arrêté en commun par les autres cités italiennes.

Cependant les Athéniens avaient les yeux sur la Sicile, afin d'aviser, d'après l'état des choses, aux mesures les plus propres à assurer le succès ; en même temps ils attendaient d'Égeste les vaisseaux expédiés en avant pour vérifier si les déclarations faites à Athènes par les envoyés, au sujet des trésors, étaient vraies.

XLV. Déjà, cependant, les Syracusains recevaient de toutes parts, et en particulier de leurs propres agents, la nouvelle positive que la flotte était à Rhégium. Dès lors il n'y eut plus de doute, et tous à l'envi s'empressèrent de pourvoir à la défense. Ils envoyèrent de tous côtés chez les Sicèles, ici des troupes de garde, là des ambassadeurs, mirent garnison dans les forts disséminés sur la surface du pays, firent dans la ville l'inspection des armes et des chevaux, et veillèrent à ce que le matériel fût en bon état ; en un mot, ils disposèrent tout comme pour une guerre imminente, attendue d'un instant à l'autre.

XLVI. Les trois vaisseaux envoyés en avant revinrent d'Égeste joindre les Athéniens à Rhégium. Ils annonçaient que toutes les richesses promises n'existaient point, et qu'on n'avait pu montrer que trente talents. Les généraux furent tout d'abord déconcertés ; c'était pour eux une première déception. De plus, les Rhégiens refusaient leur concours, malgré les instances qu'on leur avait faites d'abord, avec quelque probabilité de succès, vu leur parenté avec les Égestains et l'amitié qui, de tout temps, les unissait à Athènes. Pour Égeste, Nicias s'y était attendu ; mais chez les deux autres généraux l'étonnement fut plus grand.

du reste, à quel artifice les Égestains avaient eu recours lorsque les premiers députés des Athéniens étaient venus chez eux étudier l'état de leurs ressources : ils les conduisirent au temple d'Aphrodite, à Éryx et étalèrent devant eux les offrandes, c'est-à-dire des vases, des aiguières, des cassolettes et une grande quantité d'autres objets d'une valeur médiocre en réalité, mais qui, étant d'argent, paraissaient à la vue d'un prix bien supérieur. Des particuliers invitèrent aussi chez eux les équipages des trirèmes : là se trouvait réunie toute la vaisselle d'or et d'argent d'Égeste, même celle empruntée aux villes voisines, grecques ou phéniciennes, et que chacun produisait dans les repas comme sa propriété. C'était presque toujours la même qui servait ; mais comme on en voyait partout une grande quantité, les Athéniens des trirèmes furent éblouis, et, de retour à Athènes, publièrent qu'ils avaient vu des richesses immenses. Trompés eux-mêmes, ils firent partager aux autres leur erreur ; aussi, quand le bruit se répandit qu'il n'y avait aucunes richesses à Égeste, reçurent-ils de violents reproches des soldats. Les généraux se consultèrent sur la situation.

XLVII. L'avis de Nicias était de faire voile, avec toute l'armée, vers Sélinonte, but principal de l'expédition : si les Égestains fournissaient une solde pour toute l'armée, on se déciderait en conséquence ; sinon, on réclamerait d'eux des vivres pour les soixante vaisseaux qu'ils avaient demandés ; on s'arrêterait pour réconcilier avec eux, de gré ou de force, les habitants de Sélinonte ; puis on côtoierait les autres villes, et, après leur avoir montré la puissance des Athéniens, leur zèle à servir leurs amis et leurs alliés, on reviendrait à Athènes ; à moins cependant qu'il ne s'offrît promptement, et d'une manière inattendue, quelque occasion de servir les Léontins, ou de s'attacher quelque autre ville, mais sans compromettre les intérêts de la république en laissant peser sur elle toutes les dépenses.

XLVIII. Alcibiade dit qu'il ne fallait pas, après avoir mis en mer avec de pareilles forces, s'en retourner honteusement sans avoir rien fait : qu'on devait envoyer des hérauts dans toutes les villes, Sélinonte et Syracuse exceptées, agir auprès des Sicèles, détacher les uns de Syracuse et se concilier l'amitié des autres pour en obtenir des subsistances et une armée. Qu'avant tout il fallait gagner les Messéniens ; que leur ville était le point le plus favorable pour la traversée et l'abordage en Sicile, et qu'elle offrirait à l'armée un bon port et une excellente base d'opérations ; qu'enfin, après avoir attiré à soi les villes et reconnu le parti que chacun embrasserait, on attaquerait Syracuse et Sélinonte, si elles refusaient, celle-ci de s'accorder avec Égeste, celle-là de rétablir les Léontins.

XLIX. Lamachos, contrairement à cet avis, proposa de cingler vers Syracuse et de transporter au plus tôt la lutte sous les murs de cette ville, avant que les préparatifs y fussent faits et le premier effroi dissipé. Il disait que c'est surtout au premier moment qu'une armée paraît redoutable ; que si elle tarde, les esprits se raffermissent avant de l'avoir aperçue, la vue est moins troublée, et déjà on la dédaigne. Qu'il fallait donc tomber sur l'ennemi à l'improviste pendant qu'on était encore attendu avec effroi ; qu'on aurait d'autant plus de chances de succès et que tout contribuerait à l'épouvante, l'aspect de l'armée qui ne paraîtrait jamais plus nombreuse, l'attente du mal qu'elle allait faire, et par-dessus tout la nécessité de courir sur-le-champ les hasards du combat. Que probablement beaucoup d'habitants étaient restés au dehors dans la campagne, ne croyant pas à l'invasion, et que leur retraite laisserait l'armée [1] dans l'abondance, si elle campait victorieuse sous les murs de la ville. Les autres peuples de Sicile seraient alors moins portés à s'allier aux Syracusains et passeraient aux Athéniens, au lieu d'observer et d'attendre que la victoire soit décidée. Il ajoutait que, pour avoir un port de refuge, il fallait retourner et jeter l'ancre à Mégare, place déserte et peu éloignée de Syracuse par terre et par mer.

L. Lamachos, tout en émettant personnellement cet avis, se rangea à celui d'Alcibiade. Celui-ci se fit transporter par son vaisseau à Messène, et fit, sans succès, des propositions d'alliance : on lui répondit que les Athéniens ne seraient pas reçus dans la ville, mais qu'on leur ouvrirait un marché au dehors. Il retourna à Rhégium. Aussitôt les généraux embarquèrent des troupes sur soixante de leurs vaisseaux, prirent des vivres et cinglèrent en côtoyant vers Naxos. — Un d'entre eux gardait à Rhégium le reste de l'armée. — Reçus à Naxos, ils suivirent la côte jusqu'à Catane ; mais on ne voulut pas les y recevoir ; car les Syracusains avaient des partisans dans la ville. Ils entrèrent dans le fleuve Térias, y passèrent la nuit et firent voile le lendemain pour Syracuse. Toute la flott marchait à la file, à l'exception de dix vaisseaux expédiés en avant, avec ordre de pénétrer dans le grand port, d'observer s'il y avait quelques bâtiments mis à flot, et de procla-

[1] Parce que, se retirant à la hâte, ils ne pourraient pas rentrer toutes leurs provisions.

mer du haut des vaisseaux, en rangeant le rivage, que les Athéniens venaient, en vertu de l'alliance et de la communauté d'origine, pour rétablir les Léontins ; que ceux d'entre eux qui étaient à Syracuse, pouvaient sans crainte se rendre auprès des Athéniens, leurs amis et leurs bienfaiteurs. Après cette proclamation, ils inspectèrent la ville, les ports, et toutes les positions sur lesquelles ils pourraient s'appuyer pour l'attaque ; puis ils retournèrent à Catane.

LI. Les Catanéens convoquèrent une assemblée, et, sans admettre l'armée, engagèrent les généraux à entrer pour exposer leurs intentions. Pendant qu'Alcibiade parlait et que l'attention des habitants se portait vers l'assemblée, les soldats démolirent, sans être vus, une petite porte mal murée, entrèrent dans la ville et se répandirent sur la place. Ceux des Catanéens qui étaient favorables à Syracuse, voyant les soldats à l'intérieur, furent saisis de terreur et se sauvèrent au plus vite ; mais c'était le petit nombre. Les autres décrétèrent l'alliance avec les Athéniens et les engagèrent à faire venir de Rhégium le reste de l'armée. Les Athéniens firent ensuite voile pour Rhégium ; de là ils revinrent, avec toute l'armée, débarquer à Catane et y prirent leurs campements.

LII. On leur annonça de Camarina qu'on les recevrait s'ils se présentaient, et en même temps ils eurent avis qu'une flotte syracusaine appareillait. Ils mirent donc à la mer avec toute leur armée, et cinglèrent d'abord vers Syracuse ; puis, n'ayant trouvé aucune flotte équipée, ils continuèrent à ranger la côte jusqu'à Camarina, abordèrent au rivage et envoyèrent un message. Mais les Camarinéens refusèrent de les recevoir, sous prétexte qu'ils étaient obligés par serment à n'admettre qu'un vaisseau athénien à la fois, à moins qu'eux-mêmes n'en mandassent un plus grand nombre. Les Athéniens durent repartir sans avoir rien fait; ils descendirent sur un point du territoire de Syracuse et y firent du butin ; mais, attaqués par la cavalerie syracusaine, ils perdirent quelques hommes des troupes légères qui s'étaient écartés, et rentrèrent à Catane.

LIII. Ils y trouvèrent la galère *la Salaminienne* envoyée d'Athènes pour ordonner à Alcibiade de venir répondre aux accusations que lui intentait la république ; même injonction était faite à quelques-uns de ses soldats impliqués par les dénonciateurs soit dans la profanation des mystères, soit dans la question des Hermès. Les Athéniens, après le départ de l'armée, n'avaient pas interrompu l'enquête sur les mystères et les Hermès : sans peser la valeur des dénonciations, ils accueillaient tout dans leurs soupçons : et sur la foi d'hommes pervers, ils arrêtaient et chargeaient de fers des citoyens des plus honorables ; ils croyaient que mieux valait éclaircir l'affaire et arriver à la vérité à tout prix, que de laisser, dans le doute, et en se fondant sur la perversité du délateur, échapper un accusé même réputé honnête homme. Le peuple savait, par ouï-dire, que la tyrannie de Pisistrate et de ses fils s'était à la fin appesantie, que d'ailleurs ce n'était ni le peuple lui-même, ni Harmodius, mais bien les Lacédémoniens qui y avaient mis un terme ; aussi craignait-il toujours et tout lui était matière à soupçons.

LIV. En effet, l'entreprise audacieuse d'Aristogiton et d'Harmodius eut pour cause une aventure amoureuse. En l'exposant plus au long, je ferai voir que tous les récits, soit des étrangers, soit des Athéniens eux-mêmes, sur leurs propres tyrans et sur cet événement en particulier, sont erronés de tout point. Lorsque Pisistrate mourut en possession de la tyrannie et dans un âge avancé, ce ne fut pas, comme on le croit généralement, Hipparque, mais Hippias, son aîné, qui hérita du pouvoir. Harmodius, à la fleur de l'âge, était d'une éclatante beauté : Aristogiton, citoyen de condition moyenne, en devint amoureux et e posséda. Hipparque, fils d'Hippias, fit de son côté des propositions à Harmodius, qui les refusa et en informa Aristogiton. Celui-ci, dans la douleur d'un amour jaloux, craignant qu'Hipparque n'usât de son pouvoir pour lui enlever de force Harmodius, forma aussitôt le dessein d'employer tout son crédit à détruire la tyrannie. Cependant Hipparque, ayant échoué dans une nouvelle tentative auprès d'Harmodius, résolut, au lieu de recourir à la violence, de lui faire affront par quelque moyen indirect et sans rien montrer du motif réel. Du reste, son administration en général n'était pas dure envers le peuple, et il évitait d'exciter les haines. Pendant longtemps même, ces tyrans pratiquèrent la vertu et la sagesse : sans exiger des Athéniens plus du vingtième du revenu, ils embellissaient la ville, supportaient les frais de la guerre, et faisaient la dépense des sacrifices. Quant au gouvernement, rien n'était changé aux anciennes lois : seulement ils avaient soin d'avoir toujours dans les premières charges quelqu'un de leur famille : c'est ainsi que plusieurs d'entre eux exercèrent à Athènes la magistrature annuelle, en particulier le fils du tyran Hippias, nommé Pisistrate comme son aïeul. C'est lui qui a élevé, sous son archontat, l'autel des douze dieux sur l'Agora, et celui d'Apollon dans le Pythium [1]. Plus tard le peuple athénien ajouta de nouvelles constructions à celui de l'Agora pour l'agrandir et fit disparaître l'inscription ; celle du Pythium, quoique fruste, est encore lisible ; elle porte :

« Pisistrate, fils d'Hippias, a élevé ce monument de son archontat dans le temple d'Apollon Pythien. »

LV. Qu'Hippias ait exercé le pouvoir comme aîné, c'est ce que j'affirme, et cela d'après des informations plus précises que personne. On peut d'ailleurs s'en convaincre par ce qui suit : il paraît être le seul des fils légitimes de Pisistrate qui ait eu des enfants. C'est ce que prouvent et l'inscription de l'autel [2] et celle de la colonne érigée dans l'acropole d'Athènes en mémoire de l'iniquité des tyrans. Aucun fils de Thessalus ni d'Hipparque n'y est nommé, tandis qu'on y voit figurer cinq fils qu'Hippias eut de Myrrhine, fille de Callias qui, lui-même, avait pour père Hyperéchides. Il était naturel en effet que l'aîné se mariât le premier. De plus, sur la colonne il est inscrit le premier, immédiatement après son père ; ce qui n'est pas moins naturel, puisqu'il était l'aîné et lui succéda dans la tyrannie. D'ailleurs, jamais, je crois, Hippias n'aurait pu s'emparer ainsi de la tyrannie sans résistance dès le premier moment, s'il avait dû succéder le jour même [3] à Hipparque, mort dans l'exercice du pouvoir. Au contraire, la crainte à laquelle il avait dès longtemps habitué les citoyens et le choix de

---

[1] Temple d'Apollon Pythien, à Athènes.
[2] Elle prouve seulement qu'Hippias eut des enfants. Toute cette argumentation est loin d'être concluante.
[3] C'est-à-dire au moment même du meurtre.

serviteurs dévoués suffirent et au delà à lui assurer la tranquille possession du pouvoir et à écarter les embarras qu'il aurait rencontrés, s'il eût été plus jeune que son frère et n'avait pas eu précédemment l'expérience que donne l'usage du pouvoir. La malheureuse aventure d'Hipparque attira l'attention sur son nom, et lui valut par la suite la réputation d'avoir occupé la tyrannie.

LVI. Hipparque donc, voyant ses avances repoussées par Harmodius, lui fit, comme il en avait formé le dessein, un cruel outrage. On invita sa jeune sœur à porter la corbeille [1] dans une solennité, puis on la chassa en prétextant qu'on ne l'avait pas même invitée, vu son indignité. Harmodius supporta impatiemment cet affront, et Aristogiton en fut encore plus indigné à cause de lui. Ils arrêtèrent toutes leurs mesures avec leurs complices et attendirent les grandes panathénées, le seul jour où les citoyens qui devaient former le cortége pussent se rassembler en armes sans donner lieu au soupçon. Ils devaient eux-mêmes porter les premiers coups, et les autres conjurés leur venir aussitôt en aide contre les gardes. Du reste, ils avaient peu de complices, pour plus de sûreté ; ils espéraient que, quelque peu nombreux qu'ils fussent au début, ceux-là mêmes qui n'étaient pas prévenus voudraient, ayant les armes à la main, concourir à leur propre affranchissement.

LVII. La fête arrivée, Hippias, entouré de ses gardes, se rendit hors de la ville, sur la place nommée Céra-

---

[1] Les jeunes filles portaient ainsi des corbeilles aux panathénées et dans les autres solennités : on les choisissait dans les familles les plus illustres.

mique [1], pour régler dans tous ses détails la marche du cortége. Déjà Harmodius et Aristogiton, armés de leurs poignards, s'avançaient pour le frapper, lorsqu'ils aperçurent un de leurs complices s'entretenant familièrement avec Hippias ; — car il était accessible à tous. — Ils se troublent alors, se croient dénoncés et se voient déjà arrêtés. Mais, avant de l'être, ils veulent du moins, s'il est possible, prendre une vengeance anticipée sur celui qui les a offensés, sur la cause première de tous leurs dangers. Tels qu'ils sont, ils se précipitent dans la ville, et rencontrent Hipparque près du lieu nommé Léocorion ; aussitôt ils tombent sur lui comme des forcenés, et, transportés l'un par la jalousie, l'autre par la vengeance, ils le frappent et le tuent. Aristogiton échappa d'abord aux gardes, au milieu du concours de la foule ; mais il fut pris ensuite et cruellement traité ; quant à Harmodius, il fut tué sur place au moment même.

LVIII. Hippias reçut cette nouvelle au Céramique : au lieu de courir vers le lieu du crime, il se porta immédiatement à la rencontre des citoyens armés qui formaient le cortége, avant qu'ils fussent informés de rien ; car ils étaient à distance. Composant son visage pour la circonstance, de manière à ne rien trahir au dehors, il leur enjoignit de se rendre à un endroit qu'il désigna. Ils y allèrent, dans la pensée qu'il avait quelque communication à leur faire ; mais Hippias, après avoir fait enlever les armes par ses gardes, choisit aussitôt ceux qu'il soupçonnait et tous ceux qui furent trouvés porteurs de poignards. Car il était d'usage, dans

---

[1] Il y avait deux places du même nom, l'une extérieure, l'autre intérieure.

les cérémonies, de ne porter que le bouclier et la lance.

LIX. C'est ainsi qu'un dépit amoureux donna naissance à ce complot, et qu'une terreur subite jeta Harmodius et Aristogiton dans une entreprise plus audacieuse que raisonnée. Une plus dure tyrannie s'appesantit dès lors sur les Athéniens. Hippias, devenu plus défiant, fit périr un grand nombre de citoyens et commença à jeter ses regards au dehors pour voir s'il ne pourrait pas, en cas de révolution, se ménager quelque refuge. Il donna en conséquence sa fille Archédice à Éantidès, fils d'Hippoclès, tyran de Lampsaque, — lui, Athénien, à un homme de Lampsaque ! — parce qu'il savait que cette famille jouissait d'un grand crédit auprès de Darius. On voit à Lampsaque le tombeau d'Archédice, avec cette inscription : « Cette poussière couvre Archédice, fille d'Hippias, homme éminent parmi les Grecs ses contemporains. Fille, femme, sœur, mère de tyrans, un fol orgueil n'aveugla point son âme. »

Hippias exerça encore trois ans la tyrannie à Athènes. La quatrième année [1], il en fut dépossédé par les Lacédémoniens et les Alcméonides exilés. Il se retira, sous la foi publique [2], à Sigée [3], puis auprès d'Éantidès, à Lampsaque, et de là à la cour de Darius. Vingt ans plus tard, il fit, avec les Mèdes, dans un âge déjà avancé, la campagne de Marathon.

LX. Tous ces faits étaient présents à la pensée, et le souvenir de ce qu'on en avait entendu raconter rendait

---

[1] 510 avant notre ère.
[2] Il rendit la citadelle, à condition que le peuple lui remettrait ses fils qu'il avait entre les mains.
[3] Où régnait un de ses frères.

alors le peuple athénien dur et soupçonneux envers les citoyens accusés de sacrilége ; car il voyait dans ce fait la manifestation d'un complot oligarchique et tyrannique. Déjà, par suite de cette irritation des esprits, bien des citoyens, et des plus estimables, étaient dans les prisons, sans qu'on entrevît un terme à ces rigueurs ; chaque jour la passion prenait un caractère plus sauvage et les arrestations se multipliaient. Sur ces entrefaites, un des prisonniers, le plus coupable en apparence, reçut d'un de ses compagnons de captivité le conseil de faire des révélations, vraies ou fausses. — Les avis sur ce point sont partagés ; et, ni alors, ni plus tard, personne n'a jamais pu rien dire de positif sur les auteurs de la profanation. — L'autre lui représenta, pour le persuader, que, fût-il même innocent, il devait se ménager l'impunité et se sauver lui-même tout en délivrant la république des soupçons qui l'agitaient ; qu'il assurerait bien mieux son salut par un aveu suivi d'impunité que par des dénégations qui ne le garantiraient pas d'un jugement. Il s'accusa donc lui-même, et d'autres avec lui, pour le fait des Hermès. Le peuple athénien reçut avec joie ce qu'il crut être la vérité, d'autant plus qu'il avait jusque-là souffert impatiemment de ne pas connaître ceux qui conspiraient contre lui. Le révélateur et tous les citoyens qu'il n'avait pas accusés furent sur-le-champ mis en liberté ; on fit le procès aux autres [1] et on mit à mort tous ceux qu'on put arrêter ; quant aux fugitifs, on prononça contre eux la peine capitale et on mit leur tête à prix. Du reste on ignore si, dans cette circonstance, les victimes furent

---

[1] Environ trois cents citoyens, dénoncés par Dioclidès, furent alors condamnés à mort.

frappées injustement [1] ; ce qui est incontestable, c'est que la république en retira un avantage manifeste.

LXI. Quant à Alcibiade, les Athéniens, poussés par les mêmes ennemis qui l'avaient accusé dès avant son départ, étaient dans les dispositions les plus hostiles : lorsqu'ils se crurent éclairés sur l'affaire des Hermès, ils se persuadèrent bien mieux encore que celle des mystères, dans laquelle il était aussi impliqué, avait même principe et se rattachait à une conspiration tramée par lui contre le gouvernement populaire. Au milieu de ces circonstances et de tout ce trouble, il arriva qu'une armée lacédémonienne, assez peu nombreuse, s'avança jusqu'à l'isthme pour quelque entreprise concertée avec les Béotiens : on crut que c'était Alcibiade qui l'avait mandée ; qu'il s'agissait non des affaires de la Béotie, mais d'un complot tramé avec lui, et que si on ne l'eût prévenu par l'arrestation des citoyens dénoncés, Athènes eût été livrée. On passa même une nuit en armes au temple de Thésée, dans l'intérieur de la ville. Vers le même temps, les hôtes d'Alcibiade, à Argos, furent soupçonnés de conspirer contre la démocratie ; et, par suite de ces soupçons, les Athéniens livrèrent au peuple d'Argos les otages argiens déposés dans les îles, pour les faire mourir. De tous côtés les soupçons enveloppaient Alcibiade : les Athéniens, décidés à le mettre en jugement et à le faire mourir, envoyèrent en Sicile la galère la *Salaminienne* pour l'amener, lui et tous ceux qui étaient compris dans la dénonciation. L'ordre était, non de l'arrêter, mais de lui enjoindre de suivre les envoyés pour venir se justi-

---

[1] Plutarque (Alcib. 21) prétend que ce fut injustement.

fier : en cela on cédait à la crainte de produire quelque mouvement en Sicile, soit dans l'armée athénienne, soit parmi les ennemis ; on voulait surtout retenir les Mantinéens et les Argiens, qu'on croyait engagés dans l'expédition par son influence personnelle. Alcibiade monta son propre vaisseau, avec ses coaccusés, et partit de Sicile à la suite de la *Salaminienne,* comme pour se rendre à Athènes. Mais, arrivés à Thurium, ils cessèrent de la suivre, quittèrent leur bâtiment et disparurent : ils craignaient d'aller, sous le coup d'une accusation, affronter un jugement. La *Salaminienne* chercha quelque temps Alcibiade et ses compagnons ; mais, ne les découvrant nulle part, elle reprit la mer et s'en alla. Alcibiade, dès lors exilé, passa peu après, sur un petit bâtiment, de Thurium dans le Péloponnèse. Les Athéniens le condamnèrent à mort par contumace, lui et ses compagnons.

LXII. Après son départ, les généraux athéniens restés en Sicile firent de l'armée deux divisions qu'ils tirèrent au sort, et cinglèrent avec toutes leurs forces vers Sélinonte et Égeste : ils voulaient savoir s'ils pourraient tirer de l'argent des Égestains, et en même temps se renseigner sur la situation des affaires à Sélinonte et sur ses démêlés avec Égeste. Ils côtoyèrent la gauche de la Sicile, du côté qui regarde le golfe Tyrsénien, et relâchèrent à Himère, la seule ville grecque qu'il y ait dans cette partie de l'île. Ils n'y furent pas reçus, continuèrent à suivre la côte, et prirent en passant Hyccara, petite place sicanienne, mais ennemie d'Égeste. C'était une ville maritime. Ils réduisirent les habitants en esclavage et donnèrent la ville aux Égestains, dont la cavalerie les avait secondés. De là l'armée de terre prit à travers le pays des Sicèles, et marcha jusqu'à Catane, tandis que la flotte rangeait la côte, chargée des prisonniers. D'Hyccara, Nicias fit voile directement pour Égeste ; il mit ordre aux affaires, prit trente talents, et vint rejoindre l'armée. La vente des esclaves produisit cent vingt talents. Des bâtiments furent envoyés dans toutes les directions aux Sicèles alliés, pour leur demander des troupes. La moitié de l'armée marcha contre Hybla-Géléatis, ville ennemie, et ne put s'en emparer. L'été finit.

LXIII. L'hiver suivant, les Athéniens firent sans différer leurs dispositions pour l'attaque de Syracuse ; et les Syracusains, de leur côté, se préparèrent à marcher contre eux. Les Athéniens ne les ayant pas attaqués tout d'abord, au moment de la première appréhension, comme ils s'y attendaient, chaque jour qui s'écoulait augmentait leur confiance : mais lorsqu'ils les virent faire voile, loin d'eux, vers une autre partie de la Sicile, aller attaquer Hybla, et échouer dans leur tentative, ils conçurent pour eux bien plus de mépris encore : ils pressaient leurs généraux, comme il arrive toujours à la multitude quand elle s'est enhardie, de les mener à Catane, puisque les Athéniens ne venaient pas à eux. Sans cesse des cavaliers syracusains poussaient des reconnaissances jusqu'au camp des Athéniens, les raillaient et leur demandaient, entre autres choses, s'ils n'étaient pas venus pour s'établir au milieu d'eux, en pays étranger, plutôt que pour rétablir les Léo.... dans leur patrie.

LXIV. Les généraux athéniens, voyant cela, résolurent de les attirer en masse le plus loin possible de la ville, et de profiter eux-mêmes de ce moment pour aller y aborder pendant la nuit et choisir à loisir une position favorable pour leur campement. Ils sentaient bien qu'ils n'auraient pas les mêmes facilités, s'il leur fallait opérer une descente en présence d'un ennemi sur ses gardes, ou s'ils faisaient à découvert une marche par terre; que leurs troupes légères et le gros de leur armée auraient alors beaucoup à souffrir de la cavalerie syracusaine qui était nombreuse, tandis qu'eux-mêmes n'en avaient pas; que de cette façon, au contraire, ils pourraient choisir une position où ils ne seraient que médiocrement inquiétés par la cavalerie. Des bannis de Syracuse, qui marchaient avec eux, leur avaient signalé un poste près d'Olympiéon [1], celui-là même qu'ils occupèrent. Voici, du reste, à quel artifice les généraux eurent recours pour arriver à leurs fins : ils envoyèrent un homme à eux, mais tout dévoué en apparence aux généraux syracusains. Cet homme, originaire de Catane, s'annonça comme envoyé par des habitants de cette ville dont ils connaissaient les noms et qu'ils savaient y rester encore de leurs anciens amis. Il leur dit que les Athéniens passaient la nuit dans la ville loin de leurs retranchements; que si les Syracusains voulaient, à un jour déterminé, marcher contre le camp vers l'aurore, les Catanéens retiendraient ceux des Athéniens qui seraient dans la ville et brûleraient les vaisseaux; qu'il leur serait facile, en attaquant la palissade, de s'emparer du camp; enfin qu'un grand nombre des habitants

---

[1] Bourg et temple, près de Syracuse. Le temple, un des plus remarquables de l'antiquité, avait été élevé par Gélon, avec les dépouilles des Carthaginois.

les seconderaient, qu'ils étaient déjà prêts, et qu'il venait de leur part.

LXV. Les généraux syracusains, pleins de confiance d'ailleurs, songeaient, même en dehors de cette ouverture, à faire leurs dispositions pour attaquer Catane ; aussi crurent-ils cet homme beaucoup trop à la légère : sur-le-champ ils prirent jour pour l'attaque et le renvoyèrent. Déjà les contingents de Sélinonte et quelques-uns des autres alliés étaient arrivés; ordre fut donné à tous les Syracusains d'avoir à se tenir prêts pour une sortie en masse. Toutes les dispositions faites, et à l'approche du jour fixé pour l'attaque, ils se mirent en marche pour Catane et campèrent la nuit sur le fleuve Syméthos, dans le territoire de Léontium. Dès que les Athéniens furent informés de leur marche, ils levèrent le camp tous ensemble, emmenèrent les Sicèles et tous ceux qui s'étaient joints à eux, s'embarquèrent sur les vaisseaux et les transports et firent voile la nuit vers Syracuse. Au point du jour ils débarquaient près d'Olympiéon pour y établir leur camp [1]. Du côté des Syracusains, les cavaliers, ayant poussé les premiers jusqu'à Catane, s'aperçurent que toute l'armée avait pris la mer ; ils retournèrent en porter la nouvelle à l'infanterie, et tous ensemble revinrent sur leurs pas pour voler au secours de leur ville.

LXVI. Cependant, comme la route était longue, les Athéniens purent à loisir se retrancher dans une position favorable : elle les rendait maîtres d'attaquer quand ils le voudraient sans être incommodés en rien par la cavalerie syracusaine, ni avant ni pendant l'ac-

---

[1] Sur la rive droite de l'Anapos, au fond du grand port.

tion. Ils étaient protégés, d'un côté par des murailles, des maisons, des arbres et un étang; de l'autre par des précipices. Ils coupèrent les arbres du voisinage, les transportèrent sur le rivage et plantèrent des palissades en avant de leurs vaisseaux et à Dascon.[1] Dans la partie la plus accessible à l'ennemi, un retranchement fut élevé en toute hâte avec des pierres brutes[2] et des arbres; enfin ils rompirent le pont sur l'Anapos[3]. Pendant ces dispositions, personne ne sortit de la ville pour les inquiéter. Les cavaliers syracusains arrivèrent les premiers au secours de la place et furent rejoints ensuite par toute l'infanterie : d'abord ils s'avancèrent jusqu'auprès du camp athénien; mais, comme on ne sortit pas au-devant d'eux, ils se retirèrent, traversèrent la voie Hélorine et bivouaquèrent.

LXVII. Le lendemain, les Athéniens et leurs alliés se disposèrent au combat. Voici leur ordre de bataille : A l'aile droite étaient les Argiens et les Mantinéens; les Athéniens au centre; à l'autre aile, le reste des alliés. La moitié de l'armée était en avant du camp, rangée sur huit hommes de hauteur; l'autre moitié était près des tentes, formée en carré long, également sur huit de hauteur[4]. Elle avait ordre d'observer quelle partie du corps de bataille souffrirait le plus, pour se porter

---

[1] Golfe à l'ouest de Syracuse, près de l'embouchure de l'Anapos dans le grand port.

[2] Le texte porte des pierres choisies (λογάδην), c'est-à-dire appareillées sans être taillées.

[3] Ce pont paraît avoir été établi près de l'embouchure de l'Anapos; Nicias, en le coupant, se proposait de forcer l'ennemi à l'attaquer de front du côté d'Olympiéon, dont les Syracusains paraissent être restés maîtres et où ils avaient une garnison.

[4] Sur les quatre faces du carré.

au secours. Les porteurs de bagage furent placés au centre de ce corps de réserve. Les Syracusains rangèrent sur seize de hauteur leurs hoplites formés de la population syracusaine en masse et de tous les alliés présents. Ces auxiliaires étaient particulièrement des troupes de Sélinonte, ensuite des cavaliers de Géla, au nombre de deux cents en tout, vingt cavaliers de Camarina et cinquante archers. Les cavaliers n'étaient pas moins de douze cents; ils prirent la droite, et à côté d'eux les frondeurs. Au moment où les Athéniens allaient engager l'action, Nicias passa de rang en rang, au milieu des corps de chaque nation [1] et leur adressa à tous ensemble ces exhortations :

LXVIII. « Guerriers, qu'est-il besoin de vous encourager chacun en particulier, puisque nous sommes réunis pour un même combat? Les forces imposantes que voici sont plus capables, je crois, d'inspirer la confiance, que de belles paroles avec une faible armée. Quand on voit ici les Argiens, les Mantinéens, les Athéniens et les premiers des insulaires, est-il personne qui puisse, avec des alliés si braves, si nombreux, ne pas avoir bon espoir de vaincre, surtout si l'on considère nos adversaires? Ce sont des hommes levés en masse, et non des soldats d'élite comme nous; ce sont, de plus, des Siciliens qui peuvent bien nous mépriser, mais qui ne tiennent pas contre nous, parce que leur science militaire n'égale pas leur audace. Songez d'ailleurs que nous sommes bien loin de notre patrie, et que vous ne trouverez aucune terre amie si vous ne la conquérez en combattant. Nos ennemis se disent, je le

---

[1] Athéniens, Argiens, Mantinéens et alliés de Sicile.

sais, pour s'exciter au courage, qu'ils vont combattre pour leur patrie ; vous, au contraire, je vous rappelle que vous êtes dans un pays qui n'est pas le vôtre, et qu'à moins de vaincre, il ne vous sera pas facile d'en sortir pour rentrer dans votre patrie ; car une nombreuse cavalerie viendra vous assaillir. Songez donc à vous montrer dignes de vous-mêmes ; marchez contre l'ennemi avec courage, et soyez convaincus que les nécessités présentes et les difficultés qui vous environnent sont plus à redouter que les ennemis. »

LXIX. Nicias, après cette exhortation, engagea aussitôt l'action. Les Syracusains étaient loin de s'attendre que le combat dût commencer si tôt ; quelques-uns même avaient profité du voisinage de la ville pour s'en retourner ; quelque ardeur qu'ils missent à rejoindre, en courant, ils arrivaient tardivement, et chacun prenait rang au hasard, là où il trouvait un groupe déjà formé. Car ce ne fut ni l'ardeur ni l'audace qui leur manquèrent et dans ce combat et dans les autres ; mais, égaux par le courage, tant que la science marchait de pair, ils se trouvaient, quand elle faisait défaut, trahir en dépit d'eux-mêmes leur bonne volonté. Cependant, quoique prévenus par cette attaque inattendue des Athéniens, forcés de se défendre à la hâte, ils prirent les armes et coururent aussitôt à l'ennemi. D'abord les soldats armés de pierres [1], les frondeurs et les archers préludèrent au combat de part et d'autre, et se mirent alternativement en fuite, comme il arrive d'ordinaire pour les troupes légères. Ensuite les devins amenèrent

---

[1] Les lithoboles se distinguaient des frondeurs en ce qu'ils lançaient des pierres à la main.

en tête de l'armée les victimes d'usage, et les trompettes donnèrent aux hoplites le signal de l'attaque. On s'ébranla ; les Syracusains allaient combattre pour la patrie ; chacun avait en vue son propre salut dans le moment, sa liberté dans l'avenir. Du côté opposé, c'étaient d'autres motifs : chez les Athéniens, le désir de s'approprier une terre étrangère et de ne pas compromettre leur propre pays par une défaite ; chez les Argiens et les alliés indépendants, l'ambition de partager avec eux les conquêtes objet de leur expédition et de revoir victorieux leur patrie ; enfin les alliés, sujets d'Athènes, étaient soutenus avant tout par la conviction que, vaincus, ils n'avaient aucun salut à attendre, et par cette pensée accessoire que peut-être, en aidant à l'asservissement des autres, le joug deviendrait moins pesant pour eux-mêmes.

LXX. On était aux prises, et depuis longtemps on tenait ferme de part et d'autre, lorsque survinrent quelques coups de tonnerre accompagnés d'éclairs et d'une pluie abondante. Ceux qui combattaient pour la première fois et n'avaient que peu d'habitude de la guerre n'en furent que plus disposés à la crainte ; tandis que ceux qui avaient plus d'expérience ne voyaient là qu'un effet de la saison et s'inquiétaient bien autrement de la persistance de l'ennemi à disputer la victoire. Enfin les Argiens enfoncèrent l'aile gauche des Syracusains, et les Athéniens rompirent ensuite les troupes qui leur étaient opposées. Dès lors tout le reste de l'armée syracusaine se débanda et prit la fuite. Les Athéniens ne poussèrent pas loin l'ennemi, contenus qu'ils étaient par les cavaliers syracusains ; car ceux-ci, forts de leur nombre et n'ayant pas été entamés, se jetaient sur ceux des hoplites qu'ils voyaient les plus ardents à la poursuite et les refoulaient. Après avoir suivi en colonne les fuyards aussi loin qu'ils le purent sans se risquer, les Athéniens firent retraite et élevèrent un trophée. Les Syracusains, réunis sur la voie Hélorine, s'y rallièrent, autant que le permettait la circonstance, et envoyèrent, malgré leur échec, une garnison à Olympiéon, dans la crainte que les Athéniens n'enlevassent les trésors qui s'y trouvaient. Le reste rentra dans la ville.

LXXI. Les Athéniens ne firent aucune tentative sur le temple ; ils enlevèrent les cadavres des leurs, les mirent sur le bûcher et bivouaquèrent sur le champ de bataille. Le lendemain ils rendirent aux Syracusains leurs morts par convention (il y en avait environ deux cent soixante, Syracusains ou alliés) ; ils recueillirent les ossements des leurs (au nombre de cinquante environ, tant Athéniens qu'alliés) ; et, chargés des dépouilles de l'ennemi, ils firent voile pour Catane. Car, l'hiver étant venu, il ne leur semblait pas possible encore de tenir la campagne en cet endroit, avant d'avoir fait venir de la cavalerie d'Athènes et d'en avoir tiré des alliés du pays, de manière à ne point laisser à celle de l'ennemi une entière supériorité. Ils voulaient aussi recueillir de l'argent en Sicile, en faire demander à Athènes, se rallier quelques villes [1], où ils espéraient faire accepter plus aisément leur autorité après le combat, enfin se procurer des vivres et tout ce qui serait nécessaire pour attaquer Syracuse au printemps.

LXXII. Ce fut dans ce dessein qu'ils firent voile pour

---

[1] En particulier Camarina.

Naxos et Catane [1], afin d'y passer l'hiver. Les Syracusains, après avoir enseveli leurs morts, se réunirent en assemblée. Hermocrate, fils d'Hermon, s'avança : c'était un homme qui, sous aucun rapport, ne le cédait à personne en habileté, distingué d'ailleurs par l'expérience qu'il avait acquise dans la guerre et par sa valeur. Il les encouragea et mit en garde contre l'abattement d'un premier échec. Ce n'était pas le courage, dit-il, qui avait été vaincu chez eux; le désordre avait fait tout le mal; et cependant ils ne s'étaient pas montrés aussi inférieurs qu'on devait s'y attendre, surtout ayant à lutter, eux simples particuliers, simples artisans pour ainsi dire, contre les plus habiles soldats de la Grèce. Ce qui avait nui beaucoup aussi, c'était la multitude des généraux (ils en avaient quinze), la division du commandement, le défaut de discipline et de subordination dans la multitude. Si, au contraire, il y avait un petit nombre de généraux expérimentés ; si, dans le cours de l'hiver, on formait un corps d'oplites ; si on fournissait des armes à ceux qui n'en avaient pas, afin d'avoir le plus d'hommes possible, en ayant soin de rendre tous les exercices obligatoires, on aurait probablement, disait-il, l'avantage sur l'ennemi ; car, ayant déjà le courage, on y joindrait la discipline dans la pratique, et ces deux qualités s'accroîtraient réciproquement : la discipline se fortifierait par l'exercice au milieu des dangers, la bravoure deviendrait plus sûre d'elle-même de toute la confiance que donne l'expérience. Il fallait donc choisir un petit nombre de généraux investis de pleins pouvoirs, et s'engager par serment envers eux à

---

[1] Plutarque accuse à ce sujet Nicias d'une lenteur funeste à l'armée athénienne, reproche qui ne paraît que trop fondé.

les laisser suivre leurs propres inspirations dans l'exercice du commandement : de cette façon, le secret serait mieux gardé pour les mesures qui l'exigeaient, et tous les préparatifs se feraient avec ordre et sans tergiversations.

LXXIII. Les Syracusains, après l'avoir entendu, décrétèrent toutes les mesures qu'il proposait et le nommèrent lui-même général, avec deux collègues seulement, Héraclides, fils de Lysimachos, et Sicanos, fils d'Exécestès. Ils envoyèrent des ambassadeurs à Corinthe et à Lacédémone pour réclamer l'assistance de leurs alliés, et engager les Lacédémoniens à faire une diversion en leur faveur en poussant ouvertement et avec plus de vigueur les hostilités contre Athènes ; ils voulaient par là soit forcer les Athéniens à quitter la Sicile, soit entraver l'envoi de nouveaux renforts à l'armée expéditionnaire.

LXXIV. L'armée athénienne qui était à Catane se hâta de faire voile pour Messène, dans l'espoir que cette ville lui serait livrée ; mais l'entreprise échoua. Lorsque Alcibiade avait quitté la Sicile, déjà déposé de son commandement et décidé à fuir, il avait révélé le projet dont il avait connaissance aux partisans des Syracusains dans Messène. Ceux-ci, prenant les devants, avaient tué les auteurs du complot ; ils étaient en insurrection et avaient les armes à la main quand les Athéniens arrivèrent ; aussi obtinrent-ils de vive force que ceux-ci ne seraient pas reçus. Après être restés environ treize jours, les Athéniens, incommodés par le mauvais temps, manquant de vivres et n'avançant à rien, retournèrent à Naxos [1] (et à Thraces), palissadèrent leur camp et

---

[1] Le texte porte ἐς Νάξον καὶ Θρᾷκας. Ou ce dernier mot n'a pas

prirent leurs quartiers d'hiver. Une trirème fut envoyée à Athènes pour demander de l'argent et de la cavalerie, de manière à avoir le tout à l'entrée du printemps.

LXXV. Les Syracusains, de leur côté, enclavèrent dans la ville, pendant l'hiver, le Téménitès[1] au moyen d'une muraille embrassant toute la partie qui regarde Épipolæ[2] ; de cette manière, l'enceinte offrant plus d'étendue, était plus difficile à cerner en cas de revers. Ils élevèrent un fort à Mégara, un autre à Olympiéon, et palissadèrent le bord de la mer, partout où il était possible d'opérer une descente. Sachant que les Athéniens hivernaient à Naxos, ils se portèrent en masse sur Catane, dévastèrent une partie du pays, incendièrent les tentes et le camp des Athéniens, et retournèrent chez eux. Informés en outre que les Athéniens avaient envoyé une ambassade à Camarina, pour obtenir son accession en vertu de l'alliance contractée sous Lachès, ils y firent passer de leur côté une députation. Ils soupçonnaient les Camarinéens de n'avoir envoyé qu'à regret les secours qu'ils leur avaient fournis dans le premier combat, et de ne plus vouloir les aider à l'avenir. Ils craignaient qu'à la vue de l'avantage remporté par les Athéniens, les Camarinéens, entraînés par leurs anciennes relations d'amitié, ne s'unissent à eux. Les ambassadeurs arrivèrent donc à Camarina, Hermocrate pour les Syracusains, et Euphémos au nom des Athéniens, tous deux assistés de leurs collègues ; une assem-

de sens et a été intercalé dans le texte par la maladresse d'un copiste, ou il désigne une place de Sicile qui n'est citée nulle part ailleurs.

[1] Ainsi nommé d'Apollon Téménitès, dont le temple se trouvait dans ce quartier, appelé plus tard la Ville Neuve.

[2] Colline au couchant de Syracuse, qui domine la ville.

blée eut lieu, et là Hermocrate, pour prévenir les esprits contre les Athéniens, s'exprima ainsi :

LXXVI. « Camarinéens, si nous venons vers vous en ambassade, ce n'est pas dans la crainte que les forces réunies ici par les Athéniens vous causent le moindre trouble ; ce que nous redoutons surtout, c'est que vous ne vous laissiez entraîner, avant de nous avoir entendus, par les discours qu'ils vont vous tenir. Ils viennent en Sicile sous le prétexte que vous savez, mais avec des desseins que nous soupçonnons tous. Leur but me paraît être, non de rétablir les Léontins chez eux, mais de nous chasser de chez nous. Car il n'est pas vraisemblable que, destructeurs de villes en Grèce, ils viennent ici les rétablir, ni qu'au nom de la communauté de race ils s'intéressent aux Léontins, à titre de Chalcidéens, tandis qu'en Eubée ils tiennent asservis les Chalcidéens dont ceux-ci sont des colons. Le même principe qui les a dirigés dans cette conquête, les guide encore aujourd'hui dans leur nouvelle tentative. C'est ainsi qu'appelés au commandement, du consentement des Ioniens et de tous les peuples d'origine athénienne, sous prétexte de se venger du Mède, on les vit accuser les uns de ne pas fournir le contingent, les autres de se faire mutuellement la guerre, invoquer enfin contre chacun quelque prétexte spécieux et les subjuguer tous. Dans la lutte contre le Mède, les Athéniens n'ont donc pas plus combattu pour la liberté des Grecs que ceux-ci pour leur propre indépendance. Les premiers voulaient que la Grèce fût asservie à eux-mêmes et non au Mède; les Grecs échangeaient leur maître contre un autre plus habile, et surtout plus habile pour le mal.

LXXVII. « Mais il est par trop facile d'accuser les Athéniens ; aussi ne venons-nous pas vous démontrer leurs injustices, vous les connaissez ; nous venons plutôt nous accuser nous-mêmes [1] de ce que, quand nous avons sous les yeux l'exemple des Grecs du continent, asservis pour ne s'être pas défendus entre eux ; quand les Athéniens invoquent maintenant avec nous les mêmes sophismes, — le rétablissement des Léontins, à titre de parenté, la défense des Égestains leurs alliés, — nous ne nous hâtons pas de nous tourner tous contre eux avec une égale ardeur, et de leur montrer qu'il ne s'agit plus ici de ces Ioniens, de ces Hellespontiens et de ces insulaires qui, toujours changeant de maître, quel qu'il soit, Mède ou autre, n'en restent pas moins esclaves ; mais de Doriens, d'hommes libres, venus en Sicile d'un pays indépendant, fils du Péloponnèse. Attendrons-nous donc que nous soyons tous pris tour à tour, ville à ville, quand nous savons que nous ne sommes vulnérables que de cette façon ; quand nous voyons que c'est précisément là le système qu'adoptent les Athéniens, semant ici par leurs discours des germes de division parmi nous, ailleurs nous mettant réciproquement aux mains par l'espoir de leur alliance ; partout, enfin, s'efforçant de nous nuire par tous les moyens en leur pouvoir, tout en donnant à chacun de belles paroles. Croyons-nous, enfin, que dans un même pays une ville, même éloignée, puisse succomber, sans que nous ressentions, nous aussi, quelque contre-coup de ses maux, sans que le malheur s'étende au delà des premières victimes ?

[1] Il entend par là tous les Siciliens.

LXXVIII. « Si quelqu'un s'imagine que les Syracusains seuls sont en guerre avec Athènes, et que cela ne vous concerne en rien ; s'il lui semble dur de s'exposer pour ma patrie, qu'il se mette bien dans l'esprit que ce n'est pas seulement pour mon pays, que c'est au contraire pour le sien également qu'il combattra chez nous ; qu'il aura d'autant moins à craindre que, tant que nous ne serons pas tombés, il trouvera en nous des alliés pour la lutte, et des alliés qui ne sont pas sans ressources. Qu'il sache que le but des Athéniens n'est pas de servir sa haine à lui contre Syracuse, mais que nous sommes bien plutôt pour eux un prétexte pour s'assurer l'amitié de Camarina. Si quelqu'un, jaloux de Syracuse ou craignant sa puissance, — car ce sont là les deux sentiments que provoque la supériorité, — désire par suite que Syracuse soit humiliée, pour rabattre son orgueil ; s'il souhaite d'un autre côté, dans un intérêt de sécurité personnelle, qu'elle finisse par triompher, ses vœux sortent du cercle des possibilités humaines [1] : car on ne saurait régler la fortune au gré de ses désirs. Et s'il s'est trompé dans ses calculs, peut-peut-être alors, gémissant sur ses propres maux, il désirera pouvoir encore envier notre bonheur [2] ; mais il ne sera plus temps, lorsqu'il nous aura abandonnés en refusant de prendre sa part de dangers qui sont les mêmes pour tous, si on consulte plus les choses que les mots : car, à prendre les mots, c'est notre puissance qu'on sauvera, mais, en réalité, on pourvoira à son propre salut.

---

[1] En désirant tout à la fois qu'elle soit humiliée, et triomphe en définitive.

[2] C'est-à-dire nous voir encore puissants et en état de le secourir.

« C'était à vous surtout, Camarinéens, vous, placés sur nos frontières, exposés après nous aux premiers dangers, à prévoir cela, au lieu de nous aider mollement comme vous le faites maintenant ; bien plus, c'était à vous de nous prévenir, de faire maintenant ce que vous nous eussiez demandé avec instance si les Athéniens avaient attaqué d'abord Camarina, de nous exhorter à ne montrer aucune faiblesse ; mais à cet égard, ni vous ni les autres n'avez témoigné le moindre empressement.

LXXIX. « Peut-être, par crainte, voudrez-vous garder une juste neutralité entre nous et nos agresseurs, sous prétexte que vous avez un traité d'alliance avec les Athéniens : mais cette alliance, ce n'est pas contre vos amis que vous l'avez faite, c'est contre les ennemis qui pourraient vous assaillir. Vous vous êtes engagés à secourir les Athéniens injustement attaques par d'autres, mais non à les soutenir lorsque eux-mêmes attaquent autrui, comme ils le font maintenant. Voyez les Rhégiens : quoique Chalcidéens, ils ne veulent pas rétablir les Léontins, Chalcidéens comme eux ; et il est vraiment étrange que ce soient eux qui, suspectant les beaux sentiments dont les Athéniens couvrent leurs actes, montrent une réserve que n'autorise aucun prétexte, tandis que vous prétendez, vous, sur un prétexte spécieux, aider vos adversaires naturels, et, pour perdre ceux qui vous tiennent de bien plus près encore [1], vous unir à leurs plus cruels ennemis. Cela n'est point juste ; vous devez, au contraire, nous venir en aide, sans craindre l'appareil de leurs forces ; car il

---

[1] A titre de Doriens et habitant la même île.

n'a rien de redoutable, si nous sommes tous unis ; il le deviendra par une division à laquelle tendent tous leurs efforts. Ce qui le prouve, c'est que, lors même qu'ils s'attaquaient à nous seuls, ils n'ont pu, quoique vainqueurs dans un combat, réaliser leurs projets, et ont fait une retraite précipitée.

LXXX. « Aussi avec de l'union n'avons-nous aucune inquiétude sérieuse à concevoir. Marchons donc sans hésitation vers une commune alliance, d'autant mieux que nous allons être secourus par les Péloponnésiens qui, sous tous les rapports, leur sont bien supérieurs dans l'art de la guerre. N'allez pas croire d'ailleurs que cette prévoyante réserve qui consiste à ne secourir aucun des deux partis, parce que vous êtes alliés de l'un et de l'autre, soit de la justice à notre égard et un gage de sécurité pour vous : cela peut être juste en théorie, mais non en réalité : car si c'est par suite de ce défaut d'assistance que le vaincu succombe et que le vainqueur l'emporte, qu'aurez-vous fait autre chose par votre abstention que de refuser aux uns un secours qui les eût sauvés, et de laisser aux autres la liberté de commettre l'injustice ? Mieux vaudrait assurément vous unir aux victimes d'une injuste agression, surtout à des hommes de même sang que vous, pour protéger les intérêts communs de la Sicile ; par là vous éviteriez en même temps une faute aux Athéniens, si tant est qu'ils soient vos amis.

« En résumé, voici ce que vous disent les Syracusains : Nous n'avons pas besoin d'exposer longuement, ni pour vous ni pour les autres [1], ce que vous-mêmes

---

[1] Pour les autres peuples de Sicile.

n'ignorez pas plus que nous ; mais nous vous supplions ; nous protestons, si vous nous repoussez, qu'attaqués par les Ioniens nos éternels ennemis, nous sommes trahis, nous Doriens, par vous, par des Doriens ! Si les Athéniens nous subjuguent, c'est à votre volonté qu'ils devront leur triomphe ; ils en recueilleront la gloire en leur propre nom, et pour prix de la victoire ils auront l'esclavage de ceux qui la leur auront procurée. Que si, au contraire, nous sommes vainqueurs, c'est encore sur vous, cause de nos dangers, que tombera la vengeance. Réfléchissez donc et choisissez dès à présent : d'une part, la servitude immédiate et sans alternative ; de l'autre, vainqueurs avec nous, vous échappez et à la honte de prendre les Athéniens pour maîtres, et à notre haine qui ne serait pas de courte durée. »

LXXXI. Ainsi parla Hermocrate. Après lui Euphémos, ambassadeur des Athéniens, prit la parole en ces termes :

LXXXII. « Nous sommes venus pour le renouvellement de l'ancienne alliance ; mais, provoqués par les attaques du Syracusain, nous sommes dans la nécessité de parler de notre empire et d'en démontrer la légitimité. Il en a donné lui-même la meilleure preuve en disant qu'il y a éternelle inimitié entre les Ioniens et les Doriens, ce qui est en effet. Nous, qui sommes Ioniens, placés en présence des Péloponnésiens, nation dorienne, plus nombreux que nous, nos voisins, nous avons cherché les moyens d'échapper entièrement à leur domination. Après la guerre médique, en possession d'une flotte, nous nous sommes soustraits à l'empire et au commandement des Lacédémoniens ; car, à part leur puissance alors prépondérante, ils n'avaient pas plus le droit de nous dicter des lois que nous de leur en imposer. Placés nous-mêmes à la tête des peuples auparavant soumis au Roi, nous administrons leurs affaires, parce que nous avons pensé que le meilleur moyen de nous soustraire à l'empire des Péloponnésiens était d'avoir une force pour nous défendre. Et, pour parler vrai, il n'y a eu aucune injustice de notre part à soumettre ces Ioniens et ces insulaires, que les Syracusains nous accusent d'avoir asservis malgré les liens d'une commune origine : car ils ont marché contre la métropole, contre nous, d'accord avec le Mède ; ils n'ont point osé émigrer en détruisant leurs propriétés, comme nous l'avons fait lors de l'abandon de notre ville ; ils ont choisi pour eux la servitude, et ils ont voulu nous l'apporter également.

LXXXIII. « Voilà ce qui légitime notre domination[1] : d'une part, nous avons mis au service des Grecs la marine la plus nombreuse, et une ardeur qui ne s'est jamais démentie ; les Ioniens, au contraire, ont volontairement agi de concert avec le Mède pour nous nuire ; d'un autre côté, nous aspirons à nous fortifier contre les Péloponnésiens. Nous ne voulons pas nous couvrir de beaux prétextes ; dire, par exemple, qu'ayant seuls anéanti le Barbare, il est juste que nous ayons l'empire ; ou bien que nous avons bravé les périls plus encore pour la liberté des Péloponnésiens que pour celle de tous les Grecs et pour la nôtre propre : la vérité est que nous avons pourvu à notre propre sécurité, ce que personne ne saurait blâmer : aujourd'hui encore, c'est en vue de notre sécurité que nous sommes ici ; et nous

[1] L'intérêt de notre propre sécurité et l'union des Chalcidéens avec les Mèdes.

voyons d'ailleurs que nos intérêts sont les vôtres. Nous le prouvons par les faits mêmes que les Syracusains nous reprochent, par ceux qui vous disposent surtout aux soupçons et à la crainte [1]. Car nous savons que, sous le coup de la crainte et de la défiance, on peut bien se laisser prendre un moment au charme de la parole; mais qu'ensuite, quand il faut agir, c'est l'intérêt qu'on consulte. Nous le répétons donc : c'est la crainte qui nous a fait prendre l'empire en Grèce; c'est la même cause qui nous amène ici, pour y établir avec nos amis l'ordre qui convient à notre sûreté ; non pour imposer l'esclavage, mais pour empêcher qu'on ne le subisse.

LXXXIV. « Et qu'on ne vienne pas nous dire qu'il ne nous appartient nullement de prendre ainsi souci de vous : sachez que, si vous restez indépendants et assez forts pour tenir tête aux Syracusains, nous aurons bien moins à souffrir des forces qu'ils pourraient envoyer aux Péloponnésiens. C'est en cela que vos affaires nous intéressent au plus haut point. C'est dans les mêmes vues que nous trouvons convenable de rétablir les Léontins, non pour les asservir comme leurs compatriotes d'Eubée, mais pour leur donner au contraire le plus de puissance possible, afin que, limitrophes des Syracusains, ils puissent de chez eux les inquiéter dans notre intérêt. En Grèce, nous nous suffisons à nous-mêmes contre nos ennemis. Dès lors ces Chalcidéens, à propos desquels on nous objecte que nous n'avons aucune raison pour tenir les uns asservis si nous venons ici affranchir les autres, nous avons avantage à ce qu'ils n'aient pas une puissance propre, et nous four-

---

[1] Ces faits sont les conquêtes des Athéniens, l'asservissement des alliés.

nissent seulement des subsides ; ce qu'il nous faut ici, au contraire, c'est que les Léontins et nos autres amis aient la plus entière indédendance.

LXXXV. « Pour un tyran, pour une ville qui exerce la domination, rien de ce qui est utile n'est sans raison ; point d'amitié là où il n'y a pas de sécurité ; en toutes choses ce sont les circonstances qui doivent décider des dispositions amicales ou hostiles. Or notre intérêt ici n'est pas de maltraiter nos amis, mais bien de les fortifier pour réduire nos ennemis à l'impuissance. Ce qui doit vous ôter toute défiance, c'est qu'en Grèce, avec nos alliés, nous traitons chacun en raison de l'utilité que nous en pouvons tirer : les habitants de Chio et de Méthymne sont indépendants, à la condition de fournir des vaisseaux ; d'autres, soumis à un régime plus dur, nous payent tribut ; d'autres enfin, quoique insulaires et à notre discrétion, sont dans notre alliance avec une entière indépendance, parce qu'ils occupent des positions favorables autour du Péloponnèse. Il est donc à croire qu'ici également ce sera notre intérêt et, comme nous l'avons dit, la crainte des Syracusains qui nous guidera dans nos mesures. Car ils aspirent à vous dominer ; ils veulent vous rallier à eux en nous rendant suspects, nous forcer à repartir sans avoir rien fait, et ensuite, de vive force ou grâce à votre isolement, soumettre la Sicile à leur propre domination. Et cela est inévitable si vous vous unissez à eux : car nous n'aurons plus alors, nous, une armée aussi nombreuse, réunie sur un seul point, tout entière sous la main [1] ; et, d'un autre côté, les

---

[1] Nous serons obligés de nous diviser pour tenir tête à vous et aux Syracusains, nous aurons moins de chances de succès, et une

Syracusains seront bien forts contre vous en notre absence.

LXXXVI. « Si quelqu'un pense autrement, les faits eux-mêmes le démentent : lorsque vous nous avez appelés à l'origine, quel stimulant nous avez-vous proposé? La crainte qu'en vous laissant tomber sous le joug de Syracuse, il n'y eût danger pour nous-mêmes. Il n'est donc pas juste maintenant de suspecter les motifs mêmes au nom desquels vous vouliez nous persuader, ni d'être avec nous dans la défiance, parce que nous sommes venus avec des forces plus considérables que celles des Syracusains. C'est d'eux que vous devez bien plutôt vous défier : nous, du moins, nous sommes dans l'impossibilité de rester ici sans votre concours ; et quand bien même, traîtres à nos promesses, nous soumettrions la Sicile, il nous serait impossible de la conserver, vu la longueur de la traversée et la difficulté de garder des villes aussi grandes et munies de toutes les ressources continentales. Les Syracusains, au contraire, ne sont pas dans un camp ; ils sont là, au milieu d'une ville plus puissante que toutes nos forces ici présentes, menaçant vos frontières ; ils conspirent contre vous sans relâche et ne laisseront échapper aucune des occasions qu'ils pourront saisir. Ils l'ont prouvé dans bien des circonstances, et dernièrement au sujet des Léontins. Et maintenant ils osent, comme si vous étiez entièrement dépourvus de sens, invoquer votre secours contre ceux qui entravent leurs desseins et qui ont préservé jusqu'à présent la Sicile de tomber sous leur joug. Nous vous convions, nous aussi, et avec

fois que nous aurons quitté la Sicile, vous serez à votre tour facilement vaincus.

bien plus de sincérité, à votre propre salut ; nous vous prions de ne pas renoncer à la sécurité que nous nous procurons mutuellement, de songer enfin que contre vous la voie sera toujours ouverte aux Syracusains, même sans alliés, grâce à leur nombre, et que vous n'aurez pas souvent la chance de vous défendre avec d'aussi nombreux secours. Si, par défiance, vous laissez ces secours partir sans avoir rien fait, peut-être même après un échec, un jour viendra où vous désirerez voir auprès de vous ne fût-ce qu'une faible partie de ces forces, alors que toute assistance vous sera devenue inutile.

LXXXVII. « Ne vous laissez donc point séduire, Camarinéens, par leurs calomnies, ni vous ni les autres : nous vous avons dit la vérité tout entière au sujet des défiances dont on nous environne ; nous allons nous résumer en peu de mots pour achever de vous convaincre : nous le déclarons, si nous exerçons l'empire en Grèce, c'est pour n'être pas soumis nous-mêmes à un autre ; ici nous voulons l'indépendance des peuples, pour n'être pas inquiétés par eux ; beaucoup entreprendre est pour nous une nécessité, parce que nous avons aussi beaucoup à nous préserver ; enfin ce n'est pas sans avoir été appelés, c'est sur une invitation formelle que nous sommes venus ici, et maintenant et précédemment, au secours de ceux d'entre vous qui étaient opprimés. Quant à vous, ne vous érigez ni en juges de nos actions, ni en censeurs ; ne prétendez pas nous détourner de notre but, ce qui serait désormais difficile. Mais si dans notre activité inquiète, dans notre caractère, il est quelque côté qui ait aussi son utilité pour vous, saisissez-le pour en faire votre profit, et croyez que notre manière d'agir, loin d'être également nuisible à tous, est au contraire utile à la grande majorité des Grecs. En effet, en tous lieux, même là où nous ne sommes pas présents, soit qu'on se croie victime d'une violence, soit qu'on la médite, chacun se tient pour assuré d'avance, d'une part que nous viendrons en aide à l'opprimé, de l'autre que, si nous venons, il y a péril à redouter pour l'agresseur ; et de là une double nécessité, pour l'un d'être modéré malgré lui, pour l'autre d'être sauvé sans qu'il lui en coûte. Ne repoussez donc point les garanties et la sécurité que nous apportons sans distinction à tous ceux qui en ont besoin, et que nous vous offrons maintenant à vous-mêmes ; faites comme les autres ; au lieu d'être sans cesse à vous mettre en garde contre les Syracusains, unissez-vous à nous contre eux, et prenez enfin à votre tour le rôle d'agresseurs. »

LXXXVIII. Ainsi parla Euphémos. Les Camarinéens se trouvaient dans la situation suivante : d'un côté ils étaient bien disposés pour les Athéniens, à part les soupçons qu'ils pouvaient avoir contre eux de vouloir subjuguer la Sicile ; de l'autre ils avaient, en qualité de voisins, de perpétuels différends avec les Syracusains. Néanmoins, craignant que les Syracusains, dont ils étaient limitrophes, ne fussent victorieux même sans leur secours, ils leur avaient envoyé, comme nous l'avons vu, un petit nombre de cavaliers, et se réservaient pour l'avenir de les aider de préférence, quoique avec toute la réserve possible. Mais pour le moment, ne voulant pas paraître traiter avec moins de faveur les Athéniens, qui avaient eu l'avantage dans le combat, ils résolurent de faire même réponse aux uns et aux autres : cette décision prise, ils déclarèrent qu'étant alliés des deux peuples qui se trouvaient en guerre, ils croiraient manquer à leurs serments dans cette circonstance, s'ils ne gardaient entre eux la neutralité. Les députés des deux partis se retirèrent.

Pendant que les Syracusains faisaient de leur côté leurs préparatifs de guerre, les Athéniens, campés à Naxos, traitaient avec les Sicèles, pour en attirer le plus grand nombre possible à leur parti : ceux de la plaine, sujets des Syracusains, firent défection pour la plupart; les tribus de l'intérieur, qui étaient toujours restées jusque-là indépendantes, s'étaient aussitôt ralliées aux Athéniens, à part un petit nombre, et fournissaient des vivres à l'armée, quelques-unes même des subsides. Les Athéniens marchèrent contre ceux qui ne passaient pas à leur parti, réduisirent les uns, et interceptèrent les garnisons et les secours que les Syracusains faisaient passer aux autres. Pendant l'hiver, ils transportèrent leur station de Naxos à Catane, rétablirent leur camp incendié par les Syracusains et y prirent leurs quartiers. Ils envoyèrent une trirème à Carthage, pour nouer des relations et tâcher d'obtenir quelque secours. Ils envoyèrent aussi en Tyrsénie, où quelques villes avaient promis le concours de leurs armes. Des messages furent expédiés de toutes parts aux Sicèles et à Égeste, pour demander qu'on leur envoyât le plus possible de chevaux. Enfin ils préparèrent des briques, du fer, tout ce qui était nécessaire pour une circonvallation, de manière à commencer la guerre à l'entrée du printemps.

Les députés syracusains envoyés à Corinthe et à

Lacédémone s'efforcèrent, en passant, de décider les peuples italiotes à se préoccuper des entreprises des Athéniens, qui, disaient-ils, étaient tout aussi bien dirigées contre eux-mêmes. Arrivés à Corinthe, ils exposèrent leur mission et demandèrent des secours au nom de leur commune origine. Les Corinthiens, après avoir premièrement décrété eux-mêmes de leur venir en aide de tous leurs moyens, envoyèrent avec eux des députés aux Lacédémoniens pour les décider de leur côté à pousser plus ouvertement les hostilités contre les Athéniens en Grèce et à envoyer quelque secours en Sicile. Les députés de Corinthe se rencontrèrent à Lacédémone avec Alcibiade : il avait passé tout d'abord avec ses compagnons d'exil de Thurium à Cyllène en Élide, sur un bâtiment de charge; de là il était venu ensuite à Lacédémone, mandé par les Lacédémoniens eux-mêmes, mais sous garantie. Car il les craignait à cause de la part qu'il avait prise aux affaires de Mantinée. Dans l'assemblée des Lacédémoniens, il se trouva que les Corinthiens, les Syracusains et Alcibiade s'accordèrent à faire les mêmes demandes : les éphores et les magistrats songeaient à envoyer des députés aux Syracusains pour les empêcher d'entrer en accommodement avec Athènes; mais ils était peu disposés à les secourir, lorsque Alcibiade, s'était avancé, sut aiguillonner et piquer les Lacédémoniens par ces paroles :

LXXXIX. « Il est indispensable que je vous parle d'abord des préventions dont je suis l'objet, de peur qu'un sentiment de défiance à mon égard ne vous dispose à écouter avec moins de faveur ce que je dirai dans l'intérêt général. Mes ancêtres avaient, pour quelques griefs, renoncé à la proxénie ¹ de Sparte, et c'est moi qui l'ai reprise en servant vos intérêts dans plusieurs occasions et en particulier à propos du désastre de Pylos. J'étais pour vous plein de zèle ; et cependant, quand vous vous êtes réconciliés avec les Athéniens, vous avez employé l'entremise de mes ennemis, et par là augmenté leur pouvoir, en me faisant affront. J'étais autorisé dès lors à me tourner du côté des Mantinéens et des Argiens, et à travailler contre vous dans toutes les circonstances où j'ai cherché à vous nuire. Si donc quelqu'un a conçu contre moi, pour le mal que j'ai pu vous faire alors, une irritation mal fondée, qu'il examine les choses à leur véritable point de vue, et il en reviendra ; si quelqu'un, d'un autre côté, a de moi une opinion moins favorable, à cause de mes préférences pour le parti populaire, il reconnaîtra que, sur ce point encore, ses ressentiments ne sont pas légitimes. En effet de tout temps nous ² avons été les adversaires des tyrans ; et comme tout ce qui est opposé au pouvoir absolu s'appelle parti populaire, il en est résulté que nous sommes toujours restés à la tête de la multitude. D'ailleurs, le gouvernement d'Athènes étant démocratique, il y avait généralement nécessité de se régler sur les faits existants. Néanmoins, nous cherchions, au milieu de la licence dominante, à nous distinguer par la modération de notre conduite politique. C'étaient d'autres hommes qui, jadis comme aujourd'hui, poussaient la multitude aux plus coupables excès ; et ce sont ceux-là qui m'ont exilé moi-même. Quant à nous, tout

---

¹ Le proxène représentait et défendait auprès de ses concitoyens les intérêts d'une ville étrangère.
² C'est-à-dire notre famille.

le temps que nous avons été à la tête des affaires, nous avons cru que la forme qui avait donné à notre ville tant de puissance et de liberté, forme chez nous héréditaire, devait être conservée. Du reste, nous connaissions bien la démocratie, nous tous doués de quelque intelligence, moi aussi bien que personne ; et je pourrais au besoin faire le tableau de ses vices : mais on ne saurait rien dire de nouveau sur une démence dont tout le monde est d'accord. Et pourtant il ne nous paraissait pas sûr de la changer, quand vous étiez là, à nos portes, les armes à la main.

XC. « Telle est la vérité sur les faits qui ont motivé les préventions contre moi : j'arrive maintenant à l'objet spécial de votre délibération, afin de vous transmettre les renseignements particuliers que je puis posséder : notre but, en faisant voile pour la Sicile, était de soumettre, s'il était possible, les Siciliens d'abord ; puis, après eux, les Italiens ; et ensuite de faire une tentative contre les peuples soumis aux Carthaginois et contre Carthage elle-même. Ces tentatives couronnées de succès, en tout ou du moins en grande partie, nous devions alors attaquer le Péloponnèse. Nous y arrivions renforcés par tous les Grecs que nous eût soumis la conquête, avec un grand nombre de barbares mercenaires, des Ibères[1] et d'autres barbares de ces contrées, de ceux qui passent pour les plus braves. Avec les nombreuses galères que nous eussions ajoutées aux nôtres, grâce aux bois que l'Italie fournit en abondance, nous aurions enveloppé et assiégé le Pélo-

---

[1] Les Carthaginois avaient dans leurs armées de ces mercenaires ibériens. Hérodote (VII) parle d'un corps d'Ibères qui faisait partie de l'armée d'invasion sous Gélon.

ponnèse : en même temps notre infanterie faisait une invasion par terre ; prenant une partie des villes de vive force, entourant les autres de murailles, nous espérions réduire aisément le pays, et ensuite étendre notre domination sur le monde grec tout entier. Quant à l'argent et aux vivres qui devaient faciliter l'accomplissement de nos desseins, nous en aurions tiré suffisamment des villes mêmes de Sicile ajoutées à notre empire, sans compter nos revenus de la Grèce.

XCI. « Vous venez d'entendre, et de la bouche d'un homme parfaitement informé, la vérité sur l'expédition de Sicile : tels étaient nos desseins, et les généraux qui restent en poursuivront l'exécution, s'ils le peuvent. Maintenant, sachez bien que la Sicile ne pourra tenir si vous n'y envoyez des secours. Sans doute les Siciliens, tout inexpérimentés qu'ils sont, pourraient, aujourd'hui encore, s'ils se réunissaient, avoir l'avantage ; mais les Syracusains isolés, vaincus déjà avec toutes leurs forces dans un combat, bloqués en outre par une flotte, seront incapables de tenir contre l'appareil militaire que les Athéniens ont maintenant en Sicile. Et si cette seule ville est prise, toute la Sicile suivra, bientôt même l'Italie ; et alors le danger dont j'ai parlé tout à l'heure, comme devant venir de ce côté, ne tardera pas à fondre sur vous.

Qu'on ne s'imagine donc pas délibérer seulement sur la Sicile ; le Péloponnèse aussi est en cause, si vous ne prenez en toute hâte les mesures suivantes : embarquez pour la Sicile une armée dont les soldats, rameurs pendant la traversée, seront aussitôt transformés en hoplites. Envoyez-y aussi, pour commander, — — cela me semble bien plus utile qu'une armée, — un

Spartiate qui discipline les troupes déjà formées, et force au service ceux qui s'y refusent. Par là vous donnerez plus de confiance aux amis que vous avez déjà, et ceux qui hésitent viendront plus hardiment à vous. En même temps il faut faire ici une guerre plus déclarée, afin que les Syracusains, sachant que vous vous intéressez à eux, fassent une plus vigoureuse résistance et que les Athéniens soient moins en état d'envoyer aux leurs d'autres secours. Il faut aussi fortifier Décélie[1] en Attique : c'est là l'éternelle appréhension des Athéniens ; c'est, dans leur pensée, le seul des maux de la guerre qu'ils n'aient pas éprouvé. Or, le moyen le plus sûr de nuire à ses ennemis est, quand on a le secret de leurs craintes, de leur faire le mal qu'on sait qu'ils redoutent le plus ; car il est naturel que chacun sache fort exactement ce qu'il a personnellement le plus à craindre. Quant aux avantages que vous retirerez de cette position fortifiée et à ceux dont vous priverez vos ennemis, j'en passe bon nombre sous silence, pour signaler rapidement les principaux : presque tout ce qui garnit le pays [2] vous reviendra de gré ou de force ; du même coup vous enlèverez aux Athéniens les revenus des mines d'argent de Laurium et ceux qu'ils tirent maintenant des terres [3] et des tribunaux [4] ; mais par-

---

[1] Décélie était sur la route de Béotie à Athènes, à cent vingt stades de cette dernière ville. Sa position élevée et sa situation sur la route de Béotie en faisaient un point militaire important. Les Lacédémoniens suivirent plus tard le conseil d'Alcibiade (Thuc. vii, 19), fortifièrent Décélie, et par là fermèrent la voie de terre aux convois de l'Eubée.

[2] Il faut entendre par là les produits de la terre, les instruments aratoires, les bêtes et les esclaves.

[3] Du fermage des terres publiques.

[4] Il est difficile de déterminer en quoi consistaient ces revenus

dessus tout les tributs des alliés leur arriveront moins abondants, parce que ceux-ci se négligeront lorsqu'ils penseront que désormais vous poussez la guerre à outrance.

XCII. « Il ne tient qu'à vous, Lacédémoniens, avec de la promptitude et plus de zèle, de réaliser une partie de ce plan; car, quant à sa possibilité, j'ai toute confiance, et je ne crois pas me tromper. Mais, je vous en prie, n'ayez pas de moi une opinion défavorable sur ce que, dévoué autrefois, — on le sait, — à ma patrie, je l'attaque maintenant à outrance avec ses ennemis les plus déclarés; ne suspectez pas mes discours, comme inspirés par les impatiences décevantes de l'exil : l'exil m'a arraché à la perversité de ceux qui m'ont banni, mais non à la défense de vos intérêts, si vous m'écoutez. D'ailleurs ceux qui ont le plus de droit à notre haine ne sont pas ceux qui, comme vous, ont pu nous traiter en ennemis quand nous l'étions réellement [1], mais bien ceux qui nous forcent à devenir ennemis, d'amis que nous étions. J'aime ma patrie, non pour y subir l'injustice, mais pour y trouver protection et sécurité; aussi ne crois-je pas marcher maintenant contre une pa-

---

des tribunaux et surtout comment la fortification de Décélie pouvait en tarir la source. Voici les suppositions auxquelles s'est livré à ce sujet le scoliaste de Thucydide : « On s'est demandé comment la « fortification de Décélie devait enlever aux Athéniens les revenus « des tribunaux : ces revenus des tribunaux étaient le produit des « accusations de vénalité, de sévices, de calomnie, d'adultère, de « faux, de prévarication dans les ambassades, de désertion..... » Les Athéniens devaient être privés de ces revenus, si les ennemis, établis dans le pays, ne leur laissaient pas le loisir de se livrer aux procès; car la ville touchait le produit des amendes.

[1] C'est dire à mots couverts qu'il doit plus détester les Athéniens qui l'ont chassé, que les Lacédémoniens qui étaient dans leur rôle en cherchant autrefois à lui nuire.

trie qui soit mienne ; je vais bien plutôt reconquérir celle que je n'ai plus. Le vrai patriotisme ne consiste point à ne pas attaquer une patrie qu'on vous a injustement ravie, mais à mettre tout en œuvre, dans ses regrets, pour la retrouver. Je vous prie donc, Lacédémoniens, d'user de moi sans crainte et pour les périls et pour les fatigues de tout genre. Rappelez-vous le proverbe qui est dans toutes les bouches, et sachez que si, comme ennemi, je vous ai fait beaucoup de mal, je saurai aussi, comme ami, vous rendre de bons services ; d'autant mieux que je connais les affaires des Athéniens, et que je ne pouvais que former des conjectures sur les vôtres [1]. Quant à vous, persuadés que vous délibérez sur les plus graves intérêts, faites, sans balancer, l'expédition de Sicile et celle de l'Attique ; par là vous sauvegarderez en Sicile, moyennant quelques faibles secours, des intérêts importants ; vous anéantirez la puissance athénienne et dans le présent et pour l'avenir; vous aurez conquis désormais la sécurité chez vous ; et vous verrez la Grèce entière accepter votre suprématie, non par contrainte, mais volontairement et par reconnaissance. »

XCIII. Ainsi parla Alcibiade. Les Lacédémoniens avaient déjà songé eux-mêmes à une expédition contre Athènes, mais ils hésitaient encore et temporisaient. Losqu'ils eurent entendu tous ces détails de la bouche d'un homme qu'ils croyaient parfaitement renseigné, ils se confirmèrent dans leurs desseins, et songèrent dès lors à fortifier Décélie et à envoyer immédiatement quelques secours en Sicile. Gylippos, fils de Cléandri-

---

[1] Quand je vous combattais.

das, fut désigné pour prendre le commandement des Syracusains, avec mission de se concerter avec eux et les Corinthiens pour faire parvenir à Syracuse les secours les plus efficaces et les plus prompts possibles dans la circonstance. Gylippos demanda aux Corinthiens de lui expédier sur-le-champ deux vaisseaux à Asiné, d'équiper tous ceux qu'ils avaient l'intention d'envoyer, et de se tenir prêts à mettre à la voile quand il en serait temps. Ces mesures arrêtées, les ambassadeurs quittèrent Lacédémone.

La trirème expédiée de Sicile par les généraux, pour réclamer de l'argent et de la cavalerie, arriva à Athènes. Les Athéniens, sur cette demande, décrétèrent l'envoi de subsistances et de cavalerie pour l'armée. Avec l'hiver finit la dix-septième année de cette guerre dont Thucydide a écrit l'histoire.

XCIV. L'été suivant, dès les premiers jours du printemps [1], les Athéniens qui étaient en Sicile firent voile de Catane, et se dirigèrent, en côtoyant, vers Mégara de Sicile. — Les Syracusains en ont chassé les habitants sous le tyran Gélon, ainsi que je l'ai dit plus haut, et occupent eux-mêmes le pays. — Ils descendirent à terre, ravagèrent les champs, se présentèrent devant un fort des Syracusains, et, n'ayant pu l'emporter, suivirent la côte par terre et par mer jusqu'au fleuve Térias [2]. Là ils remontèrent le fleuve, ravagèrent la plaine et incendièrent les blés. Ayant rencontré un parti peu nombreux de Syracusains, ils en tuèrent

---

[1] Deuxième année de la quatre-vingt-onzième olympiade, 414 av. notre ère.
[2] Sur le territoire de Léontium, aujourd'hui Fiume de Santo-Leonardo.

quelques-uns, dressèrent un trophée et remontèrent ensuite sur leurs vaisseaux. De là ils firent voile pour Catane, et après s'y être ravitaillés, ils se portèrent avec toutes leurs forces contre Centoripa [1], place des Sicèles, qui se rendit par composition. Ils se retirèrent ensuite, tout en brûlant les moissons des Inesséens [2] et des Hybléens. De retour à Catane, ils y trouvèrent deux cent cinquante cavaliers arrivant d'Athènes tout équipés, mais non montés ; car on devait se procurer les chevaux dans le pays. Ils y trouvèrent également trente archers à cheval et trois cents talents.

XCV. Le même printemps, les Lacédémoniens firent une expédition contre Argos et s'avancèrent jusqu'à Cléones [3]. Mais un tremblement de terre survint, et ils se retirèrent. Les Argiens envahirent à leur tour le territoire de Thyrée, qui confine à l'Argolide, et firent sur les Lacédémoniens un butin considérable dont ils ne tirèrent pas moins de vingt-cinq talents. Le même été, mais un peu plus tard, le peuple de Thespies s'insurgea contre les chefs du gouvernement, sans pouvoir s'emparer de l'autorité : des secours arrivèrent de Thèbes ; une partie des mécontents furent arrêtés, et les autres se réfugièrent à Athènes.

XCVI. Ce même été, les Syracusains, informés que les Athéniens avaient reçu de la cavalerie et se dispo-

---

[1] Cette ville, située à peu de distance de Catane, a joué un assez grand rôle dans l'histoire de la Sicile : elle rendit d'utiles services aux Athéniens contre Syracuse. Détruite dans la guerre de Rome contre Carthage, elle fut rebâtie par Auguste. Frédéric II la détruisit entièrement en 1233.

[2] Inessa était au pied de l'Etna, aujourd'hui S. Nicola dell'Arena.

[3] Entre Argos et Corinthe, à quatre-vingts stades de cette dernière ville, suivant Strabon, et à cent vingt stades d'Argos.

saient à marcher contre eux, pensèrent que si l'ennemi ne s'emparait pas d'Épipolæ, lieu escarpé et qui domine immédiatement la ville, il ne lui serait pas facile, même en gagnant une bataille, de les enfermer dans une circonvallation. Ils résolurent donc d'en garder les passes afin que l'ennemi ne pût monter par là à leur insu, ce qui était impossible d'un autre côté; car partout ailleurs la colline est abrupte, et, du côté de la ville, elle va s'abaissant jusqu'aux murs, de sorte qu'on la découvre entièrement de l'intérieur. Les Syracusains l'ont surnommée Épipolæ, parce qu'elle domine le reste du pays. Ils se rendirent donc en masse, au point du jour, sur la prairie que baigne l'Anapos. Hermocrate et ses collègues venaient d'être investis du commandement : ils firent une revue des troupes et choisirent six cents hoplites d'élite commandés par Diomilos, exilé d'Andros, pour garder Épipolæ, et servir en même temps de réserve prête à se porter rapidement partout où besoin serait.

XCVII. Les Athéniens, de leur côté, faisaient, dès le matin du jour qui suivit cette même nuit [1], la revue de leurs troupes : partis de Catane, ils avaient abordé secrètement avec toutes leurs forces au lieu nommé Léon, à six ou sept stades d'Épipolæ. Les vaisseaux, après avoir débarqué l'infanterie, avaient été mouiller à Thapsos. C'est une presqu'île avancée dans la mer, avec un isthme étroit, à peu de distance de Syracuse tant par mer que par terre. L'armée navale des Athéniens, qui était à Thapsos, palissada l'isthme et se tint ensuite en repos;

---

[1] Thucydide n'a pas parlé de la nuit dans ce qui précède; mais idée se trouve implicitement comprise dans les mots ἅμα τῇ ἡμέρᾳ, au point du jour.

l'armée de terre se porta en courant vers Épipolæ, et eut le temps d'occuper les hauteurs d'Euryélos avant que les Syracusains informés de leur arrivée pussent, de la prairie où ils passaient leur revue, arriver au secours. Chacun s'y porta de toute sa vitesse, entre autres les six cents hommes de Diomilos. Mais la distance de la prairie à l'ennemi n'était pas de moins de vingt-cinq stades; aussi les Syracusains, attaquant ainsi en désordre, furent vaincus à Épipolæ et rentrèrent dans la ville. Diomilos périt avec environ trois cents hommes. Les Athéniens élevèrent un trophée, rendirent les morts par convention et descendirent le lendemain jusqu'au pied des murs; mais comme on ne sortit pas contre eux, ils regagnèrent les hauteurs et bâtirent à Labdalos, sur la crête des escarpements d'Épipolæ, un fort dont le front regardait Mégara. Il devait leur servir de dépôt pour le matériel et de trésor toutes les fois qu'ils se rapprocheraient de la ville, soit pour combattre, soit pour élever des retranchements.

XCVIII. Peu de temps après, il leur vint d'Égeste trois cents cavaliers; les Sicèles, Naxos et quelques autres villes en envoyèrent une centaine. Les Athéniens avaient eux-mêmes deux cent cinquante cavaliers pour lesquels ils se procurèrent des chevaux à Égeste et à Catane, ou à prix d'argent. Le tout réuni formait un corps de six cent cinquante cavaliers. Après avoir mis garnison à Labdalos, les Athéniens se dirigèrent vers Syké [1], où ils s'établirent, et se mirent à élever en

---

[1] Ce retranchement circulaire devait être la base du mur de blocus qu'ils avaient l'intention de prolonger de part et d'autre vers le grand port et vers Thapsos. Le nom de Syké paraît être la forme dorienne du mot τύχη et désigner le temple de la Fortune, situé entre Labdalos et les murs de la ville.

toute hâte un retranchement circulaire. La célérité du travail frappa de terreur les Syracusains; ils sortirent avec l'intention de combattre et de s'y opposer : déjà même les deux armées étaient en présence, lorsque les généraux syracusains, voyant leurs troupes disséminées et les rangs difficiles à former, les ramenèrent dans la ville, à l'exception d'une partie des cavaliers. Ceux-ci tinrent ferme et empêchèrent les Athéniens d'apporter des pierres et de s'écarter au loin, jusqu'à ce qu'une tribu [1] d'hoplites athéniens attaqua, de concert avec toute la cavalerie, les cavaliers syracusains et les mit en déroute. Les Athéniens en tuèrent quelques-uns et dressèrent un trophée pour ce combat de cavalerie.

XCIX. Le lendemain une partie des Athéniens continua à élever la partie nord du retranchement circulaire, tandis que les autres apportaient des pierres et des bois et les déposaient en avançant toujours vers le lieu nommé Trogilos [2]; car c'était la ligne la plus courte pour mener leur mur d' ocus du grand port à l'autre mer [3]. Les Syracusains, guidés surtout par Hermocrates, l'un des généraux, renoncèrent à courir les risques de batailles générales contre les Athéniens; ils pensèrent que le mieux était d'élever un contre-mur coupant la ligne où les Athéniens devaient mener le

---

[1] Chaque tribu fournissait un certain nombre d'hoplites; et, une fois en campagne, les corps fournis par les diverses tribus conservaient leur organisation distincte et ne se mélangeaient pas.

[2] Trogilos était au nord de Syké, tous les travaux se faisaient donc sur une même ligne; les uns disposaient à l'avance les matériaux, tandis que les autres poursuivaient la construction de la muraille.

[3] Syracuse occupant une espèce de presqu'île, le but des Athéniens, en conduisant un mur d'une mer à l'autre, était de l'isoler du côté de la terre.

leur, afin de leur fermer le passage, en les devançant s'il était possible. Si l'ennemi les troublait dans ce travail, ils enverraient contre lui une partie de leur armée, le préviendraient en occupant les passages qu'ils fermeraient avec des pieux [1], et le forceraient ainsi à abandonner ses travaux pour se porter en masse contre eux. Ils firent donc une sortie et se mirent à construire au-dessous du retranchement circulaire des Athéniens, et à partir de l'enceinte de la ville, une muraille qui coupait leurs lignes [2]. Ils abattirent les oliviers du Téménos [3] et élevèrent des tours de bois.

Les vaisseaux des Athéniens n'avaient pas encore quitté Thapsos pour pénétrer dans le grand port en doublant la presqu'île; les Syracusains restaient maîtres de la mer et les Athéniens faisaient venir leurs vivres de Thapsos par terre.

C. Déjà les palissades et les constructions du contre-mur paraissaient aux Syracusains dans un état suffisant de défense. — Car les Athéniens, craignant, s'ils se partageaient, de donner plus de prise à l'ennemi, pressés d'ailleurs de terminer leur propre enceinte, n'étaient pas venus mettre obstacle à ce travail. — Ils laissèrent un corps de troupes à la garde des construc-

---

[1] Ces pieux étaient destinés à fermer les points les plus abordables de la ligne où ils devaient élever leur contre-mur, afin de faciliter le travail en tenant l'ennemi à distance.

[2] Et qui devait par conséquent les empêcher de continuer leur enceinte jusqu'à la mer. Letronne a fait remarquer avec raison que le mot ἐγκάρσιον signifie ici perpendiculaire, et non transversal ; le contre-mur, pour interrompre les travaux des Athéniens, devait être perpendiculaire, ou à peu près, à leur enceinte.

[3] L'enceinte sacrée d'Apollon Téménitès.

tions et rentrèrent dans la ville. Les Athéniens, de leur côté, détruisirent les conduits souterrains qui amenaient de l'eau potable à la ville. Ayant observé que la plupart des Syracusains [1] restaient dans leurs tentes vers midi, que quelques-uns même rentraient dans la ville, et que ceux qui étaient laissés aux palissades les gardaient négligemment, ils firent choix de trois cents hommes d'élite et de quelques troupes légères et bien armées, et leur ordonnèrent de courir subitement au contremur. Le reste de l'armée se partagea en deux corps, sous la conduite des deux généraux : l'un se porta vers la ville, en prévision des secours qui pourraient en sortir, l'autre aux palissades qui étaient près de la petite porte [2]. Les trois cents attaquèrent et enlevèrent les palissades ; ceux qui les gardaient les abandonnèrent et s'enfuirent dans l'enceinte avancée du Téménitès [3]. Ceux qui les poursuivaient s'y jetèrent avec eux ; mais, après y avoir pénétré, ils en furent repoussés de vive force par les Syracusains. Quelques Argiens et un petit nombre d'Athéniens y périrent. L'armée entière, à son retour, se mit à détruire le contre-mur, arracha les palissades, emporta les pieux et dressa un trophée.

CI. Le lendemain les Athéniens continuèrent leur muraille à partir du retranchement circulaire déjà élevé ; ils fortifièrent l'escarpement qui domine le ma-

[1] Ceux qui gardaient le nouveau mur.
[2] Cette petite porte devait être une porte pratiquée dans le mur du Téménite pour aller à Épipolæ. La palissade dont il s'agit ici, distincte de celle qu'attaquaient les trois cents, devait servir de défense à la petite porte.
[3] Thucydide a dit plus haut que les Syracusains avaient joint le Téménitès à la ville par une enceinte qui formait comme un ouvrage avancé.

rais et qui, de ce côté d'Épipolæ, fait face au grand port. Pour suivre la ligne la plus courte, la circonvallation devait descendre cette pente et rejoindre le grand port à travers la plaine et le marais. Pendant ce temps, les Syracusains sortirent de leur côté et se mirent à élever une nouvelle palissade qui partait de la ville et se dirigeait à travers le marais [1] ; ils y ajoutèrent un fossé, pour empêcher les Athéniens de pousser leur mur de blocus jusqu'à la mer. Mais ceux-ci, après avoir achevé leurs ouvrages sur la pente, firent une nouvelle attaque contre la palissade et le fossé. Ordre fut donné à la flotte de s'avancer de Thapsos jusque dans le grand port de Syracuse, en doublant la pointe; l'armée, de son côté, descendit au point du jour d'Épipolæ dans la plaine, jeta sur le marais, à l'endroit où il est bourbeux et offre plus de solidité, des portes et de larges planches, et le traversa. Dès l'aurore, ils étaient maîtres de la palissade et du fossé, sauf une petite partie ; — le reste fut également emporté plus tard. — Un combat s'engagea, où les Athéniens eurent l'avantage. L'aile droite des Syracusains s'enfuit vers la ville, la gauche vers le fleuve [2]. Aussitôt les trois cents hommes d'élite de l'armée athénienne courent au pont pour couper le passage. Les Syracusains s'effrayent (car la plus grande partie de leur cavalerie se trouvait aussi sur ce point) [3]; néanmoins ils courent aux trois cents, les enfoncent, et viennent donner sur l'aile droite des Athéniens. Le

---

[1] La muraille des Athéniens s'étant avancée vers le grand port, ce nouveau retranchement des Syracusains dut être reporté beaucoup plus au sud et très-près du port.

[2] Vers l'Anapos, en suivant la voie Hélorine.

[3] Et courait par conséquent risque d'être coupée de la ville.

premier corps de cette aile s'effraye à son tour de cette brusque attaque : Lamachos, s'en apercevant, accourt de l'aile gauche pour les soutenir, avec un petit nombre d'archers et les Argiens ; il franchit une espèce de fossé ; mais il se trouve isolé avec le peu d'hommes qui l'ont accompagné de l'autre côté, et est tué avec cinq ou six de ceux qui l'entourent. Les Syracusains profitèrent du premier moment pour les enlever à la hâte et les mettre en lieu sûr, de l'autre côté du fleuve ; puis, voyant le reste des Athéniens s'ébranler contre eux, ils opérèrent leur retraite.

CII. Cependant ceux d'entre eux qui, d'abord, avaient fui vers la ville, voyant ce qui se passait, reprirent courage et revinrent à la charge contre ceux des Athéniens qui leur étaient opposés. En même temps ils détachèrent une division pour aller occuper le retranchement circulaire d'Épipolæ, qu'ils croyaient abandonné. Ils s'emparèrent en effet de l'avant-mur sur une longueur de dix plèthres et le renversèrent ; mais quant à l'enceinte elle-même [1], Nicias, qui s'y trouvait retenu par une indisposition, les empêcha d'y pénétrer. Il ordonna aux valets d'armée de brûler les machines et tous les bois entassés en avant du retranchement ; car il avait reconnu qu'en l'absence des soldats, ils n'étaient pas capables de résister autrement. Ce qu'il avait prévu arriva : l'incendie ne permit pas aux Syracusains d'approcher davantage, et ils se retirèrent. Déjà d'ailleurs arrivaient au secours de l'enceinte ceux des Athéniens qui avaient poursuivi l'en-

[1] Les circonvallations consistaient en deux murs parallèles crénelés et bordés de tours. Les troupes se logeaient dans l'espace intermédiaire.

nemi dans la plaine ; en même temps la flotte, partie de Thapsos, entrait dans le grand port, suivant ses instructions. A cette vue, les Syracusains qui étaient sur les hauteurs [1] se retirèrent à la hâte, et toute leur armée rentra dans la ville. Ils se reconnaissaient désormais impuissants, avec les forces dont ils disposaient, à empêcher que le mur de blocus ne fût conduit jusqu'à la mer.

CIII. Après cela les Athéniens élevèrent un trophée, rendirent aux Syracusains leurs morts par convention, et retirèrent les corps de Lamachos et de ses compagnons. Toutes leurs forces de terre et de mer se trouvant alors réunies, ils purent enfermer les Syracusains d'un double mur de blocus partant d'Épipolæ et des escarpements pour aboutir à la mer. De toutes parts les provisions arrivaient d'Italie à l'armée ; un grand nombre de Sicèles, après avoir hésité d'abord, étaient venus les rejoindre comme alliés, et trois pentécontores leur étaient arrivées de Tyrsénie. Tout réussissait d'ailleurs au gré de leurs espérances : les Syracusains ne comptaient plus dès lors triompher par les armes, surtout en voyant qu'il ne leur arrivait aucun secours du Péloponnèse ; ils parlaient entre eux d'accommodement, et faisaient des propositions à Nicias, seul investi du commandement depuis la mort de Lamachos. Mais il n'y avait rien là sur quoi on pût compter : il arrivait à Nicias une foule d'ouvertures, comme on pouvait l'attendre de gens hors d'eux-mêmes et qui se voyaient enserrés de plus près qu'auparavant. Dans la ville, la diversité des avis était plus grande encore ils

---

[1] A Épipolæ.

en étaient venus, sous le coup des maux présents, à une sorte de défiance réciproque : on déposa les généraux sous lesquels avaient eu lieu ces revers, comme s'ils devaient être imputés à leur mauvaise fortune ou à leur trahison, et on les remplaça par Héraclide, Euclès et Tellias.

CIV. Cependant le Lacédémonien Gylippos et les vaisseaux partis de Corinthe étaient déjà arrivés à Leucade, se portant en toute hâte au secours de la Sicile. Mais comme il ne leur parvenait que de mauvaises nouvelles, et que toutes également fausses s'accordaient à représenter Syracuse comme déjà entièrement investie, Gylippos, n'ayant plus d'espoir pour la Sicile, résolut du moins de préserver l'Italie. De concert avec le Corinthien Pythès, il traversa en toute hâte le golfe d'Ionie, se dirigeant vers Tarente, avec deux vaisseaux lacédémoniens et deux de Corinthe. Les Corinthiens, outre dix vaisseaux qui leur appartenaient, en avaient équipé deux de Leucade et trois d'Ambracie, avec lesquels ils devaient plus tard prendre la mer. De Tarente, Gylippos se rendit à Thurium pour y négocier, en se réclamant du droit de cité qu'y avait autrefois obtenu son père [1]. Mais, n'ayant pu gagner les habitants, il reprit la mer et longea l'Italie. Assailli, à la hauteur du golfe de Térina [2], par un

---

[1] Cléandridas, adjoint au jeune Plistoanax pour commander dans une expédition contre Athènes, s'était laissé corrompre par Périclès, et avait été pour ce fait condamné à mort. Il s'était retiré à Thurium où il obtint le droit de cité.

[2] Ce passage a embarrassé, avec raison tous les interprètes de Thucydide : le golfe de Térina se trouve sur la côte ouest du Brutium, tandis que Gylippe devait se trouver sur la côte est, dans le golfe de Scylacium ou dans celui de Tarente. Il y a évidemment ici erreur, soit des copistes, soit de l'historien.

vent du nord qui souffle avec fureur en cet endroit, il fut entraîné au large, et, après avoir essuyé une violente tempête, revint aborder à Tarente, où il tira à sec pour les réparer ceux de ses vaisseaux qui avaient souffert de la tourmente. Nicias, informé qu'il était en mer, n'eut que du mépris pour le petit nombre de ses vaisseaux ; — on avait éprouvé le même sentiment à Thurium : — il ne vit guère là qu'un armement de pirates et ne prit encore aucune précaution.

CV. A la même époque de cet été, les Lacédémoniens envahirent l'Argolide avec leurs alliés et ravagèrent une grande partie du territoire. Les Athéniens vinrent au secours des Argiens avec trente vaisseaux : c'était une infraction patente à la trêve entre Lacédémone et Athènes. Jusque-là ils avaient bien fait, de Pylos quelques courses pour piller ; ils avaient pris part à la guerre des Argiens et des Mantinéens ; mais quand ils opéraient des descentes c'était plutôt sur tout autre point du Péloponnèse qu'en Laconie. Invités même à plusieurs reprises par les Argiens à se montrer seulement en armes dans la Laconie, pour se retirer après avoir exercé avec eux quelques ravages insignifiants, ils s'y étaient refusés. Mais en cette circonstance, sous le commandement de Pythodoros, de Lespodias et de Démarate, ils prirent terre à Épidaure-Liméra, à Proscis et sur une foule d'autres points, ravagèrent le pays, et fournirent par là aux Lacédémoniens un prétexte plus plausible de représailles. Après le départ des vaisseaux athéniens et l'évacuation du pays par les Lacédémoniens, les Argiens envahirent la Phliasie, ravagèrent une partie du territoire, tuèrent quelques habitants et rentrèrent chez eux.

LIVRE SEPTIÈME

I. Gylippos et Pythès, partis de Tarente après avoir réparé leurs vaisseaux, passèrent en côtoyant chez les Locriens-Épizéphyriens. Mieux informés alors que Syracuse n'était pas entièrement investie, et qu'il était possible d'y entrer avec une armée par Épipolæ, ils délibérèrent s'ils prendraient la Sicile par la droite et se risqueraient à pénétrer dans le port, ou s'ils cingleraient d'abord à gauche vers Himéra, afin de prendre avec eux les habitants et toutes les troupes qu'ils pourraient engager d'ailleurs, et de gagner Syracuse par terre. Ils se décidèrent à faire voile pour Himéra, d'autant mieux qu'on n'avait pas encore aperçu à Rhégium les quatre vaisseaux athéniens que Nicias s'était pourtant[1] décidé à envoyer, lorsqu'il apprit leur présence à Locres. Ils prévinrent cette croisière, passèrent le détroit, relâchèrent à Rhégium et à Messine et arrivèrent à Himéra. Là, ils persuadèrent aux habitants de les seconder dans cette guerre, en se joignant à eux et en fournissant des armes à ceux de

---

[1] Ce mot *pourtant* répond à ce que Thucydide dit, à la fin du livre précédent, du mépris de Nicias pour l'expédition de Gylippe.

leurs matelots qui n'en n'avaient pas ; car les vaisseaux furent tirés à sec à Himéra. Ils envoyèrent aussi prier les Sélinontins de les rejoindre avec toutes leurs forces à un rendez-vous déterminé. Les habitants de Géla et quelques-uns des Sicèles promirent également d'envoyer des troupes, mais en petit nombre. Les Sicèles hésitaient bien moins alors à se rallier, grâce à la mort récente d'Archonidas, prince assez puissant, ami des Athéniens, qui régnait sur une partie des Sicèles de ces contrées ; grâce aussi aux dispositions énergiques que Gylippos paraissait apporter de Lacédémone. Gylippos prit avec lui tous ceux de ses matelots et des soldats de marine qui étaient armés, au nombre de sept cents ; Himéra avait fourni mille hommes, hoplites ou troupes légères, et cent cavaliers ; quelques troupes légères et des cavaliers de Sélinonte ; un petit nombre de soldats de Géla et les Sicèles formaient un autre corps de mille hommes ; avec ces forces il se mit en marche pour Syracuse.

II. Les Corinthiens, partis de Leucade avec le reste des vaisseaux, firent de leur côté toute la diligence possible pour secourir Syracuse. Un de leurs généraux, Gongylos, parti le dernier avec un seul bâtiment, arriva le premier, un peu avant Gylippos. Il trouva les Syracusains près de s'assembler pour traiter de la cessation des hostilités. Il les en détourna et releva les courages en leur disant qu'il allait leur arriver encore d'autres vaisseaux, et que Gylippos, fils de Cléandridas, venait, de la part des Lacédémoniens, se mettre à leur tête. Les Syracusains reprirent confiance et sortirent avec toutes leurs forces au-devant de Gylippos ; car ils venaient d'apprendre que déjà il était à peu de distance. Gylippos, après avoir pris, en passant, Getæ, forteresse des Sicèles, et rangé son armée en bataille, arriva à Épipolæ ; il y monta, comme auparavant les Athéniens, par Euryélos, et, uni aux Syracusains, alla attaquer les retranchements de l'ennemi. Au moment où il arriva, les Athéniens avaient déjà achevé les sept ou huit stades du double mur qui aboutissait au grand port, à part un petit espace au bord de la mer où ils travaillaient encore. De l'autre côté du retranchement circulaire, dans la direction de Trogilos en allant à l'autre mer, les pierres étaient déjà déposées sur la plus grande partie de l'espace ; certaines portions étaient à moitié construites, d'autres achevées. Telle fut l'étendue du péril que courut Syracuse.

III. Les Athéniens, pris à l'improviste par l'attaque de Gylippos et des Syracusains, se troublèrent d'abord ; cependant ils se mirent en bataille. Gylippos fit halte près d'eux et envoya premièrement un héraut leur déclarer que, s'ils voulaient évacuer la Sicile dans l'espace de cinq jours, emportant tout ce qui leur appartenait, il était prêt à traiter. Les Athéniens reçurent avec mépris ces propositions et renvoyèrent le héraut sans réponse. On se prépara ensuite de part et d'autre au combat. Gylippos, s'apercevant que les Syracusains étaient en désordre et avaient peine à former leurs rangs, ramena son armée dans un endroit plus ouvert. Mais comme Nicias ne fit pas sortir les Athéniens et se tint en repos dans ses retranchements, Gylippos, ne les voyant pas venir à sa rencontre, conduisit ses troupes sur la hauteur nommée Téménitès, et y bivouaqua. Le lendemain il ramena la plus grande partie de ses forces et les mit en bataille le long du retranchement des Athéniens, pour les empêcher de porter secours ailleurs. En même temps il envoya un détachement au fort Labdalon, le prit, et tua tous ceux qu'il y trouva. Cet endroit se trouvait hors de la vue des Athéniens. Le même jour les Syracusains prirent une galère athénienne en station dans le port.

IV. Les Syracusains et leurs alliés construisirent ensuite, à travers Épipolæ, un mur simple [1] qui partait de la ville et se dirigeait transversalement vers les hauteurs [2] : par là, l'ennemi, s'il ne pouvait empêcher cette construction, se trouvait dans l'impossibilité de fermer sa ligne de blocus. Déjà les Athéniens, après avoir terminé le mur au bord de la mer [3], avaient atteint les hauteurs [4] : Gylippos, sachant qu'il se trouvait sur ce point une partie faible, y monta la nuit avec son armée pour attaquer la muraille. Mais les Athéniens, qui bivouaquaient en dehors, s'en aperçurent et allèrent à lui. Gylippe, dès qu'il se vit découvert, retira ses troupes à la hâte. Les Athéniens donnèrent à ce mur plus d'élévation, se chargèrent eux-mêmes de le garder [5] et distribuèrent les alliés dans le reste du re-

---

[1] Simple, par opposition au double mur des Athéniens.

[2] Ce mur se dirigeait de la ville au nord d'Épipolæ ; il devait, comme celui qu'ils avaient précédemment dirigé du côté du grand port à travers le marais, couper les lignes des Athéniens et les empêcher de joindre Épipolæ à Trogilos. Le mot ἐγκάρσιον est pris ici dans le même sens que précédemment, il signifie transversalement, c'est-à-dire de manière à couper les travaux des Athéniens.

[3] Sur le grand port.

[4] Au nord de Syké.

[5] C'était la partie la plus exposée, puisque le camp des Syracusains était dans le voisinage et que les communications de la ville avec l'extérieur restaient libres de ce côté.

tranchement, pour en défendre chacun une partie déterminée.

Nicias jugea à propos de fortifier le lieu nommé Plemmyrion [1] : c'est un promontoire qui s'avance dans le grand port, sur la côte opposée à la ville, et rétrécit la passe. Il pensait, en le fortifiant, rendre l'arrivage des vivres plus facile [2], parce que sa flotte, stationnant plus près du port des Syracusains [3], n'aurait plus, comme par le passé, à accourir du fond du grand port pour protéger l'arrivée des convois, si les vaisseaux ennemis faisaient quelque mouvement. Le côté maritime de la guerre le préoccupait dès lors davantage, parce qu'il voyait que, par terre, l'arrivée de Gylippos laissait moins d'espoir. Il y fit donc passer un corps de troupes et les vaisseaux, éleva trois forts, et y déposa la plus grande partie du matériel. C'est là que stationnèrent désormais les grands bâtiments de charge et les vaisseaux légers. C'est de ce moment aussi que commencèrent pour les équipages les privations et les souffrances : l'eau était rare et éloignée; et, lorsque les matelots sortaient pour aller faire du bois, ils étaient massacrés par les cavaliers syracusains qui tenaient la campagne : car, par suite de l'occupation de Plemmyrion, le tiers de la cavalerie syracusaine avait pris ses quartiers au bourg d'Olympiéon, pour s'opposer à leurs incursions. Nicias, informé d'un autre côté que le reste de la flotte corinthienne approchait,

---

[1] La pointe de Plemmyrion s'avance dans le grand port, en face de l'île Ortygie.

[2] Parce qu'en faisant stationner ses vaisseaux à Plemmyrion, il lui serait plus aisé de surveiller l'arrivée des convois et de les protéger contre la flotte syracusaine stationnée dans le petit port.

[3] Le petit port, entre Ortygie et la nouvelle ville.

envoya en observation vingt vaisseaux, avec ordre de la surveiller dans les parages de Locres, de Rhégium et aux abords de la Sicile.

V. Gylippos continuait la construction du mur à travers Épipolæ, et y employait les pierres que les Athéniens avaient amassées pour eux-mêmes ; en même temps il faisait sortir régulièrement et rangeait devant le retranchement les Syracusains et leurs alliés. En face, les Athéniens formaient aussi leurs rangs. Lorsque Gylippos crut le moment favorable, il commença l'attaque ; on en vint aux mains, et l'action eut lieu dans l'intervalle des retranchements, où la cavalerie des Syracusains et de leurs alliés ne fut d'aucun usage. Les Syracusains et leurs alliés furent vaincus. Après que les Athéniens eurent rendu les morts par convention et dressé un trophée, Gylippos convoqua ses soldats et leur dit que ce qui était arrivé n'était pas de leur faute, mais de la sienne ; que, par ses dispositions mêmes, il avait, en les massant trop à l'étroit entre les murs [1], rendu inutiles la cavalerie et les gens de trait ; qu'il allait donc les mener de nouveau à l'ennemi. Il les engagea à bien réfléchir que, sous le rapport des forces, ils ne seraient pas inférieurs, et que, quant au courage, il serait intolérable qu'ils se crussent incapables, eux Péloponnésiens et Doriens, de vaincre et de chasser du pays des Ioniens, des insulaires, un ramas de troupes.

VI. Ensuite, le moment venu, il les conduisit de nouveau au combat. Nicias et les Athéniens sentaient

---

[1] Le combat s'était engagé dans l'espace compris entre les remparts de la ville, le mur transversal des Syracusains et le double mur des Athéniens, près du temple de la Fortune.

bien, de leur côté, que, même sans être provoqués au combat par les Syracusains, il y avait nécessité pour eux de s'opposer à la construction du mur élevé près de leurs travaux, — car déjà le mur des Syracusains atteignait presque l'extrémité de leur retranchement, et s'il le dépassait, il devenait indifférent pour eux de vaincre dans des combats sans cesse renouvelés, ou de ne pas combattre du tout [1]. — Ils sortirent donc à la rencontre des Syracusains. Gylippos porta ses hoplites plus en avant des murs que la première fois et en vint aux mains. La cavalerie et les gens de trait étaient rangés sur le flanc des Athéniens dans une plaine ouverte, par delà l'extrémité des fortifications des deux armées. Dans l'action, la cavalerie fondit sur l'aile gauche des Athéniens qui lui était opposée et la mit en déroute ; le reste de l'armée, entraîné dans ce mouvement, fut vaincu par les Syracusains et rejeté en désordre dans ses retranchements. La nuit suivante, les Syracusains eurent le temps de prolonger leur muraille jusqu'aux travaux des Athéniens et au delà ; de sorte qu'ils n'avaient plus aucun obstacle à craindre de leur part, et leur ôtaient, même vainqueurs, tout moyen de les enfermer désormais.

VII. Les vaisseaux de Corinthe, d'Ambracie et de Leucade, restés en arrière au nombre de douze, entrèrent ensuite dans le port, sans avoir été aperçus par la croisière athénienne. Ils étaient commandés par Érasinidès de Corinthe. Ces troupes travaillèrent de concert avec les Syracusains à terminer les retranche-

---

[1] Parce que, malgré leurs victoires, les communications de Syracuse avec l'extérieur resteraient libres, au moyen de cette muraille.

ments jusqu'au mur transversal [1]. Gylippos parcourut le reste de la Sicile, pour y lever des troupes de terre et de mer et rallier celles des villes qui montraient peu de zèle ou qui étaient restées jusque-là tout à fait en dehors de la guerre. D'autres députés, Syracusains et Corinthiens, furent envoyés à Lacédémone et à Corinthe pour demander qu'on fît passer de nouvelles forces par quelque voie que ce fût, sur des transports, sur des barques, ou de toute autre façon, parce que les Athéniens réclamaient aussi des renforts. Les Syracusains équipaient leur flotte et l'exerçaient à la mer, décidés à porter aussi leurs efforts de ce côté ; ils n'apportaient pas moins d'ardeur à tout le reste.

VIII. Nicias le savait, et voyait chaque jour ajouter à la force des ennemis et aux difficultés de sa propre situation. Il envoyait de son côté des messages à Athènes; bien des fois déjà il en avait fait passer dans d'autres circonstances pour tenir au courant de chaque événement; mais il les multiplia alors, persuadé qu'il était dans une position critique, et que, si on ne se hâtait soit de rappeler l'armée, soit de lui envoyer des renforts considérables, il n'y avait aucune chance de salut. Comme il craignait que ses messagers ne fissent pas connaître le véritable état des choses, soit faute de savoir s'exprimer, soit par défaut de mémoire, ou même pour

---

[1] Les retranchements dont il est question ici devaient longer les hauteurs d'Épipolæ et venir rejoindre le mur transversal qui s'étendait jusqu'à l'enceinte de Syracuse. Les mots μέχρι τοῦ ἐγκαρσίου τείχους, qui ont fort embarrassé les interprètes, pourraient aussi bien se traduire : à partir du mur transversal ; ils indiquent que le mur en question, au lieu de suivre la direction primitive de la muraille transversale, ce qui l'eût porté trop au nord vers les hauteurs, venait s'embrancher sur lui pour suivre la plaine vers le nord-est.

faire quelque rapport agréable à la multitude, il écrivit une lettre ; il crut que c'était le meilleur moyen de faire connaître exactement sa pensée aux Athéniens, sans qu'elle fût dénaturée par le messager, et de les mettre en état de délibérer sur la situation réelle des affaires. Les envoyés partirent, chargés de cette lettre et de tout ce qu'ils devaient dire eux-mêmes ; quant à lui, il se borna à la garde de son camp, évitant désormais de chercher volontairement le danger [1].

IX. A la fin du même été, Évétion, général athénien, fit avec Perdiccas une expédition contre Amphipolis, à la tête d'un corps nombreux de Thraces ; mais, n'ayant pu la prendre, il suivit avec les trirèmes les contours du Strymon, alla stationner à Himéréon, et de là bloqua la ville ; l'été finit.

X. L'hiver suivant les messagers de Nicias étant arrivés à Athènes, rapportèrent tout ce qui leur avait été dit de vive voix, répondirent aux questions qu'on leur fit, et remirent la lettre. Le secrétaire de la ville en donna lecture aux Athéniens ; en voici le contenu :

XI. « Les faits antérieurs vous sont connus, Athéniens, par beaucoup d'autres lettres : il est opportun que vous ne connaissiez pas moins bien aujourd'hui la situation où nous nous trouvons, pour prendre une décision. Nous avions vaincu dans de nombreux combats les Syracusains contre qui vous nous avez envoyés, et nous avions élevé les retranchements où nous sommes maintenant, lorsque est arrivé le Lacédémonien Gylippos,

---

[1] Je lis ἐκουσίων κινδύνων [ἃ] πεμελεῖτο. Il suffit du changement d'une seule lettre pour donner un sens raisonnable à la phrase, que tous les commentateurs ont été obligés d'expliquer contrairement au texte reçu ἐπεμελεῖτο.

avec une armée tirée du Péloponnèse et de quelques villes de Sicile. Nous l'avons vaincu dans une première action ; mais le lendemain, forcés par un grand nombre de cavaliers et de gens de trait, nous avons dû rentrer dans nos lignes ; et maintenant, contraints par la multitude de nos adversaires à interrompre notre circonvallation, nous y sommes dans l'inaction. Car nous ne pouvons mettre en ligne toute notre armée, la garde des murs occupant une partie des hoplites. D'ailleurs, l'ennemi a élevé à côté de nous un mur simple qui ne nous permet plus de les enfermer d'une circonvallation, à moins d'enlever cette barrière, dont l'attaque exige une nombreuse armée ; nous paraissons assiéger les autres, et il arrive que c'est plutôt nous qui sommes assiégés, du moins du côté de terre ; car la cavalerie ne nous laisse guère nous écarter dans la campagne.

XII. « Ils viennent d'envoyer dans le Péloponnèse des ambassadeurs demander une nouvelle armée, tandis que Gylippos parcourt les villes de Sicile, pour engager dans la guerre celles qui se sont tenues en repos jusqu'à présent, et tirer des autres, s'il le peut, de nouveaux armements de terre et de mer : car ils songent, à ce que j'apprends, à tenter sur nos retranchements une attaque combinée par terre et par mer. N'allez pas vous récrier à ce mot, par mer : car notre flotte, si brillante au commencement, quand les vaisseaux étaient secs et les équipages intacts, n'offre plus maintenant — nos ennemis eux-mêmes le savent — que des vaisseaux pénétrés d'eau par suite de leur long séjour à la mer, et des équipages délabrés. Il nous est impossible de les tirer à terre pour les sécher, parce que la flotte ennemie étant égale et même supérieure en nombre, nous avons toujours à prévoir une attaque de leur part. Nous les voyons sous nos yeux s'exercer à la mer ; l'initiative de l'attaque leur appartient maintenant, et ils sont bien mieux en mesure que nous de sécher leurs vaisseaux ; car ils n'ont à faire aucune croisière.

XIII. « Nous, au contraire, c'est à peine si nous aurions cet avantage [1], même avec une flotte de beaucoup supérieure et sans la nécessité où nous sommes maintenant de la consacrer tout entière à nous garder. Car pour peu que nous distrayions de bâtiments de nos croisières, nous manquerons de vivres ; puisque, même maintenant, nous avons peine à les convoyer dans le voisinage de leur ville. Quant à nos équipages, voici ce qui les a ruinés et les ruine encore aujourd'hui : une partie de nos matelots, lorsqu'ils s'écartent pour ramasser du bois, marauder ou faire de l'eau, sont tués par la cavalerie ; les valets désertent, depuis que les forces sont égales. Parmi les étrangers, ceux qui ont été embarqués de force saisissent la première occasion de se réfugier dans les villes [2] ; ceux qui ont été séduits d'abord par l'élévation de la solde, et qui croyaient aller plutôt au butin qu'au combat, voyant maintenant, contre leur attente, l'ennemi en présence avec une flotte et des forces de tout genre, s'en vont sous quelque prétexte afin de déserter, ou s'ingénient de toute manière ; car la Sicile est vaste [3] ; il en est même qui achètent sur les lieux des esclaves d'Hyccara et les embarquent à leur place avec l'autorisation des triérarques, ce qui désorganise les équipages.

[1] De pouvoir sécher nos bâtiments.
[2] Dans les villes de Sicile.
[3] Ce qui leur permet de nous échapper plus facilement.

XIV. « Vous savez, même sans que je vous l'écrive, que de bons équipages sont rares, et qu'il est peu de matelots qui sachent et appareiller et manier la rame en cadence. Le plus embarrassant, c'est que, tout général que je suis, je n'ai pas le pouvoir d'empêcher ces désordres (car votre naturel est difficile à gouverner), et que nous ne trouvons d'aucun côté à nous refaire. L'ennemi au contraire trouve de toutes parts des facilités ; tandis que nous, tout ce que nous avons encore, tout ce que nous dépensons en hommes, est nécessairement pris sur ce que nous avions en arrivant. Car les villes que nous avons maintenant pour alliées, Naxos et Catane, ne peuvent rien pour nous. Qu'à tous ces avantages nos ennemis en joignent un autre, que les villes d'Italie qui nous font vivre, voyant où nous en sommes, l'abandon où vous nous laissez, se rangent de leur côté, la guerre se terminera sans combat; car nous serons forcés à nous rendre. J'aurais pu vous mander des choses plus agréables, mais je n'en vois pas de plus utiles, puisqu'il faut que vous sachiez exactement quelle est ici la situation, pour en délibérer. Je connais d'ailleurs votre caractère; vous aimez à entendre les nouvelles les plus flatteuses ; mais comme vous rejetez ensuite la responsabilité sur qui vous les donne, si l'événement n'y répond pas, j'ai cru plus sûr de vous faire connaître la vérité.

XV. « Quant à l'objet premier de l'expédition, soldats et généraux ne vous ont donné aucun sujet de reproches, soyez-en bien persuadés : mais, maintenant que la Sicile se lève tout entière et qu'on y attend une nouvelle armée du Péloponnèse, prenez pour base de vos délibérations que les forces ici présentes ne sauraient même faire face aux circonstances actuelles, et qu'il faut ou les rappeler ou envoyer une nouvelle armée de terre et de mer non moins forte que la première, et beaucoup d'argent. Il faut aussi me donner un successeur ; car une néphrétique me met dans l'impossibilité de rester ici. Je réclame votre indulgence au nom des bons services que je vous ai souvent rendus, à la tête des armées, tant que j'ai été bien portant. Du reste, quoi que vous décidiez, agissez dès le commencement du printemps, et sans aucun retard ; car il ne faut que peu de temps à nos ennemis pour se procurer des renforts en Sicile ; et quant à ceux du Péloponnèse, ils viendront plus tard il est vrai ; mais, si vous n'y faites attention, les uns vous échapperont, comme il est déjà arrivé, les autres vous préviendront. »

XVI. Tel était le contenu de la lettre de Nicias. Les Athéniens, après en avoir entendu lecture, ne le déchargèrent pas du commandement ; mais, en attendant l'arrivée des collègues qu'ils lui choisirent, ils lui en adjoignirent deux qui se trouvaient sur les lieux, Ménandre et Euthydème, afin que, dans son état de maladie, il ne supportât pas seul toutes les fatigues. On décréta l'envoi d'une nouvelle armée de terre et de mer, composée d'Athéniens portés au rôle et d'alliés. Pour collègues, on lui donna Démosthènes, fils d'Alcisthènes, et Eurymédon, fils de Thouclès. Eurymédon fut envoyé sur-le-champ en Sicile, vers le solstice d'hiver, avec dix vaisseaux et une somme de [cent] vingt talents[1]. Il

---

[1] Le texte primitif ne porte que vingt talents. Mais il est peu probable qu'on ait envoyé une aussi faible somme à Nicias, qui réclamait beaucoup d'argent. Diodore porte l'envoi à cent quarante ; aussi la plupart des éditeurs ont-ils accepté la correction de Valla.

avait ordre d'annoncer à l'armée qu'il allait lui arriver du renfort et qu'on ne la négligerait pas.

XVII. Démosthènes resta pour préparer les armements et partir à l'entrée du printemps : il dénonça aux alliés une levée de troupes, et tira de chez eux de l'argent, des vaisseaux et des hoplites. Les Athéniens envoyèrent aussi vingt vaisseaux croiser autour du Péloponnèse, pour veiller à ce que personne ne passât de Corinthe et du Péloponnèse en Sicile. Car les Corinthiens, à l'arrivée des députés qui leur annonçaient que les affaires s'amélioraient en Sicile, jugeant que leur premier envoi de vaisseaux n'avait pas été inutile, embrassèrent plus vivement encore cette affaire : aussi se préparèrent-ils à envoyer des hoplites en Sicile sur des bâtiments de charge, pendant que les Lacédémoniens se disposaient à en faire passer par le même moyen du reste du Péloponnèse. Les Corinthiens armèrent en outre vingt-cinq vaisseaux, dans le but de tenter un combat naval contre la flotte athénienne en station à Naupacte, et en même temps de neutraliser cette flotte, de sorte qu'elle fût moins en état d'empêcher le départ de leurs transports, une fois occupée à surveiller les galères qu'ils allaient lui opposer.

XVIII. Les Lacédémoniens préparaient aussi une invasion dans l'Attique. C'était chose précédemment résolue par eux, mais ils y étaient surtout poussés par les Syracusains et les Corinthiens : ceux-ci, informés qu'Athènes envoyait des renforts en Sicile, voulaient y mettre obstacle par cette invasion. Alcibiade, les pressant de son côté, les exhortait à fortifier Décélie et à ne pas laisser languir les opérations. Mais ce qui contribuait surtout à stimuler un peu les Lacédémoniens, c'était d'une part la pensée que les Athéniens, avec une double guerre à soutenir contre eux et contre les Siciliens, seraient plus faciles à abattre, et de l'autre la conviction que les Athéniens avaient les premiers rompu la trêve. Dans la guerre précédente, c'était surtout sur eux-mêmes, ils le savaient, que retombait la violation des traités : les Thébains avaient envahi le territoire de Platée en temps de paix; et, quoiqu'il fût stipulé dans les traités précédents qu'on n'en viendrait pas aux armes si l'une des parties offrait l'arbitrage, ils avaient eux-mêmes repoussé les propositions d'accommodement amiable que leur firent les Athéniens. Ils voyaient dans leurs malheurs la juste conséquence de cette faute, et ne pouvaient détacher leur pensée du désastre de Pylos et de tout ce qui avait pu leur arriver de funeste. Mais lorsqu'ils eurent vu les Athéniens aller, à la tête de trente vaisseaux, ravager une partie du territoire d'Épidaure, de Prasies et d'autres lieux, faire en même temps de Pylos un centre de brigandage, refuser l'arbitrage, malgré l'invitation des Lacédémoniens, toutes les fois qu'il s'élevait des difficultés sur les points litigieux du traité, alors, persuadés que les Athéniens se plaçaient à leur tour sous le coup de la faute qu'eux-mêmes avaient commise contre la foi publique, ils inclinèrent résolûment à la guerre. Dans le cours de cet hiver, ils firent circuler chez leurs alliés l'ordre de fournir du fer, et disposèrent tous les instruments nécessaires à la construction des forts. En même temps ils se préparèrent à expédier en Sicile des secours sur des bâtiments de charge, et obligèrent les autres peuples du Péloponnèse à les imiter. L'hiver finit, ainsi que la dix-huitième année de cette guerre, dont Thucydide a écrit l'histoire.

XIX. Dès le commencement du printemps suivant [1], les Lacédémoniens et leurs alliés firent, de très-bonne heure, une invasion dans l'Attique, sous le commandement d'Agis, fils d'Archidamos, roi des Lacédémoniens. Après avoir d'abord ravagé la plaine, ils se mirent à fortifier Décélie et attribuèrent aux troupes de chaque ville une portion du travail. Décélie n'est qu'à cent vingt stades d'Athènes, et à la même distance, ou un peu plus, de la Béotie. Les fortifications furent élevées dans une position qui commandait la plaine et la partie la plus riche du pays, afin de nuire à l'ennemi; on pouvait les apercevoir d'Athènes. Pendant que les Péloponnésiens qui étaient dans l'Attique fortifiaient Décélie, de concert avec leurs alliés, ceux qui étaient restés dans le Péloponnèse envoyèrent sur des transports des hoplites en Sicile : les Lacédémoniens choisirent l'élite des Hilotes et des Néodamodes et en formèrent un corps de six cents hoplites, sous le commandement du Spartiate Eccritos; les Béotiens fournirent trois cents hoplites commandés par Xénon et Nicon, l'un et l'autre de Thèbes, et par Hégésandros de Thespies. Ces troupes formèrent un premier convoi qui prit la mer à Ténare, en Laconie. Peu de temps après les Corinthiens expédièrent, sous la conduite d'Alexarchos de Corinthe, cinq cents hoplites, tant Corinthiens qu'Arcadiens mercenaires; les Sicyoniens leur adjoignirent deux cents hoplites sous les ordres de Sargée de Sicyone. Les vingt-cinq vaisseaux de Corinthe équipés pendant l'hiver croisaient en vue des vingt bâtiments athé-

---

[1] Quatre-vingt-onzième olymp., troisième année; 413 avant notre ère.

niens de Naupacte, attendant que ces hoplites embarqués sur des bâtiments de charge eussent quitté le Péloponnèse ; car c'était là précisément le but dans lequel on les avait équipés d'abord, afin que l'attention des Athéniens se portât plutôt sur les trirèmes que sur les transports.

XX. Pendant ce temps, les Athéniens expédiaient de leur côté, dès l'entrée du printemps, et au moment même où s'élevaient les fortifications de Décélie, trente vaisseaux autour du Péloponnèse. Chariclès, fils d'Apollodoros, qui les commandait, avait ordre de toucher à Argos et d'y réclamer, aux termes du traité d'alliance, des hoplites pour les embarquer. Démosthènes fut aussi envoyé en Sicile, comme on l'avait résolu, avec soixante vaisseaux athéniens, cinq de Chio, douze cents hoplites d'Athènes portés au rôle, et le plus grand nombre possible d'insulaires levés de toutes parts. Tout ce qui chez les autres alliés sujets d'Athènes pouvait être de quelque utilité pour la guerre avait été également mis en réquisition. Démosthènes avait pour instructions de suivre d'abord les côtes du Péloponnèse, de concert avec Chariclès, et de le seconder dans ses attaques contre la Laconie. Il fit voile pour Égine, où il attendit que le reste des troupes pût arriver et que Chariclès eût embarqué les Argiens.

XXI. En Sicile, Gylippos revint à Syracuse vers la même époque du printemps, amenant le plus de troupes qu'il put de chacune des villes gagnées à son parti. Il convoqua les Syracusains, et leur dit qu'il fallait équiper le plus possible de vaisseaux et tenter un combat naval; qu'il espérait qu'on en tirerait pour l'issue de la guerre quelque avantage à la hauteur du péril. Hermocrates se joignit à lui et contribua puissamment à vaincre la répugnance qu'ils avaient à attaquer les Athéniens sur mer ; il leur dit que l'expérience de la mer n'était pas un héritage éternellement dévolu aux Athéniens et transmis par leurs pères; qu'ils étaient, au contraire, bien plus que les Syracusains, un peuple continental, et n'étaient devenus marins que contraints par les Mèdes; que contre des hommes audacieux, comme les Athéniens, répondre par l'audace, c'était paraître d'autant plus redoutable; que les Athéniens, en effet, sans forces supérieures bien souvent, frappaient les autres d'épouvante par leurs attaques audacieuses, et qu'ils éprouveraient eux-mêmes ce qu'ils faisaient éprouver à leurs adversaires. Il engagea les Syracusains à se bien persuader que l'audace imprévue de leur attaque contre la flotte athénienne et l'épouvante qu'elle inspirerait à l'ennemi, compenseraient et au delà le mal que pourrait causer à leur inexpérience l'habileté des Athéniens; en conséquence, il leur conseilla de faire sans balancer l'essai de leurs forces maritimes. Les Syracusains, excités par ces exhortations de Gylippos, d'Hermocrates et de quelques autres, se décidèrent à livrer un combat naval et montèrent sur leurs vaisseaux.

XXII. Gylippos, après avoir fait préparer la flotte, prit avec lui, pendant la nuit, toutes les troupes de pied, afin d'attaquer lui-même par terre les forts de Plemmyrion. A un signal donné, toutes les galères syracusaines prirent la mer en même temps : trente-cinq s'avançaient du grand port; quarante-cinq, parties du petit port où était aussi l'arsenal, tournèrent l'île pour aller rejoindre celles qui étaient dans le grand et attaquer de concert Plemmyrion, afin de déconcerter les Athéniens en se présentant de deux côtés à la fois. Les Athéniens équipèrent à la hâte soixante vaisseaux : vingt-cinq allèrent combattre les trente-cinq galères syracusaines du grand port ; le reste se porta à la rencontre de la flotte qui longeait l'île au sortir de l'arsenal. Le combat s'engagea immédiatement à l'entrée du grand port ; la lutte fut vive de part et d'autre, les uns voulant forcer le passage, les autres le défendre.

XXIII. Pendant ce temps, Gylippos profita du moment où la garnison athénienne de Plemmyrion était descendue au rivage et concentrait toute son attention sur le combat naval, pour la surprendre et attaquer les forts à l'improviste dès la pointe du jour. Il s'empara d'abord du plus grand, puis des deux petits, la garnison n'ayant pas tenu lorsqu'elle vit avec quelle facilité le premier avait été emporté. Après la prise du premier fort, les hommes, réfugiés sur des barques et sur un bâtiment de charge, eurent grand'peine à regagner le camp : car, la division syracusaine du grand port ayant eu l'avantage dans l'engagement naval, une trirème d'une marche supérieure s'était mise à leur poursuite. Mais, lorsque les deux fortins furent emportés, la flotte syracusaine venait d'être vaincue, ce qui rendit plus facile la traversée du port à ceux qui s'en échappèrent. Les vaisseaux syracusains qui combattaient à l'entrée du port forcèrent d'abord la flotte athénienne ; mais ils entrèrent sans aucun ordre, s'embarrassèrent mutuellement, et livrèrent ainsi la victoire aux Athéniens ; ceux-ci les mirent en fuite, et en firent autant de ceux qui d'abord les avaient vaincus dans le port. Ils coulèrent onze des bâtiments syracusains et tuèrent la plupart des hommes, à l'exception des équipages de trois vaisseaux, qu'ils firent prisonniers. Ils perdirent de leur côté trois bâtiments. Après avoir remorqué à terre les débris des galères syracusaines et élevé un trophée sur l'îlot en face de Plemmyrion, ils retournèrent à leur camp.

XXIV. Telle fut pour les Syracusains l'issue de cet engagement naval; mais ils demeuraient maîtres des retranchements de Plemmyrion, pour la prise desquels ils élevèrent trois trophées. Un des deux forts pris en dernier lieu fut démoli; ils réparèrent les deux autres et y mirent garnison. Beaucoup d'hommes périrent à la prise des forts, beaucoup furent faits prisonniers; le butin était immense, et rien ne leur échappa. Comme ces forts servaient aux Athéniens de magasins, il s'y trouvait beaucoup d'argent déposé par les négociants, beaucoup de vivres et d'objets appartenant aux triérarques. On y avait même déposé les voiles et les autres agrès de quarante trirèmes, ainsi que trois trirèmes tirées à sec. Mais le plus grand et le plus notable dommage pour l'armée athénienne fut la prise même de Plemmyrion; de ce moment, il n'y eut plus de sécurité pour l'entrée des convois de vivres; car ils étaient interceptés par les vaisseaux syracusains qui croisaient en cet endroit; les arrivages n'avaient plus lieu sans combat; sous tous les rapports enfin, cet événement jeta le trouble et le découragement dans l'armée.

XXV. Les Syracusains expédièrent ensuite douze

vaisseaux, sous le commandement du Syracusain Agatharchos. Un de ces bâtiments fut détaché vers le Péloponnèse : il portait des ambassadeurs chargés d'annoncer que leurs affaires donnaient bon espoir, et d'engager les Péloponnésiens à pousser de leur côté les hostilités avec plus de vigueur encore ; les onze autres firent voile pour les côtes d'Italie, où l'on avait appris que se dirigeaient dix bâtiments richement chargés et destinés aux Athéniens. Ils les rencontrèrent, les détruisirent pour la plupart, et brûlèrent tous les bois destinés à la construction des navires que les Athéniens avaient fait préparer dans les campagnes de Caulonia [1]. De là ils allèrent à Locres. Pendant qu'ils y étaient à l'ancre, un des bâtiments de transport partis du Péloponnèse y aborda avec des hoplites de Thespies. Les Syracusains les prirent sur leurs vaisseaux et retournèrent chez eux. Les Athéniens les épiaient avec vingt vaisseaux, à la hauteur de Mégare, et prirent un de leurs bâtiments avec son équipage ; mais ils ne purent s'emparer des autres, qui gagnèrent Syracuse.

Il y eut aussi une escarmouche dans le port, au sujet des pilotis que les Syracusains avaient enfoncés dans la mer, devant l'ancien bassin, pour que leurs bâtiments pussent se tenir à l'ancre dans l'intérieur, sans craindre d'être endommagés par le choc des vaisseaux athéniens. Les Athéniens firent arriver contre les pilotis un navire du port de dix milliers [2], muni de tours

---

[1] Aujourd'hui Castro Vetere, à peu de distance de Locres.
[2] Le port des vaisseaux se calculait par amphores ; l'amphore avait environ la capacité d'un pied cube. On calculait aussi par talents ; un bâtiment de cinq cents talents était de très-petite dimension.

de bois et de parapets [1]; montés sur des barques, ils attachaient les pieux à des câbles tirés par des cabestans, et les arrachaient ; ou bien ils les sciaient en plongeant. Les Syracusains tiraient des bassins sur les Athéniens qui leur répondaient du haut de leur bâtiment. A la fin les Athéniens arrachèrent la plupart des pieux. Le plus difficile était la partie des pilotis cachée sous la mer ; car, comme il y avait des pieux qui ne s'élevaient pas à fleur d'eau, il était fort dangereux aux vaisseaux d'en approcher; on ne les soupçonnait pas et on risquait de s'y échouer comme sur un écueil. Cependant des plongeurs parvinrent aussi à les scier sous l'eau, moyennant salaire. Mais les Syracusains établirent de nouveaux pilotis. Une foule d'autres expédients furent imaginés de part et d'autre, comme on devait l'attendre de deux armées ennemies campées en présence et à proximité ; on escarmouchait, on se harcelait sans cesse.

Les Syracusains envoyèrent dans les diverses villes [2] des députés corinthiens, ambraciotes et lacédémoniens pour annoncer la prise de Plemmyrion, et représenter que leur défaite dans le combat naval tenait moins à la supériorité de l'ennemi qu'à leur propre désordre. Ils devaient également annoncer qu'on avait bon espoir sous tous les rapports, et demander des renforts tant en vaisseaux qu'en infanterie, en se fondant sur l'envoi d'une nouvelle armée attendue par les Athéniens, et sur la possibilité d'en finir avec la guerre,

---

[1] Ce petit bâtiment était destiné, non pas à agir contre les pilotis, mais à protéger les travailleurs.

[2] Dans les villes de Sicile. Ils avaient choisi des députés étrangers à Syracuse pour que leur témoignage ne fût pas suspect.

si, avant son arrivée, on pouvait anéantir la première. Tel était l'état des affaires en Sicile.

XXVI. Démosthènes, lorsqu'il eut sous la main l'armée de renfort qu'il devait conduire en Sicile, leva l'ancre d'Égine, fit voile pour le Péloponnèse, et se joignit à Chariclès et aux trente vaisseaux athéniens. Ils embarquèrent les hoplites d'Argos, et cinglèrent vers la Laconie. Après avoir ravagé d'abord une partie du territoire d'Épidaure-Liméra, ils abordèrent sur la côte de Laconie, en face de Cythère, là où est le temple d'Apollon, et dévastèrent une portion du territoire ; ensuite ils fortifièrent une pointe en forme d'isthme, pour servir de refuge aux Hilotes fugitifs de Lacédémone, et de point d'appui, comme à Pylos, pour exercer le brigandage. Démosthènes, aussitôt après avoir occupé cet emplacement avec Chariclès, cingla vers Corcyre pour y prendre les alliés de cette île et se diriger au plus vite vers la Sicile. Chariclès resta à terminer les fortifications, y laissa une garnison, et revint de son côté à Athènes avec ses trente vaisseaux. Les Argiens s'en retournèrent en même temps.

XXVII. Le même été arrivèrent à Athènes treize cents peltastes thraces armés de coutelas, de la tribu des Diens, destinés à accompagner Démosthènes en Sicile. Comme ils arrivèrent trop tard, on résolut de les renvoyer chez eux ; car chaque homme recevant une drachme par jour, il parut trop onéreux de les garder, surtout avec les charges de la guerre de Décélie. Cette ville, fortifiée dans le cours de l'été par toute l'armée péloponnésienne, occupée ensuite par des garnisons des différentes villes qui faisaient périodiquement des incursions dans la campagne, causait un mal infini aux Athéniens ; rien ne compromit plus leurs affaires que les pertes d'hommes et d'argent qui en résultèrent : jusque-là les incursions avaient été de peu de durée, et n'empêchaient pas l'exploitation du territoire pendant le reste du temps ; mais alors l'occupation continue du pays par l'ennemi, les incursions accidentelles de troupes plus nombreuses, celles de la garnison régulière que la nécessité obligeait à courir la campagne et à vivre de butin, enfin la présence d'Agis, roi des Lacédémoniens, qui donnait à la guerre une vigoureuse impulsion, firent aux Athéniens un mal extrême. La jouissance de tout le pays leur échappait ; plus de vingt mille esclaves, la plupart artisans, avaient déserté ; tous les bestiaux périssaient ainsi que les bêtes de somme ; les chevaux, épuisés par des sorties continuelles, par des pointes sur Décélie, et par la garde du pays, étaient ou boiteux ou blessés à la suite de fatigues incessantes sur un terrain rocailleux.

XXVIII. D'un autre côté, l'importation des vivres venant d'Eubée, qui, d'Oropos, avait lieu autrefois plus promptement par terre, en traversant Décélie, dut se faire à grands frais par mer, en doublant Sunium. La même privation se faisait sentir pour tous les objets importés du dehors ; ce n'était plus une ville, c'était une forteresse. Le jour, les citoyens montaient la garde à tour de rôle sur les remparts ; la nuit, tous étaient de service à la fois, à l'exception des cavaliers, les uns à la garde des postes, les autres aux murailles ; ils n'avaient de repos ni l'hiver ni l'été. Mais ce qui les accablait par-dessus tout, c'était d'avoir deux guerres à soutenir en même temps. Leur opiniâtreté était montée à un point tel que qui l'eût prédite avant l'événement n'aurait rencontré qu'incrédulité. Comment imaginer, en effet, que, tenus assiégés par les fortifications que les Péloponnésiens avaient élevées chez eux, ils n'aient pas cependant abandonné la Sicile; que, bloqués eux-mêmes, ils soient restés à bloquer Syracuse, ville aussi grande qu'Athènes; qu'ils dussent enfin surprendre la Grèce par cet incroyable prodige de puissance et d'audace ! eux dont la résistance ne devait pas se prolonger, à ce qu'on croyait au commencement de la guerre, au delà d'un an suivant les uns, deux au plus, trois peut-être suivant d'autres, mais jamais au delà, une fois que leur pays serait envahi par les Péloponnésiens, et ui pourtant, dix-sept ans après la première invasion, lorsque déjà la guerre avait consumé toutes leurs ressources, avaient envahi la Sicile, et entrepris une nouvelle guerre qui ne le cédait en rien à celle qu'ils avaient déjà à soutenir contre le Péloponnèse ! Aussi se trouvèrent-ils alors, par suite du mal considérable que leur faisait Décélie et de l'immense surcroît de dépense qui venait s'y ajouter, complétement à bout de ressources. Au tribut payé par leurs sujets, ils substituèrent alors un droit du vingtième sur tous les transports maritimes, dans l'espoir que cet impôt serait plus productif. Les dépenses n'étaient pas restées stationnaires; elles s'étaient considérablement accrues, en raison même du développement de la guerre; les revenus, au contraire, avaient été dépérissant.

XXIX. Les Thraces, arrivés trop tard pour se joindre à Démosthènes, furent donc renvoyés sur-le-champ, par mesure d'économie, à cause de la pénurie du trésor. On les mit sous la conduite de Diitréphès, et on leur recommanda de faire, sur leur passage, en suivant l'Euripe, tout le mal possible à l'ennemi. Diitréphès descendit avec eux sur le territoire de Tanagre, et y fit à la hâte quelque butin ; puis, étant parti le soir de Chalcis en Eubée, il traversa l'Euripe, débarqua en Béotie, et les conduisit contre Mycalessos. Il bivouaqua la nuit, sans que sa présence fût soupçonnée, près du temple de Mercure, à seize stades de Mycalessos. Au point du jour il se jeta sur la ville, qui était grande, et s'en empara ; car les habitants, lorsqu'il fondit à l'improviste, n'étaient pas sur leurs gardes, et ne soupçonnaient pas qu'on pût jamais remonter à une aussi grande distance de la mer pour les attaquer. Les murailles étaient faibles, écroulées même sur quelques points, peu élevées partout ; enfin les portes étaient ouvertes, tant la sécurité était grande. Les Thraces se précipitèrent dans Mycalessos, saccagèrent les maisons et les temples, égorgèrent les habitants, sans épargner ni la vieillesse ni l'enfance ; ils firent main basse sur tout ce qu'ils rencontrèrent, massacrant les femmes et les enfants, même les bêtes de somme, et tout ce qu'ils virent d'êtres vivants. Car les Thraces sont une race sanguinaire à l'égal des barbares les plus féroces, lorsqu'ils croient n'avoir rien à craindre. Ce fut une affreuse désolation, et une horrible variété de sanglants épisodes : les barbares, entre autres, se jetèrent dans une école d'enfants : elle était considérable et les enfants venaient d'y entrer ; tous furent taillés en pièces. Jamais désastre plus inattendu et plus terrible ne fondit sur une ville entière.

XXX. Les Thébains, à cette nouvelle, accoururent : ils rencontrèrent les Thraces encore peu éloignés, leur arrachèrent leur butin, jetèrent parmi eux l'épouvante et les poursuivirent vers la mer jusqu'à l'Euripe, où étaient à l'ancre les vaisseaux qui les avaient amenés. Ils en tuèrent un grand nombre, surtout au moment où ils s'embarquèrent; car ils ne savaient pas nager, et ceux qui étaient sur les vaisseaux, voyant ce qui se passait à terre, avaient mouillé hors de la portée des traits. Jusque-là les Thraces, dans leur retraite, s'étaient assez habilement défendus contre la cavalerie thébaine, qui fut la première à les assaillir. Pour s'en garantir, ils couraient au-devant d'elle et se formaient en pelotons, à la manière de leur pays; aussi leur perte de ce côté fut-elle peu considérable. Un certain nombre avaient aussi été surpris et tués dans la ville au milieu du pillage. Il périt en tout deux cent cinquante Thraces sur treize cents. Les Thébains et ceux qui étaient accourus avec eux perdirent vingt hommes, tant cavaliers qu'hoplites, et Scirphondas, l'un des béotarques thébains [1]. Quant aux Mycalessiens, il furent en partie anéantis. Tel fut le désastre de Mycalessos, l'un des plus grands, proportionnellement à l'étendue de la ville, et des plus lamentables de cette guerre.

XXXI. Démosthènes, qui avait fait voile pour Corcyre en quittant le fort élevé sur la côte de Laconie, trouva à l'ancre, à Phia en Élide, un bâtiment de charge destiné à transporter en Sicile les hoplites de Corinthe. Il le brisa; mais les troupes s'échappèrent, se procurèrent plus tard un autre bâtiment et mirent en mer. Démosthènes toucha ensuite à Zacynthe et à Céphallénie, y prit des hoplites, et manda des Messéniens de

---

[1] Sur les onze béotarques, il y en avait deux de Thèbes.

Naupacte. De là il passa sur le continent, en face de ces îles, à Alyzia et à Anoctorion, places d'Acarnanie occupées par les Athéniens. Il fut rencontré dans ces parages par Eurymédon qui revenait de Sicile, où il avait été envoyé l'hiver porter de l'argent à l'armée. Eurymédon lui annonça, entres autres choses, qu'il avait appris, étant déjà en mer, la prise de Plemmyrion par les Syracusains. Conon, qui commandait à Naupacte, vint de son côté les trouver et leur dit que les vingt-cinq vaisseaux corinthiens qui croisaient devant lui ne discontinuaient pas les hostilités, et se disposaient à livrer un combat. Il réclamait d'eux des vaisseaux, vu l'impossibilité de tenir tête avec ses dix-huit bâtiments aux vingt-cinq de l'ennemi. Démosthènes et Eurymédon firent partir, avec Conon, pour renforcer la flotte de Naupacte, dix de leurs vaisseaux pris parmi ceux qui se comportaient le mieux à la mer. Ils s'occupèrent, de leur côté, du rassemblement des troupes : Eurymédon fit voile pour Corcyre, y donna l'ordre d'équiper quinze vaisseaux, et leva des hoplites. Car il partageait, dès lors, le commandement avec Démosthènes, et avait repris la route de Sicile à la nouvelle de son élection. Démosthènes rassembla, dans les parages de l'Acarnanie, des frondeurs et des archers.

XXXII. Les députés, envoyés par les Syracusains aux villes de Sicile, après la prise de Plemmyrion, avaient réussi dans leur mission, et se disposaient à ramener les troupes qu'ils avaient réunies. Nicias, prévenu à l'avance, manda aux Sicèles alliés, Centoripes, Alicyéens et autres, dont ils devaient traverser le pays, de ne pas laisser passer ces forces ennemies, et de se concerter pour leur barrer la route. — Il n'y avait pas pour eux d'autre chemin, les Agrigentins refusant le passage sur leur territoire. — Déjà les Siciliens étaient en marche. Les Sicèles, sur cet avis des Athéniens, dressèrent trois embuscades, fondirent sur eux à l'improviste, les surprirent et leur tuèrent huit cents hommes. Tous les députés périrent, à l'exception d'un seul qui était de Corinthe. Il rassembla ceux qui avaient échappé, au nombre de quinze cents, et les amena à Syracuse.

XXXIII. Vers la même époque, il arriva de Camarina un secours de cinq cents hoplites, trois soldats armés de javelots, et trois cents archers. Géla envoya aussi une flottille de cinq vaisseaux, quatre cents soldats armés de javelots, et deux cents cavaliers. Car, dès lors, toute la Sicile, à l'exception d'Agrigente qui gardait la neutralité, s'était rangée avec les Syracusains contre les Athéniens. Ceux mêmes qui avaient d'abord observé les événements s'étaient alors ralliés, et envoyaient des secours. Cependant les Syracusains, après l'échec qu'ils avaient éprouvé chez les Sicèles, différèrent leurs attaques contre les Athéniens.

Lorsque les troupes de Corcyre et du continent furent prêtes, Démosthènes et Eurymédon traversèrent, avec toute leur armée, le golfe Ionique, la pointe sur le cap d'Iapygie[1]. De là ils remirent à la voile et touchèrent aux Chœrades, îles de l'Iapygie[2]. Ils embarquèrent environ cent cinquante hommes de trait, tirés d'Ipygie, et de race messapique ; puis, après avoir renoué quelques anciennes relations d'amitié avec un chef du pays,

---

[1] Aujourd'hui cap de Sainte-Marie de Leuca.
[2] Ce sont deux petites îles en face du port de Tarente.

Artas, qui leur avait fourni ces auxiliaires, ils se rendirent à Métaponte en Italie[1]. Ils obtinrent des Métapontiens, à titre d'alliés, un corps de trois cents hommes de trait et deux galères, et passèrent avec ces renforts à Thurium. Une sédition venait d'en expulser les adversaires des Athéniens. Leur dessein était d'attendre sur ce point que leur armée fût complétée par l'arrivée des corps restés en arrière, et de la passer en revue ; ils voulaient aussi amener les Thuriens à les seconder résolûment et à profiter des circonstances pour avoir désormais avec les Athéniens mêmes amis et mêmes ennemis. Ils s'arrêtèrent donc à Thurium, et s'occupèrent de ces soins.

XXXIV. Vers le même temps les Péloponnésiens, qui croisaient, avec leurs vingt-cinq vaisseaux, en vue de la flotte athénienne de Naupacte, pour protéger la traversée des bâtiments de charge dirigés vers la Sicile, firent leurs dispositions pour un combat naval. Ils équipèrent de nouveaux vaisseaux, de manière à égaler à peu près le nombre de ceux d'Athènes, et allèrent jeter l'ancre à Érinéos d'Achaïe, dans la campagne de Rhypé. Le golfe où ils mouillèrent a la forme d'un croissant ; l'infanterie des Corinthiens et des alliés du pays, envoyée pour seconder la flotte, était rangée en bataille sur les promontoires qui s'élèvent de part et d'autre ; la flotte occupait, entre deux, l'entrée du golfe et le fermait. Elle était commandée par Polyanthès, de Corinthe. Les Athéniens, commandés par Diphilos, s'avancèrent

---

[1] L'Iapygie et la Messapie, qu'ils venaient de quitter, n'étaient pas alors comprises dans l'Italie. Ce nom ne s'étendait pas aux contrées situées au nord-est de Métaponte et du fleuve Laos.

contre eux, de Naupacte, avec trente-trois vaisseaux. D'abord les Corinthiens ne firent aucun mouvement ; puis, lorsqu'ils crurent le moment favorable, le signal fut hissé ; ils fondirent sur les Athéniens, et le combat commença. De part et d'autre la résistance fut longue et opiniâtre ; les Corinthiens perdirent trois vaisseaux : du côté des Athéniens, aucun ne fut complétement coulé ; mais il y en eut sept mis hors de service. Heurtés proue contre proue, ils avaient eu l'avant défoncé par les vaisseaux corinthiens, armés dans ce but de plus fortes antennes. Le combat fut balancé, de telle sorte que chacun s'attribua la victoire : cependant les Athéniens restèrent maîtres des débris, parce que le vent les poussait au large, et que les Corinthiens ne revinrent pas à la charge. On se sépara. Il n'y eut pas de poursuite, et on ne fit de prisonniers ni d'un côté ni de l'autre : car les Corinthiens et les Péloponnésiens, combattant à portée du rivage, avaient pu se sauver, et, du côté des Athéniens, aucun vaisseau n'avait été submergé. Néanmoins, lorsque les Athéniens furent rentrés à Naupacte, les Corinthiens dressèrent aussitôt un trophée, s'attribuant la victoire pour avoir mis plus de vaisseaux hors de combat. Ils ne se croyaient pas vaincus, par les motifs mêmes qui empêchaient les Athéniens de se croire vainqueurs. En effet les Corinthiens pensaient avoir l'avantage du moment où ils n'éprouvaient pas une entière défaite ; et, aux yeux des Athéniens, c'était avoir le dessous que de ne pas remporter une victoire entière. Après la retraite de la flotte péloponnésienne et la dispersion de l'armée de terre, les Athéniens dressèrent, de leur côté, un trophée, en signe de victoire, sur la côte d'Achaïe, à environ vingt stades d'Érinéos où mouillaient les Corinthiens. Ansi finit ce combat naval.

XXXV. Lorsque les Thuriens furent prêts à se joindre à l'expédition, avec sept cents hoplites et trois cents hommes de trait, Démosthènes et Eurymédon ordonnèrent à la flotte de longer les côtes de Crotone. Eux-mêmes, après avoir fait une revue de toutes les troupes de terre sur les bords du fleuve Sybaris, les conduisirent à travers les campagnes de Thurium. Mais, lorsqu'ils furent au fleuve Hylias, les Crotoniates les firent prévenir qu'ils refusaient à l'armée le passage sur leur territoire. Ils se rabattirent alors vers la mer et passèrent, la nuit à l'embouchure de l'Hylias, où leur flotte vint les rejoindre. Le lendemain, ils s'embarquèrent, rangèrent les côtes, prenant terre à toutes les villes, Locres exceptée, et parvinrent à Pétra, dépendance de Rhégium.

XXXVI. Cependant les Syracusains, informés de leur approche, résolurent de faire une nouvelle tentative avec la flotte et toutes les forces de terre qu'ils avaient auparavant réunies afin de prévenir leur arrivée. Ils firent sur la flotte tous les changements dont le précédent combat leur avait démontré l'utilité : entre autres, ils rognèrent les proues des vaisseaux, pour leur donner plus de solidité, et y adaptèrent de fortes antennes [1], arc-boutées de droite et de gauche [2]

---

[1] Ces antennes étaient deux poutres latérales qui s'avançaient en avant de la proue et neutralisaient par leur longueur les éperons des vaisseaux ennemis.

[2] Le texte dit : intérieurement et extérieurement. Il est évident, et le scoliaste de Thucydide a très-bien compris que les étançons intérieurs sont ceux qui étaient entre les deux antennes, par oppo-

contre les parois du navire par des étançons de six
coudées. C'était la disposition adoptée par les Corinthiens dans le combat contre la flotte de Naupacte,
où ils avaient pris l'ennemi en proue [1]. Les Syracusains
avaient calculé que cette disposition devait être favorable contre les vaisseaux athéniens, qui n'étaient pas
comme les leurs renforcés à l'avant et dont la proue
n'était pas protégée, parce qu'au lieu d'attaquer proue
contre proue, ils se portaient par une circonvolution
sur le flanc de l'ennemi. Ils trouvaient d'ailleurs avantage à combattre dans le grand port, où un nombre considérable de vaisseaux se trouveraient resserrés sur un
étroit espace : attaquant en proue, ils enfonceraient
l'avant des vaisseaux ennemis, dont les parois faibles
et sans épaisseur ne pourraient tenir contre le choc de
parties massives et solidement étayées. Les Athéniens,
au contraire, ne pourraient, dans un espace étroit, ni
les tourner ni percer leur ligne, manœuvres où ils
excellaient ; car eux-mêmes les empêcheraient autant
que possible de pénétrer dans les lignes, et, quant à
les tourner, le défaut d'espace s'y opposerait. Ce qu'on
avait jusque-là considéré comme marque d'ignorance
chez leurs pilotes, l'attaque en proue, deviendrait dès
lors une excellente manœuvre, puisque c'était surtout
là que serait leur supériorité. Les Athéniens, poussés
par eux, n'auraient pas la liberté de reculer ailleurs
que vers la terre, avec peu de carrière derrière eux,
peu de latitude pour leurs manœuvres, puisque leur

sition à ceux qui étaient fixés latéralement du côté de la mer à bâbord et à tribord.

[1] Jusque-là c'était le contraire qui avait lieu ; on évitait la proue
et on cherchait à donner de l'éperon contre le flanc de l'ennemi.

camp n'occupait qu'un étroit espace et que les Syracusains seraient maîtres du reste du port. Que si on parvenait à les forcer, ils se porteraient tous sur un même point, s'y entasseraient à l'étroit et se heurteraient mutuellement, ce qui jetterait parmi eux le désordre. — En effet, rien ne fut plus nuisible aux Athéniens, dans toutes les affaires navales, que cette impossibilité de reculer [1], comme les Syracusains, vers tous les points du port. — Quant à passer au large pour leurs évolutions, cela leur serait impossible, puisque c'était précisément du côté de la mer que les Syracusains attaqueraient et pourraient reculer à leur gré ; sans compter que les Athéniens auraient contre eux Plemmyrion, et que l'entrée du port avait peu de largeur.

XXXVII. La pensée de ces avantages joints à l'expérience qu'ils pouvaient avoir et à leurs forces, la confiance plus grande qu'ils avaient puisée dans le précédent combat naval, les décidèrent à attaquer simultanément par terre et par mer. Gylippe fit sortir un peu à l'avance les troupes de terre qui étaient dans Syracuse, et les conduisit contre le mur des Athéniens [2], du côté qui regarde la ville. En même temps les troupes cantonnées à Olympiéon, hoplites, cavalerie, troupes légères, se portaient contre l'autre côté du mur. Aussitôt après, la flotte des Syracusains et de leurs alliés prit la mer. Au premier abord, les Athéniens crurent

---

[1] Dans la plupart des évolutions on reculait, en ramant sur la poupe, afin de s'élancer sur l'ennemi avec plus de force, ou de le tourner.

[2] Il s'agit de la double enceinte des Athéniens qui descendait d'Épipolæ au grand port.

que l'armée de terre donnerait seule ; mais lorsqu'ils virent les vaisseaux s'avancer tout à coup, ils furent dans un grand trouble : les uns se mettaient en bataille sur les murs et en avant des retranchements pour repousser l'attaque ; d'autres se portaient au-devant des nombreux cavaliers et des gens de trait qui s'avançaient précipitamment d'Olympiéon et du dehors ; d'autres s'élançaient aux vaisseaux, ou couraient au rivage pour le défendre. Les troupes embarquées, la flotte, composée de soixante-quinze vaisseaux, alla à la rencontre de l'ennemi. Celle des Syracusains en comptait quatre-vingts.

XXXVIII. Pendant la plus grande partie du jour on manœuvra en avant, en arrière, on se tâta mutuellement, mais sans rien de décisif de part ni d'autre ; seulement les Syracusains coulèrent un ou deux bâtiments et on se sépara. L'armée de terre s'éloigna en même temps des murailles. Le lendemain, les Syracusains se tinrent en repos sans rien manifester de leurs desseins. Néanmoins Nicias, voyant que dans le combat naval les chances s'étaient balancées et s'attendant à une nouvelle attaque, enjoignit aux triérarques de réparer ceux des vaisseaux qui pouvaient avoir souffert, et fit mouiller des bâtiments de charge en avant des pilotis que les Athéniens avaient plantés en mer [1] devant leur flotte, pour leur tenir lieu de port fermé. Ces bâtiments furent espacés à une distance de deux plèthres [2], afin que, si quelque vaisseau était serré de trop près, il trouvât en arrière une retraite sûre d'où il pût à loisir

---

[1] Dans le grand port, à l'extrémité du double mur.
[2] Environ 66 mètres.

retourner à la charge. Ces dispositions occupèrent les Athéniens tout le jour, jusqu'à la nuit.

XXXIX. Le lendemain, les Syracusains firent, de meilleure heure, mais d'après le même plan, une attaque par terre et par mer contre les Athéniens. Les deux flottes en présence, on passa, comme la première fois, une grande partie du jour à se tâter mutuellement. Mais enfin Ariston de Corinthe, fils de Pyrrhichos, le meilleur pilote qui fût parmi les Syracusains, conseilla aux commandants de la flotte d'envoyer en ville aux intendants des vivres l'ordre de faire transporter en toute hâte le marché des subsistances sur le bord de la mer, et de forcer tous ceux qui pouvaient avoir des provisions à venir les y mettre en vente. De cette manière les matelots pourraient débarquer, prendre rapidement leur repas près des vaisseaux, et faire le même jour, à court intervalle, une nouvelle attaque qui surprendrait les Athéniens.

XL. On suivit son avis : l'ordre fut envoyé et le marché disposé. Les Syracusains, ramant soudain sur la poupe, reculèrent vers la ville, débarquèrent et prirent leur repas sur place. Les Athéniens, croyant qu'ils se reconnaissaient vaincus, puisqu'ils rétrogradaient vers la ville, débarquèrent tranquillement de leur côté, et se mirent, entre autres soins, à préparer leur repas, dans la pensée que le combat était terminé pour ce jour-là. Mais tout à coup les Syracusains remontent sur leurs vaisseaux et reviennent à l'attaque. Les Athéniens, dans un grand tumulte et à jeun pour la plupart, s'embarquent en désordre et ne se mettent en ligne qu'avec peine. Pendant quelque temps on ne fit que s'observer mutuellement sans rien entreprendre :

mais à la fin les Athéniens, craignant, s'ils différaient, d'être trahis par leur propre épuisement, résolurent d'en venir aux mains au plus vite. Ils se portèrent en avant à un signal donné, et engagèrent l'action. Les Syracusains reçurent leur choc : ils présentaient la proue à l'ennemi, suivant leur tactique, frappaient les vaisseaux athéniens à l'avant et leur faisaient, grâce aux dispositions adoptées dans ce but [1], de profondes déchirures. Du haut du pont des navires leurs soldats couvraient de javelots les Athéniens et leur faisaient beaucoup de mal. Mais ce qui leur en causa bien plus encore, ce furent des barques légères, montées par des Syracusains, qui voltigeaient autour des navires, se glissaient sous la ligne des rames, rasaient les flancs des bâtiments, et de là accablaient de traits les équipages.

XLI. A la fin, grâce à cette tactique, les Syracusains forcèrent l'ennemi et restèrent vainqueurs. Les Athéniens, en déroute, passèrent entre leurs bâtiments de charge pour se réfugier à leur mouillage. Les vaisseaux syracusains les poursuivirent jusqu'aux bâtiments de charge ; mais les bascules [2] adaptées à l'extrémité des bâtiments, au-dessus des passes, et armées de dauphins, ne leur permirent pas d'avancer plus loin. Cependant deux vaisseaux syracusains, dans l'entraînement de la victoire, s'en approchèrent et furent fracassés; l'un d'eux même fut pris avec son équipage.

[1] Grâce aux antennes ou épotides dont ils avaient armé leurs proues.
[2] C'étaient des poutres fixées à l'extrémité des bâtiments et mobiles autour d'un pivot horizontal. Les dauphins, énormes masses de plomb suspendues à leurs extrémités, tombaient sur les bâtiments ennemis au moment où on lâchait la bascule, et les fracassaient.

Les Syracusains avaient coulé sept vaisseaux athéniens, maltraité beaucoup d'autres, pris ou tué bon nombre d'ennemis ; ils se retirèrent et élevèrent un trophée pour les deux combats. Ils avaient désormais la ferme confiance d'avoir sur mer une incontestable supériorité, et comptaient bien vaincre également l'armée de terre : aussi se disposaient-ils à attaquer de nouveau sur terre et sur mer.

XLII. Cependant, Démosthènes et Eurymédon arrivèrent avec les renforts envoyés par les Athéniens. Ils amenaient soixante-treize vaisseaux, y compris ceux du dehors [1], environ cinq mille hoplites, athéniens ou alliés, un grand nombre d'hommes de trait, grecs et barbares, des frondeurs, des archers et le reste de l'équipement en proportion. Les Syracusains et leurs alliés furent tout d'abord dans une consternation profonde ; il semblait qu'il ne dût y avoir aucun terme à leurs dangers, puisque même la fortification de Décélie n'empêchait pas l'arrivée d'une armée égale et comparable à la première, et que la puissance athénienne se montrait partout formidable. L'ancienne armée athénienne, au contraire, vit là son salut [2] et reprit quelque courage. Démosthènes, voyant l'état des affaires, jugea qu'il n'y avait point de temps à perdre et qu'il ne fallait pas tomber dans la même faute que Nicias : formidable d'abord à son arrivée, il avait, au lieu d'attaquer immédiatement Syracuse, pris ses quartiers d'hiver à Catane ; par là, il avait perdu tout prestige et laissé à Gylippe le temps de le prévenir avec l'armée qu'il amenait du Péloponnèse. Cette armée, les Syracusains

---

[1] Ceux de Corcyre et de Métaponte.
[2] Le texte porte : ὡς ἐκ κακῶν, comme hors de peine.

ne l'auraient même pas appelée, s'il les eût attaqués tout d'abord ; car, se croyant en état de résister, ils n'auraient reconnu leur insuffisance que lorsqu'ils eussent été déjà investis d'une muraille ; et, l'eussent-ils appelée alors, elle ne pouvait plus leur être de la même utilité. Guidé par ces considérations, et sentant bien que l'effroi qu'il inspirait à l'ennemi ne pourrait que s'affaiblir le premier jour passé, Démosthènes résolut de profiter sans délai de la démoralisation que causait dans le moment l'arrivée de son armée. Voyant que le mur latéral par lequel les Syracusains avaient empêché l'entier investissement de la place était simple, et qu'une fois maître des pentes d'Épipolæ et du camp assis sur la hauteur, on s'emparerait aisément de ce mur où personne dès lors n'oserait tenir, il se hâta de tenter l'entreprise. Par là il comptait abréger de beaucoup la guerre : s'il réussissait, il s'emparerait de Syracuse ; sinon, il ramènerait les troupes, au lieu de laisser se consumer sans résultat l'armée expéditionnaire et la république entière. Les Athéniens firent d'abord une sortie et ravagèrent les campagnes syracusaines aux environs de l'Anapos. Leur supériorité se maintenait encore, comme auparavant, sur terre et sur mer ; car ni d'un côté ni de l'autre les Syracusains ne vinrent à leur rencontre, à part la cavalerie et les gens de trait d'Olympiéon.

XLIII. Démosthènes crut devoir faire d'abord l'essai des machines sur la muraille ; mais les assiégés brûlèrent les machines qu'il fit approcher, se défendirent du haut des murs et repoussèrent l'assaut que donna sur plusieurs points le reste de l'armée. Il résolut alors de suivre son plan sans délai, et, après l'avoir fait adopter par Nicias et les autres commandants, il attaqua Épipolæ. Le jour, il paraissait impossible de s'en approcher et d'y monter sans être aperçu : il commanda cinq jours de vivres, prit avec lui les appareilleurs, les maçons, des traits et tout le matériel nécessaire à la construction des murs, pour le cas où ils auraient l'avantage; et, à la première veille, il se mit en marche vers Épipolæ avec Eurymédon, Ménandre et toute l'armée. Nicias était resté dans les retranchements. Ils arrivèrent au pied d'Épipolæ, à Euryélos [1], par où l'armée était montée la première fois, trompèrent la surveillance des gardes syracusains, enlevèrent le fort que les Syracusains avaient en cet endroit et tuèrent une partie de la garnison. Le plus grand nombre s'échappa et courut aussitôt porter la nouvelle de l'attaque aux trois camps établis comme défense avancée [2] sur Épipolæ, l'un pour les Syracusains, l'autre pour le reste des Siciliens, et le troisième pour les alliés [3]. L'alarme fut donnée d'abord aux six cents Syracusains qui formaient les premières gardes de ce côté d'Épipolæ. Ils coururent aussitôt à l'ennemi; mais Démosthènes et les Athéniens, les ayant rencontrés, les mirent en fuite, malgré leur vigoureuse défense, et continuèrent à avancer rapidement, afin d'atteindre incontinent, sans laisser ralentir l'ardeur du premier moment,

---

[1] Il prenait à revers les hauteurs d'Épipolæ, situées entre Euryélos et la ville.

[2] Didot a rétabli avec raison les mots ἐν προτειχίσμασιν, supprimés par la plupart des éditeurs; mais l'interprétation qu'il en donne ne paraît pas acceptable (des camps garnis d'avant-murs). Ces mots répondent à peu près à ce qu'on a appelé chez nous forts détachés; littéralement *des camps fortifiés établis en avant (des murs)*.

[3] Les alliés de Grèce, Péloponnésiens, Béotiens, etc.

l'objet de leur entreprise. En même temps un autre corps enlevait l'extrémité [1] du mur transversal, abandonné par la garnison, et en arrachait les créneaux. Cependant les Syracusains et leurs alliés, Gylippe et ses soldats, accouraient hors des camps; mais, pris au dépourvu par l'audace d'une pareille tentative en pleine nuit, ils n'abordèrent les Athéniens qu'avec effroi, furent forcés et tout d'abord ramenés en arrière. Déjà les Athéniens avançaient avec moins d'ordre ; car ils se croyaient vainqueurs et voulaient au plus vite passer à travers tous les corps qui n'avaient pas encore combattu, afin de ne pas laisser à l'ennemi, en ralentissant, le temps de se reformer pour une nouvelle attaque. A ce moment ils donnèrent contre les Béotiens, le premier corps qui essayât de tenir contre eux, furent forcés à leur tour et mis en fuite.

XLIV. De ce moment, le trouble et la confusion furent tels parmi les Athéniens, que, d'un côté comme de l'autre, on était fort embarrassé pour dire en détail comment les choses s'étaient passées. En effet, même dans un combat de jour, où tout se voit, ceux qui assistent ne connaissent pas tous les détails ; a grand'peine chacun sait-il ce qui le concerne personnellement; comment donc une affaire de nuit comme celle-ci, la seule du reste qui ait eu lieu dans cette guerre entre des armées considérables, pourrait-elle être connue avec certitude ? La lune brillait; mais on ne se distinguait de part et d'autre que comme on peut le faire par le clair de lune, sans démêler si la forme aperçue

---

[1] Du côté d'Épipolæ. Il s'agit de l'extrémité du mur destiné à empêcher la jonction de la circonvallation athénienne, au point même où il atteignait cette ligne de circonvallation, au bas d'Épipolæ.

était celle d'un ami. Une multitude d'hoplites des deux partis tournoyaient dans un étroit espace. Une partie de l'armée athénienne était déjà vaincue que le reste, encore intact, et obéissant à la première impulsion, continuait à s'avancer. Tel corps ne faisait qu'aborder les pentes, tel autre continuait à les gravir; si bien qu'ils ne savaient de quel côté se diriger; car, les premières troupes étant déjà en déroute, il était difficile, au milieu du pêle-mêle général et des cris, de les reconnaître. Les Syracusains et leurs alliés, se voyant victorieux, s'animaient à grands cris, seul moyen de ralliement possible dans l'obscurité ; en même temps ils recevaient vigoureusement les assaillants. Les Athéniens, au contraire, se cherchaient eux-mêmes; ils voyaient des ennemis dans tous ceux qu'ils rencontraient, fût-ce même de leurs amis refluant vers eux dans leur fuite; ils demandaient à chaque instant le mot d'ordre, faute d'autre moyen de se reconnaître, et, le demandant tous à la fois, ils accroissaient encore le désordre dans leurs rangs et livraient ce mot à l'ennemi. Ils n'apprenaient pas de même celui des Syracusains ; car ceux-ci, victorieux et moins dispersés, avaient moins de peine à se reconnaître. Aussi, quand les Syracusains tombaient au milieu de forces supérieures, ils leur échappaient par la connaissance qu'ils avaient du mot d'ordre ; les Athéniens, au contraire, ne pouvant répondre, étaient égorgés. Mais ce qui leur fit le plus de mal fut le chant du Péan; semblable de part et d'autre, il les jetait dans une grande perplexité : soit qu'il fût entonné par les Argiens, les Corcyréens et tous les corps de race dorique appartenant à leur propre armée, soit qu'il le fût par l'ennemi, l'effroi était le même. A la fin, se heurtant entre eux au milieu de la confusion générale, amis contre amis, citoyens contre citoyens, ils en vinrent, sur beaucoup de points, non plus seulement à s'effrayer, mais à se charger mutuellement, et ne se séparèrent qu'à grand'peine. Poursuivis par l'ennemi, beaucoup se jetèrent dans les précipices et y périrent ; car la descente d'Épipolæ est étroite. Une fois descendus des hauteurs et arrivés dans la plaine, la plupart, surtout les soldats de la première armée qui connaissaient mieux les lieux, purent se réfugier au camp ; mais, parmi les derniers arrivés, quelques-uns se trompèrent de route et s'égarèrent dans la campagne ; au jour ils furent entourés par les cavaliers syracusains et massacrés.

XLV. Le lendemain, les Syracusains élevèrent deux trophées, l'un à Épipolæ vers la montée, l'autre à l'endroit où les Béotiens avaient opposé la première résistance. Les Athéniens enlevèrent leurs morts par convention. La perte en hommes fut considérable pour eux et leurs alliés ; mais le nombre des armes prises par l'ennemi fut plus grand encore ; car parmi ceux qui avaient été forcés de se jeter dans les précipices en se débarrassant de leurs armes et de leurs boucliers, les uns avaient péri, d'autres s'étaient sauvés.

XLVI. Après ce succès inespéré, les Syracusains retrouvèrent leur première ardeur. Ils envoyèrent à Agrigente, alors en proie aux séditions, quinze vaisseaux sous les ordres de Sicanos, afin de soumettre cette ville, s'il était possible. Gylippe recommença à parcourir par terre le reste de la Sicile, afin d'en amener une nouvelle armée. Cette heureuse issue de l'affaire d'Épipolæ lui donnait l'espoir d'enlever de vive force les retranchements mêmes des Athéniens.

XLVII. Cependant les généraux athéniens tinrent conseil à propos du dernier désastre et de l'état d'épuisement où, à tous égards, l'armée était réduite. Ils voyaient toutes leurs entreprises déjouées et les soldats impatients de leur séjour ; les maladies sévissaient développées par une double cause, d'une part la saison où l'on était, la plus défavorable de toutes sous ce rapport [1], de l'autre l'assiette du camp sur un terrain marécageux et malsain. Tout leur paraissait d'ailleurs complétement désespéré. Démosthènes voulait ne pas séjourner plus longtemps et suivre, puisqu'il avait échoué, le plan déjà arrêté dans sa pensée lorsqu'il avait tenté l'attaque d'Épipolæ [2] : on devait, suivant lui, partir sans retard pendant que la traversée était encore possible et que l'arrivée de la nouvelle flotte [3] promettait la supériorité sur l'ennemi. Il représentait d'ailleurs que mieux valait pour Athènes faire la guerre à ceux qui élevaient des fortifications sur son territoire, qu'aux Syracusains, bien difficiles à vaincre désormais ; qu'il ne convenait pas d'ailleurs de faire inutilement d'énormes dépenses pour continuer le siége. Tel était l'avis de Démosthènes.

XLVIII. Nicias regardait, lui aussi, la situation comme critique ; mais il ne voulait pas en divulguer la faiblesse, ni dénoncer lui-même à l'ennemi ces pro-

---

[1] Le commencement de l'automne.

[2] Thucydide a dit plus haut qu'il était résolu à évacuer la Sicile dans le cas où il ne parviendrait pas à investir entièrement la ville par la prise d'Épipolæ.

[3] Celle qu'il avait lui-même amenée.

jets de départ, en les discutant ostensiblement dans un nombreux conseil ; car de cette manière le secret serait bien plus difficile lorsqu'on en viendrait à l'exécution. D'ailleurs, ce qu'il savait des affaires de l'ennemi, qu'il connaissait mieux que les autres, lui donnait quelque espoir qu'elles deviendraient plus mauvaises encore que celles des Athéniens, si on persistait dans le siége. On épuiserait leurs ressources et on les réduirait à l'extrémité, d'autant mieux que la flotte actuelle garantissait désormais une plus grande supériorité sur mer. Enfin il y avait dans Syracuse même un parti qui voulait livrer le gouvernement aux Athéniens et qui lui envoyait des émissaires pour le détourner de renoncer à l'entreprise. Ces diverses considérations le faisaient en réalité balancer entre les deux partis ; il observait et ajournait toute décision ; mais ostensiblement il n'en déclara pas moins qu'il n'emmènerait pas l'armée. Il était sûr, disait-il, que les Athéniens n'approuveraient pas qu'ils eussent d'eux-mêmes ramené l'armée sans un décret du peuple ; car ceux qui seraient appelés à prononcer sur leur compte n'auraient pas, comme eux, vu personnellement l'état des choses ; ils n'en connaîtraient rien que par les accusations répétées autour d'eux ; il suffirait de calomnies habilement présentées pour entraîner leur assentiment; quant aux soldats qui étaient sur les lieux, beaucoup d'entre eux, la plupart même, tout en se plaignant bien fort maintenant de leurs maux, crieraient le contraire une fois de retour et accuseraient les généraux d'avoir trahi et vendu leur départ. Il ne voulait donc pas, pour sa part, connaissant le caractère des Athéniens, s'exposer à tomber victime d'une accusation infamante et injuste ; il aimait mieux périr, s'il le fallait, en s'exposant personnellement aux coups de l'ennemi. Il ajouta que la situation des Syracusains était encore plus critique que la leur ; que la solde des troupes étrangères, les dépenses des garnisons disséminées sur le territoire, jointes à l'entretien, depuis une année déjà, d'une flotte nombreuse, avaient épuisé leurs ressources, et que leurs embarras ne feraient que s'accroître ; qu'ils avaient dépensé déjà deux mille talents et avaient en outre un arriéré considérable ; que s'ils faisaient quelques réductions à leurs dépenses actuelles, en supprimant la solde, ils ruinaient leurs affaires, puisque leur armée se composait surtout d'auxiliaires et non d'hommes astreints au service, comme chez les Athéniens ; qu'il fallait donc atermoyer, s'opiniâtrer au siége et ne pas se retirer vaincu par le défaut de ressources quand on en avait de bien supérieures à celles de l'ennemi.

XLIX. Ce qui fortifiait Nicias dans le sentiment qu'il énonçait, c'est qu'il connaissait exactement l'état intérieur de Syracuse, l'épuisement des finances et l'existence d'un parti qui, décidé à livrer le gouvernement aux Athéniens, l'encourageait par des messages à ne pas lever le siége. Il était d'ailleurs confirmé dans ce dessein par la confiance que lui avait jusque-là inspirée la flotte.

Démosthènes, au contraire, repoussait absolument l'idée de continuer le siége. Suivant lui, s'il fallait attendre un décret des Athéniens pour emmener l'armée et temporiser jusque-là, on devait à cet effet se transporter à Thapsos ou à Catane, et de là faire des incursions dans tous les sens avec l'infanterie, vivre sur le pays ennemi, le ravager et lui faire le plus de mal possible. En même temps la flotte, au lieu de combattre à l'étroit, ce qui était surtout favorable à l'ennemi, attaquerait au large, dans une mer ouverte, où leur expérience trouverait à s'utiliser, où ils auraient de l'espace pour les manœuvres en avant et en arrière, sans être circonscrits et gênés dans toutes les évolutions par la proximité du rivage. En un mot, il se déclara absolument opposé à un séjour plus longtemps prolongé sur le même point, et ouvrit l'avis de partir immédiatement et sans délai. Eurymédon se rangea à cette opinion. Mais l'opposition de Nicias amena de l'hésitation et des retards ; on supposait d'ailleurs que sa persistance tenait à quelques données particulières ; et, par suite, les Athéniens continuèrent à temporiser et à rester dans leur immobilité.

L. Cependant Gylippe et Sicanos étaient de retour à Syracuse : Sicanos avait manqué Agrigente ; car, pendant qu'il était encore à Géla, la faction qui voulait nouer amitié avec les Syracusains avait succombé. Quant à Gylippe, il avait amené, indépendamment d'une nombreuse armée levée en Sicile, les hoplites envoyés du Péloponnèse au printemps sur des bâtiments de charge, et qui, de Libye, avaient abordé à Sélinonte. Jetés sur les côtes de Libye, ils avaient obtenu des Cyrénéens deux trirèmes et des pilotes ; après avoir, chemin faisant, secouru les Evespéritains assiégés par les Libyens, et battu ces derniers, ils avaient rangé la côte jusqu'à Néapolis, comptoir des Carthaginois, et le point le plus rapproché de la Sicile, qui n'en est séparée que par un trajet de deux jours et une nuit. Ils avaient de là passé à Sélinonte. Les Syracusains, à leur arrivée, se disposèrent aussitôt à attaquer de nouveau les Athéniens par terre et par mer. Les généraux athéniens, voyant qu'une nouvelle armée était venue renforcer l'ennemi, que leurs propres affaires, loin de s'améliorer, empiraient chaque jour sous tous les rapports, et sur tout que les maladies ruinaient les troupes, regrettèrent de n'être pas partis plus tôt. Comme d'ailleurs Nicias ne faisait plus la même opposition et se bornait à demander que la résolution ne fût pas divulguée, ils firent prévenir toutes les troupes le plus secrètement possible d'avoir à se tenir prêtes à lever le camp et à s'embarquer au premier signal. Les préparatifs terminés, ils allaient mettre à la voile quand la lune s'éclipsa ; car elle était alors au plein. La plupart des Athéniens, inquiets de ce phénomène, prièrent les généraux de différer. D'un autre côté, Nicias, qui attachait aux présages et à tous les faits de ce genre une importance exagérée, déclara que toute délibération sur le départ devait être ajournée jusqu'à ce qu'il se fût écoulé, suivant l'indication des devins, trois fois neuf jours. Les Athéniens, retenus par là, prolongèrent encore leur séjour.

LI. Les Syracusains, informés de ces détails, eurent l'œil plus ouvert encore à ne laisser aucun relâche aux Athéniens, puisque ceux-ci reconnaissaient eux-mêmes et prouvaient suffisamment par leurs projets de départ qu'ils n'avaient plus dès lors la supériorité ni sur terre ni sur mer ; autrement ils n'auraient pas songé au départ. Voulant d'ailleurs les empêcher de s'établir sur quelque autre point de la Sicile, où ils seraient plus difficiles à combattre, ils résolurent de les forcer au plus vite sur place, et dans des conditions avantageuses pour eux-mêmes, à un combat naval. Ils équipèrent donc leurs vaisseaux et s'exercèrent pendant quelques jours, jusqu'à ce qu'ils se crussent suffisamment préparés. Le moment arrivé, ils attaquèrent dès la veille[1] les murs des Athéniens. Un corps peu considérable d'hoplites et de cavaliers s'étant avancé contre eux par quelques portes de sortie, ils coupèrent quelques-uns des hoplites, les mirent en fuite et les poursuivirent. Comme l'entrée[2] était étroite, les Athéniens perdirent soixante-dix chevaux et des hoplites, mais ceux-ci en petit nombre.

LII. L'armée syracusaine rentra pour ce jour-là; mais le lendemain ils firent sortir soixante-seize vaisseaux, pendant que l'armée de terre marchait de son côté contre les retranchements. Les Athéniens opposèrent quatre-vingt-six vaisseaux; on s'aborda et le combat commença. Eurymédon, qui tenait la droite des Athéniens, avait étendu sa ligne et rasait de près la côte, afin d'envelopper la flotte ennemie; mais les Syracusains et leurs alliés, après avoir enfoncé le centre des Athéniens, le coupèrent du reste de la flotte, l'enfermèrent dans le golfe au fond du port[3] et détruisirent son vaisseau, ainsi que ceux qui l'accompagnaient. Ensuite ils se mirent à la poursuite du reste de la flotte et la poussèrent au rivage.

LIII. Gylippe voit la flotte ennemie vaincue et rejetée en dehors des pilotis et du camp des Athéniens[4];

---

[1] La veille du jour fixé pour l'engagement général.
[2] Les portes pratiquées dans les murs.
[3] A l'embouchure de l'Anapos.
[4] C'est-à-dire en dehors de l'abri que les Athéniens avaient établi dans le grand port au moyen de palissades, en avant de leur camp.

voulant exterminer ceux qui en descendent et faciliter aux Syracusains la remorque des vaisseaux sur un rivage dont ils seraient maîtres, il se porte sur la jetée [1] suivi d'un détachement. Les Tyrséniens, qui gardaient cette position pour les Athéniens, voyant l'ennemi s'avancer en désordre, se portent à sa rencontre, tombent sur l'avant-garde, la mettent en fuite et la rejettent dans le marais nommé Lysimélia. Les Syracusains et leurs alliés arrivent alors en forces ; mais les Athéniens, craignant pour leurs vaisseaux, se portent au secours de leurs alliés, sont vainqueurs, poursuivent l'ennemi et lui tuent quelques hoplites. La plus grande partie de la flotte fut sauvée par là et put être recueillie en avant du camp, sauf dix-huit vaisseaux que les Syracusains avaient pris et dont ils tuèrent tous les équipages. Dans le dessein d'incendier les autres, ils remplirent de sarments et de torches un vieux bâtiment de charge, et, profitant du vent qui portait sur les Athéniens, ils y mirent le feu et le laissèrent aller en dérive. Les Athéniens, effrayés pour leur flotte, mirent tout en œuvre pour arrêter l'incendie ; ils parvinrent à étouffer la flamme, enpêchèrent le bâtiment d'approcher et échappèrent au danger.

LIV. Les Syracusains dressèrent un trophée pour leur victoire navale, et pour avoir, dans l'engagement précédent contre les retranchements, enveloppé les hoplites et pris quelques chevaux. Les Athéniens en élevèrent un, de leur côté, pour l'avantage remporté soit par les Tyrséniens sur l'infanterie, qui avait été mise en fuite et rejetée dans le marais, soit par eux-mêmes sur le reste de l'armée

[1] Du côté d'Ortygie.

LV. Cette victoire éclatante, surtout une victoire navale, remportée par les Syracusains qu'effrayait jusque-là la nouvelle flotte amenée par Démosthènes, jeta les Athéniens dans le plus complet découragement : la déception était grande, et plus grand encore le regret de l'entreprise. De toutes les villes auxquelles ils avaient fait la guerre jusque-là, celles de Sicile seules avaient mêmes institutions qu'eux, même gouvernement démocratique ; elles étaient considérables, possédaient des flottes et de la cavalerie ; il ne leur était possible par conséquent ni d'y semer des germes de sédition en vue de quelque révolution qui les leur soumît, ni de compter sur une grande supériorité de forces, puisqu'ils avaient le plus souvent échoué et se trouvaient dans une position critique même avant les derniers événements : aussi la défaite de leur flotte, qu'ils n'auraient pas supposée possible, mit-elle le comble à leur consternation.

LVI. De ce moment les Syracusains purent librement parcourir le port, et résolurent d'en fermer l'entrée, pour qu'il ne fût plus possible aux Athéniens d'en sortir à leur insu, quand bien même ils le voudraient. Car déjà ce n'était plus seulement à se sauver eux-mêmes qu'ils donnaient leurs soins, ils voulaient interdire à l'ennemi toute voie de salut. Ils croyaient, ce qui était vrai, que déjà les faits accomplis leur assuraient une grande supériorité ; que s'ils parvenaient à vaincre les Athéniens et leurs alliés sur terre et sur mer, ce serait pour eux une glorieuse recommandation auprès des Grecs ; que les autres nations helléniques seraient par cela seul affranchies, celles-ci de l'esclavage, celles-là de la crainte, les Athéniens, se trouvant dès lors hors d'état de soutenir, avec ce qui leur resterait de forces, la guerre qu'on leur ferait ; qu'eux-mêmes enfin, regardés comme les auteurs de ce bienfait, seraient un objet d'admiration pour leurs contemporains et pour l'avenir. Certes, à ce point de vue et à d'autres égards encore, c'était une lutte glorieuse ; ce n'était pas seulement des Athéniens qu'ils triomphaient, mais aussi d'un grand nombre d'alliés d'Athènes ; de leur côté, ils n'étaient point restés isolés, mais avaient vu un grand nombre de peuples se ranger autour d'eux ; ils avaient partagé le commandement avec les Corinthiens et les Lacédémoniens, exposé leur ville aux premiers périls, et grandement accru leur importance maritime. En effet, à part le rassemblement général qui dans cette guerre se fit à Athènes et à Lacédémone, jamais une seule ville n'avait vu pareil concours de peuples.

LVII. Voici l'énumération des peuples qui, de part et d'autre, vinrent combattre devant Syracuse pour ou contre la Sicile, afin de concourir, ceux-ci à la conquête, ceux-là à la défense du pays. Ce n'était ni la justice ni la parenté qui avaient formé les liaisons réciproques ; chacun avait cédé aux circonstances, à l'intérêt, à la nécessité.

Les Athéniens, Ioniens d'origine, marchèrent avec joie contre les Syracusains, de race dorienne. Avec eux combattaient des peuples qui conservaient encore la langue et les institutions athéniennes, les habitants de Lemnos, d'Imbros, les possesseurs actuels d'Égine [1] et

[1] Les Athéniens avaient, au commencement de la guerre, expulsé tous les habitants d'Égine, et s'y étaient eux-mêmes établis (THUC., II, 27).

d'Hestiée [1] en Eubée, tous colons d'Athènes. D'autres prirent part à l'expédition comme sujets, comme alliés libres, quelques-uns comme mercenaires : parmi les peuples sujets et tributaires, étaient les habitants de l'Eubée, Érétriens, Chalcidéens, Styréens, Carystiens ; les insulaires de Céos, d'Andros, de Ténos; de l'Ionie étaient venus les Milésiens, les Samiens et ceux de Chio. Ces derniers toutefois, non tributaires, et ne devant que des vaisseaux, avaient gardé leur autonomie. Tous ces peuples, presque entièrement Ioniens et d'origine athénienne, — à l'exception des Carystiens, qui sont des Dryopes, — prenaient part à l'expédition comme sujets et astreints au service ; mais du moins c'étaient des Ioniens combattant contre des Doriens. Venaient ensuite les peuples de race éolique; les Méthymnéens fournissaient, comme sujets, un contingent de vaisseaux, mais ne payaient pas tribut; ceux de Ténédos et d'Énos étaient tributaires. Ceux-là, quoique Éoliens, étaient forcés à porter les armes contre des Éoliens, leurs fondateurs, contre les Béotiens alliés des Syracusains. Les Platéens, tout au contraire, étaient les seuls Béotiens armés contre des Béotiens par un juste sentiment de haine. Les habitants de Rhodes et de Cythère, Doriens les uns et les autres, prenaient également part à la guerre : ceux de Cythère, colons de Lacédémone, marchaient avec les Athéniens contre les Lacédémoniens compagnons de Gylippe ; ceux de Rhodes, Argiens d'origine, étaient contraints à faire la guerre aux Syracusains qui étaient Doriens,

---

[1] Ils avaient également chassé les habitants d'Hestiée pour occuper eux-mêmes le pays (Thuc., I, 114).

et aux habitants de Géla, leurs propres colons, engagés dans le parti de Syracuse. Parmi les insulaires voisins du Péloponnèse, ceux de Céphallénie et de Zacynthe, indépendants il est vrai, cédaient surtout, en suivant les Athéniens, aux nécessités de leur position d'insulaires vis-à-vis des maîtres de la mer ; les Corcyréens, qui sont non-seulement des Doriens, mais de véritables Corinthiens, marchaient à la suite des Athéniens contre les Corinthiens dont ils descendent, et contre les Syracusains qui ont avec eux même origine : en apparence ils cédaient à la force, en réalité ils n'étaient pas fâchés de satisfaire leur haine contre les Corinthiens. Ceux qu'on appelle aujourd'hui Messéniens de Naupacte, et les Messéniens de Pylos, qui était alors au pouvoir des Athéniens, furent également enrôlés pour cette guerre. Des exilés mégariens, en petit nombre, combattirent aussi, par le malheur de leur situation, contre les Sélinontins originaires de Mégare. Quant aux autres peuples, la part qu'ils prirent à l'expédition fut plutôt toute volontaire. Les Argiens y vinrent, moins à titre d'alliés qu'en haine des Lacédémoniens et par des considérations toutes personnelles : Doriens, ils suivaient contre des Doriens les Athéniens qui sont Ioniens. Les Mantinéens et les autres mercenaires arcadiens, accoutumés à marcher toujours contre quiconque est désigné à leurs coups, ne faisaient alors aucune différence, grâce à la solde qu'ils touchaient, entre les Arcadiens venus avec les Corinthiens et les autres ennemis. Les Crétois et les Étoliens avaient aussi été entraînés par l'appât d'une solde : les Crétois, qui avaient fondé Géla de concert avec les Rhodiens, se trouvèrent ainsi, à titre de mercenaires, marchant sans le vouloir contre leur colonie, au lieu de la défendre. Parmi les Acarnanes, quelques-uns avaient cédé à l'attrait du gain ; mais la plupart obéissaient à leur affection pour Démosthènes, à leur penchant pour les Athéniens, et les secondaient en qualité d'alliés. Indépendamment de ces peuples qu'embrasse le golfe d'Ionie, quelques villes d'Italie, Thurium et Métaponte, participèrent à l'expédition, réduites à cette nécessité par les malheurs d'un temps de sédition. En Sicile, Naxos et Catane ; parmi les barbares, les Égestains, qui avaient appelé les Athéniens, et la plupart des Sicèles ; en dehors de la Sicile, quelques Tyrséniens en hostilité avec Syracuse et des Iapyges mercenaires : tels sont les peuples qui marchaient avec les Athéniens.

LVIII. Les Syracusains, de leur côté, avaient pour auxiliaires les habitants de Camarina qui leur sont limitrophes, et ceux de Géla qui viennent ensuite. Les Agrigentins étaient neutres ; mais, de l'autre côté d'Agrigente, les Sélinontins étaient avec Syracuse. Tous ces peuples habitent la partie de la Sicile tournée vers la Libye. Du côté qui regarde la mer Tyrsénienne, les Himériens, les seuls Grecs établis dans cette partie, furent aussi les seuls qui secoururent les Syracusains. Tels étaient les alliés de Syracuse parmi les peuples grecs de la Sicile ; tous sont Doriens et autonomes. Parmi les barbares, ils n'avaient avec eux que ceux des Sicèles qui n'avaient point passé aux Athéniens. Quant aux Grecs du dehors, les Lacédémoniens fournirent un commandant spartiate, des néodamodes et des hilotes (néodamode signifie affranchi). Les Corinthiens seuls amenèrent simultanément une flotte et une armée de terre ; des liens de parenté engagèrent dans la ligue les Leucadiens et les Ambraciotes ; il vint d'Arcadie des mercenaires envoyés par les Corinthiens ; les Sicyoniens furent forcés à marcher. En dehors du Péloponnèse ils eurent avec eux les Béotiens. Mais comparativement, les secours fournis par les Siciliens furent, grâce à l'importance de leurs villes, supérieurs de beaucoup sous tous les rapports à ceux envoyés du dehors. Ils rassemblèrent un grand nombre d'hoplites, de vaisseaux, de cavalerie et une masse d'autres troupes. Toutefois les Syracusains contribuèrent, on peut le dire, plus que tous les autres ensemble, en raison de la puissance de leur ville et du péril extrême où ils étaient.

LIX. Telles furent les forces auxiliaires réunies de part et d'autre : toutes se trouvaient alors présentes à Syracuse, et, à partir de ce moment, ni l'un ni l'autre parti ne reçut plus aucun renfort.

Les Syracusains et leurs alliés pensèrent donc avec raison que ce serait pour eux un glorieux exploit, après la victoire navale qu'ils venaient de remporter, que de prendre en entier cette armée athénienne si nombreuse, et de ne lui laisser aucun moyen d'échapper ni par terre ni par mer. Ils se mirent aussitôt à fermer le grand port, qui avait environ huit stades d'ouverture, en mouillant transversalement des trirèmes, des vaisseaux de charge et des barques qu'ils affermirent sur des ancres. Ils faisaient d'ailleurs tous leurs préparatifs pour le cas où les Athéniens oseraient tenter un nouveau combat naval, et ne formaient plus que de vastes desseins.

LX. Les Athéniens, se voyant enfermer et devinant

toute la pensée de l'ennemi, crurent devoir délibérer. Les généraux et les taxiarques [1] tinrent conseil : l'armée manquait de tout ; les vivres étaient épuisés, et comme on avait fait passer l'ordre à Catane, en vue du départ projeté, de suspendre les envois, on n'en pouvait espérer pour l'avenir, à moins d'une victoire navale. En présence de cette situation, ils s'arrêtèrent aux résolutions suivantes : abandonner la partie supérieure de leurs murailles [2] ; retrancher auprès des vaisseaux l'espace strictement nécessaire pour le matériel et les malades, et y mettre garnison ; embarquer le reste de l'armée de terre sur tous les vaisseaux, même sur ceux qui étaient moins propres au service, et forcer le passage en combattant ; vainqueurs, se retirer à Catane : vaincus, brûler la flotte, prendre, en ordre de bataille, la voie de terre et occuper au plus tôt quelque place amie, soit grecque, soit barbare. Cette résolution prise, l'exécution suivit : ils abandonnèrent furtivement les retranchements supérieurs pour se rabattre vers la mer, équipèrent tous leurs vaisseaux et forcèrent à s'y embarquer sans distinction quiconque paraissait, par sa vigueur, propre à rendre le moindre service. On arma ainsi cent dix vaisseaux en tout ; on y fit monter un grand nombre d'archers et des gens de trait étrangers, Acarnanes et autres ; enfin on disposa tout le reste autant que le permettaient les nécessités du moment et un pareil dessein.

Les préparatifs à peu près terminés, Nicias, voyant

---

[1] Les taxiarques ne prenaient pas part aux délibérations dans les circonstances normales.

[2] La partie qui se dirigeait vers Épipolæ, leur but étant de se concentrer sur le grand port.

les soldats découragés de tant de défaites sur mer auxquelles ils n'étaient pas habitués, et résolus néanmoins, faute de vivres, à risquer au plus tôt le combat, les assembla tous et leur adressa pour la première fois quelques paroles d'encouragement. Il s'exprima en ces termes :

LXI. « Soldats athéniens, et vous, alliés, dans le combat qui va s'engager il y a parité pour tous ; il s'agit pour chacun de vous, tout aussi bien que pour l'ennemi, du salut et de la patrie ; car, si nous sommes aujourd'hui vainqueurs sur mer, chacun peut espérer encore revoir son pays. Mais il ne faut pas perdre courage, ni imiter ces hommes sans aucune expérience, qui, malheureux au début dans les combats, mesurent ensuite toutes leurs appréhensions à leurs premiers revers. Vous tous qui m'écoutez, vous Athéniens, éprouvés déjà dans bien des combats, et vous, alliés, associés à toutes nos luttes, rappelez-vous combien l'imprévu domine à la guerre ; ne désespérez pas de voir la fortune se ranger aussi avec nous, et préparez-vous à prendre une revanche digne de vous, digne de cette armée dont vous voyez la masse imposante.

LXII. « Toutes les mesures qui nous ont semblé utiles dans les circonstances actuelles, soit en raison du peu d'étendue du port et de la multitude des vaisseaux, soit pour parer au mal que nous ont fait précédemment les troupes ennemies disposées sur les ponts, nous les avons étudiées et adoptées de concert avec les pilotes. Nous embarquons quantité d'archers et de gens de trait, une foule d'hommes que nous nous fussions bien gardés d'employer dans un combat au large, où la pesanteur des bâtiments aurait nui à la science de la manœuvre, mais qui, dans la nécessité où nous sommes ici de livrer du haut de nos vaisseaux un combat de terre, nous seront utiles. Quant aux bâtiments, nous opposons de nouvelles dispositions à celles de l'ennemi ; contre leurs antennes massives nous aurons des mains de fer qui, une fois jetées sur eux, ne laisseront pas à leurs bâtiments, pourvu que les équipages fassent ensuite leur devoir, la liberté de reculer après un premier choc pour revenir à la charge. Car, telle est la nécessité à laquelle nous sommes réduits : il nous faut, sur nos vaisseaux, engager un combat de terre ferme, et par suite ne pas rétrograder, ne pas permettre à l'ennemi de le faire, si nous trouvons avantage à cela ; d'autant plus que toute la côte, à l'exception de l'espace occupé par notre armée de terre, est au pouvoir de l'ennemi.

LXIII. « Songez à ce danger et combattez à outrance, sans vous laisser acculer au rivage ; tombez sur l'ennemi, vaisseaux contre vaisseaux, et ne lâchez pas prise avant d'avoir exterminé sur le pont tous les hoplites. Cette recommandation s'adresse aux hoplites plus encore qu'aux matelots, puisque cela regarde principalement ceux qui sont sur le tillac, et que c'est surtout l'infanterie qui peut maintenant nous donner la supériorité. Quant aux matelots, je les exhorte à ne pas se laisser trop abattre par leurs malheurs, je les en conjure même, maintenant que nous avons sur les ponts de meilleures dispositions avec des vaisseaux plus nombreux. Et vous aussi, songez à votre existence si douce, si digne d'être sauvée de la ruine, vous qui, réputés Athéniens [1], sans l'être réellement, faisiez l'admi-

---

[1] Les Métœques.

ration de la Grèce, par la connaissance de notre langue et l'imitation de nos mœurs, qui participiez autant que nous aux avantages de notre domination, plus que nous-mêmes aux garanties que vous y trouviez contre toute offense, et à la sécurité que donnait la terreur imprimée à nos sujets. Seuls, vous vous êtes librement associés à notre empire ; vous ne sauriez, sans injustice, le trahir aujourd'hui. Pleins de mépris pour les Corinthiens, que vous avez souvent vaincus, pour les Siciliens dont nul n'a osé tenir devant vous tant que notre marine était florissante, fondez sur eux, et montrez-leur que, même après vos désastres et malgré votre affaiblissement, votre science l'emporte encore sur la témérité qui a réussi à d'autres.

LXIV. « Et vous, Athéniens, je vous rappelle en outre que vous n'avez laissé derrière vous ni flotte comme celle-ci dans les arsenaux, ni hoplites dans la force de l'âge : dès lors, si vous aviez le malheur de ne pas vaincre, vos ennemis d'ici feraient voile aussitôt pour votre patrie ; les concitoyens que nous y avons laissés seraient incapables de faire face à la fois aux ennemis qui les entourent et à ceux qui viendront d'ici. Vous tomberiez donc bientôt, vous, au pouvoir des Syracusains, — et vous savez avec quelles espérances vous les avez attaqués, — eux, entre les mains des Lacédémoniens. Dans un seul et même combat, vous avez en vos mains le sort des uns et des autres : redoublez donc plus que jamais d'efforts ; songez tous ensemble, et chacun en particulier, qu'ici, sur ces vaisseaux, vous concentrez en vous et l'armée de terre des Athéniens, et la flotte, et la république entière, et le grand nom d'Athènes. En face de tels intérêts, c'est le cas ou jamais pour chacun de vous de montrer la supériorité qu'il peut avoir par les talents, par le courage, dans son intérêt propre et pour le salut de tous. »

LXV. Nicias, après cette exhortation, ordonna sur-le-champ d'embarquer. Gylippe et les Syracusains comprirent aisément, à la vue de ces préparatifs, que les Athéniens allaient livrer un combat naval ; ils étaient d'ailleurs informés même de l'emploi des mains de fer dans l'attaque. Ils y pourvurent comme à tout le reste, et garnirent de peaux la proue et la partie haute des bâtiments, sur une grande étendue, afin que le crampon, lorsqu'on le jetterait, glissât et n'eût pas de prise. Tous les préparatifs terminés, les généraux et Gylippe exhortèrent leurs soldats et leur parlèrent ainsi :

LXVI. « Syracusains et alliés, nous avons fait jusqu'ici de grandes choses, et ce qui nous reste à faire dans le prochain combat ne sera pas moins grand : la plupart d'entre vous le comprennent, ce semble, à juger par l'ardeur que vous y avez apportée. Si cependant il était quelqu'un qui ne le vît pas suffisamment, voici qui le convaincra : les Athéniens, en arrivant dans ce pays, voulaient asservir la Sicile d'abord, puis, en cas de succès, le Péloponnèse et la Grèce entière ; leur puissance était la plus grande qui ait jamais été parmi les Grecs, et dans le passé et dans le présent ; et c'est vous qui les premiers avez osé tenir tête à leur marine, instrument de toute leur puissance ! Déjà vous les avez plusieurs fois vaincus sur mer, et vous allez vraisemblablement les vaincre encore. Car, quand on a échoué précisément sur le point où l'on croyait à sa supériorité, l'opinion qu'on avait de soi descend dès lors au-dessous d'elle-même bien plus que si l'on n'avait pas eu cette présomption ; autant on est resté en deçà de ses orgueilleuses espérances, autant on tombe par le découragement au-dessous de sa puissance réelle. Ce sentiment, les Athéniens doivent l'éprouver maintenant.

LXVII. « Pour nous, l'audace qui, à l'origine, nous faisait, sans expérience encore, affronter les périls, repose maintenant sur un fondement plus certain ; il s'y joint la ferme croyance à notre supériorité militaire, puisque nous avons vaincu les troupes les plus estimées ; double motif d'espérance ! et, en général, dans les entreprises, on ose d'autant plus qu'on espère davantage. Quant aux emprunts faits par l'ennemi à des dispositions que l'habitude nous a rendues familières [1], ils ne sauraient, en aucun cas, nous trouver en défaut. Eux au contraire dérogent à leurs usages en couvrant leurs ponts d'une foule d'hoplites, en embarquant quantité de gens de trait, Acarnanes et autres, marins de terre ferme [2], pour ainsi dire, qui ne sauront pas même trouver une position pour lancer leur trait. Est-il possible que ces gens-là ne mettent pas le trouble à bord, et que le ballottage auquel ils ne sont pas faits ne les jette pas en désordre les uns sur les autres ? S'il en est parmi vous qui s'inquiètent de ce que nous n'aurons pas en ligne le même nombre de bâtiments, sachez que même la multitude de leurs vaisseaux ne leur sera d'aucune utilité ; car, dans un espace étroit,

---

[1] Il s'agit des dispositions navales, et en particulier des hoplites installés sur les ponts des navires.

[2] Χερσαῖοι, habitants de la terre, est ici un terme de mépris auquel répond exactement notre expression marin de terre ferme, le *land-lubbers* des Anglais.

une flotte nombreuse obéira plus difficilement à la manœuvre et offrira plus de prise aux moyens d'attaque dont nous sommes pourvus. L'exacte vérité, fiez-vous-en à des renseignements que nous croyons certains, c'est qu'accablés sous le poids de leurs maux, poussés à bout par l'excès de leur détresse, ils sont complétement démoralisés ; comptant moins sur leurs propres ressources que sur le hasard d'un effort désespéré, ils veulent faire une tentative telle quelle, soit pour gagner le large en forçant le passage, soit pour s'ouvrir ensuite une retraite par terre ; car ils sentent que rien ne saurait être pire que leur situation actuelle.

LXVIII. « Jetons-nous donc avec colère au milieu de ce désordre, sur ces ennemis acharnés, dont la fortune se livre d'elle-même à nous ; songeons que rien n'est plus légitime que de vouloir satisfaire son ressentiment sur un adversaire, en représailles de ses attaques ; que rien en même temps n'est plus doux, le proverbe le dit, que de se venger d'un ennemi, comme nous allons pouvoir le faire. Ce sont des ennemis, vous le savez tous, et des ennemis acharnés, eux qui sont venus dans notre pays pour l'asservir, et qui, s'ils eussent réussi, auraient imposé aux hommes les plus cruels traitements, aux enfants et aux femmes le comble de l'ignominie, à la république entière le plus honteux de tous les noms [1]. Vengez-vous donc ; que personne ne mollisse, et croyez n'avoir rien gagné, s'ils font impunément leur retraite ; car, même vainqueurs, ils ne veulent pas autre chose. Mais atteindre, comme tout nous le promet, le but de nos espérances, châtier

---

[1] République d'esclaves.

DE LA GUERRE DU PÉLOPONNÈSE. 255

nos ennemis, donner à la Sicile, en possession déjà de la liberté, une liberté mieux assurée, voilà une victoire vraiment belle. Quant aux risques, c'est ici une de ces occasions bien rares, où l'on a peu à perdre en cas de revers, tout à gagner si l'on réussit. »

LXIX. Les généraux syracusains et Gylippe, après avoir exhorté ainsi leurs soldats, sachant que les Athéniens embarquaient, se hâtèrent d'en faire autant. Nicias cependant, effrayé de la situation, voyant l'étendue et l'imminence du danger, puisqu'on touchait au moment de l'action, se figurait, comme il arrive toujours dans les grandes occasions, qu'en fait toutes leurs dispositions laissaient à désirer, et que même leurs exhortations étaient insuffisantes. Il appela donc de nouveau chacun des triérarques, et, les interpellant par leur nom, par leur surnom paternel [1], avec indication de leur tribu, il pria ceux qui jouissaient de quelque considération personnelle de ne pas trahir leur propre gloire, ceux qui avaient d'illustres ancêtres de ne pas ternir leur nom; il leur rappela leur patrie en possession d'une liberté sans égale, l'indépendance garantie à tous dans la vie privée ; il leur dit, en un mot, tout ce que peut suggérer une pareille extrémité à un homme qui ne craint pas de pa-

---

[1] Les fils portaient comme surnom le nom de leur père. Nicias flattait leur vanité en paraissant les connaître parfaitement, c'était dans ce but qu'il nommait même la tribu à laquelle ils appartenaient. A Rome, les candidats aux charges avaient des esclaves, nommés *nomenclateurs*, chargés de leur dire à l'oreille les noms de tous les citoyens qu'ils rencontraient, et même les particularités de leur vie. Ils pouvaient, en les abordant, leur parler de tout ce qui les intéressait. Tous les grands conquérants ont pratiqué ce même genre de flatterie à l'égard de leurs soldats.

raître répéter des phrases vieillies, des lieux communs applicables à tout, — les femmes, les enfants, les dieux paternels, — pourvu qu'il fasse entendre ce qu'il croit utile dans le trouble du moment.

Nicias, après avoir dit, non tout ce qu'il eût voulu, mais ce qui lui paraissait indispensable, se retira et conduisit l'armée de terre sur le rivage. Il étendit sa ligne le plus possible, afin de soutenir d'autant mieux la confiance de ceux qui étaient sur les vaisseaux. Démosthènes, Ménandre et Euthydème, qui commandaient à bord de la flotte athénienne, partirent chacun de leur station, et se dirigèrent aussitôt vers le barrage du port et le passage qu'on y avait laissé libre, afin de le forcer et de gagner le large.

LXX. Déjà les Syracusains et leurs alliés avaient pris position avec le même nombre de vaisseaux à peu près que dans le précédent combat: une partie gardaient la passe; les autres étaient échelonnés autour du port, afin de fondre sur les Athéniens de tous les côtés à la fois, et de pouvoir en même temps être secourus par les troupes de terre, de quelque côté qu'ils abordassent. Sicanos et Agatharchos commandaient la flotte syracusaine et formaient les deux ailes; Pythen et les Corinthiens occupaient le centre. Une partie des Athéniens se porta contre le barrage, enfonça au premier choc la division qui le gardait, et se mit en mesure de rompre cet obstacle. Mais ensuite, les Syracusains et leurs alliés s'étant précipités sur eux de toutes parts, le combat s'engagea non plus seulement auprès du barrage, mais dans l'intérieur du port. Il fut acharné et hors de comparaison avec les précédents: il y avait de part et d'autre même entraînement chez les matelots toutes les fois qu'on leur ordonnait d'attaquer, même ardeur, même rivalité de science et d'habileté chez les pilotes. Les soldats de marine sur les ponts s'efforçaient, quand les bâtiments fondaient l'un sur l'autre, de ne pas rester au-dessous du reste de l'équipage. Chacun enfin s'appliquait à se distinguer entre tous au poste qui lui était assigné. Jamais vaisseaux aussi nombreux ne combattirent dans une enceinte aussi resserrée, puisque les deux flottes réunies ne formaient guère moins de deux cents navires. Aussi les éperons furent-ils de peu d'usage, par suite du défaut d'espace et de l'impossibilité où l'on était soit de reculer sur la poupe, soit de passer entre les bâtiments ennemis. Le plus fréquemment, les vaisseaux venant à se rencontrer, en fuyant ou en attaquant, on combattait bord à bord. Tout le temps qu'un bâtiment manœuvrait à portée d'un autre, les troupes placées sur le tillac lançaient sans relâche des javelots, des traits, des pierres : venait-on à s'aborder, les soldats de marine luttaient corps à corps, s'efforçant de part et d'autre de monter sur le bâtiment ennemi. Souvent même il arriva, par le défaut d'espace, qu'un bâtiment engagé par l'éperon dans un autre était éperonné à son tour par un troisième, et qu'ainsi deux navires et plus étaient comme enchaînés à un seul. Chaque pilote avait à pourvoir en même temps à la défense, à l'attaque, et cela non point contre un seul ennemi, mais contre une multitude, et dans toutes les directions. Un tumulte effroyable, s'élevant de cette foule de vaisseaux qui s'entre-choquaient, frappait d'épouvante et couvrait la voix des maîtres de rame. De part et d'autre leurs exhortations, leurs cris se mêlaient au tumulte, soit pour commander la manœuvre, soit pour animer au combat : du côté des Athéniens, ils criaient qu'on forçât le passage et qu'on combattît à outrance, maintenant ou jamais, pour le salut, pour le retour dans la patrie ; du côté des Syracusains et de leurs alliés, qu'il serait beau de fermer la fuite à l'ennemi, et d'ajouter chacun à la puissance de leur patrie par la victoire. Les généraux, sur les deux flottes, s'ils voyaient quelque vaisseau reculer sans nécessité, appelaient les triérarques par leur nom, et leur demandaient, ceux des Athéniens, si cette terre vers laquelle ils fuyaient et où tout était ennemi pour eux, leur était devenue plus chère que la mer dont tant de travaux leur avaient acquis l'empire ; ceux des Syracusains, si, sachant que l'ennemi n'avait rien tant à cœur que de s'enfuir, ils allaient fuir eux-mêmes devant des fuyards.

LXXI. Pendant que la lutte sur mer se balançait ainsi, les deux armées de terre étaient en proie à une cruelle perplexité et à une violente agitation : les indigènes ambitionnaient un succès plus glorieux encore ; les agresseurs redoutaient des maux plus grands même que ceux du moment. Comme tout l'espoir des Athéniens reposait sur leurs vaisseaux, rien n'égalait l'excès de leurs inquiétudes sur le résultat ; leurs regards d'ailleurs ne pouvaient embrasser que fort inégalement du rivage les incidents de la lutte : comme l'action se passait à peu de distance, et que tous ne pouvaient apercevoir en même temps le même point, ceux qui voyaient d'un côté les leurs victorieux, reprenaient courage et conjuraient les dieux de ne pas leur fermer toute chance de salut. Ceux au contraire dont les regards tombaient sur un point où l'on avait le dessous, poussaient des gémissements et des cris ; la vue de ce qui se passait les jetait dans un abattement plus profond encore que celui des combattants. D'autres enfin suivaient le combat sur un point où il était balancé ; au milieu de l'indécision prolongée de la lutte, leurs corps mêmes reproduisaient les mouvements et les alternatives de leurs pensées. Leur anxiété était horrible ; car à chaque instant ils touchaient au salut ou à la ruine. Tant que la lutte se maintint indécise on entendait en même temps dans l'armée athénienne des lamentations, des cris : Vainqueurs ! vaincus ! et toutes ces exclamations diverses qui, dans un grand péril, doivent nécessairement s'élever du milieu d'une nombreuse armée.

Sur les vaisseaux on était en proie aux mêmes angoisses, lorsque enfin les Syracusains et leurs alliés, après une lutte longue et opiniâtre, mirent en fuite les Athéniens, les poussèrent vivement et les poursuivirent, en criant, en s'animant mutuellement, jusqu'au rivage. A ce moment tout ce qui restait de l'armée navale, tout ce qui n'avait pas été pris à la mer se précipita au rivage dans toutes les directions et vint retomber sur le camp. Dans l'armée de terre la diversité des impressions avait fait place à une explosion unanime de gémissements et de lamentations ; la consternation était partout ; ceux-ci couraient au secours des vaisseaux, ceux-là à ce qui restait des retranchements pour les défendre, d'autres enfin, — et c'était le plus grand nombre, — ne songeaient déjà plus qu'à eux-mêmes et aux moyens de se sauver. Jamais on ne vit démoralisation plus profonde : leur situation était exactement celle qu'ils avaient faite eux-mêmes aux Lacédémoniens à Pylos : la flotte lacédémonienne anéantie, sa destruction entraînait la perte des guerriers descendus dans l'île; de même il n'y avait alors pour les Athéniens aucune chance d'échapper par terre, à moins de quelque événement en dehors de toutes les prévisions.

LXXII. Le combat avait été acharné, et beaucoup de vaisseaux, beaucoup d'hommes avaient péri de part et d'autre. Les Syracusains et leurs alliés, après la victoire, recueillirent les débris des navires et leurs morts, retournèrent à la ville et dressèrent un trophée. Les Athéniens, succombant sous l'excès de leurs maux, ne songèrent pas même à réclamer leurs morts et les débris de leurs vaisseaux ; ils méditaient de partir sans retard la nuit même. Démosthènes, s'étant rendu auprès de Nicias, ouvrit l'avis d'équiper de nouveau ce qui restait de vaisseaux et de forcer le passage, s'il était possible, au point du jour. Il ajouta qu'ils avaient encore plus de vaisseaux propres au service que les ennemis ; et, en effet, il en restait aux Athéniens environ soixante, et à leurs adversaires moins de cinquante. Nicias se rangea à cet avis ; mais lorsqu'il fut question de s'embarquer, les marins s'y refusèrent : frappés de leur défaite, ils désespéraient de vaincre désormais et n'avaient tous qu'une même pensée, celle d'opérer leur retraite par terre.

LXXIII. Cependant Hermocratès de Syracuse avait soupçonné leurs desseins : pensant que, si une armée aussi nombreuse se retirait par terre et s'établissait sur quelque point de la Sicile, il était à craindre qu'elle ne voulût recommencer la guerre contre eux, il va trouver les magistrats et leur expose, en donnant ses motifs, qu'on ne doit pas laisser l'ennemi s'échapper pendant la nuit ; qu'il faut sortir en masse, Syracusains et alliés, barricader les routes, occuper à l'avance les défilés et les garder. Les magistrats étaient entièrement d'accord avec lui sur ce point, et jugeaient la mesure opportune ; mais ils ne croyaient pas qu'il fût aisé d'amener à l'obéissance des hommes qui, après une grande bataille navale, s'abandonnaient avec bonheur au repos, surtout au milieu d'une fête ; — car il se trouvait qu'on célébrait chez eux, ce jour-là, un sacrifice à Hercule. — La plupart, dans la joie de la victoire et l'animation de la fête, s'étaient mis à boire, et on leur persuaderait tout au monde plutôt que de prendre les armes et de faire une sortie à ce moment. Cette difficulté parut insurmontable aux magistrats, et Hermocrates ne put les convaincre. Il eut donc recours au stratagème suivant : craignant que les Athéniens ne prissent les devants et ne franchissent librement pendant la nuit les passages les plus difficiles, il envoya, une fois la nuit venue, quelques-uns de ses amis et des cavaliers vers le camp des ennemis. Une fois arrivés à portée de la voix, ils appelèrent quelques personnes, en se donnant pour amis des Athéniens ; — car Nicias recevait de la ville des avis sur la situation intérieure. — Ils firent dire à Nicias de ne pas mettre son armée en mouvement la nuit, les routes étant gardées par les Syracusains, et de faire ses préparatifs à loisir pour partir au jour. Après cet avis ils se retirèrent. Ceux qui l'avaient entendu en informèrent les généraux athéniens.

LXXIV. Ceux-ci, sur ce rapport, se tinrent en repos la nuit, sans soupçonner un stratagème. Puis, du moment où ils n'étaient pas partis sur-le-champ, ils crurent devoir attendre encore le jour suivant, afin de laisser aux soldats le temps de faire autant que possible les dispositions les plus indispensables, et de prendre avec eux en partant tout ce qui était strictement nécessaire pour vivre; car ils abandonnaient tout le reste. Gylippe, de son côté, sortit de la ville avec l'armée de terre des Syracusains, prit les devants, et intercepta les routes dans la direction que devaient suivre vraisemblablement les Athéniens; il occupa les gués des rivières et des ruisseaux, et choisit ses positions pour attendre l'ennemi et lui barrer le passage. En même temps la flotte se rapprocha du rivage et se mit à remorquer les vaisseaux athéniens. L'intention des Athéniens était de les incendier tous; mais ils n'avaient pu en brûler qu'un petit nombre. Les autres, abandonnés au hasard sur la côte, furent remorqués à loisir et sans aucune opposition vers la ville.

LXXV. Enfin, quand Nicias et Démosthènes jugèrent les préparatifs suffisants, le départ de l'armée eut lieu, le surlendemain du combat naval. La situation des Athéniens était affreuse à bien des égards : ils partaient après avoir perdu tous leurs vaisseaux; au lieu de vastes espérances, il n'y avait plus que périls pour eux et pour la république. Même l'abandon du camp était pour la vue, pour l'âme de chacun, un spectacle navrant : les morts restaient sans sépulture; celui qui découvrait un des siens gisant à terre était saisi de douleur et d'effroi. Ceux qu'on délaissait vivants encore, les blessés et les malades, inspiraient à ceux qui partaient plus de compassion encore que les morts, et étaient en effet plus à plaindre. Leurs supplications, leurs gémissements jetaient l'armée dans une affreuse perplexité; ils adjuraient de les emmener; ils appelaient à grands cris tous ceux de leurs amis, de leurs parents qu'ils apercevaient; ile se suspendaient à leurs compagnons de tente au moment du départ et les suivaient aussi loin qu'ils pouvaient; puis, quand la force et l'énergie les trahissaient, ils restaient abandonnés, non sans faire entendre des cris d'imprécation et de désespoir. Aussi l'armée entière, plongée dans les larmes et la consternation, avait peine à s'éloigner; et pourtant c'était une terre ennemie; les maux qu'elle y avait déjà soufferts, ceux qu'elle redoutait encore dans un avenir inconnu étaient de ceux qu'aucunes larmes ne sauraient égaler. A un immense découragement se mêlait la honte de leur profonde humiliation. On eût cru voir une place prise d'assaut, une ville considérable fuyant tout entière; car la multitude qui marchait là réunie ne formait pas moins de quarante mille hommes, et tous s'en allaient chargés d'objets divers, chacun ayant pris ce qu'il avais pu trouver d'utile. Les hoplites mêmes et les cavaliers portaient sous les armes leurs vivres, contrairement à l'usage ; les uns parce qu'ils n'avaient plus de valett, les autres parce qu'ils s'en défiaient. — Et, en effet, la désertion, qui avait commencé depuis longtemps, devint alors générale. — Les provisions qu'ils emportaient n'étaient même pas suffisantes; car il n'y avait plus de vivres au camp. Quoique la vue des maux d'autrui, la parité des souffrances, le grand nombre des compagnons de malheur apporte un certain soulagement, leur situation ne leur en semblait pas moins intolérable, eu égard surtout à l'éclat et à l'orgueil des débuts, comparés à l'humiliation du dénoûment. Jamais, en effet, armée grecque n'avait passé par d'aussi extrêmes vicissitudes : venus pour asservir les autres, ils s'en allaient redoutant pour eux-mêmes l'esclavage; aux invocations et aux péans du départ avaient succédé les sinistres lamentations du retour; partis sur leurs vaisseaux, ils revenaient à pied, plus confiants dans leurs hoplites que dans leur marine [1]. Et cependant tout cela leur semblait tolérable, comparé à l'immensité du péril encore suspendu sur eux.

LXXVI. Nicias, voyant l'abattement de l'armée et le changement qui s'y était opéré, parcourut les rangs pour distribuer des consolations et des encouragements appropriés aux circonstances. L'ardeur qui l'animait, le désir de faire parvenir le plus loin possible des conseils utiles, donnaient plus de force encore à sa voix, plus de retentissement aux paroles qu'il jetait à chacun de ceux qu'il approchait.

LXXVII. « Maintenant encore, et quelle que soit notre situation, il faut, Athéniens et alliés, conserver l'espérance ; d'autres, avant nous, se sont sauvés de dangers semblables et même plus terribles ; que vos malheurs et des souffrances imméritées ne vous fassent donc pas désespérer de vous-mêmes. Et moi aussi, sans être plus vigoureux qu'aucun de vous, — vous voyez au contraire en quel état m'a mis la maladie, — sans le céder, ce semble, à personne ni sous le rapport des jouissances de la vie privée, ni à aucun autre égard, je suis ballotté dans un même péril avec les plus misérables. Et pourtant ma vie a été consacrée à de nombreuses pratiques de piété envers les dieux ; ma conduite a été juste, irréprochable envers les hommes.

---

[1] Thucydide note ce fait comme une étrange anomalie dans la situation des Athéniens, dont toute la puissance résidait dans la marine.

Aussi j'ai une ferme confiance dans l'avenir : si des maux immérités nous effrayent maintenant, peut-être vont-ils cesser. Car le bonheur de nos ennemis a assez duré ; et si notre expédition a offensé quelqu'un des dieux, nous en avons été suffisamment punis. D'autres avant nous ont commis d'autres agressions ; ils ont agi en hommes, et leurs maux n'ont point dépassé ce que peut supporter l'humanité. Nous aussi nous devons attendre maintenant de la divinité un traitement plus clément ; car nous sommes plus dignes désormais de la pitié des dieux que de leur colère. Jetez les yeux sur vous-mêmes, et que la vue de ces hoplites si braves, si nombreux, qui marchent ici en bon ordre, vous garantisse du découragement. Réfléchissez que, partout où vous vous arrêterez, vous formerez à l'instant une ville, et qu'il n'est aucune autre ville de Sicile qui puisse aisément vous résister si vous l'attaquez, vous expulser si vous vous établissez quelque part. Veillez vous-mêmes à ce que la marche ait lieu avec sécurité et en bon ordre ; que chacun n'ait qu'une seule pensée, c'est que le lieu où il sera forcé à combattre lui servira, s'il a l'avantage, et de patrie et de remparts. Nous poursuivrons notre marche et la nuit et le jour ; car nos provisions sont courtes. Si nous gagnons quelque place amie, chez les Sicèles qui nous demeurent encore fidèles par crainte des Syracusains, croyez-vous dès lors en sûreté. Des messagers leur ont été envoyés, pour qu'ils viennent à notre rencontre et nous apportent d'autres provisions. Songez, en un mot, soldats, que la nécessité vous fait une loi du courage, puisqu'il n'y a près d'ici aucun lieu qui puisse vous servir d'asile si vous mollissez. Si au contraire vous échappez maintenant à l'ennemi, vous reverrez tous un jour les objets de vos désirs, et vous en particulier, Athéniens, vous rendrez à la république, malgré ses désastres actuels, sa grandeur et sa puissance. Car ce qui constitue une ville, ce sont les hommes, et non des murailles, ou des vaisseaux vides de défenseurs. »

LXXVIII. Nicias, tout en adressant ces exhortations, parcourait les rangs de l'armée : s'il apercevait quelque part des soldats dispersés et marchant sans ordre, il les réunissait et rétablissait les rangs. Démosthènes, de son côté, faisait les mêmes recommandations aux troupes sous ses ordres. Le corps d'armée de Nicias marchait formé en carré long ; celui de Démosthènes suivait ; au centre des hoplites étaient les porteurs de bagages et le gros de la multitude [1]. Arrivés au passage de l'Anapos, ils trouvèrent un détachement des Syracusains et de leurs alliés en bataille le long du fleuve ; ils le culbutèrent, occupèrent le passage et poussèrent en avant. La cavalerie syracusaine voltigeait autour d'eux et les harcelait, pendant que les troupes légères les accablaient de traits. Les Athéniens franchirent ce jour-là environ quarante stades, et bivouaquèrent sur une éminence. Le lendemain, ils se mirent en marche de bonne heure, firent environ vingt stades, et descendirent dans une plaine où ils campèrent. Cet endroit étant habité, ils voulaient tirer des maisons quelques vivres et de l'eau pour emporter avec eux; car en avant, sur la route qu'ils devaient suivre, l'eau était rare pendant un grand nombre de stades. Pendant ce temps, les Syracusains prirent

[1] Thucydide désigne toujours par ce mot les troupes légères, celles qui n'étaient pas complétement armées et ne comptaient que comme accessoires.

les devants et murèrent le passage qu'ils devaient franchir : c'était une colline d'une forte assiette, bordée de part et d'autre de ravins escarpés ; on l'appelait le roc Acréon [1]. Le lendemain les Athéniens continuèrent à avancer. Les Syracusains et leurs alliés, avec une nombreuse cavalerie et des troupes légères non moins nombreuses, leur barraient le chemin, les accablaient de traits et voltigeaient sur leurs flancs. Après avoir longtemps combattu, les Athéniens retournèrent à leur même campement ; mais ils n'y trouvèrent plus les mêmes ressources, la cavalerie ne leur permettant pas de s'écarter.

LXXIX. Le matin, ils levèrent le camp, se remirent en marche, et à force d'efforts parvinrent à la colline fortifiée. Là ils trouvèrent devant eux l'infanterie rangée au-dessus du retranchement, en colonne profonde; car le lieu était étroit. Ils poussèrent en avant et attaquèrent la muraille. Mais, criblés de traits par les ennemis étagés en grand nombre sur les pentes, et qui de haut visaient plus sûrement, ils ne purent forcer le passage, battirent en retraite et prirent quelque repos. A ce moment survint un orage mêlé de pluie, comme il arrive fréquemment aux approches de l'automne ; l'abattement des Athéniens s'en accrut encore, et ils crurent que tout conspirait pour leur ruine. Pendant qu'ils étaient arrêtés, Gylippe et les Syracusains envoyèrent un détachement élever un nouveau retranchement derrière eux, sur la route par où ils étaient venus ; mais ils envoyèrent de leur côté quelques troupes et déjouèrent ce projet. Toute l'armée

---

[1] La Roche élevée.

se retira ensuite, appuya davantage vers la plaine, et y bivouaqua. Le lendemain ils reprirent leur marche en avant. Les Syracusains les entouraient de toutes parts, les attaquaient sans relâche et en blessèrent un grand nombre : si l'armée athénienne marchait à eux, ils cédaient le terrain ; si elle reculait, ils fondaient sur elle ; ils s'attaquaient surtout aux derniers rangs, espérant, s'ils pouvaient déterminer la fuite sur un seul point, jeter la panique dans toute l'armée. Longtemps les Athéniens résistèrent à ce genre d'attaques ; ils franchirent ensuite cinq ou six stades en avant et firent halte dans la plaine. Les Syracusains s'éloignèrent de leur côté et rentrèrent dans leur camp.

LXXX. Nicias et Démosthènes, voyant la détresse de l'armée, le manque absolu de vivres et le grand nombre de soldats blessés dans les attaques incessantes de l'ennemi, imaginèrent d'allumer, la nuit, une grande quantité de feux, et de faire filer l'armée non plus par la route qu'ils avaient d'abord résolu de suivre, mais vers la mer en sens contraire des positions gardées par les Syracusains. La direction générale de leur marche les portait à l'opposé de Catane, de l'autre côté de la Sicile vers Camarina, Géla et les villes grecques et barbares de cette contrée. Ils allumèrent donc un grand nombre de feux et partirent de nuit. Mais ils éprouvèrent de ces terreurs paniques si communes dans toutes les armées, quand elles sont nombreuses, et particuliè dans des marches de nuit, à travers un pays et dans le voisinage de l'ennemi. Le déso mit parmi eux. Le corps de Nicias, qui mar tête, conserva ses rangs et prit beaucoup d'avance ; celui de Démosthènes, qui formait la moitié de l'armée et plus, se divisa et s'avança en désordre. Cependant, au point du jour, ils arrivèrent au bord de la mer, prirent la voie appelée Hélorine, et poursuivirent leur route. Leur but était, une fois arrivés au fleuve Cacyparis, d'en suivre le cours, en remontant vers l'intérieur ; car ils espéraient aussi rencontrer de ce côté les Sicèles qu'ils avaient mandés. Ils arrivèrent au bord du fleuve ; mais là encore ils se trouvèrent en présence d'un détachement syracusain occupé à murer et à palissader le passage. Ils le forcèrent, traversèrent le fleuve, et, sur les indications de leurs guides, continuèrent leur marche vers un autre cours d'eau nommé Érinéos.

LXXXI. Cependant les Syracusains et leurs alliés s'étaient aperçus, dès qu'il fit jour, du départ des Athéniens. La plupart accusaient Gylippe de les avoir à dessein laissés échapper. Ils reconnurent aisément la route qu'ils avaient suivie, se mirent vivement à leur poursuite et les atteignirent à l'heure du dîner. La division de Démosthènes était restée en arrière, marchant plus lentement et avec moins d'ordre, par suite de la confusion qui s'y était mise pendant la nuit ; dès qn'ils l'eurent jointe, ils fondirent sur elle et engagèrent le combat. La cavalerie syracusaine enveloppa sans peine cette multitude disséminée, et la refoula à l'étroit sur elle-même. La division de Nicias était en avant, à une distance de cinquante stades. Nicias, en effet, avait fait presser la marche, persuadé qu'en pareil cas le moyen d'échapper n'est pas d'attendre volontairement l'ennemi et de le combattre, mais bien de se soustraire le plus vite possible, en ne combattant qu'à la dernière extrémité. Démosthènes, au contraire, s'était trouvé plus exposé et d'une manière plus continue : car, marchant le dernier, il avait été le premier assailli par l'ennemi ; d'un autre côté, au moment où il apprit que les Syracusains le poursuivaient, il avait moins songé à gagner du terrain qu'à se mettre en bataille, et, pendant qu'il perdait ainsi les instants, l'ennemi l'avait enveloppé. Général et soldats furent frappés de stupeur : refoulés dans un clos entouré d'un petit mur, bordé de part et d'autre par une route, et couvert d'oliviers, ils étaient de toutes parts accablés de traits. Les Syracusains préféraient, avec raison, ce genre d'attaque à une lutte corps à corps ; car un combat en règle contre des hommes au désespoir était tout à l'avantage des Athéniens. D'ailleurs, le succès désormais assuré faisait que chacun se ménageait pour n'en pas perdre à l'avance le fruit, persuadé que cette tactique suffisait pour réduire l'ennemi et s'en rendre maître.

LXXXII. Tout le jour on tira ainsi sur les Athéniens et leurs alliés. Quand Gylippe, les Syracusains et leurs alliés les virent accablés de blessures, épuisés de souffrances, ils firent proclamer d'abord que ceux des insulaires qui voudraient passer de leur côté seraient libres : quelques habitants des villes, mais en petit nombre, passèrent dans leur camp. Tout le reste de l'armée de Démosthènes capitula ensuite et convint de livrer ses armes, à la condition qu'il n'y aurait aucune violence contre la vie des personnes, qu'on ne les ferait périr ni dans les fers, ni par la privation du strict nécessaire. Tous se rendirent, au nombre de six mille. Ils livrèrent tout ce qu'ils possédaient d'argent, le jetèrent dans des boucliers retournés, et en remplirent quatre qui furent aussitôt portés à la ville. Nicias parvint le même jour avec sa division au fleuve Érinéos, le traversa et établit son armée sur une éminence.

LXXXIII. Le lendemain les Syracusains l'atteignirent, lui apprirent que les troupes de Démosthènes avaient capitulé, et le sommèrent d'en faire autant. Nicias, se défiant de cette déclaration, convint d'envoyer un cavalier pour s'en assurer. Celui-ci, à son retour, ayant confirmé la nouvelle de la reddition, il fit déclarer par un héraut à Gylippe et aux Syracusains qu'il était prêt à stipuler, au nom des Athéniens, le remboursement de tous les frais de la guerre, à condition qu'on le laisserait partir avec son armée. Comme garantie du payement, il offrait de fournir des otages athéniens, un homme par talent. Les Syracusains et Gylippe n'acceptèrent pas ces propositions ; ils fondirent sur les Athéniens, les enveloppèrent de toutes parts, et tirèrent sur eux jusqu'au soir. La division de Nicias n'était pas moins épuisée que l'autre par le manque de blé et de provisions. Cependant elle résolut de profiter du répit de la nuit pour se remettre en route ; mais, au moment où on prit les armes, les Syracusains s'en aperçurent et chantèrent le péan. Les Athéniens, voyant qu'ils ne pouvaient tromper la surveillance de l'ennemi, renoncèrent à leur tentative, à l'exception de trois cents hommes seulement qui forcèrent les gardes et s'échappèrent la nuit où ils purent.

LXXXIV. Le jour venu, Nicias remit l'armée en marche. Les Syracusains et leurs alliés continuaient à les harceler dans tous les sens, à tirer sur eux, et à les accabler de traits. Les Athéniens s'efforçaient de gagner le fleuve Assinaros : refoulés de toutes parts par les charges d'une nombreuse cavalerie et par une nuée d'ennemis, ils espéraient respirer un peu derrière le fleuve, s'ils parvenaient à le franchir ; l'épuisement et la soif les y poussaient également. Arrivés sur les bords, ils s'y précipitent sans ordre; chacun veut passer le premier. L'ennemi qui les presse ajoute aux difficultés du passage. Obligés de se serrer en avançant, ils se précipitent les uns sur les autres, se foulent aux pieds ; ceux-ci tombent sur les pointes des lances, au milieu des bagages, et périssent avant de toucher le bord ; ceux-là s'embarrassent et tombent dans le courant. Les Syracusains, postés sur l'autre rive, escarpée en cet endroit, tirent d'en haut sur les Athéniens occupés la plupart à boire avidement, et confondus en désordre dans le lit encaissé du fleuve. Les Péloponnésiens descendent à leur suite et s'attachent surtout à égorger ceux qui sont dans le fleuve. L'eau, souillée dès le premier instant, roule bourbeuse et sanglante; on la boit néanmoins, le plus souvent on se la dispute les armes à la main.

LXXXV. Déjà des monceaux de cadavres étaient entassés entre les rives, l'armée était anéantie ; une partie avait péri dans le fleuve; la cavalerie avait détruit ce qui avait pu s'échapper. Nicias alors, se fiant plus à Gylippe qu'aux Syracusains, se rendit à lui ; il s'en remit entièrement à sa discrétion et à celle des Lacédémoniens, en le priant seulement de faire cesser le carnage. Gylippe ordonna de faire des prisonniers : tous ceux que les Syracusains ne purent cacher [1], — car il y en eut beaucoup de soustraits, — furent dès lors amenés vivants. On envoya à la poursuite des trois cents qui s'étaient échappés la nuit en forçant les gardes, et on les arrêta. Toutefois il n'y eut que peu de prisonniers rassemblés au profit de l'État. Ne s'étant pas rendus par capitulation, comme les soldats de Démosthènes [2], ils avaient été détournés pour la plupart ; la Sicile entière en fut remplie. Le nombre des morts fut considérable ; car ce fut un affreux carnage, et cette guerre de Sicile n'offre rien de comparable. Bien des soldats périrent aussi dans les attaques réitérées durant la marche. Néanmoins beaucoup s'échappèrent au moment même, ou s'évadèrent après avoir été réduits en esclavage. Catane leur offrit un refuge.

LXXXVI. Les Syracusains et leurs alliés, après s'être réunis, prirent avec eux le plus possible de prisonniers et de dépouilles, et retournèrent à la ville. Ils descendirent tous les prisonniers faits sur les Athéniens et leurs alliés au fond des carrières, comme dans le lieu où il était le plus facile de les garder. Quant à Nicias et à Démosthènes, on les égorgea, malgré Gylippe. Celui-ci eût regardé comme un beau triomphe ajouté à tous ses succès d'amener aux Lacédémoniens les généraux ses adversaires. Démosthènes se trouvait être l'homme qu'ils détestaient le plus, à cause des événements de Sphactérie et de Pylos. Ces mêmes événements avaient valu à Nicias toute leur bienveillance ; car il avait té-

---

[1] Pour se les approprier, au lieu de les abandonner à l'État.
[2] Une capitulation permettait de les compter et empêchait ainsi les détournements.

moigné beaucoup d'intérêt aux prisonniers de l'île, et obtenu des Athéniens le traité qui les rendait à la liberté. C'était là ce qui lui avait valu la faveur des Lacédémoniens, et ce qui l'avait surtout décidé lui-même à se remettre avec confiance à Gylippe. Mais, du côté des Syracusains, les uns craignaient, dit-on, par suite de leurs intelligences avec lui, que la question ne lui fût appliquée à ce sujet, et qu'il ne troublât leur bonheur présent ; les autres, et en particulier les Corinthiens, qu'il ne parvînt à séduire quelqu'un, grâce à sa fortune qui était considérable, et, qu'une fois échappé, il ne leur donnât de nouveaux embarras ; ils entraînèrent les alliés et le firent mettre à mort. Telles furent, ou à très-peu près, les causes de la mort de Nicias, celui de tous les Grecs de mon temps que la scrupuleuse observance des rites religieux[1] eût dû le mieux garantir d'une si triste destinée.

LXXXVII. Ceux qui étaient dans les carrières furent, au commencement, cruellement traités par les Syracusains : enfermés dans un lieu profond, étroit et sans abri, accablés d'abord par les ardeurs du soleil et d'une température étouffante, exposés plus tard à la fraîcheur des nuits d'automne, leur santé s'était délabrée dans ces alternatives de souffrance. Le défaut d'espace les obligeait à tout faire dans le même lieu. Avec eux étaient entassés les cadavres de ceux qui avaient succombé soit à leurs blessures, soit aux variations du climat ou à d'autres causes ; l'odeur qu'ils respiraient était insupportable ; la faim et la soif les tourmentaient également

[1] Je conserve l'ancienne leçon ἐς τὸ θεῖον. Nicias était surtout célèbre par ses vertus religieuses. Voir à ce sujet Plutarque, *Vie de Nicias*, ch. 26 et suiv.

ment ; car chaque homme ne reçut pendant huit mois qu'un cotyle d'eau et deux de blé. En un mot, aucun des maux qu'on peut éprouver dans un pareil lieu ne leur fut épargné. Ils vécurent ainsi soixante-dix jours entassés tous ensemble [1] ; après ce temps, on ne retint que les Athéniens et ceux des Siciliens et des Italiens qui avaient porté les armes avec eux ; tout le reste fut vendu.

On ne saurait dire exactement le nombre des prisonniers ; mais l'ensemble ne s'élevait pas à moins de sept mille. C'est le plus grand désastre que les Grecs aient éprouvé dans cette guerre, et même, je crois, à aucune autre époque, aussi loin que remontent nos souvenirs. Jamais aucun fait d'armes ne fut plus glorieux aux vainqueurs, plus désastreux aux vaincus. La défaite était complète, sans bornes, absolue. Rien ne fut médiocre dans leur malheur ; c'était une ruine totale, comme dit le proverbe : infanterie, vaisseaux, tout enfin fut anéanti ; et, d'une armée si nombreuse, bien peu d'hommes rentrèrent dans leur patrie. Tels furent les événements de Sicile.

---

[1] Thucydide ayant dit dans la phrase précédente que pendant huit mois ils ne reçurent qu'une nourriture insuffisante, il faut admettre que les Athéniens continuèrent à être enfermés dans les carrières après que les autres eurent été vendus.

LIVRE HUITIÈME

I. Quand la nouvelle parvint à Athènes, on refusa longtemps de croire à cet anéantissement total de l'armée, même après le témoignage positif de soldats de l'expédition, bien connus pour tels[1], et échappés au désastre. Mais quand la vérité fut connue, le peuple s'indigna contre les orateurs qui avaient concouru à l'enthousiasmer pour l'expédition, comme s'il ne l'eût pas décrétée lui-même : on s'emporta contre les colporteurs d'oracles, les devins, et tous ceux qui avaient alors, par quelque prédiction, encouragé l'espoir de soumettre la Sicile. On ne voyait de tous côtés que sujets d'affliction ; à la douleur de l'événement se joignaient les craintes, les terreurs profondes dont on était assiégé. Chacun en particulier avait à déplorer quelque perte ; la ville entière regrettait cette multi-

---

[1] Je rends ainsi les mots τοῖς πάνυ τῶν στρατιωτῶν, qui n'ont pas été compris des traducteurs. Il ne peut pas être question ici de soldats d'élite, ou de soldats distingués, ce qui n'a aucune importance dans la circonstance ; le témoignage d'hommes qui avaient vu, qui faisaient incontestablement partie de l'expédition, τοῖς πάνυ τ. σ. avait au contraire une irrécusable autorité. — Le désastre avait été d'abord annoncé par un bâtiment de commerce. Voir Plutarque, Nicias, 30.

tude d'hoplites et de cavaliers, cette jeunesse derrière laquelle on ne voyait plus rien de semblable pour la remplacer; le deuil était partout! D'un autre côté, la vue des arsenaux vides de vaisseaux, le trésor épuisé, le manque d'équipages pour la flotte, tout dans le moment faisait désespérer du salut public. On se figurait que, de Sicile, la flotte ennemie allait aussitôt faire voile pour le Pirée, surtout après une victoire si complète; qu'en Grèce les ennemis d'Athènes, dont tous les armements étaient alors doublés, allaient réunir leurs efforts contre la ville, par terre et par mer; que les alliés soulevés se joindraient à eux. Cependant on crut devoir, autant que le permettait la situation, faire bonne contenance, préparer une flotte en tirant d'où on pourrait des bois et de l'argent, surveiller les alliés, surtout l'Eubée, régler et modérer les dépenses de la ville, enfin élire un conseil de vieillards chargés de se concerter au préalable sur les mesures exigées par les circonstances. L'effroi du moment avait disposé le peuple, comme il arrive d'ordinaire, à apporter en tout plus d'ordre et de sagesse. Ce qui avait été décidé fut fait, et l'été finit.

II. L'hiver suivant [1], le grand désastre des Athéniens en Sicile mit en fermentation toute la Grèce : ceux qui n'avaient d'alliance avec aucun des deux partis ne croyaient plus pouvoir rester en dehors de la guerre, même sans y être appelés; chacun se disait que les Athéniens n'auraient pas manqué de l'attaquer à son tour, s'ils eussent réussi en Sicile, et que d'ailleurs, la guerre ne devant plus maintenant durer bien

[1] Quatrième année de la quatre-vingt-onzième olympiade, 413 avant notre ère.

longtemps, il était bon d'y prendre part. Les alliés de Lacédémone redoublaient en commun d'efforts et d'ardeur, dans l'espoir d'être bientôt délivrés de tant de souffrances; les sujets d'Athènes surtout étaient disposés à se soulever, sans même consulter leurs forces; car, jugeant la situation avec passion et colère, ils n'avaient plus le loisir de calculer que, l'été suivant, sinon maintenant, les Athéniens seraient en mesure de les vaincre. Chez les Lacédémoniens, les dispositions guerrières s'étaient fortifiées de toutes ces circonstances et surtout de l'idée que leurs alliés de Sicile, maintenant à la tête d'une marine que les événements avaient forcé de créer, viendraient sans doute au printemps les rejoindre avec des forces considérables. De toutes parts apparaissaient des motifs d'espérance; aussi résolurent-ils de pousser résolûment les hostilités, dans la pensée qu'une fois la guerre terminée à leur avantage ils seraient désormais délivrés de dangers comme ceux dont les eût enveloppés la puissance athénienne, si elle se fût accrue de la Sicile; et que, cette puissance anéantie, leur domination sur la Grèce entière se trouverait sûrement établie.

III. Aussitôt Agis, leur roi, partit de Décélie avec quelques troupes, dans le cours du même hiver, et alla chez les alliés lever la contribution pour l'entretien de la flotte. Il se dirigea vers le golfe de Malée, et, en raison d'une ancienne inimitié, fit sur les Œtéens un butin considérable et leur imposa une contribution pécuniaire. Il força les Achéens-Phthiotes, et les autres sujets des Thessaliens dans ces parages, malgré l'opposition et les réclamations des Thessaliens, à fournir des otages et de l'argent. Il déposa les otages à Corinthe et travailla à attirer ces peuples dans son alliance. Les Lacédémoniens, de leur côté, décidèrent que les villes construiraient cent vaisseaux. Ils se taxèrent eux-mêmes à vingt-cinq; les Béotiens au même nombre; les Phocéens et les Locriens à quinze ; les Corinthiens à quince; les Arcadiens, les Pelléniens et les Sicyoniens à dix; les habitants de Mégare, de Trœzène, d'Épidaure et d'Hermione également à dix. En même temps ils firent toutes leurs dispositions pour ouvrir la campagne dès l'entrée du printemps.

IV. Les Athéniens, de leur côté, se mirent en mesure, pendant l'hiver, de réaliser leurs projets pour la construction d'une flotte ; ils se procurèrent des bois et fortifièrent Sunium, pour que les transports de vivres pussent se faire en sûreté autour du promontoire. Les fortifications élevées en Laconie, lors de la traversée en Sicile, furent abandonnées ; ils supprimèrent toutes les dépenses qui parurent inutiles, se réduisirent à une sévère économie, et portèrent surtout leur attention sur les alliés, afin d'empêcher leur défection.

V. Pendant que de part et d'autre on faisait des dispositions et qu'on se préparait à la guerre avec la même ardeur que si elle n'eût fait que commencer, les Eubéens députèrent les premiers auprès d'Agis, dans le cours de l'hiver, pour traiter de leur défection. Agis accueillit leurs ouvertures et fit venir de Lacédémone Alcamenès, fils de Sthénélaïdas, et Mélanthos, pour aller commander en Eubée. Déjà ils étaient arrivés avec environ trois cents Néodamodes, et Agis préparait leur passage dans l'île, lorsque les Lesbiens vinrent à leur tour, résolus également à se détacher d'Athènes. Secondés par les Béotiens, ils décidèrent Agis à ajourner ses desseins sur l'Eubée et à préparer leur défection en leur donnant pour harmoste Alcaménès, celui-là même qui devait passer en Eubée. Les Béotiens leur promirent dix vaisseaux, et Agis le même nombre. Tout cela se passait en dehors du gouvernement de Lacédémone ; car Agis, tout le temps qu'il occupa Décélie, ayant une armée à sa disposition, était maître d'envoyer des troupes partout où il voulait, de faire des levées et de percevoir des contributions : on peut même dire que c'était plutôt à lui qu'au gouvernement lacédémonien qu'obéissaient alors les alliés, les troupes dont il disposait personnellement lui permettant de porter rapidement sur chaque point une force redoutable. Pendant qu'il agissait ainsi en faveur des Lesbiens, les habitants de Chio et d'Érythrée, disposés de leur côté à la défection, recoururent à Lacédémone, au lieu de s'adresser à lui. Avec eux arriva un envoyé de Tissaphernes, gouverneur des provinces inférieures [1] pour Darius, fils d'Artaxerxès. Tissaphernes poussait, de son côté, les Lacédémoniens à la guerre et promettait de leur fournir des subsistances; car le Roi venait de lui réclamer les tributs de son gouvernement, restés en arrière par suite des entraves apportées par les Athéniens à leur perception dans les villes grecques. Il espérait rendre plus facile la rentrée de l'impôt en affaiblissant les Athéniens ; en même temps il voulait faire entrer les Lacédémoniens dans l'alliance du Roi, et suivre contre Amorgès, bâtard de Pissuthnès, révolté en Carie, les instructions de ce prince qui lui ordonnait de l'amener

---

[1] On appelait provinces inférieures ou maritimes la partie de l'Asie Mineure composée de la Carie, la Lycie, la Pamphylie, la Mysie et la Lydie.

prisonnier ou de le faire périr. Les habitants de Chio et Tissaphernes agissaient donc en cela de concert.

VI. Sur ces entrefaites, arrivèrent aussi à Lacédémone Calligitos, de Mégare, fils de Laophon, et Timagoras, de Cyzique, fils d'Athénagoras, tous deux exilés de leur patrie, et fixés auprès de Pharnabaze, fils de Pharnace. Pharnabaze les envoyait pour réclamer l'envoi d'une flotte dans l'Hellespont ; il aspirait de son côté, comme Tissaphernes, à détacher des Athéniens les villes de son gouvernement, pour en percevoir les tributs, et à se faire l'intermédiaire d'une alliance entre les Lacédémoniens et le Roi. Comme ces deux négociations distinctes se poursuivaient séparément au nom de Pharnabaze et au nom de Tissaphernes, leurs agents mettaient tout en œuvre de part et d'autre auprès des Lacédémoniens pour obtenir l'envoi d'une flotte et d'une armée, et demandaient la préférence, ceux-ci pour l'Ionie et Chio, ceux-là pour l'Hellespont. Mais les ouvertures de Tissaphernes et de Chio furent accueillies beaucoup plus favorablement par les Lacédémoniens, surtout étant soutenues par Alcibiade, que des liens d'hospitalité formés par ses ancêtres unissaient étroitement à l'éphore Eudios. C'était même à ces relations d'hospitalité que tenait l'adoption dans sa famille du nom d'Alcibiade, qui était aussi celui du père d'Eudios [1]. Toutefois les Lacédémoniens envoyèrent d'abord à Chio un périœce [2] du nom de Phrynis, re-

---

[1] Un des ancêtres d'Alcibiade l'Athénien, uni par les liens de l'hospitalité avec un des aïeux d'Eudios nommé Alcibiade, avait donné à son propre fils le nom de son hôte. Ce nom d'Alcibiade s'était ensuite transmis dans les deux familles, en passant, suivant l'usage le plus ordinaire, de l'aïeul au petit-fils.

[2] On donnait ce nom soit à des peuples de la Laconie, sujets de

connaître si le nombre des vaisseaux répondait aux déclarations faites, et si, pour le reste, les ressources de la ville étaient en rapport avec ce qu'on en publiait. Sur l'avis que tous les rapports étaient parfaitement exacts, ils firent alliance aussitôt avec Chio et Erythrée, et décrétèrent l'envoi de quarante bâtiments pour aller rallier la flotte de Chio qui, suivant les envoyés, ne s'élevait pas à moins de soixante vaisseaux. Dix de ces bâtiments devaient prendre les devants sous le commandement de Mélancridas. Mais, un tremblement de terre étant survenu, Mélancridas fut remplacé par Chalcidéus, et l'on n'équipa en Laconie que cinq vaisseaux au lieu de dix. Avec l'hiver finit la dix-neuvième année de cette guerre, dont Thucydide a écrit l'histoire.

VII. Dès le commencement de l'été suivant, les habitants de Chio pressèrent l'envoi de la flotte, dans la crainte que ces négociations ne transpirassent chez les Athéniens, à l'insu desquels avaient lieu toutes ces députations. Les Lacédémoniens envoyèrent à Corinthe trois Spartiates, avec ordre de faire transporter en toute hâte les vaisseaux par-dessus l'isthme, du golfe à la mer du côté d'Athènes, et de les expédier tous à Chio, ceux qu'Agis avait équipés pour Lesbos aussi bien que les autres. Il y avait là [1] en tout trente-neuf vaisseaux des alliés.

VIII. Les agents de Pharnabaze, Calligitos et Timagoras, ne prirent point part à l'expédition de Chio, et ne livrèrent pas les vingt-cinq talents qu'ils avaient

Lacédémone, soit aux habitants des bourgades les plus voisines de Sparte. Les périœces (ou voisins) ne jouissaient pas de tous les droits des citoyens de Sparte.

[1] C'est-à-dire dans le golfe de Corinthe.

apportés pour payer l'envoi d'une flotte ; ils se réservaient de partir plus tard eux-mêmes avec une autre expédition. Quant à Agis, lorsqu'il vit les Lacédémoniens décidés à se diriger d'abord sur Chio, leur avis fut le sien. Les alliés réunis à Corinthe tinrent conseil et résolurent de faire voile d'abord pour Chio, sous le commandement de Chalcidéus qui avait équipé les cinq vaisseaux dans la Laconie ; une autre expédition partirait ensuite pour Lesbos, aux ordres d'Alcaménès, celui-là même qu'Agis avait désigné. Une troisième, dont le commandement était assigné à Cléarchos, fils de Rhamphias, devait se porter vers l'Hellespont. Il fut décidé qu'on transporterait par-dessus l'isthme d'abord la moitié des vaisseaux, et qu'on les expédierait sur-le-champ, afin que les Athéniens, préoccupés de leur départ, fissent moins d'attention à ceux qu'on transporterait ensuite. Du reste, si l'on prenait cette voie [1], sans se couvrir d'aucun secret, cela tenait au mépris qu'inspirait l'impuissance des Athéniens, dont la marine ne s'était encore montrée en force nulle part. Ces résolutions adoptées, on fit passer sur-le-champ vingt et un vaisseaux.

IX. Les Lacédémoniens pressaient le départ ; mais les Corinthiens témoignaient peu d'empressement à se joindre à l'expédition avant la célébration des jeux Isthmiques, qui tombaient alors. Agis se montra disposé à ne pas exiger qu'ils rompissent la trêve isthmique, et proposa de prendre l'expédition sous son propre nom [2]. Les Corinthiens s'y étant refusés, l'af-

[1] Au lieu de descendre dans le golfe de Corinthe et de contourner le Péloponnèse.

[2] C'est-à-dire sous le nom des Lacédémoniens seulement, afin que

faire traîna en longueur, et les Athéniens, mieux renseignés sur cette intrigue, envoyèrent à Chio Aristocrates, un des généraux, porter leurs plaintes. Ceux de Chio nièrent et reçurent ordre d'envoyer des vaisseaux comme gage de leur fidélité à l'alliance. Ils en firent passer sept. La raison de cet envoi fut, du côté du peuple de Chio, l'ignorance où il était de ce qui se tramait ; du côté des grands, instruits de l'intrigue, la crainte de tourner le peuple contre eux, avant d'avoir pris leurs sûretés, et les lenteurs des Péloponnésiens qu'ils ne s'attendaient pas à voir arriver encore.

X. Cependant le temps des jeux Isthmiques arriva, et les Athéniens, chez qui ils avaient été proclamés [1], y assistèrent. Là, leurs présomptions sur l'affaire de Chio se confirmèrent, et, à leur retour, ils prirent sur-le-champ des mesures pour que la flotte ne pût, à leur insu, partir de Cenchrées. Après la fête, cette flotte, forte de vingt et un vaisseaux, mit à la voile pour Chio, sous le commandement d'Alcaménès. Les Athéniens s'avancèrent d'abord à leur rencontre avec un nombre égal de vaisseaux, et, une fois en vue, filèrent au large ; mais les Péloponnésiens renoncèrent bientôt à les suivre pour revenir en arrière. Les Athéniens se retirèrent de leur côté ; car au nombre de leurs bâtiments se trouvaient les sept vaisseaux de Chio, qui leur inspiraient peu de confiance. Ils équipèrent plus tard

les Corinthiens ne pussent être accusés de violer la trève qu'ils avaient eux-mêmes proclamée.

[1] Par le fait même de la proclamation, il y avait trève sous peine de sacrilége, entre les Corinthiens et tous les peuples chez qui ils faisaient proclamer la trève sacrée.

une nouvelle flotte de trente-sept voiles, rencontrèrent celle des ennemis qui rangeait la côte et lui donnèrent la chasse jusqu'à Piréos, port désert de la Corinthie, sur l'extrême frontière de l'Épidaurie. Les Péloponnésiens perdirent un vaisseau au large et rallièrent les autres dans le port ; mais les Athéniens les y attaquèrent du côté de la mer avec leurs vaisseaux, par terre avec des troupes de débarquement, et jetèrent parmi eux le désordre et la confusion ; ils endommagèrent la plupart des vaisseaux sur le rivage et tuèrent Alcaménès qui les commandait. Eux-mêmes perdirent quelques hommes.

XI. Lorsqu'on se fut séparés, les Athéniens placèrent en station un nombre suffisant de vaisseaux pour bloquer le port, et, avec le reste, allèrent aborder à un îlot peu éloigné, où ils campèrent. De là ils envoyèrent à Athènes réclamer des renforts. Car, dès le lendemain, les Corinthiens, suivis peu après des autres peuples du voisinage, étaient accourus au secours de la flotte péloponnésienne. Quand ils reconnurent la difficulté de la défendre sur une plage déserte, leur embarras fut grand : d'abord ils songèrent à brûler les vaisseaux ; mais ensuite ils résolurent de les tirer à terre et de faire camper auprès l'armée de terre pour les garder, jusqu'à ce qu'il s'offrît quelque occasion favorable d'échapper. Agis, informé de cette situation, leur envoya le Spartiate Thermon. A Lacédémone, on apprit d'abord que les vaisseaux avaient quitté l'isthme ; car les éphores avaient ordonné à Alcaménès d'expédier aussitôt un courrier pour en porter la nouvelle. Sur-le-champ on résolut de faire partir, sous le commandement de Chalcidéus, accompagné d'Alcibiade, les cinq vaisseaux armés en Laconie. Mais, au moment même où l'on pressait le départ, la nouvelle arriva que la flotte s'était réfugiée à Piréos. Consternés de cet échec au début de la guerre d'Ionie, ils songèrent bien moins dès lors à expédier les vaisseaux équipés chez eux qu'à rappeler les quelques bâtiments déjà en mer.

XII. Alcibiade, voyant ces dispositions, persuada de nouveau à Eudios et aux autres éphores de ne pas reculer devant l'expédition : il leur dit qu'on aborderait à Chio avant que le désastre de la flotte y fût connu ; que, pour lui, une fois en Ionie, il entraînerait facilement les villes à la défection en leur représentant la faiblesse d'Athènes et les dispositions guerrières des Lacédémoniens ; car on le croirait bien mieux qu'aucun autre. Il insinua en particulier à Eudios qu'il serait beau pour lui d'être le promoteur du soulèvement de l'Ionie et d'une alliance entre le Roi et Lacédémone ; qu'il ne fallait pas laisser à Agis un pareil avantage. — Alcibiade était mal avec Agis. — Il entraîna Eudios et les autres éphores. Les cinq vaisseaux commandés par le Lacédémonien Chalcidéus mirent en mer avec lui, et firent toute diligence.

XIII. Vers la même époque, les seize vaisseaux péloponnésiens qui avaient fait la guerre en Sicile avec Gylippe furent, à leur retour, surpris à la hauteur de Leucade et maltraités par vingt-sept vaisseaux athéniens. Hippoclès, fils de Ménippos, commandait ces derniers avec mission de surveiller les bâtiments revenant de Sicile. Cependant tous échappèrent aux Athéniens, à l'exception d'un seul, et abordèrent à Corinthe.

XIV. Chalcidéus et Alcibiade, après avoir intercepté sur leur route tous les bâtiments qu'ils rencontraient, afin de n'être pas annoncés, prirent terre d'abord à Corycos, sur le continent. Là ils relâchèrent les navires arrêtés et se mirent en rapport avec quelques-uns de leurs partisans de Chio. Ceux-ci leur ayant conseillé d'aborder à leur ville sans avis préalable, ils se présentèrent inopinément devant Chio. Le peuple fut dans l'étonnement et la stupeur. Mais les grands avaient pourvu à ce que le sénat se trouvât assemblé : l'annonce faite par Chalcidéus et Alcibiade qu'une flotte nombreuse les suivait et le silence gardé sur les vaisseaux assiégés à Piréos, entraînèrent la défection de Chio d'abord et ensuite d'Érythres. Ils allèrent de là avec trois vaisseaux à Clazomènes qu'ils insurgèrent également. Les habitants de Clazomènes passèrent aussitôt sur le continent et fortifièrent le faubourg, afin de pouvoir s'y retirer au besoin en abandonnant l'îlot qu'ils habitent. Partout où il y avait soulèvement, on se fortifiait et on se préparait à la guerre.

XV. A Athènes, on connut bientôt la défection de Chio. Les Athéniens, jugeant dès lors le péril aussi grave que manifeste, persuadés d'ailleurs que leurs autres alliés ne voudraient pas rester en repos après la défection du plus puissant d'entre eux, abrogèrent aussitôt, dans le premier moment d'effroi, les peines portées contre ceux qui proposeraient ou appuieraient la proposition de faire usage des mille talents qu'ils désiraient laisser en réserve pendant toute la guerre. Ils décrétèrent l'emploi de cet argent et l'armement d'un grand nombre de vaisseaux : huit bâtiments de la station de Piréos, qui avaient abandonné la croisière sous le commandement de Strombichidès, fils de Diotimos, à la recherche de Chalcidéus, et qui étaient revenus après une poursuite infructueuse, reçurent ordre d'appareiller pour Chio. Ils devaient être soutenus peu après par Thrasyclès, avec douze autres bâtiments, détachés également de la flotte de blocus. On rappela les sept vaisseaux de Chio qui concouraient à assiéger Piréos ; les esclaves qui les montaient furent déclarés libres, et les hommes libres mis aux fers. On équipa en toute hâte et on expédia d'autres vaisseaux pour remplacer dans le blocus de la flotte péloponnésienne tous ceux qui en avaient été retirés ; enfin on songea à l'armement de trente nouveaux bâtiments. L'ardeur était extrême, et tout dans les mesures contre Chio s'organisait sur un large plan.

XVI. Cependant Strombichidès arrive à Samos avec ses huit vaisseaux, en prend un de Samos et va toucher à Téos, dont il engage les habitants à rester en paix. Chalcidéus, de son côté, avait fait voile de Chio pour Téos avec vingt-trois bâtiments ; l'armée de terre de Clazomènes et d'Érythres marchait de conserve et longeait le rivage. Strombichidès, informé de son approche, mit à la voile et prit le large ; mais, à la vue des nombreux vaisseaux qui s'avançaient de Chio, il s'enfuit vers Samos, poursuivi par l'ennemi. Les habitants de Téos avaient d'abord refusé de recevoir l'armée de terre ; mais, lorsqu'ils virent les Athéniens en fuite, ils lui ouvrirent les portes. Au commencement il n'y eut aucune démonstration ; on attendait le retour de Chalcidéus. Mais, comme il tardait à paraître, le peuple de Téos démolit lui-même le mur que les Athéniens avaient bâti pour protéger la ville du côté du continent. Quelques barbares, commandés par Otagès, lieutenant de Tissaphernes, vinrent concourir à cette destruction.

XVII. Chalcidéus et Alcibiade, après avoir poursuivi Strombichidès jusqu'à Samos, armèrent les équipages des vaisseaux péloponnésiens et les laissèrent à Chio. Il les remplacèrent par des matelots de Chio, armèrent vingt autres bâtiments et cinglèrent vers Milet pour l'insurger. Alcibiade voulait profiter de ses liaisons avec les principaux habitants de Milet, pour rallier cette ville avant l'arrivée de la flotte péloponnésienne; il ambitionnait pour Chio, pour lui-même, pour Chalcidéus et pour Endios qui l'avait envoyé, la gloire d'insurger, comme il s'y était engagé, le plus grand nombre possible de villes, avec les seules forces de Chio et de Chalcidéus. Ils dérobèrent à l'ennemi la plus grande partie de leur traversée, prévinrent de peu de temps Strombichidès et Thrasyclès qui venait de se montrer dans ces parages avec douze vaisseaux de renfort envoyés d'Athènes pour les poursuivre, et insurgèrent Milet. Les Athéniens arrivèrent sur leurs traces avec dix-neuf vaisseaux; ils ne furent pas reçus à Milet et allèrent mouiller à Ladé, île adjacente. Ce fut aussitôt après la défection des Milésiens que se conclut, par l'intermédiaire de Tissaphernes et de Chalcidéus, la première alliance entre le Roi et les Lacédémoniens; en voici les clauses :

XVIII. « Les Lacédémoniens et leurs alliés ont contracté alliance avec le Roi et Tissaphernes aux conditions suivantes : toutes les contrées et les villes comprises dans le domaine du Roi ou dans celui de ses ancêtres appartiendront au Roi. —Le Roi, les Lacédémoniens et leurs alliés s'opposeront en commun à ce que les Athéniens tirent aucun tribut ni redevance quelconque de celles de ces villes qui leur payaient tribut ou redevances. — Le Roi, les Lacédémoniens et leurs alliés feront en commun la guerre aux Athéniens. — Ni 'e Roi, ni les Lacédémoniens et leurs alliés ne pourront faire la paix avec les Athéniens sans le consentement mutuel des deux parties contractantes. — Si quelque peuple se détache du Roi, il sera l'ennemi des Lacédémoniens et de leurs alliés. — Si quelque peuple se détache des Lacédémoniens, il sera ennemi du Roi au même titre. »

XIX. Telles étaient les conditions de l'alliance. Aussitôt après, les habitants de Chio armèrent dix nouveaux bâtiments et firent voile pour Anéa, dans le double but de s'informer des affaires de Milet et de provoquer la défection des villes : avertis par un message de Chalcidéus d'avoir à s'en retourner, parce qu'Amorgès [1] allait arriver par terre avec une armée, ils cinglèrent vers le temple de Jupiter [2], et reconnurent une nouvelle flotte de seize vaisseaux qu'amenait Diomédon, parti d'Athènes après Thrasiclès. A cette vue, ils prirent aussitôt la fuite, un des vaisseaux se dirigeant vers Éphèse, les autres sur Téos. Les Athéniens en prirent quatre, mais sans leurs équipages, les hommes ayant eu le temps de se réfugier à terre. Les autres gagnèrent le port de Téos. Les Athéniens se portèrent de là sur Samos. Ceux de Chio mirent en mer avec le reste de leurs vaisseaux, et, de concert avec l'armée de terre, allèrent insurger Lébédos, puis Eræ ; après quoi tous revinrent chez eux, l'armée de terre et la flotte.

XX. Vers la même époque, les vingt et un vaisseaux

---

[1] Voir § 5.
[2] Entre Lébédos et Colophon

péloponnésiens précédemment réfugiés à Piréos, et bloqués par un nombre égal de bâtiments athéniens, firent une sortie soudaine, eurent l'avantage dans le combat et prirent quatre vaisseaux athéniens. Ils se rendirent de là à Cenchrées et se préparèrent de nouveau à faire route pour Chio et l'Ionie. Astyochos, investi alors du commandement de toute la flotte, vint de Lacédémone se mettre à la tête de cette expédition.

Lorsque l'armée de terre [1] eut quitté Téos, Tissaphernes y arriva à son tour avec des troupes, acheva de démolir ce qui pouvait rester du mur de défense [2], et s'en retourna. Peu après son départ, Diomédon y arriva avec dix vaisseaux athéniens et amena les habitants à le recevoir à son tour. De là sa flotte suivit la côte jusqu'à Eræ, attaqua cette place sans succès et se retira.

XXI. Ce fut aussi à la même époque qu'eut lieu à Samos le soulèvement du peuple contre les riches. Le mouvement fut appuyé par les Athéniens qui se trouvaient là avec trois vaisseaux. La faction populaire égorgea environ deux cents riches, en exila quatre cents et se partagea leurs terres et leurs maisons. Cela fait, ils obtinrent des Athéniens l'autonomie [3] comme des alliés désormais dévoués, prirent en main l'administration, interdirent aux grands propriétaires terriens [4]

---

[1] L'armée de Clazomènes et d'Érythres, dont il a été question plus haut.

[2] Le mur construit par les Athéniens pour défendre Téos du côté du continent.

[3] Le droit de se gouverner par leurs propres lois.

[4] Le sens du mot γεωμόρος a beaucoup varié ; tantôt il s'applique au magistrat chargé du partage des terres, tantôt au propriétaire habitant la campagne et exploitant lui-même. Ce dernier sens est le plus général et le seul qui convienne ici.

toute participation aux affaires, et prohibèrent toute alliance entre leurs familles et celles du peuple.

XXII. Le même été, les habitants de Chio, toujours animés de la même ardeur qu'ils avaient montrée au début, continuèrent, sans attendre les Péloponnésiens, à se présenter en forces devant les diverses villes, pour les détacher d'Athènes et en associer le plus grand nombre possible à leurs propres périls. Ils dirigèrent eux-mêmes une flotte de treize vaisseaux sur Lesbos, désignée par les Lacédémoniens comme but de leur seconde expédition, la troisième étant destinée à l'Hellespont. En même temps toutes les troupes de terre du Péloponnèse présentes sur les lieux et les alliés du pays se portaient le long des côtes vers Clazomènes et Cyme. Le Spartiate Évalas les commandait. La flotte, sous les ordres du périœce[1] Diniadas, se présenta d'abord devant Méthymne, la fit révolter et y laissa quatre vaisseaux; le reste alla insurger Mytilène.

XXIII. Astyochos de Lacédémone, commandant de la flotte, fit voile de Cenchrées, suivant le plan arrêté, avec quatre vaisseaux, et se rendit à Chio. Le surlendemain de son arrivée, les vingt-cinq vaisseaux athéniens, commandés par Léon et Diomédon, abordèrent à Lesbos. — Léon, parti d'Athènes après son collègue, était venu le rejoindre avec dix vaisseaux de renfort. — Astyochos, de son côté, mit en mer le même jour sur le soir, se renforça d'un bâtiment de Chio, et fit voile pour Lesbos, afin d'y donner, s'il était possible, quelque secours. Il aborda à Pyrrha, et de là, le lendemain, à Éressos. Là il apprit que Mytilène avait été

[1] Voir sur les *periœces* la note 1, livre III, ch. 6.

prise d'emblée par les Athéniens. Leur flotte s'y était présentée inopinément, avait abordé dans le port même, et s'était emparée de la flotte de Chio. Ils avaient ensuite débarqué, battu ceux qui firent résistance et occupé la ville. Astyochos apprit ces nouvelles des Éressiens et des vaisseaux de Chio qui arrivaient de Méthymne avec Eubulos. Ces bâtiments, laissés précédemment à Méthymne, s'étaient enfuis aussitôt après la prise de Mytilène ; un avait été pris par les Athéniens ; les trois autres rencontrèrent Astyochos. Il renonça aussitôt à gagner Mytilène, insurgea Éressos, arma les habitants, débarqua les hoplites de sa flotte et les envoya par terre à Antissa et à Méthymne, sous le commandement d'Étéonicos. Il s'y rendit, de son côté, en côtoyant, avec ses vaisseaux et les trois bâtiments de Chio, dans l'espoir que Méthymne reprendrait courage à la vue de ces forces et persisterait dans sa défection. Mais, comme tout allait mal pour lui à Lesbos, il rembarqua ses troupes de terre et fit voile pour Chio. L'armée de terre embarquée sur la flotte péloponnésienne et destinée à l'Hellespont s'en retourna de son côté. Il arriva ensuite de Cenchrées à Chio six vaisseaux de la flotte péloponnésienne alliée.

Les Athéniens, après avoir rétabli à Lesbos l'ancien état de choses, se remirent en mer, allèrent occuper le faubourg que les Clazoméniens fortifiaient sur le continent, et les ramenèrent à la ville située dans l'île, à l'exception des chefs du mouvement, qui s'étaient retirés à Daphnonte. Clazomènes rentra sous la domination athénienne.

XXIV. Le même été, les Athéniens qui stationnaient

à Ladé avec vingt vaisseaux dirigés contre Milet, firent une descente à Panorme, sur le territoire milésien, et tuèrent le commandant lacédémonien, Chalcidéus, venu à leur rencontre avec une troupe peu nombreuse. Le surlendemain ils revinrent dresser un trophée ; mais les Milésiens le renversèrent comme ayant été élevé sans qu'il y eût occupation du pays.

Léon et Diomédon, avec la flotte athénienne de Lesbos, prirent, pour base de leurs opérations maritimes contre Chio, les îles Œnusses, en face de Chio, Sidusse et Ptéléos, places fortifiées qu'ils occupaient sur le territoire d'Érythres, et l'île de Lesbos. Ils avaient sur leur flotte des hoplites portés au rôle et obligés au service maritime [1]. Ils descendirent à Cardamyle [2], battirent à Bolissos les troupes de Chio envoyées contre eux, en firent un grand carnage et ravagèrent cette partie de la contrée. Ils remportèrent une nouvelle victoire à Phanes [3], et une troisième à Leuconion [4]. De ce moment les troupes de Chio n'osèrent plus sortir contre eux ; ils dévastèrent tout le pays, qui était parfaitement cultivé et n'avait jamais souffert l'invasion depuis la guerre médique. En effet les habitants de Chio sont, à ma connaissance, le seul peuple, après les Lacédémoniens, qui aient uni la sagesse à la prospérité : plus leur ville croissait en importance, plus ils veillaient à y établir

---

[1] Les équipages et les soldats de marine étaient ordinairement pris parmi les thètes, formant la dernière classe du peuple. Le rôle de guerre pour l'armée régulière ne comprenait que les trois premières classes. Les citoyens qui y étaient portés fournissaient les hoplites et ne se prêtaient que difficilement à un autre service.

[2] Promontoire de Chio, en face des Œnusses.

[3] Aujourd'hui Phana ou Capo Mastico.

[4] Aujourd'hui Leuconia.

l'ordre et la stabilité. Dans cette défection même, s'ils ne paraissent pas avoir pris le parti le plus prudent, du moins ne se risquèrent-ils à agir qu'après avoir associé à leurs périls des alliés nombreux et braves, et cela après le désastre de Sicile, lorsqu'ils savaient que les Athéniens eux-mêmes ne pouvaient plus contester l'ébranlement profond et l'état déplorable de leur puissance. S'ils sont tombés dans un de ces mécomptes dont offrent tant d'exemples les affaires humaines, ils se sont trompés avec beaucoup d'autres qui crurent également à la prochaine destruction de la domination athénienne.

Comme ils étaient ainsi bloqués par mer et pillés par terre, quelques-uns d'entre eux entreprirent de remettre la ville aux Athéniens. Les magistrats, instruits de leur dessein, ne voulurent prendre aucune mesure par eux-mêmes et mandèrent d'Érythres Astyochos, commandant de la flotte, avec quatre vaisseaux qu'il avait sous la main, pour aviser de concert aux moyens les plus doux d'arrêter la conspiration, soit en prenant des otages, soit autrement. Telle était à Chio la situation des affaires.

XXV. A la fin du même été arrivèrent d'Athènes mille hoplites athéniens, quinze cents d'Argos, sur lesquels cinq cents hommes de troupes légères, armées en hoplites par les Athéniens, et mille hoplites de troupes alliées. Ils amenaient cinquante-deux vaisseaux, y compris ceux pour le transport des troupes. Phrynicos, Onomaclès et Scironidès les commandaient. Ils abordèrent à Samos, passèrent de là à Milet et y campèrent. Les Milésiens sortirent contre eux, au nombre de huit cents hoplites : soutenus par les Péloponnésiens venus avec Chalcidéus, par quelques auxiliaires étrangers qu'avait envoyés Tissaphernes, et par Tissaphernes lui-même avec sa cavalerie, ils attaquèrent les Athéniens et leurs alliés. Les Argiens déployèrent leur aile fort en avant, par mépris pour des Ioniens qu'ils croyaient incapables de soutenir leur choc, et s'avancèrent avec désordre. Ils furent vaincus par les Milésiens et perdirent un peu moins de trois cents hommes. Les Athéniens, de leur côté, battirent d'abord les Péloponnésiens, et poussèrent ensuite devant eux les barbares et le reste de la multitude. Ils n'en vinrent pas aux mains avec les Milésiens : ceux-ci voyant, lorsqu'ils revinrent de poursuivre les Argiens, le reste de leur armée en déroute, rentrèrent dans la ville. L'armée athénienne, après la victoire, alla camper sous les murs de Milet. Il se trouva dans ce combat que des deux côtés les Ioniens eurent l'avantage sur les Doriens : les Athéniens vainquirent les Péloponnésiens, qui leur étaient opposés, et les Argiens furent battus par les Milésiens. Les Athéniens dressèrent un trophée et se disposèrent à investir la ville d'une muraille ; — l'emplacement de Milet formait un isthme. Ils pensaient que, cette place prise, le reste se soumettrait aisément.

XXVI. Cependant, sur le soir, ils reçurent la nouvelle que les vaisseaux du Péloponnèse et de Sicile, au nombre de cinquante-cinq, ne tardaient que le moment de paraître. Les Siciliens, pressés par Hermocrates de Syracuse d'intervenir pour porter le dernier coup aux Athéniens, avaient envoyé vingt vaisseaux de Syracuse et deux de Sélinonte ; ceux qu'on armait dans le Péloponnèse se trouvant alors prêts, les deux flottes avaient été confiées à Théramènes de Lacédémone pour les conduire à Astyochos, commandant en chef. Elles abordèrent d'abord à Éléon, île en avant de Milet. De là, ayant appris que les Athéniens étaient devant Milet, elles cinglèrent vers le golfe Iasique, afin d'avoir des renseignements sur la place assiégée. Alcibiade arriva à cheval à Tichiousse, ville du territoire milésien, sur le golfe, où les flottes mouillaient pour la nuit, et leur donna des nouvelles du combat, car il y assistait et combattait à côté des Milésiens et de Tissaphernes. Il les exhorta, s'ils ne voulaient ruiner les affaires de l'Ionie et tout compromettre, à secourir Milet au plus vite et à n'en pas permettre l'investissement.

XXVII. Il fut résolu que la ville serait secourue au point du jour. Cependant les Athéniens avaient eu, de Léros, des nouvelles positives de la flotte ennemie. Phrynicos, un de leurs généraux, voyant ses collègues décidés à l'attendre et à livrer un combat naval, déclara qu'il n'en ferait rien, et qu'autant qu'il serait en lui il ne permettrait ni à eux ni à personne d'en rien faire ; que, puisqu'on pouvait ajourner, se renseigner exactement sur le nombre des vaisseaux ennemis et sur ceux qu'on pourrait leur opposer, en un mot se préparer au combat mûrement et à loisir, il ne consentirait jamais, par une fausse honte, à se risquer sans raison ; qu'il n'y avait rien d'humiliant pour la marine athénienne à céder à propos, et que, dans tous les cas, il serait plus honteux d'éprouver une défaite, suivie non-seulement du déshonneur, mais du plus extrême péril pour la république ; qu'après les désastres précédents, c'était tout au plus s'il était permis d'aller volontairement au-devant d'une action, même avec des armements qui inspireraient toute confiance, ou sous le coup d'une nécessité absolue : qu'à plus forte raison il ne serait point pardonnable d'aller soi-même chercher le danger sans aucune nécessité. Il conseillait donc d'embarquer au plus vite les blessés, l'armée de terre et le matériel qu'ils avaient apporté, d'abandonner le butin fait sur l'ennemi, pour ne pas surcharger les vaisseaux, et de faire voile pour Samos, d'où on pourrait, une fois toute la flotte réunie, faire des courses de côté et d'autre, si l'occasion s'en présentait. Il fit goûter ce projet et le mit à exécution. Du reste, plus tard comme en cette circonstance, dans toutes les affaires auxquelles ils se trouva mêlé comme dans celle-ci, Phrynicos montra la même rectitude de vues. Les Athéniens quittèrent ainsi Milet dès le même soir, laissant leur victoire incomplète. Les Argiens, irrités de leur échec, firent voile tout aussitôt de Samos pour rentrer chez eux.

XXVIII. Dès le point du jour, les Péleponnésiens repartirent de Tichiousse, abordèrent à Milet après le départ des Athéniens et y passèrent un jour. Le lendemain, ils recueillirent les vaisseaux de Chio, précédemment commandés par Chalcidéus, et bloqués[1] par les Athéniens ; puis ils résolurent de retourner à Tichiousse prendre les bagages qu'ils y avaient déposés. Ils y furent rejoints par Tissaphernes, à la tête de son armée, et consentirent, sur sa demande, à cingler vers Iasos, où se trouvait Amorgès, son ennemi. Ils y abordèrent à l'improviste, surprirent la ville, qui crut voir arriver une flotte athénienne, et l'enlevèrent. La plus

---

[1] Dans le port de Milet ; voy. l. VIII, ch. 17.

grande part de gloire dans cette affaire revint aux Syracusains. On prit vivant Amorgès, bâtard de Pissuthnès, révolté contre le Roi. Les Péloponnésiens le remirent à Tissaphernes pour l'amener, s'il le voulait, au Roi, comme il en avait reçu l'ordre. Les soldats livrèrent Iasos au pillage et y firent un immense butin, car son opulence datait de loin. Les auxiliaires d'Amorgès furent bien traités et incorporés dans l'armée, étant pour la plupart Péloponnésiens. Quant à la ville, elle fut abandonnée à Tissaphernes, ainsi que tous les prisonniers, tant esclaves qu'hommes libres, moyennant une darique [1] par tête. L'armée revint ensuite à Milet : les Lacédémoniens envoyèrent par terre jusqu'à Érythres, avec les auxiliaires d'Amorgès, Pédaritos, fils de Léon, nommé au commandement de Chio ; Philippe eut celui de Milet. L'été finit.

XXIX. L'hiver suivant [2], Tissaphernes, après avoir armé Iasos pour s'en faire un point d'appui, passa à Milet et paya, conformément à la promesse qu'il avait faite à Lacédémone, un mois de solde aux équipages de tous les navires à raison d'une drachme attique par homme [3]. Pour le reste du temps, il ne voulut donner que trois oboles, jusqu'à ce qu'il en eût référé au Roi, promettant de compléter la drachme sur son ordre. Hermocrates, le général syracusain, refusa cet arrangement. Théramènes, au contraire, qui ne commandait pas la flotte et ne l'avait accompagnée que pour la re-

---

[1] La darique valait environ vingt drachmes attiques, dix-huit francs de notre monnaie.

[2] Première année de la quatre-vingt-douzième olympiade, 412 avant notre ère.

[3] Et par jour.

mettre à Astyochos, traita mollement cette question de la solde. Cependant la somme attribuée à chaque groupe de cinq vaisseaux porta la solde à plus de trois oboles [1] par homme ; car elle fut fixée, pour cinquante vaisseaux, à trois talents chaque mois par cinq bâtiments [2], et à une somme proportionnelle pour tous les bâtiments en sus [3].

XXX. Le même hiver, les Athéniens, qui étaient à Samos, reçurent d'Athènes un renfort de trente-cinq vaisseaux, commandés par Charminos, Strombichidès et Euctémon ; ils y réunirent ceux de Chio [4] et tous ceux qu'ils avaient dans ces parages, et résolurent de bloquer Milet par mer en même temps qu'ils enverraient à Chio une flotte et une armée de terre. Le sort devait décider à qui reviendrait chaque expédition ; ce qui fut fait. Strombichidès, Onomaclès et Euctémon, désignés par le sort, cinglèrent vers Chio avec trente-cinq vaisseaux et une partie des mille hoplites envoyés contre Milet, qu'ils embarquèrent sur des transports. Les autres, avec soixante-quatorze bâtiments, restèrent à Samos, maîtres de la mer, et faisant des courses sur Milet.

[1] L'obole était la sixième partie de la drachme, environ quinze centimes de notre monnaie.

[2] A raison de deux cents hommes d'équipage, la solde était d'un peu moins de quatre oboles.

[3] La convention faite pour les cinquante-cinq bâtiments présents dans le port de Milet fut étendue à tous les vaisseaux que les Péloponnésiens pourraient envoyer plus tard. — Cette phrase, torturée dans tous les sens par les commentateurs, est parfaitement claire en répétant dans le second membre les mots παρὰ πεντὲ ναῦς, qui se trouvent une ligne plus haut et dominent évidemment toute la phrase.

[4] Les vaisseaux de Léon et de Diomédon, qui bloquaient Chio et qui furent rappelés alors. Voyez même livre, ch. 24.

XXXI. Astyochos, qui se trouvait alors à Chio, occupé à choisir des otages, dans la crainte d'une trahison, suspendit cette mesure lorsqu'il apprit l'arrivée de la flotte que lui amenait Théramènes et l'état plus satisfaisant des affaires du côté des alliés. Il prit les dix vaisseaux péloponnésiens [1], dix autres de Chio et mit en mer. Il attaqua d'abord Ptéléos : mais, n'ayant pu s'en emparer, il suivit la côte jusqu'à Clazomènes. Là il ordonna aux partisans des Athéniens de se retirer à Daphnonte, et à la ville de se soumettre. Tamos, hyparque [2] d'Ionie, appuyait cette injonction. Sur leur refus il attaqua la ville, mais ne put la prendre, quoiqu'elle ne fût pas murée, et dut remettre en mer malgré un vent violent. Son vaisseau toucha à Phocée et à Cyme, tandis que le reste de la flotte abordait aux îles voisines de Clazomènes, Marathousse, Pélé, Drymousse. Retenus huit jours dans ces îles par les vents contraires, ils pillèrent et consommèrent une partie des provisions que les Clazoméniens y avaient secrètement déposées, embarquèrent le reste et firent voile pour Phocée et Cyme à la recherche d'Astyochos.

XXXII. Pendant qu'Astyochos était dans ces parages, des députés de Lesbos vinrent lui offrir de se soulever de nouveau. Il accueillit leurs ouvertures; mais, comme les Corinthiens et les autres alliés témoignaient de la répugnance à cause du précédent échec, il mit en mer et cingla vers Chio. Une tempête dispersa ses vaisseaux qui n'arrivèrent à Chio que plus tard et isolé-

---

[1] Quatre qu'il avait lui-même amenés d'Érythres, et six expédiés plus tard de Cenchrées.
[2] Sous-gouverneur.

ment. Pédaritos, arrivé par terre de Milet à Érythres¹, passa ensuite à Chio avec son armée. Il avait aussi avec lui environ cinq cents soldats armés provenant des cinq vaisseaux de Chalcidéus². Astyochos, pour répondre aux offres de défection que lui faisaient quelques habitants de Lesbos, représenta à Pédaritos et à ceux de Chio la nécessité d'envoyer une flotte devant Lesbos, afin de l'insurger; il dit qu'on accroîtrait par là le nombre de ses alliés, ou qu'on ferait du moins, en cas d'insuccès, du mal aux Athéniens. Mais on ne l'écouta pas, et Pédaritos déclara même qu'il ne laisserait pas la flotte de Chio partir avec lui³.

XXXIII. Astyochos prit les cinq vaisseaux de Corinthe, un de Mégare, un d'Hermione, avec les navires laconiens qu'il avait amenés, et fit voile pour Milet, afin d'y prendre le commandement de la flotte. En partant, il protesta, avec force menaces, que, si Chio avait besoin de secours, il ne lui en donnerait pas. Il toucha à Corycos, dans l'Érythrée, et y passa la nuit. Les Athéniens qui traversaient de Samos à Chio avec leur armée mouillaient au même lieu pour la nuit et n'étaient séparés de l'ennemi que par une colline; mais on ne s'aperçut ni d'un côté ni de l'autre. Averti la nuit par une lettre de Pédaritos que des prisonniers érythréens, relâchés à Samos avec mission de livrer leur patrie, venaient d'y arriver, Astyochos se hâta de retourner à Érythres. Il ne dut qu'à cela de ne pas tomber au milieu des Athéniens. Pédaritos vint le rejoin-

¹ Voir même livre, ch. 28.
² Voir sur ces cinq vaisseaux le ch. 12.
³ Pédaritos, en sa qualité de commandant de Chio, disposait seul de toutes les forces du pays.

dre à Érythres ; mais, enquête faite, ils trouvèrent que cette prétendue conspiration n'était qu'un prétexte mis en avant par les prisonniers pour s'évader de Samos, et les déchargèrent de toute accusation. Pédaritos repartit pour Chio, et Astyochos pour Milet, sa première destination.

XXXIV. Cependant la flotte athénienne qui portait l'armée contournait la côte au sortir de Corycos, lorsqu'elle rencontra, à la hauteur d'Arginon, trois vaisseaux longs de Chio. Dès qu'elle les aperçut, elle leur donna la chasse. Mais, une violente tempête étant survenue, les vaisseaux de Chio se réfugièrent à grand'-peine dans leur port. Trois de ceux des Athéniens, qui s'étaient le plus avancés, se perdirent et échouèrent près de Chio. Une partie des équipages fut prise, le reste égorgé. Les autres vaisseaux se réfugièrent dans un port nommé Phœnicous, au-dessous de Mimas. De là ils allèrent mouiller à Lesbos, et firent leurs dispositions pour le siége [1].

XXXV. Le même hiver, Hippocrates de Lacédémone partit du Péloponnèse et fit voile pour Cnide ; il avait avec lui dix vaisseaux de Thurion, commandes par Doriée, fils de Diagoras, et deux collègues, un vaisseau de Laconie et un de Syracuse. Déjà Cnide s'était insurgée [2] à la sollicitation de Tissaphernes. Lorsqu'on connut à Milet l'arrivée de ces forces, ordre fut donné à la moitié de la flotte de garder Cnide, tandis que le reste croiserait à Triopion, pour intercepter les bâtiments de charge arrivant d'Égypte [3]. — Triopion

---

[1] Évidemment le siége de Chio ; car ils étaient maîtres de Lesbos.
[2] Contre les Athéniens.
[3] Les bâtiments athéniens.

est un promontoire, consacré à Apollon, sur le territoire de Cnide. — Mais les Athéniens, à cette nouvelle, partirent de Samos et capturèrent les six bâtiments de garde à Triopion. Cependant les équipages se sauvèrent. Les Athéniens abordèrent ensuite à Cnide et attaquèrent la ville, qui n'était pas fortifiée ; peu s'en fallut qu'ils ne la prissent. Le lendemain, nouvelle attaque ; mais, pendant la nuit, les habitants s'étaient mieux barricadés et avaient été renforcés par les équipages échappés des vaisseaux de Triopion ; ils furent moins maltraités que la veille. Les Athéniens se rembarquèrent après avoir ravagé la campagne de Cnide, et regagnèrent Samos.

XXXVI. A l'époque où Astyochos vint à Milet prendre le commandement de la flotte, l'abondance régnait encore au camp des Péloponnésiens : la solde qu'ils recevaient était suffisante ; les soldats avaient par-devers eux des richesses considérables, provenant du pillage d'Iasos, et les Milésiens supportaient avec zèle les charges de la guerre. Cependant, trouvant que le premier traité conclu entre Tissaphernes et Chalcidéus laissait à désirer et n'était pas assez à leur avantage, ils en conclurent un autre, pendant que Théramènes était encore à Milet. En voici la teneur :

XXXVII. « Il a été convenu entre les Lacédémoniens et leurs alliés, d'une part, de l'autre le Roi Darius, les enfants du Roi, et Tissaphernes, qu'il y aura paix et amitié aux conditions suivantes : — Les Lacédémoniens et les alliés des Lacédémoniens ne feront pas la guerre et ne nuiront en quoi que ce soit à aucune des villes et contrées qui appartiennent au Roi, ou qui ont appartenu à son père ou à ses ancêtres. — Ni les Lacédémoniens, ni les alliés des Lacédémoniens ne tireront de ces villes aucun tribut. — Ni le roi Darius, ni aucun de ceux à qui il commande ne fera la guerre et ne nuira en quoi que ce soit aux Lacédémoniens et aux alliés des Lacédémoniens. — Si les Lacédémoniens ou leurs alliés ont quelque besoin du Roi, si le Roi a besoin des Lacédémoniens ou de leurs alliés, tout ce qui sera fait d'un commun accord sera bien fait. — Ils feront en commun la guerre contre les Athéniens et leurs alliés. — S'ils font la paix, ce ne sera qu'en commun. — Toute armée qui se trouvera sur les terres du Roi, mandée par lui, sera défrayée par le Roi. — Si quelqu'une des villes contractantes attaque les possessions du Roi, les autres s'y opposeront et aideront le Roi de tout leur pouvoir. — Si quelque peuple des domaines du Roi ou de sa domination marche contre les Lacédémoniens ou leurs alliés, le Roi s'y opposera, et les aidera de tout son pouvoir. »

XXXVIII. Après ce traité, Théramènes remit la flotte à Astyochos, s'embarqua sur un bâtiment léger et disparut[1]. Déjà les Athéniens étaient passés de Lesbos à Chio avec leur armée. Maîtres sur terre et sur mer, ils fortifiaient Delphinion, position naturellement défendue du côté de la terre, munie de ports et peu éloignée de Chio. Les habitants de Chio, battus précédemment dans plusieurs combats, étaient encore affaiblis à l'intérieur par leurs propres discordes ; Pédaritos avait fait périr Tydée, fils d'Ion, et ses partisans, comme favorables aux Athéniens ; le reste des habi-

---

[1] Ἀφανίζεται. Il est impossible de déterminer si Thucydide a voulu dire par là qu'il quitta Milet, ou s'il entend qu'il ne fut plus jamais question de lui.

tants, soumis par force à l'oligarchie, en défiance mutuelle, demeurait dans l'inaction. Ils ne comptaient ni sur eux-mêmes ni sur les auxiliaires de Pédaritos pour tenir tête aux Athéniens. Ils avaient bien envoyé à Milet demander des secours à Astyochos ; mais il n'avait rien voulu entendre, et Pédaritos l'avait dénoncé à Lacédémone comme traître à son devoir. Telle était la situation des Athéniens à Chio : d'un autre côté, leur flotte faisait, de Samos, des courses contre les vaisseaux de Milet ; mais, comme ceux-ci ne sortaient pas à sa rencontre, elle revint à Samos et y demeura en repos.

XXXIX. Le même hiver, les vingt-sept vaisseaux armés par les Lacédémoniens pour Pharnabaze, à la sollicitation de Calligitos de Mégare et de Timagoras de Cyzique, firent voile pour l'Ionie vers le solstice. Antisthènes de Sparte les commandait. Cette même flotte emportait onze commissaires spartiates, donnés par les Lacédémoniens comme conseillers à Astyochos. L'un d'eux était Lichas, fils d'Arcésilas. Ils avaient pour mission, une fois à Milet, de travailler en commun à mettre partout le meilleur ordre possible ; d'envoyer à Pharnabaze dans l'Hellespont, s'ils le jugeaient convenable, soit ces vingt-sept vaisseaux, soit une flotte plus ou moins considérable, sous le commandement de Cléarchos, fils de Rhamphias, qui faisait route avec eux ; enfin de destituer de son commandement, s'ils le croyaient nécessaire, et de remplacer par Antisthènes, Astyochos que les lettres de Pédaritos avaient rendu suspect. Cette flotte, partie de Malée, cingla au large, aborda à Mélos, y trouva dix vaisseaux athéniens et en prit trois vides qu'elle brûla. Mais ensuite, craignant que les vaisseaux échappés de Mélos n'avertissent de leur traversée la flotte athénienne de Samos, ce qui arriva, ils firent voile pour la Crète, prirent la route la plus longue, se tinrent sur leurs gardes, et arrivèrent à Caune en Asie. De là, se croyant en sûreté, ils avertirent la flotte de Milet de venir les escorter.

XL. Vers le même temps, les habitants de Chio e Pédaritos ne cessaient d'envoyer des messages à Astyochos, malgré son mauvais vouloir, pour le prier de venir avec toute la flotte au secours de la ville assiégée, et de ne pas tolérer que la plus importante des villes alliées de l'Ionie vît la mer fermée à ses vaisseaux et son territoire livré au brigandage. Comme Chio possédait un grand nombre d'esclaves, plus même qu'aucune autre ville, Lacédémone seule exceptée, on avait dû, par le fait même de leur multitude, punir leurs fautes avec une grande rigueur ; aussi, dès qu'ils virent l'armée athénienne solidement établie et retranchée, ils désertèrent en foule de son côté, et, grâce à leur connaissance des lieux, firent un mal immense. Les habitants de Chio signifièrent donc à Astyochos qu'il était urgent, pendant qu'on en avait encore l'espoir et les moyens, de s'opposer à ce que l'ennemi terminât les fortifications encore inachevées de Delphinion. Ils ajoutaient que la construction d'un nouveau retranchement plus considérable, enveloppant le camp et la flotte, nécessitait une prompte intervention de sa part. Astyochos, quoique mal disposé, d'après ses précédentes menaces, se mit cependant en mesure de les secourir, lorsqu'il vit les alliés témoigner de leur côté beaucoup d'ardeur.

XLI. Mais, sur ces entrefaites, on apprit de Caune l'arrivée des vingt-sept vaisseaux et des commissaires lacédémoniens. Astyochos, jugeant alors que toute autre question s'effaçait devant la double obligation d'escorter une flotte si nombreuse, afin d'être mieux maîtres de la mer, et de protéger dans leur traversée les commissaires lacédémoniens chargés d'observer sa conduite, renonça à Chio et fit voile pour Caune. Dans la traversée il descendit à Cos-Méropis, ville sans murailles, bouleversée alors par le plus violent tremblement de terre qui s'y soit fait sentir de mémoire d'homme, et la ravagea. Les habitants s'étaient réfugiés sur les montagnes ; il fit des courses dans la campagne et enleva tout, à l'exception des hommes libres qu'il relâcha. De Cos il arriva à Cnide pendant la nuit ; mais, sur un avis des Cnidiens, force lui fut de ne pas débarquer ses équipages et de cingler sans désemparer sur les vingt vaisseaux athéniens avec lesquels Charminos, l'un des généraux de Samos, observait les vingt-sept vaisseaux du Péloponnèse qu'Astyochos venait lui-même escorter. Un avis de Mélos avait fait connaître à Samos l'arrivée de cette flotte, et Charminos avait ordre de croiser dans les parages de Symé, de Chalcé, de Rhodes et de la Lycie. Déjà même il avait appris sa présence à Caune.

XLII. Astyochos cingla donc aussitôt vers Symé, avant que le bruit de son arrivée fût répandu, pour tâcher de surprendre la flotte ennemie en pleine mer. Mais la sienne, contrariée par la pluie et la brume, s'égara dans les ténèbres ; le désordre s'y mit ; au point du jour elle était dispersée, et déjà l'aile gauche était en vue des Athéniens que le reste errait encore autour de l'île. Charminos et les Athéniens s'élancent aussitôt à leur rencontre, sans même réunir leurs vingt bâtiments, dans la persuasion que cette flotte est celle de Caune qu'ils guettaient. Ils attaquent à l'instant, coulent trois vaisseaux, et en endommagent d'autres. L'affaire en était là et ils avaient l'avantage, lorsque la plus grande partie de la flotte apparut inopinément et les enveloppa de toutes parts. Ils prirent la fuite, et perdirent six vaisseaux. Le reste se réfugia à l'île de Teutlousse, et gagna de là Halicarnasse. Après ce succès les Péloponnésiens relâchèrent à Cnide, où ils furent rejoints par les vingt-sept vaisseaux de Caune; les deux flottes réunies firent voile pour Symé, y élevèrent un trophée et regagnèrent ensuite le port de Cnide.

XLIII. Les Athéniens, à la nouvelle de ce combat naval, firent voile de Samos pour Symé avec toute leur flotte; mais, au lieu d'attaquer la flotte de Cnide, — qui, de son côté, ne fit aucun mouvement contre eux, — ils allèrent enlever les agrès de navires laissés à Symé [1], touchèrent à Lorymœ, sur le continent, et retournèrent à Samos.

Tous les vaisseaux péloponnésiens, alors réunis à Cnide, recevaient les réparations dont ils pouvaient avoir besoin. Tissapherne s'y trouvait aussi : les onze commissaires lacédémoniens entrèrent en conférences avec lui pour lui signaler ce qui, dans les faits accomplis, n'avait pas leur approbation, et aviser aux moyens de conduire le mieux et le plus utilement possible pour les deux partis les opérations ultérieures de la guerre.

Laissés par les Athéniens.

Lichas surtout se livrait à une sévère enquête : il n'approuvait aucun des deux traités, pas plus celui de Théramènes que celui de Chalcidéus, et déclarait intolérable que le Roi prétendît alors encore à la possession de tous les pays soumis précédemment soit à lui, soit à ses ancêtres ; car la conséquence était de rejeter dans l'esclavage toutes les îles, la Thessalie, les Locriens, toutes les contrées jusqu'à la Béotie ; c'était, au lieu de la liberté, la domination médique imposée aux Grecs par les Lacédémoniens. Lichas déclara donc qu'on ferait un traité plus acceptable, ou bien que les anciennes conventions étaient abandonnées, et qu'à de telles conditions on n'avait plus besoin d'aucun subside. Tissaphernes, indigné, quitta les Lacédémoniens avec colère et sans rien conclure.

XLIV. Les Lacédémoniens avaient résolu de passer à Rhodes, sur l'appel des principaux habitants ; ils espéraient attirer à eux cette île importante, qui offrait des ressources assez considérables pour le recrutement des équipages et de l'armée de terre ; ils comptaient d'ailleurs être en mesure, avec le concours de leurs alliés, d'entretenir leur flotte sans demander d'argent à Tissaphernes. Ils mirent donc aussitôt à la voile de Cnide, cet hiver même, et abordèrent d'abord avec quatre-vingt-quatorze vaisseaux à Camiron, sur le territoire rhodien. Le peuple, ignorant les ouvertures faites, s'enfuit épouvanté, d'autant plus que la ville était ouverte. Mais les Lacédémoniens, ayant convoqué les habitants, avec ceux de deux autres villes rhodiennes, Lindos et Iélysos, les déterminèrent à se détacher des Athéniens. Rhodes passa ainsi au parti des Péloponnésiens. Cependant les Athéniens avaient, au premier avis, fait voile avec la flotte de Samos, afin de prévenir l'ennemi, et s'étaient montrés au large. Mais, arrivés un peu trop tard, ils repartirent aussitôt pour Chalcé, et de là pour Samos. Plus tard ils dirigèrent, de Chalcé, de Cos et de Samos, des courses contre Rhodes, et lui firent la guerre. Les Péloponnésiens levèrent sur les Rhodiens un tribut de trente-deux talents, tirèrent leurs vaisseaux à sec et se tinrent en repos durant quatre-vingts jours.

XLV. Pendant ce temps, et même un peu avant le départ de leur expédition pour Rhodes, d'autres incidents étaient survenus : Alcibiade, après la mort de Chalcidéus et le combat de Milet, était devenu suspect aux Lacédémoniens, à ce point qu'une lettre avait été écrite de Lacédémone à Astyochos, portant ordre de le faire mourir. Car il était ennemi d'Agis et n'inspirait d'ailleurs aucune confiance. Alcibiade, effrayé, se retira vers Tissaphernes, et s'employa dès lors de tout son pouvoir auprès de lui pour brouiller les affaires des Péloponnésiens. Devenu son conseiller en toutes choses, il fit réduire la solde d'une drachme attique à trois oboles, et encore n'étaient-elles pas payées régulièrement. Il leur fit déclarer par Tissaphernes que les Athéniens, marins expérimentés bien longtemps avant eux, ne donnaient que trois oboles à leurs équipages, bien moins par insuffisance de ressources que par prudence, de peur que leurs matelots ne devinssent insolents dans l'abondance et ne compromissent, ceux-ci leur santé, en consacrant leur superflu à des plaisirs énervants, ceux-là leur navire, en abandonnant pour gage de leur remplacement l'arriéré de leur solde. Il lui apprit aussi à acheter les triérarques et les généraux des villes alliées, si bien que tous accédèrent à ses volontés, ceux de Syracuse exceptés. Hermocrates seul résista, au nom de tous les alliés. Alcibiade, d'un autre côté, repoussait lui-même les demandes d'argent adressées par les villes et déclarait, au nom de Tissaphernes, qu'il y aurait impudence de la part des habitants de Chio, les plus riches des Grecs, à exiger, quand ils ne devaient leur salut qu'à l'appui de leurs auxiliaires, que d'autres exposassent gratuitement pour eux leur vie et leur fortune. Quant aux autres villes, il dit qu'il serait criant qu'après avoir versé leurs trésors à Athènes, antérieurement à leur défection, elles ne voulussent pas maintenant contribuer pour autant et même plus dans leur propre intérêt. Il représenta enfin que, Tissaphernes faisant alors la guerre à ses frais, il était naturel qu'il visât à l'économie; mais que, si un jour des subsides étaient envoyés par le Roi, il leur payerait intégralement la solde et accorderait aux villes des indemnités raisonnables.

XLVI. En même temps il conseillait à Tissaphernes de ne pas trop se hâter de terminer la guerre, de bien se garder de donner à un même peuple l'empire sur terre et sur mer, soit en faisant venir, comme il s'y disposait, des vaisseaux phéniciens, soit en prenant à sa solde un plus grand nombre de Grecs; mais de laisser au contraire la puissance partagée entre les deux peuples, afin que le Roi, inquiété par l'un, pût toujours lui opposer l'autre. Que si au contraire l'empire de la terre et de la mer se trouvait concentré dans les mêmes mains, il ne saurait à quels alliés recourir pour abattre la puissance prépondérante, à moins qu'il ne voulût s'engager lui-même contre elle dans une lutte coûteuse et périlleuse; que ce serait, au contraire, amoindrir les risques, réduire la dépense à peu de chose et assurer sa propre sécurité que de détruire les Grecs les uns par les autres. Il ajouta qu'il n'y aurait pas autant d'inconvénients à associer à sa puissance les Athéniens, dont les prétentions portaient bien moins sur le continent, et dont les principes et les actes à la guerre étaient mieux en harmonie avec ses intérêts; qu'ils soumettraient la mer à leur propre domination, et aideraient le Roi à établir son autorité sur tous les Grecs qui habitaient son empire; que les Lacédémoniens s'annonçaient au contraire comme libérateurs; qu'il n'était pas vraisemblable, dès lors, que, venant maintenant pour affranchir les Grecs du joug des Grecs, ils ne voulussent pas aussi les délivrer de celui des barbares, si l'on ne parvenait un jour à les écarter eux-mêmes. Il l'engagea donc à affaiblir d'abord les deux peuples l'un par l'autre, à entamer ensuite le plus possible la puissance athénienne, et à expulser alors les Péloponnésiens du pays.

Tissaphernes, du reste, partageait la plupart de ces vues, à en juger du moins par sa conduite. Enchanté de ces conseils d'Alcibiade, il lui donna toute sa confiance, pourvut mal à la subsistance des Péloponnésiens et ne les laissa pas combattre sur mer. Tout en leur disant que la flotte phénicienne allait arriver, et qu'on combattrait alors avec des forces plus que suffisantes, il ruina leurs affaires, épuisa leur marine, arrivée alors à une remarquable puissance, et en tout ne prit plus part à la guerre qu'avec une froideur trop manifeste pour n'être pas remarquée.

XLVII. Alcibiade, tout en donnant à Tissaphernes et au Roi, pendant qu'il était auprès d'eux, les conseils qu'il croyait les plus utiles, travaillait en même temps à ménager son retour dans sa patrie, bien persuadé que, s'il ne consommait pas sa ruine, il obtiendrait un jour d'y être rappelé : pour y parvenir, il croyait que le meilleur moyen était de montrer qu'il était dans la familiarité de Tissaphernes. C'est ce qui arriva en effet. Lorsque l'armée athénienne de Samos s'aperçut de son crédit auprès de Tissaphernes ; lorsque Alcibiade, d'un autre côté, eut envoyé faire des ouvertures aux plus puissants d'entre eux, avec prière de rappeler aux plus honnêtes gens, qu'en rentrant dans sa patrie, et en leur apportant l'amitié de Tissaphernes, son intention était de gouverner avec l'aristocratie, et non avec la lie du peuple, avec la démocratie qui l'avait chassé, alors les triérarques et les plus puissants des Athéniens qui, étaient à Samos, déterminés par ces motifs, et plus encore par leurs propres sentiments, poussèrent à la ruine de la démocratie.

XLVIII. Ce projet fut d'abord agité dans l'armée et de là passa ensuite à la ville. Quelques personnes étant allées, de Samos, s'aboucher avec Alcibiade, il leur promit l'amitié de Tissaphernes d'abord, et ensuite celle du Roi lui-même, s'ils renonçaient à la démocratie, rien n'étant plus propre à gagner sa confiance. Les citoyens les plus puissants, ceux qui ont toujours le plus à souffrir [1], conçurent de grandes espérances de s'emparer chez eux du gouvernement et de triompher des ennemis extérieurs. De retour à Samos, ils groupèrent autour d'eux les hommes les plus propres à un coup de main, et se mirent à publier ouvertement

---

[1] De l'état de guerre et des révolutions.

parmi les soldats que le Roi serait pour eux et leur
fournirait de l'argent, pourvu qu'Alcibiade rentrât et
qu'on abolît la démocratie. La foule, quoique mécontente de ce qui se passait, se tint cependant en repos,
flattée de l'espoir d'obtenir une solde du Roi.

Les chefs du mouvement oligarchique, après avoir
communiqué au peuple leurs desseins, examinèrent à
nouveau entre eux et avec la plupart de leurs partisans
les propositions d'Alcibiade. Tous les trouvaient d'une
exécution facile, et dignes de toute confiance. Mais
Phrynicos, qui était encore général, critiquait sans
restrictions : il croyait, — ce qui était exact, — qu'Alcibiade ne tenait pas plus à l'oligarchie qu'à la démocratie ; qu'il ne cherchait qu'un moyen de renverser
l'ordre établi, pour se faire rappeler par ses amis et
rentrer à Athènes ; qu'on devait, dès lors, éviter pardessus tout de se jeter dans les agitations politiques.
Quant au Roi, il disait qu'il serait bien difficile, — surtout au moment où les Péloponnésiens avaient une
marine égale à celle d'Athènes, et possédaient des
places importantes dans les pays de sa domination, —
de l'amener à se créer des embarras en s'unissant aux
Athéniens dont il se défiait, quand il pouvait au contraire contracter amitié avec les Péloponnésiens qui ne
lui avaient jamais fait aucun mal. A l'égard des villes
alliées, auxquelles on promettait le gouvernement oligarchique, il était bien sûr, disait-il, que le renversement de la démocratie à Athènes ne déterminerait ni
un retour de fidélité chez celles qui s'étaient soulevées,
ni un plus grand attachement chez celles qui restaient
soumises ; car elles ne préféreraient pas la servitude,
sous quelque régime que ce fût, oligarchique ou démo-

cratique, à la liberté avec l'une ou l'autre de ces formes de gouvernement. Qu'elles réfléchiraient que ceux qu'on appelait les honnêtes gens [1] ne leur donneraient pas moins d'affaires que le peuple, puisque c'étaient eux qui lui conseillaient le mal, lui fournissaient les moyens de le faire et en profitaient pour la plus grande part. Que leur domination, c'était la condamnation sans jugement, la mort plus inévitable, tandis qu'on trouvait dans le peuple un refuge pour soi-même, et un frein pour les grands. Qu'il savait, à n'en pas douter, que les villes, instruites par les faits eux-mêmes, pensaient comme lui à cet égard; que dès lors il repoussait complétement, pour sa part, et les propositions d'Alcibiade et les manœuvres actuelles.

XLIX. L'assemblée des conjurés n'en persista pas moins dans sa première opinion d'accueillir les ouvertures qui étaient faites; elle se disposa à envoyer à Athènes Pisandre et d'autres députés, pour agir dans le sens du rappel d'Alcibiade et de la destruction de la démocratie, et pour travailler au rapprochement des Athéniens et de Tissaphernes.

L. Phrynicos, sachant que la proposition de rappeler Alcibiade allait être faite et aurait l'assentiment des Athéniens, craignit, après ce qu'il avait dit contre lui, qu'Alcibiade, une fois de retour, ne se vengeât de son opposition. Voici à peu près ce qu'il imagina : il envoya un message à Astyochos, commandant de la flotte lacédémonienne, qui n'avait pas encore quitté les environs de Milet, et lui écrivit secrètement qu'Alcibiade ruinait les affaires de Sparte en ménageant aux Athé-

---

[1] L'aristocratie athénienne.

niens l'amitié de Tissaphernes. Il lui donnait sur tout le reste des détails exacts et s'excusait de vouloir nuire à un ennemi, même au détriment de sa patrie. Astyochos ne songea même pas à se venger d'Alcibiade, qui d'ailleurs n'était plus, comme auparavant, sous sa main. Il alla au contraire le trouver, ainsi que Tissaphernes, à Magnésie, leur communiqua à tous les deux ce qu'on lui avait mandé de Samos, et prit auprès d'eux le rôle de dénonciateur. On disait même que, dans un intérêt personnel, il s'était mis pour cette affaire et pour tout le reste à la disposition de Tissaphernes, et que c'était dans le même but qu'il ne réclamait que mollement le payement intégral du subside. Alcibiade écrivit sur-le-champ à Samos contre Phrynicos, fit connaître sa conduite aux autorités et leur demanda de le faire mourir. Phrynicos, troublé et placé dans la situation la plus critique par cette dénonciation, envoya un nouveau message à Astyochos : il lui reprochait d'avoir mal gardé le secret sur ses précédents avis, et offrait de lui livrer toute l'armée athénienne de Samos pour l'anéantir. A cela étaient joints des détails précis sur l'absence de toutes fortifications à Samos et sur les moyens d'exécution. Phrynicos ajoutait qu'exposant sa vie pour les Lacédémoniens, on ne saurait le blâmer de recourir à ce moyen ou à tout autre, plutôt que de tomber sous les coups de ses plus cruels ennemis. Astyochos fit part de cette nouvelle ouverture à Alcibiade.

LI. Phrynicos, se sachant trahi par lui, et prévoyant que d'un moment à l'autre il arriverait une lettre d'Alcibiade à ce sujet, résolut de prévenir ce coup. Il annonça à son armée que les ennemis, profitant de ce que Samos était sans murailles et la flotte dans l'impossibilité de mouiller tout entière dans le port, allaient attaquer le camp, qu'il le savait de source certaine, qu'il était donc indispensable de fortifier Samos sans délai et de se tenir d'ailleurs sur ses gardes. Comme général il avait le pouvoir d'exécuter lui-même ces mesures : les Athéniens se mirent donc à l'œuvre, et de cette façon Samos, qui devait d'ailleurs être fortifiée, le fut plus promptement. Peu après arrivèrent les lettres d'Alcibiade, annonçant que Phrynicos trahissait l'armée et que les ennemis allaient attaquer : mais on jugea qu'il ne méritait aucune confiance, et que, prévenu des desseins de l'ennemi, il en avait, par un sentiment de haine, rejeté la responsabilité sur Phrynicos. Loin de lui nuire par cette dénonciation, il déposa plutôt en sa faveur.

LII. Par la suite, Alcibiade travailla si bien Tissaphernes, qu'il le disposa à se rapprocher des Athéniens. Tout en redoutant les Péloponnésiens, qui avaient alors dans ces mers une flotte supérieure à celle d'Athènes, Tissaphernes désirait être confirmé, de quelque façon que ce fût, dans ses préventions contre eux, surtout depuis qu'il connaissait les réclamations élevées par eux, à Cnide, au sujet du traité de Théramènes. Cette contestation, survenant au moment où déjà ils occupaient Rhodes, donnait raison à Alcibiade ; car il avait prétendu, comme on l'a vu plus haut, que les Lacédémoniens affranchiraient toutes les villes grecques ; et Lichas avait justifié cette insinuation, lorsqu'il avait dit qu'on ne saurait tolérer une clause attribuant au Roi la possession de toutes les villes qui avaient autrefois appartenu à lui ou à ses ancêtres. Du reste, Alcibiade, sentant qu'il luttait pour d'importants intérêts, circonvenait Tissaphernes par son zèle et ses assiduités empressées.

LIII. Cependant Pisandre et les autres députés athéniens, envoyés de Samos, étaient arrivés à Athènes. Dans leur discours à l'assemblée du peuple, ils ne traitèrent que sommairement la plupart des autres questions et insistèrent surtout sur ce point, qu'il serait possible, en rappelant Alcibiade et en modifiant la démocratie, d'obtenir l'alliance du Roi et de triompher des Péloponnésiens. Beaucoup réclamèrent au nom de la démocratie ; les ennemis d'Alcibiade s'écriaient qu'il serait odieux de laisser rentrer le violateur des lois ; les Eumolpides et les Céryces [1] invoquaient les mystères, au nom desquels il avait été banni, et protestaient avec imprécations contre son retour. Pisandre, tenant tête à cette multitude de plaintes et de réclamations, appelle à lui tour à tour chacun de ses contradicteurs ; et, lui rappelant que les Lacédémoniens ont en mer une flotte qui ne le cède en rien à la leur et prête au combat ; qu'ils comptent un plus grand nombre de villes alliées ; que le Roi et Tissaphernes leur fournissent des subsides, tandis qu'eux-mêmes sont à bout de ressources, il lui demande s'il conserve encore quelque espoir de salut pour la république, à moins qu'on ne décide le Roi à passer du côté des Athéniens. Quand à cette question on répondait négativement, alors Pisandre reprenait sans détour : « Nous ne pouvons

---

[1] Les Eumolpides, descendants d'Eumolpe, étaient des prêtres de Cérès très-versés dans la connaissance des rites religieux, chargés de les interpréter et de maintenir la tradition. Les Céryces, également prêtres de Cérès, ne s'occupaient que des sacrifices.

donc nous sauver qu'en nous gouvernant avec plus de modération, en confiant le pouvoir à un petit nombre de citoyens, pour inspirer au Roi plus de confiance, en nous préoccupant moins dans les circonstances présentes de la forme politique que de notre salut, — car nous pourrons changer plus tard, si quelque chose nous blesse, — enfin en rappelant Alcibiade, le seul homme qui soit aujourd'hui en état de faire ce qui peut nous sauver. »

LIV. Le peuple ne put d'abord l'entendre sans impatience parler d'oligarchie ; mais lorsque Pisandre lui eut démontré clairement qu'il n'y avait pas d'autre moyen de salut, il céda, par crainte et aussi dans l'espoir de revenir un jour à l'ancien état de choses. On décréta que Pisandre partirait avec dix collègues, pour s'entendre, avec Tissaphernes et Alcibiade, aux conditions qu'ils jugeraient les plus convenables. Pisandre ayant en même temps accusé Phrynicos, le peuple le destitua, ainsi que son collègue Scironidès, et les remplaça dans le commandement de la flotte par Diomédon et Léon. Pisandre avait calomnié Phrynicos et l'accusait d'avoir livré Iasos et Amorgès, parce qu'il ne croyait pas ce général favorable à la négociation entamée avec Alcibiade.

Pisandre se mit en rapport avec tous les cercles politiques précédemment établis à Athènes, en vue de briguer les fonctions judiciaires et les magistratures ; il les exhorta à se concerter et à agir en commun pour l'abolition de la démocratie ; il fit de son côté toutes les dispositions qu'exigeaient les circonstances, de manière à ne plus différer, et s'embarqua avec ses dix collègues pour aller trouver Tissaphernes.

LV. Léon et Diomédon rejoignirent, le même hiver, la flotte athénienne et se portèrent sur Rhodes. Ils trouvèrent la flotte péloponnésienne tirée à sec, débarquèrent un moment, vainquirent les Rhodiens accourus à leur rencontre et retournèrent à Chalcé. Cette île devint, de préférence à Cos, le centre de leurs opérations; car de là il leur était plus facile de surveiller si la flotte ennemie sortait pour quelque expédition.

Cependant le Laconien Xénophantidas, envoyé de Chio à Rhodes par Pédaritos, déclara aux Péloponnésiens que les retranchements des Athéniens étaient terminés et que Chio était perdue pour eux s'ils ne venaient à son secours avec toute leur flotte. On songea en effet à la secourir. Sur ces entrefaites Pédaritos, s'étant mis lui-même à la tête de ses troupes auxiliaires et de celles de Chio, attaqua avec toutes ses forces le retranchement élevé par les Athéniens autour de leur flotte, en enleva une partie et s'empara de quelques vaisseaux mis à sec. Mais lorsque les Athéniens accoururent au secours, les troupes de Chio prirent la fuite, et le reste de l'armée de Pédaritos fut entraînée dans la déroute. Lui-même périt avec un grand nombre des soldats de Chio; beaucoup d'armes furent prises.

LVI. Après cet échec, Chio fut resserrée plus étroitement encore par terre et par mer, et la famine s'y fit cruellement sentir. Pisandre et les députés athéniens, arrivés auprès de Tissaphernes, entrèrent en conférence pour parvenir à un accord. Mais Tissaphernes, redoutant de plus en plus les Lacédémoniens, désirait continuer à les miner les uns par les autres, comme Alcibiade lui-même le lui avait conseillé. Aussi Alcibiade, n'étant pas sûr de ses dispositions, eut recours à un expédient pour faire échouer la négociation par l'exagération même des demandes adressées aux Athéniens. Tissaphernes, je crois, était, de son côté, assez éloigné de traiter ; mais en cela il cédait à la crainte ; tandis qu'Alcibiade, bien convaincu qu'il ne traiterait à aucune condition, voulait laisser croire aux Athéniens qu'il ne manquait pas d'action sur Tissaphernes, qu'il l'avait même décidé en leur faveur, mais que ces bonnes dispositions étaient restées sans effet, faute de concessions suffisantes de leur part. Il fit donc, au nom de Tissaphernes, et en sa présence, des demandes tellement exagérées que les Athéniens, après avoir longtemps accédé à tout ce qu'il réclamait, provoquèrent eux-mêmes la rupture. Tissaphernes et Alcibiade demandaient l'abandon de toute l'Ionie, des îles adjacentes, et beaucoup d'autres choses encore : les Athéniens accordèrent ces divers points. Mais lorsqu'à la troisième conférence Alcibiade, craignant que son impuissance ne devînt manifeste, réclama pour le Roi le droit de construire une flotte, et de parcourir à son gré toutes leurs côtes avec autant de vaisseaux qu'il voudrait, ils perdirent patience : convaincus qu'il n'y avait rien à faire et qu'Alcibiade les avait joués, ils partirent furieux, et retournèrent à Samos.

LVII. Aussitôt après, et dans le même hiver, Tissaphernes se rendit à Caune, dans le dessein de ramener les Péloponnésiens à Milet, de faire un nouveau traité, tel quel, de leur fournir un subside et d'éviter avec eux une rupture complète. Il craignait que, faute de subsistances pour une flotte nombreuse, les Péloponnésiens, forcés de livrer un combat naval aux Athéniens, n'eussent le dessous, ou que la désorganisation ne se mît dans leurs équipages, ce qui permettrait aux Athéniens d'arriver à leurs fins sans s'inquiéter de lui. Mais sa plus grande préoccupation était qu'ils ne pillassent le continent pour se procurer des vivres. Tout bien calculé et prévu, poursuivant son dessein de contre-balancer mutuellement les Grecs, il appela les Péloponnésiens, leur donna un subside et conclut avec eux un troisième traité. En voici la teneur :

LVIII. « La treizième année du règne de Darius, Alexippidas étant éphore à Lacédémone, le traité suivant a été conclu, dans la plaine de Méandre, entre les Lacédémoniens d'une part, de l'autre Tissaphernes, Hiéramènes et les enfants de Pharnace, touchant les affaires du Roi, des Lacédémoniens et de leurs alliés. — Tout le pays qui relève du Roi, en Asie, appartiendra au Roi. — Le roi en disposera à sa volonté. — Les Lacédémoniens et leurs alliés ne pénétreront pas sur les terres du Roi pour y commettre aucun acte d'hostilité, ni le Roi sur les terres des Lacédémoniens et de leurs alliés. — Si quelqu'un des Lacédémoniens, ou de leurs alliés, entre sur les terres du Roi à mauvaise intention, les Lacédémoniens et leurs alliés s'y opposeront. — Si quelqu'un des sujets du Roi entre sur les terres des Lacédémoniens ou de leurs alliés à mauvaise intention, le Roi s'y opposera. — Tissaphernes payera à la flotte actuelle le subside convenu jusqu'à l'arrivée de la flotte du Roi. — Si, après l'arrivée de la flotte du Roi, les Lacédémoniens et leurs alliés veulent soudoyer leur flotte, ils en seront les maîtres ; s'ils veulent recevoir de Tissaphernes le subside, il le leur fournira ; mais, la guerre finie, les Lacédémoniens et leurs alliés rembourseront à Tissaphernes tout l'argent qu'ils en auront reçu. — Quand la flotte du Roi sera arrivée, les vaisseaux des Lacédémoniens, de leurs alliés et du Roi feront la guerre en commun, suivant que le jugeront à propos Tissaphernes, les Lacédémoniens et leurs alliés. — Si la paix se fait avec les Athéniens, elle ne se fera que d'un commun accord. »

LIX. Telles furent les clauses du traité. Tissaphernes se disposa ensuite à faire venir la flotte phénicienne, comme il en était convenu, et à réaliser toutes ses promesses ; du moins il tenait à montrer qu'il s'en occupait.

LX. Les Béotiens, à la fin de l'hiver, prirent par trahison Oropos, gardée par une garnison athénienne. Ils furent secondés par quelques habitants d'Érétrie et même d'Oropos, qui méditaient la défection de l'Eubée. Car Oropos, qui commandait Érétrie, devait nécessairement, tant qu'elle serait au pouvoir des Athéniens, faire beaucoup de mal à cette ville et au reste de l'Eubée. Une fois maîtres d'Oropos, les Érétriens passèrent à Rhodes pour appeler les Péloponnésiens en Eubée. Mais ceux-ci se préoccupaient, avant tout, de secourir Chio, alors serrée de près. Ils partirent de Rhodes et prirent la mer avec toute leur flotte; arrivés à la hauteur de Triopion, ils aperçurent au large les vaisseaux athéniens venant de Chalcé ; et comme, ni d'un côté ni de l'autre, on ne voulait engager l'action, les Athéniens retournèrent à Samos, et les Péloponnésiens à Milet. Il était dès lors évident pour ces derniers que Chio ne pouvait être secourue sans un combat naval. Avec l'hiver finit la vingtième année de cette guerre dont Thucydide a écrit l'histoire.

LXI. L'été suivant, à l'entrée du printemps, le Spartiate Dercylidas, à la tête d'une armée de terre peu nombreuse, eut ordre de suivre la côte jusqu'à l'Hellespont, pour insurger Abydos, colonie de Milet. Les habitants de Chio, pendant qu'Astyochos ne savait comment les secourir, furent forcés par les souffrances du siége à livrer un combat naval. Ils avaient alors à leur tête le Spartiate Léon, venu jadis comme passager avec Antisthènes, et mandé de Milet, à l'époque où Astyochos était encore à Rhodes, pour prendre le commandement après la mort de Pédaritos. Douze vaisseaux, détachés de la station de Milet, étaient également venus les renforcer: cinq de Thurium, quatre de Syracuse, un d'Anéa, un de Milet, et un équipé par Léon. Les habitants de Chio firent donc une sortie en masse et occupèrent une forte position, pendant que leurs vaisseaux, au nombre de trente-six, s'avançaient contre les trente-deux vaisseaux athéniens. Le combat s'engagea et fut très-vif; mais, comme il se faisait déjà tard, ceux de Chio et leurs alliés rentrèrent au port, sans avoir eu aucun désavantage dans l'action.

LXII. Ce fut aussitôt après que Dercylidas conduisit par terre son expédition de Milet à Abydos, sur l'Hellespont. Cette ville fit défection pour passer à Dercylidas et à Pharnabaze. Lampsaque l'imita deux jours après. Strombichidès, à cette nouvelle, se porta en toute hâte de Chio sur les lieux avec vingt-quatre vaisseaux athéniens, dont une partie, destinée au transport des troupes, était montée par des hoplites ; il vainquit dans un combat les troupes de Lampsaque sorties à sa rencontre, prit d'emblée la ville, enleva comme butin les effets et les esclaves, rendit aux hommes libres leurs demeures et se dirigea vers Abydos. Mais, n'ayant pu ni l'amener à composition, ni la prendre d'assaut, il cingla vers Sestos, ville de la Chersonnèse, autrefois occupée par les Mèdes, sur la côte opposée, en face d'Abydos. Il en fit une forteresse destinée à surveiller tout l'Hellespont.

LXIII. Il devint plus facile alors aux vaisseaux de Chio de tenir la mer, d'autant plus que les Péloponnésiens en station à Milet et Astyochos, à la nouvelle du combat naval et du départ de Strombichidès avec la flotte, avaient repris confiance. Astyochos passa à Chio avec deux vaisseaux, prit avec lui toute la flotte et fit voile pour Samos ; mais les Athéniens, alors en défiance les uns contre les autres, n'étant pas venus à sa rencontre, il repartit pour Milet. C'était en effet à cette époque, ou plutôt un peu auparavant, que la démocratie avait été abolie à Athènes : Pisandre et ses collègues, de retour à Samos de leur ambassade auprès de Tissaphernes, avaient commencé par faire entrer l'armée encore plus avant dans leurs intérêts ; d'un autre côté, ils engagèrent les principaux citoyens de Samos à tenter de revenir avec eux à l'oligarchie, quoique ce gouvernement fût tombé chez eux sous un soulèvement. En même temps les Athéniens, qui étaient à Samos, se concertèrent entre eux, et, après examen, résolurent de laisser de côté Alcibiade, puisqu'il ne voulait pas les seconder, et ne semblait pas propre d'ailleurs à passer à l'oligarchie ; il fut décidé qu'étant désormais compromis, ils aviseraient eux-mêmes à ne pas laisser languir cette affaire, qu'ils pousseraient la guerre avec vigueur, enfin que, travaillant maintenant non plus pour autrui, mais pour eux-mêmes, ils prendraient, sans hésiter, sur leur propre fortune, l'argent et tout ce qui pourrait être nécessaire.

LXIV. Après s'être mutuellement confirmés dans ces résolutions, ils envoyèrent sur-le-champ à Athènes Pisandre et la moitié des ambassadeurs pour y prendre la direction des affaires, avec ordre d'établir l'oligarchie dans toutes les villes sujettes où ils toucheraient. L'autre moitié fut envoyée dans diverses directions vers les autres villes de la domination athénienne. Diotréphès, commandant désigné de l'Épithrace, qui se trouvait à Chio, eut ordre de se rendre à son poste. Arrivé à Thasos, il abolit le gouvernement populaire. Mais, dès le second mois après son départ, les Thasiens fortifièrent leur ville, n'attendant plus rien des Athéniens qui leur avaient donné l'oligarchie, et attendant au contraire chaque jour des Lacédémoniens la liberté. En effet, il se trouvait au dehors, au milieu des Lacédémoniens, quelques citoyens de Thasos exilé par les Athéniens qui conspiraient alors avec leurs amis restés dans la ville pour y amener une flotte et l'insurger de vive force. Rien ne pouvait donc arriver plus selon leurs vœux qu'une réforme politique sans aucun péril pour eux, et la ruine du parti populaire qui les tenait en échec. Il arriva donc à Thasos précisément le contraire de ce qu'avaient en vue ceux des Athéniens qui y établirent l'oligarchie, et je m'imagine qu'il en fut de même ailleurs chez beaucoup de peuples soumis. Car les villes, en possesion d'un gouvernement plus sage, libres de toute crainte dans la poursuite de leur but[1],

---

[1] Les Athéniens leur ayant donné un gouvernement aristocratique, elles n'avaient rien à craindre en prenant des mesures confor-

s'acheminèrent sans détour vers la liberté, au lieu de lui préférer l'indépendance bâtarde octroyée par les Athéniens.

LXV. Pisandre et ses collègues longèrent les côtes, abolissant, suivant le plan adopté, la démocratie dans les villes. Ils prirent, sur quelques points, des hoplites pour les seconder dans leurs desseins, et arrivèrent à Athènes, où ils trouvèrent les choses déjà fort avancées, grâce aux manœuvres de leurs amis. En effet, quelques jeunes gens s'étaient ligués et avaient tué secrètement un certain Androclès, le plus influent meneur du peuple et le principal auteur du bannissement d'Alcibiade. Deux motifs le désignaient surtout à leurs coups : le démagogue les gênait, et ils voulaient complaire à Alcibiade, dont le retour paraissait prochain et qui devait procurer l'amitié de Tissaphernes. Ils s'étaient également défaits en secrets de quelques autres citoyens opposés à leurs vues. Enfin ils avaient à l'avance fait publier qu'il n'y aurait plus de solde que pour les gens de guerre, et que le maniement des affaires serait exclusivement réservé à cinq mille citoyens, ceux qui seraient le plus capables de servir l'État de leur fortune et de leurs personnes.

LXVI. Ce n'était là qu'une amorce spécieuse pour la multitude ; car ceux qui préparaient la révolution se réservaien aussi le gouvernement. Cependant le peuple et le sénat de la fève[1] s'assemblaient encore,

---

mes aux nouveaux principes qui les régissaient et qui devaient nécessairement, suivant Thucydide, leur rendre la vraie liberté inconciliable avec la démocratie.

[1] Le sénat de la fève, composé de cinq cents membres, était ainsi nommé parce que les membres étaient tirés au sort avec des fèves.

mais ne décidaient rien qu'avec l'agrément des conjurés ; les orateurs mêmes étaient du complot et ne disaient pas un mot qui ne fût concerté avec leurs adhérents. D'aucun côté d'ailleurs il n'y avait ombre de contradiction, tant le nombre des conjurés inspirait de terreur. Si quelqu'un élevait la voix, on trouvait bientôt un moyen quelconque de s'en défaire. Les meurtriers n'étaient ni recherchés ni mis en cause, si on les soupçonnait. Le peuple n'osait remuer, et telle était l'épouvante que chacun, même sans rien dire de compromettant, s'estimait heureux d'échapper à la violence. On croyait la conjuration plus nombreuse qu'elle n'était en effet, et cette pensée glaçait les courages. On ne pouvait même avoir aucune donnée précise ; car la ville était immense et on ne se connaissait pas mutuellement. Par le même motif on ne pouvait manifester à personne son indignation, afin de se concerter pour la défense ; il eût fallu s'ouvrir ou à un inconnu ou à une personne connue, mais suspecte. Car, dans le parti populaire, chacun était en défiance ; on se soupçonnait réciproquement de tremper dans le complot ; et, en effet, il y était entré des gens qu'on n'eût jamais crus capables de se tourner vers l'oligarchie ; ce furent surtout ces défections qui jetèrent l'inquiétude dans les masses et contribuèrent à la sécurité de la faction oligarchique, en confirmant le parti populaire dans cette méfiance mutuelle de lui-même.

On mettait dans l'urne un certain nombre de fèves blanches et noires ; les noms des candidats étaient déposés dans une autre urne, et on tirait simultanément une fève et un nom ; celui dont le nom sortait avec une fève blanche était sénateur. La plupart des magistrats, à Athènes, étaient tirés au sort de cette manière. Socrate et Aristophane se moquent à chaque instant de ce mode d'élection.

LXVII. Ce fut dans ces circonstances que Pisandre et ses collègues arrivèrent. Ils s'occupèrent aussitôt de ce qui restait à faire. D'abord ils assemblèrent le peuple et ouvrirent l'avis d'élire dix commissaires investis de pleins pouvoirs, avec mission de présenter au peuple, à un jour fixé, un projet rédigé entre eux, pour arriver au meilleur gouvernement possible. Au jour marqué, ils parquèrent l'assemblée à Colone, temple d'Apollon, hors de la ville [1], à une distance de dix stades. Là les commissaires ne proposèrent absolument qu'une seule chose : le droit pour tout Athénien d'exprimer librement telle opinion qu'il voudrait [2]. Des peines sévères étaient en même temps prononcées contre quiconque accuserait l'auteur d'une proposition de violer les lois, ou l'inquiéterait de quelque façon que ce fût. Cela fait, on proposa ouvertement l'abolition de toute magistrature conférée d'après l'ancien ordre de choses, la suppression des emplois salariés et la nomination de cinq présidents, chargés d'élire cent citoyens, qui s'en adjoindraient chacun trois autres. Ces quatre cents membres devaient entrer au conseil, disposer de l'autorité comme ils l'entendraient et avec plein pouvoir, et convoquer les cinq mille quand ils le jugeraient à propos.

LXVIII. Ce fut Pisandre qui ouvrit cet avis et qui, dans l'exécution, fut ostensiblement l'agent le plus actif de l'abolition de la démocratie. Mais celui qui combina toute l'affaire en vue de ce résultat et qui

---

[1] Afin d'en écarter leurs adversaires, dont la confiance eût été bien plus grande à Athènes.
[2] C'était l'abolition des lois contre les propositions contraires au **régime démocratique.**

l'avait préparée de longue main, était Antiphon, un des hommes les plus vertueux qui fussent alors à Athènes, penseur profond et non moins habile orateur. Il n'intervenait pas volontiers dans les discussions devant l'assemblée du peuple, ni dans aucune autre lutte oratoire : sa réputation d'éloquence le rendait suspect à la multitude ; mais quand on avait quelque affaire à traiter, soit devant le peuple, soit auprès des tribunaux, c'était à lui seul qu'il fallait s'adresser ; car il était rare que ses conseils ne donnassent pas le succès. Dans sa propre cause, lorsque plus tard les quatre cents, renversés du pouvoir, furent poursuivis par le peuple, et que lui-même fut incriminé pour la part qu'il avait prise à ces événements, nul homme, à aucune époque, ne me paraît s'être mieux défendu contre une accusation capitale [1]. Phrynichos, de son côté, se distinguait entre tous par son ardeur en faveur de l'oligarchie. Il redoutait Alcibiade, qu'il savait instruit de ses intrigues de Samos auprès d'Astyochos, et il se persuadait, ce qui était vraisemblable, que jamais Alcibiade n'obtiendrait son rappel d'un gouvernement oligarchique. Une fois engagé, il montra dans le péril une fermeté sans égale. Aux premiers rangs, parmi ceux qui renversèrent la démocratie, était aussi un homme qui ne manquait ni d'intelligence ni de talent oratoire, Théramènes, fils d'Agnon. Aussi n'est-il pas étonnant qu'une entreprise ainsi conduite par un grand nombre d'hommes distingués ait réussi, malgré

[1] Antiphon avait été le maître de Thucydide (voir *préf.*, p. x). On doit attribuer en partie aux sympathies politiques l'enthousiasme de Thucydide pour son ancien maître et ami. Les Athéniens furent moins indulgents pour lui : Antiphon fut condamné à mort ; on confisqua ses biens, et on défendit de l'ensevelir dans l'Attique.

sa difficulté. Ce n'était pas chose aisée, en effet, cent ans après l'abolition de la tyrannie à Athènes, que d'arracher la liberté à un peuple non-seulement étranger à toute sujétion, mais encore accoutumé, pendant plus de la moitié de cette période, à commander aux autres.

LXIX. Lorsque l'assemblée eut, sans contradiction aucune, validé ces dispositions, elle se sépara. Les quatre cents furent ensuite introduits au sénat de la manière suivante : tous les Athéniens restaient constamment en armes, les uns à la garde des murs, les autres dans les postes, à cause de la présence de l'ennemi à Décélie. Ce jour-là, on laissa partir, comme à l'ordinaire, ceux qui n'étaient pas du complot ; en même temps on avertit les affidés de se tenir tranquillement, non pas aux postes mêmes [1], mais à quelque distance, et de courir aux armes si on rencontrait quelque résistance dans l'exécution. Des gens d'Andros et de Ténos, trois cents Carystiens, et des troupes fournies par les colons athéniens établis à Égine, étaient également arrivés en armes dans le même but, sur l'avis préalable qui leur avait été donné. Ces dispositions prises, les trois cents, armés chacun d'un poignard qu'ils tenaient caché, se mirent en mouvement avec les cent vingt jeunes Grecs dont ils se servaient à l'occasion pour les coups de main ; ils surprirent au conseil les sénateurs de la fève, et leur ordonnèrent de sortir en recevant leur salaire. Ils avaient apporté eux-mêmes leur traitement pour tout le temps qui restait à courir [2], et le leur remirent à la sortie.

[1] Pour ne pas éveiller l'attention.
[2] Jusqu'au moment où expirait leur magistrature annuelle. On

LXX. Le sénat ainsi expulsé sans contestation, les autres citoyens restèrent tranquilles et ne firent aucune démonstration. Les quatre cents, une fois entrés au sénat, tirèrent au sort entre eux des prytanes, et accomplirent toutes les cérémonies religieuses, prières et sacrifices, en usage lors de l'entrée en charge. Ils ne laissèrent pas cependant [1] de modifier profondément, par la suite, le gouvernement populaire. S'ils ne rappelèrent pas les exilés [2], par crainte d'Alcibiade, leur pouvoir n'en fut pas moins révolutionnaire ; ils firent périr quelques personnes dont il leur paraissait utile de se défaire sous main, et en condamnèrent d'autres aux fers ou à l'exil. Ils firent, d'un autre côté, déclarer par un héraut à Agis, roi des Lacédémoniens, qui occupait Décélie, qu'ils désiraient une réconciliation, et qu'il s'entendrait sans doute beaucoup mieux avec eux qu'avec une populace sur laquelle on ne peut compter.

LXXI. Mais Agis était persuadé que la tranquillité n'était pas rétablie dans la ville, que le peuple ne trahirait pas si vite son antique liberté, et qu'à la vue d'une nombreuse armée péloponnésienne il ne saurait se contenir. Ne voyant d'ailleurs dans la situation présente aucune garantie contre de nouveaux troubles, il ne fit aux envoyés des quatre cents aucune réponse conciliante. Tout au contraire il manda du Péloponnèse une armée nombreuse, et, peu après, joignant

voulait sans doute les calmer en leur payant les quelques mois qui restaient à courir.

[1] Le sens complet serait : Malgré cette déférence pour les anciens usages qui semblait indiquer l'intention de laisser le gouvernement dans les mêmes errements, ils, etc.

[2] Le rappel des exilés était ordinairement le premier acte de toute révolution.

à ce renfort la garnison de Décélie, il descendit vers les murs d'Athènes. Il espérait que les Athéniens, dans le trouble où ils étaient, se soumettraient plus facilement aux conditions qu'il voudrait leur faire, que peut-être même la ville serait emportée d'emblée, quand aux dangers du dehors viendraient, suivant toute vraisemblance, se joindre les agitations de l'intérieur. Quant aux longs murs, il croyait qu'ils devaient nécessairement tomber entre ses mains, faute d'être défendus. Mais lorsqu'il approcha, il n'y eut aucune apparence d'agitation dans la ville : les Athéniens firent sortir, avec leur cavalerie, quelques hoplites, des troupes légères et des archers, et culbutèrent ceux des ennemis qui s'étaient trop avancés. Quelques armes et des morts restèrent en leur pouvoir. Agis, voyant l'état des choses, retira son armée. Il resta dans le pays, à Décélie, avec ses anciens soldats, mais renvoya les nouvelles troupes dans leurs foyers, après quelques jours seulement de séjour dans l'Attique. Après cette attaque, les quatre cents envoyèrent néanmoins à Agis de nouveaux députés, qui furent mieux reçus que les premiers. D'après son conseil, ils envoyèrent aussi une ambassade à Lacédémone pour négocier un accord et témoigner de leurs intentions pacifiques.

LXXII. Dix commissaires furent aussi expédiés à Samos, pour tranquilliser l'armée et lui faire entendre que l'oligarchie avait été établie non dans des intentions hostiles à la république et aux personnes, mais dans un but de salut général ; que ce seraient cinq mille citoyens et non pas seulement quatre cents qui dirigeraient les affaires, et que d'ailleurs les Athéniens, distraits par la guerre et leurs occupations hors des frontières, n'avaient jamais dans aucune assemblée atteint ce nombre de cinq mille, quelque importante que fût l'affaire en délibération. Les quatre cents donnèrent aux commissaires toutes les autres instructions nécessaires et les firent partir aussitôt après leur entrée en fonctions : ils craignaient, comme il arriva en effet, que la populace des gens de mer ne voulût pas se soumettre au régime oligarchique, et que de là ne partît un mouvement qui les renverserait eux-mêmes.

LXXIII. Déjà en effet un mouvement en sens contraire de l'oligarchie se produisait à Samos; voici ce qui s'y passait au moment même de l'installation des quatre cents : ceux des Samiens qui constituaient le parti populaire et qui s'étaient précédemment insurgés contre les riches, étaient ensuite revenus à d'autres sentiments; séduits par Pisandre, lors de son séjour auprès d'eux, et par ceux des Athéniens présents à Samos qui étaient affiliés au complot, trois cents d'entre eux avaient ourdi une conspiration et se disposaient à attaquer les autres, comme représentant la faction démocratique. Un Athénien du nom d'Hyperbolos [1], méchant homme, banni par l'ostracisme, non qu'il pût exciter aucune crainte par sa puissance et son crédit [2], mais parce que sa basse méchanceté était une honte pour la république, fut tué par eux. D'accord en cela avec Charminos, l'un des généraux, et avec quelques-uns des Athéniens leurs hôtes, à qui ils avaient voulu

---

[1] Aristophane le met souvent en scène dans les *Nuées* et ailleurs, et toujours pour le décrier ; c'est assez dire qu'il était opposé à l'aristocratie.

[2] L'ostracisme n'était pas la punition d'un crime; on ne l'infligeait qu'aux citoyens réputés dangereux par leur crédit et leur fortune. Il n'emportait aucune honte.

donner un gage, ils les avaient également secondés dans d'autres actes semblables et se disposaient à attaquer les partisans du peuple. Mais ceux-ci, instruits du complot, le dénoncèrent aux deux généraux Léon et Diomédon, l'un et l'autre mal disposés pour l'oligarchie, à cause du crédit dont ils jouissaient auprès du parti démocratique ; ils en firent part également à Thrasybule et à Thrasylle, l'un triérarque, l'autre commandant d'un corps d'hoplites, et à quelques autres Athéniens qui s'étaient toujours montrés les adversaires les plus décidés des conjurés. Ils les prièrent de ne pas les abandonner à la mort et de ne pas permettre que Samos, après avoir seule contribué à maintenir jusque-là la puissance d'Athènes, se refroidît envers elle [1]. Ceux-ci, après les avoir entendus, prirent en particulier chacun des soldats et les engagèrent à ne pas tolérer cette révolution. Ils s'adressèrent surtout à ceux qui montaient le *Paralos*, tous Athéniens, embarqués comme volontaires, et hostiles de tout temps à l'oligarchie avant même qu'elle fût imminente. Léon et Diomédon ne faisaient jamais une excursion en mer, sans leur laisser quelques vaisseaux pour leur garde. Quand donc les trois cents attaquèrent les partisans du peuple à Samos, ceux-ci, secondés par toutes ces forces et surtout par les Paraliens, eurent l'avantage. Ils tuèrent une trentaine des conjurés, exilèrent trois des plus coupables, amnistièrent les autres, et continuèrent à se gouverner suivant les institutions démocratiques.

---

[1] C'est ce qui était arrivé pour les autres villes où les conjurés avaient établi l'oligarchie. Thucydide a déjà fait remarquer qu'elles devaient dès lors incliner vers Lacédémone.

LXXIV. Les Samiens et l'armée s'empressèrent d'envoyer à Athènes, pour y annoncer cet événement, le *Paralos*, monté par l'Athénien Chéréas, fils d'Archestratos, qui avait activement préparé ce revirement d'opinion ; car ils ne savaient pas encore que les quatre cents eussent en main le pouvoir. Ceux-ci, à l'arrivée du *Paralos*, mirent aux fers deux ou trois de ceux qui le montaient, ôtèrent aux autres leur vaisseau, les firent passer sur un autre bâtiment affecté au transport des troupes [1] et les envoyèrent croiser autour de l'Eubée. Quant à Chéréas, il trouva moyen de se cacher lorsqu'il vit ce qui se passait, et retourna à Samos où il fit connaître à l'armée, en exagérant toutes choses, la situation d'Athènes. Il dit que tous les citoyens étaient battus de verges, que personne n'osait élever la voix contre les usurpateurs du pouvoir, qu'ils outrageaient leurs femmes et leurs enfants ; qu'ils songeaient à arrêter et à mettre en prison les parents de tous ceux qui, dans l'armée de Samos, ne leur étaient pas favorables, afin de les faire mourir si on résistait ; et beaucoup d'autres détails tout aussi mensongers.

LXXV. Les soldats, à ce récit, allaient tout d'abord se jeter sur les principaux meneurs du complot oligarchique et sur leurs complices ; mais ceux qui étaient plus calmes s'interposèrent pour les en empêcher ; on leur fit comprendre qu'en présence de la flotte ennemie, mouillée à peu de distance et prête à combattre,

---

[1] Le *Paralos*, ou la *Paralienne*, était un vaisseau chargé ordinairement de missions de confiance ; il portait les messages, conduisait les généraux à leur poste. On regardait comme un honneur de monter ce bâtiment. C'était donc faire outrage à l'équipage que de le transborder sur un simple bâtiment de transport.

ils pouvaient tout perdre, et on parvint à les calmer. Ensuite Thrasybule, fils de Lycos, et Thrasylle, les principaux auteurs du dernier revirement politique, voulant donner tout l'éclat possible à ce mouvement démocratique parti de Samos, firent promettre, sous les serments les plus solennels, à toutes les troupes, et en particulier aux partisans de l'oligarchie, de rester fidèles au régime démocratique, de n'avoir tous qu'une même pensée, de poursuivre vigoureusement la guerre contre les Péloponnésiens, d'être ennemis des quatre cents et de n'avoir aucune communication avec eux. Tous les Samiens en âge de servir prêtèrent le même serment. L'armée athénienne mit en commun avec eux tous ses intérêts, toutes les éventualités des périls à courir, persuadée que pour les uns et les autres il n'y aurait aucune autre chance de salut, et qu'ils seraient perdus également, soit que les quatre cents eussent le dessus, soit que la victoire restât à l'armée de Milet.

LXXVI. La lutte s'établit alors entre l'armée, au nom de la démocratie, et la Ville [1], au nom de l'oligarchie, chacune voulant imposer à l'autre ses principes. Les soldats se réunirent aussitôt en assemblée ; ils déposèrent leurs anciens généraux et ceux des triérarques qui leur étaient suspects et les remplacèrent par d'autres, au nombre desquels se trouvaient Thrasybule et Thrasylle. Chacun prit à l'envi la parole et on s'adressa mutuellement des encouragements de tout genre. « Il ne fallait pas s'inquiéter, disaient-ils, de ce que la ville avait fait scission avec eux ; car c'était la

---

[1] Athènes.

minorité qui rompait avec une majorité mieux à portée d'ailleurs de toute espèce de ressources. Maîtres de toute la marine, ils forceraient les autres villes de leur domination à payer les tributs tout aussi bien que s'ils venaient d'Athènes les réclamer. Pour ville, ils avaient maintenant Samos, place d'une importance telle que, dans la guerre avec les Athéniens, elle avait été bien près de leur enlever l'empire de la mer ; c'était de là qu'ils avaient précédemment soutenu la lutte contre l'ennemi et qu'ils continueraient à la soutenir. Avec les vaisseaux en leur possession, ils seraient bien mieux en mesure de se procurer des subsistances que ceux de la ville. C'était leur flotte qui, de Samos, comme d'un poste avancé, avait jusque-là tenu le Pirée librement ouvert à la navigation ; et ils étaient si bien maîtres de la situation pour l'avenir, que, si on refusait de leur rendre leurs droits, ils seraient en mesure de fermer la mer à leurs adversaires, bien loin de s'en voir exclus par eux. Les secours qu'on pouvait attendre de la ville pour triompher des ennemis étaient trop peu de chose pour en tenir compte; on ne perdait donc rien de ce côté, puisque l'armée se procurait elle-même l'argent que la ville était hors d'état de lui envoyer, et qu'on ne pouvait pas même attendre de là un bon conseil, ce qui est la seule base de l'autorité de la ville sur l'armée. C'était, au contraire, la ville qui avait failli, en brisant les lois de la patrie, tandis qu'eux-mêmes les défendaient et voulaient la forcer à y revenir ; l'armée n'avait donc rien à lui envier pour la sagesse des conseils. — Il suffirait d'accorder à Alcibiade son rappel et une entière sécurité, pour qu'il s'empressât de procurer l'alliance du Roi. Enfin, et c'était là l'essentiel, si tout venait à leur faire défaut, avec une flotte si nombreuse ils ne manqueraient pas de lieux de refuge, où ils trouveraient des villes et un territoire. »

LXXVII. Après s'être ainsi concertés et encouragés mutuellement, ils poussèrent avec non moins d'activité leurs préparatifs de guerre. Les dix députés envoyés à Samos par les quatre cents étaient déjà à Délos lorsqu'ils apprirent ces mesures ; ils s'y tinrent en repos.

LXXVIII. Vers la même époque, les soldats péloponnésiens qui montaient la flotte de Milet se plaignaient hautement entre eux de ce qu'Astyochos et Tissaphernes ruinaient leurs affaires : ils accusaient le premier de n'avoir pas voulu livrer précédemment un combat naval, quand leur flotte avait encore toute sa supériorité et que celle des Athéniens était peu nombreuse ; de différer maintenant encore, au moment où l'ennemi était, disait-on, en proie aux séditions et n'avait pas réuni toutes ses forces navales sur le même point ; d'attendre vainement la flotte phénicienne, qui n'était qu'un mot sans réalité ; enfin d'exposer l'armée à se consumer dans ces lenteurs. Ils reprochaient à Tissaphernes de ne pas amener la flotte promise, de ruiner, au contraire, leur propre marine en ne fournissant ni régulièrement ni intégralement le subside. Il fallait donc, disaient-ils, couper court à tout nouveau retard et livrer un combat naval. Les Syracusains surtout les y excitaient.

LXXIX. Les alliés et Astyochos, instruits de ces murmures, informés d'ailleurs de l'agitation où l'on était à Samos, résolurent en conseil d'en venir à une action décisive. Après avoir ordonné aux Milésiens de se rendre par terre à Mycale, ils mirent en mer avec tous leurs vaisseaux, au nombre de cent douze, et cinglèrent de leur côté vers Mycale. La flotte athénienne de Samos, forte de quatre-vingt-deux vaisseaux, se trouvait alors mouillée à Glaucé, dépendance de Mycale. Comme sur ce point la rive samienne qui regarde Mycale est peu éloignée du continent, les Athéniens, dès qu'ils virent la flotte péloponnésienne venir à eux, rentrèrent à Samos. Ils ne se croyaient pas en nombre pour risquer une affaire décisive ; et d'ailleurs, prévenus d'avance que l'ennemi viendrait de Milet offrir le combat, ils avaient mandé à Strombichidès de leur amener de l'Hellespont la flotte qu'il avait conduite de Chio [1] contre Abydos, et ils attendaient l'arrivée de ce renfort. Lorsqu'ils furent ainsi rentrés à Samos, les Péloponnésiens abordèrent à Mycale et y campèrent avec l'armée de terre de Milet et des pays voisins. Le lendemain, au moment où ils allaient appareiller pour Samos, on leur annonça l'arrivée de Strombichidès, avec la flotte de l'Hellespont : ils se hâtèrent alors de regagner Milet. Les Athéniens, dont la flotte se trouvait portée par ce renfort à cent huit bâtiments, firent voile à leur tour vers Milet, avec l'intention d'engager un combat décisif. Mais, personne n'étant sorti à leur rencontre, ils revinrent à Samos.

LXXX. Aussitôt après, et dans le même été, les Péloponnésiens qui, avec toutes leurs forces navales réunies, ne s'étaient pas crus en état de tenir tête à l'ennemi, se trouvèrent embarrassés pour subvenir à la

---

[1] Thuc., viii, 62 et 63. Il s'agit ici de la flotte athénienne qui précédemment bloquait Chio.

solde de tant de vaisseaux, surtout étant mal payés par Tissaphernes. Ils détachèrent donc vers Pharnabaze, conformément aux instructions précédemment reçues du Péloponnèse [1], Cléarque, fils de Rhamphias, avec quarante vaisseaux. Pharnabaze lui-même les appelait et était disposé à leur payer un subside. En même temps on leur annonçait que Byzance était prête à se soulever [2]. Ces vaisseaux péloponnésiens, ayant pris le large pour dérober leur marche aux Athéniens, furent assaillis par une tempête : la plupart, sous la conduite de Cléarque, gagnèrent Délos et retournèrent à Milet, d'où Cléarque alla ensuite par terre prendre le commandement de l'Hellespont. Mais dix bâtiments, que commandait Hélixos de Mégare, arrivèrent heureusement dans l'Hellespont et insurgèrent Byzance. Les Athéniens, à la nouvelle de ces événements, envoyèrent de Samos dans l'Hellespont des bâtiments de renfort pour surveiller le pays; il y eut même, en vue de Byzance, un léger engagement de huit vaisseaux contre huit.

LXXXI. Thrasybule, qui, depuis la révolution qu'il avait opérée, était toujours dominé par la pensée de faire rappeler Alcibiade, parvint enfin, de concert avec ceux qui dirigeaient les affaires à Samos, à obtenir, dans une assemblée, l'assentiment de la majorité des soldats. Après avoir fait voter par eux le rappel d'Alcibiade, avec toutes garanties pour sa personne, il alla le trouver auprès de Tissaphernes et le ramena à Samos. Car il ne voyait d'autre chance de salut que

---

[1] Voyez l. VIII, 39.
[2] Contre les Athéniens.

de détacher Tissaphernes des Lacédémoniens par l'intermédiaire d'Alcibiade. Une assemblée fut convoquée : Alcibiade, après des récriminations et des plaintes sur le malheur de son exil, parla longuement des affaires publiques et sut inspirer de grandes espérances pour l'avenir. Il exagéra beaucoup son crédit auprès de Tissaphernes, afin de se rendre plus redoutable aux chefs de l'oligarchie à Athènes, de dissoudre plus aisément la conjuration, et d'inspirer à l'armée de Samos plus de respect pour lui, plus de confiance dans l'avenir ; son but était aussi d'irriter profondément les ennemis contre Tissaphernes et de ruiner les espérances qu'ils avaient conçues. Il s'étendit donc avec une complaisante jactance sur les promesses les plus magnifiques : Tissaphernes lui avait assuré que, s'il pouvait se fier aux Athéniens, les subsides ne leur manqueraient jamais, tant qu'il lui resterait quelque chose, dût-il faire argent de son propre lit ; qu'au lieu de conduire aux Lacédémoniens la flotte phénicienne déjà réunie à Aspendos, il l'amènerait aux Athéniens ; mais qu'il ne compterait sur les Athéniens que si Alcibiade, rappelé dans sa patrie, se portait leur garant auprès de lui.

LXXXII. Après avoir entendu ces promesses et beaucoup d'autres, ils l'élurent aussitôt général, concurremment avec ceux déjà nommés, et lui remirent toutes les affaires. Chacun croyait dès lors son salut si bien assuré, le châtiment des quatre cents si certain, qu'il n'eût échangé contre rien au monde cette double espérance. Déjà ils étaient tout disposés, d'après ce qu'ils venaient d'entendre, à cingler incontinent vers le Pirée, sans tenir aucun compte des ennemis qui étaient devant eux. Mais Alcibiade s'opposa absolument, malgré de nombreuses instances, à ce qu'on fît voile pour le Pirée sans s'inquiéter d'ennemis plus rapprochés. Il dit que, puisqu'il avait été élu général, la première chose à faire était de se rendre auprès de Tissaphernes, afin de régler avec lui tout ce qui avait rapport à la guerre. Et en effet, au sortir de cette assemblée, il partit sur-le-champ : par là il voulait d'une part faire croire qu'il communiquait tout à Tissaphernes, et de l'autre se donner aux yeux du satrape plus d'importance, se montrer à lui revêtu du généralat, et lui faire voir qu'il était désormais en état de lui faire ou du bien ou du mal. Alcibiade se trouvait ainsi faire peur aux Athéniens de Tissaphernes, et à Tissaphernes des Athéniens.

LXXXIII. Quand les Péloponnésiens, stationnés à Milet, apprirent le rappel d'Alcibiade, leurs défiances antérieures contre Tissaphernes s'accrurent, leurs récriminations devinrent plus violentes. Ce n'était pas là leur seul grief : Tissaphernes, devenu beaucoup plus négligent à payer le subside depuis le jour où ils avaient refusé le combat, lors de la pointe des Athéniens sur Milet, avait fourni par là un nouveau prétexte à la haine qu'ils lui portaient précédemment à cause d'Alcibiade. Les soldats s'attroupaient, comme ils l'avaient fait auparavant : déjà ce n'était plus seulement la soldatesque, c'étaient aussi quelques hommes plus considérables qui rappelaient qu'on n'avait jamais reçu la solde entière ; que le subside, quelque minime qu'il fût, n'était même pas payé régulièrement ; qu'à moins de livrer un combat naval décisif, ou de se transporter sur un point où l'on pourrait trouver à vivre [1], on

---

[1] Thucydide a ici en vue les offres de Pharnabaze.

verrait les équipages déserter; que tout cela était imputable à Astyochos qui, préoccupé de ses propres intérêts, augmentait les prétentions de Tissaphernes.

LXXXIV. Comme on se livrait à ces réflexions, une sorte de mouvement séditieux eut lieu contre Astyochos; voici à quelle occasion : les matelots de Syracuse et de Thurium, de condition libre pour la plupart, se montraient par cela même d'autant plus arrogants et pressants dans leurs réclamations au sujet de la paye. Astyochos répondit avec quelque hauteur, menaça même Doriée qui appuyait les demandes de son équipage et leva sur lui son bâton. A cette vue, la masse des soldats pousse des cris et, avec toute la violence des gens de mer, se précipite sur Astyochos pour le frapper. Celui-ci, prévoyant le danger, chercha un refuge auprès d'un autel ; il ne fut pas blessé, et la foule se dispersa.

Les Milésiens attaquèrent par surprise le fort bâti dans leur ville par Tissaphernes, s'en emparèrent et en chassèrent la garnison [1]. Ils eurent en cela l'assentiment des autres alliés, et en particulier des Syracusains. Mais Lichas blâma cette mesure [2] : il dit que les Milésiens et tous ceux qui habitaient sur les terres du Roi devaient rester soumis à Tissaphernes à des conditions modérées, et le ménager jusqu'à ce que la guerre fût terminée heureusement. Les Milésiens, qui avaient contre lui d'autres griefs analogues, ne lui pardonnèrent pas ce propos et, lorsque plus tard il mou-

---

[1] Lorsque Milet, après sa défection, se soumit à Tissaphernes, il bâtit un fort dans la ville et y mit garnison (voyez l. viii, ch. 58).

[2] Lichas était à la tête des commissaires lacédémoniens chargés de surveiller Astyochos (voyez l. viii, ch. 43, 52).

rut de maladie, ils s'opposèrent à ce qu'il fût inhumé à l'endroit choisi par les Lacédémoniens présents sur les lieux.

LXXXV. Les choses en étaient là, lorsqu'au plus fort de cette irritation contre Astyochos et contre Tissaphernes arriva de Lacédémone Mindaros, successeur d'Astyochos dans le commandement de la flotte. Astyochos lui remit ses pouvoirs et s'embarqua. Tissaphernes fit partir avec lui, en qualité d'ambassadeur, un de ses affidés, nommé Gaulitès, Carien qui parlait les deux langues[1]. Il avait mission de se plaindre des Milésiens au sujet du fort, et en même temps de justifier Tissaphernes : car celui-ci savait que les Milésiens étaient partis surtout pour l'accuser, et qu'avec eux se trouvait Hermocrates, qui devait le représenter comme un homme double, ruinant avec Alcibiade les affaires du Péloponnèse. Tissaphernes ne lui avait jamais pardonné depuis les contestations au sujet de la solde. Lorsqu'en dernier lieu les Syracusains le bannirent et envoyèrent à Milet d'autres généraux, Potamis, Myscon, Démarchos, pour commander leur flotte, Tissaphernes montra contre lui, quoique exilé, plus d'acharnement encore, et l'accusa, entre autres choses, de lui en vouloir parce qu'il n'avait pas obtenu une somme d'argent qu'il avait autrefois sollicitée de lui. Pendant qu'Astyochos, les Milésiens et Hermocrates faisaient voile pour Lacédémone, Alcibiade était déjà de retour à Samos d'auprès de Tissaphernes.

LXXXVI. Les députés des quatre cents, envoyés

---

[1] Celle des barbares et celle des Grecs. C'était parmi les Cariens que les Perses choisissaient ordinairement les interprètes, dans leurs rapports avec les Grecs.

précédemment pour tranquilliser et éclairer l'armée de Samos, arrivèrent de Délos, et trouvèrent là Alcibiade. Une assemblée fut convoquée; mais, lorsqu'ils voulurent prendre la parole, les soldats refusèrent d'abord de les entendre, en criant qu'il fallait tuer ceux qui avaient aboli la démocratie. Cependant ils se calmèrent enfin à grand'peine, et écoutèrent. Les députés déclarèrent que la révolution avait eu pour objet, non la ruine, mais le salut de la république; qu'il n'était pas question de la livrer à l'ennemi, puisqu'on le pouvait lors de l'invasion [1], ayant dès lors le pouvoir en main, et qu'on ne l'avait pas fait; que les cinq mille participeraient tous au gouvernement tour à tour, et que les familles des guerriers absents, bien loin d'être outragées, comme l'avait annoncé calomnieusement Chéréas, n'étaient inquiétées en rien et restaient paisiblement en possession de leurs biens. Malgré ces protestations et beaucoup d'autres, les soldats ne voulurent rien entendre, et s'exaltèrent de plus en plus : les propositions se croisaient, on parlait surtout de faire voile pour le Pirée. Dans cette occurrence, Alcibiade prit l'initiative et rendit à la république un service qui ne le cède à aucun autre. Car, au moment où l'armée athénienne de Samos brûlait de marcher sur Athènes, démarche qui livrait à l'ennemi sans coup férir l'Ionie et l'Hellespont, ce fut lui qui l'en empêcha; et aucun autre que lui n'était capable, dans un pareil moment, de contenir la multitude. Il les fit renoncer à leur dessein, et calma par ses reproches ceux qui se montraient particulièrement animés contre les députés. Il fit lui-

---

[1] L'invasion des Péloponnésiens en Attique.

même la réponse et leur dit, en les congédiant, qu'il ne s'opposait pas à ce que l'autorité fût exercée par les cinq mille, mais qu'il demandait la déposition des quatre cents et le rétablissement de l'ancien conseil des cinq cents ; que si quelque réduction avait été faite sur les dépenses, pour augmenter la solde des troupes, il approuvait entièrement. Il leur recommanda d'ailleurs de tenir ferme contre l'ennemi, et de se mettre en garde contre toute faiblesse ; car, disait-il, la ville sauvée, il y a tout espoir de s'entendre entre concitoyens ; mais, si une fois un des deux partis succombe, celui de Samos ou celui d'Athènes, il ne restera plus personne avec qui se réconcilier.

Il se trouvait aussi là des députés d'Argos envoyés à Samos, auprès des Athéniens, pour offrir des secours au parti populaire. Alcibiade les félicita, les engagea à venir au premier appel, et les congédia. C'étaient les Paraliens qui avaient amené ces ambassadeurs d'Argos. Embarqués précédemment sur un bâtiment affecté au transport des hoplites, avec ordre de croiser autour de l'Eubée, ils avaient reçu ensuite mission de transporter à Lacédémone Lespodias, Aristophon et Mélésias, envoyés comme ambassadeurs par les quatre cents. Mais, une fois à la hauteur d'Argos, ils avaient arrêté et livré aux Argiens ces députés, comme ayant joué un des principaux rôles dans l'abolition de la démocratie. Quant à eux, au lieu de retourner à Athènes, ils avaient pris à leur bord les députés argiens et les avaient amenés à Samos.

LXXXVII. Le même été, au moment où divers motifs et surtout le rappel d'Alcibiade irritaient au plus haut point les Péloponnésiens contre Tissaphernes, qu'ils accusaient d'être ouvertement dans le parti d'Athènes, celui-ci, voulant, ce semble, se disculper auprès d'eux, se disposa à aller rejoindre la flotte phénicienne à Aspendos. Il engagea Lichas à l'accompagner, et déclara qu'il préposerait auprès de l'armée Tamon, son lieutenant, pour payer le subside en son absence. Les avis diffèrent sur ce voyage, et il n'est pas facile de savoir dans quelle intention il se rendit à Aspendos, ni pourquoi, y étant allé, il n'en ramena pas la flotte. Ce qui est incontestable, c'est que les vaisseaux phéniciens, au nombre de cent quarante-sept, vinrent jusqu'à Aspendos ; mais pourquoi n'arrivèrent-ils pas? C'est le sujet de bien des conjectures. Les uns pensent qu'en s'absentant il poursuivait son dessein de ruiner les affaires des Péloponnésiens. Et, en effet, Tamon, chargé de fournir le subside, loin de se montrer plus exact, le paya plus mal encore. D'autres ont dit qu'il voulait, après avoir fait venir les Phéniciens jusqu'à Aspendos, leur faire acheter leur congé ; car, dans tous les cas, il ne devait pas recourir à leurs services ; d'autres, que c'était pour répondre aux récriminations adressées à Lacédémone et faire dire qu'il n'avait aucun tort, la flotte auprès de laquelle il se rendait ainsi officiellement devant certainement être équipée. Quant à moi, ce qui me paraît le plus certain, c'est que ce fut pour balancer et ruiner la puissance des Grecs, qu'il n'amena pas la flotte : il la ruinait par son absence et ses temporisations, et maintenait l'équilibre en évitant de donner par son adjonction l'avantage à aucun des deux partis. Car, s'il eût voulu terminer la guerre, il le pouvait évidemment, cela n'est pas douteux. En amenant la flotte, il eût vraisemblablement donné la victoire aux Lacédémoniens, puisque déjà ils avaient en face de l'ennemi, à leur station, des forces plutôt égales qu'inférieures à celles d'Athènes. Ce qui trahit surtout ses intentions, c'est le prétexte qu'il allégua lorsqu'il revint sans la flotte : les vaisseaux rassemblés étaient, disait-il, moins nombreux que n'avait ordonné le Roi ; comme si le Roi n'eût pas dû lui savoir plus de gré d'atteindre le même résultat à moins de frais et sans lui imposer d'onéreuses dépenses. Enfin, quelles que fussent ses intentions, il se rendit à Aspendos et y rencontra les Phéniciens. Les Péloponnésiens, d'après ses instructions, envoyèrent aussi au-devant de la flotte le Lacédémonien Philippe avec deux trirèmes.

LXXXVIII. Alcibiade, dès qu'il apprit que Tissaphernes se dirigeait vers Aspendos, s'y rendit de son côté avec treize vaisseaux. Il avait promis aux Athéniens de Samos de leur rendre un service signalé, sans qu'ils eussent aucun péril à courir ; c'était de leur amener la flotte phénicienne ou de l'empêcher de se réunir aux Lacédémoniens. Il savait probablement de longue main que Tissaphernes était résolu à ne pas amener cette flotte, et il voulait, par cette apparence de concert avec lui, provoquer chez les Péloponnésiens des récriminations plus vives qui le forceraient d'autant mieux à s'entendre avec les Athéniens. Il mit donc à la voile et cingla droit à l'est de Phasélis[1] et de Caune.

---

[1] Caune devait être nommée d'abord ; mais ces inversions sont assez fréquentes chez Thucydide.

LXXXIX. Les ambassadeurs envoyés par les quatre cents rapportèrent, à leur retour de Samos à Athènes, ce que leur avait dit Alcibiade : qu'il engageait à tenir ferme contre l'ennemi, sans lui faire aucune concession, et qu'il avait bon espoir de réconcilier l'armée avec eux et de triompher des Péloponnésiens. Déjà la plupart de ceux qui avaient été mêlés au mouvement oligarchique en étaient aux regrets et ne demandaient pas mieux que de trouver une issue quelconque pour sortir de là s'ils le pouvaient sans danger. Leur confiance s'en accrut ; ils formaient des réunions, ils critiquaient l'ordre de choses présent. A leur tête étaient des hommes du plus grand poids dans le parti oligarchique, généraux, fonctionnaires en charge, tels que Théramènes, fils d'Agnon, Aristocrates, fils de Scellias, et d'autres encore. Quoiqu'aux premiers rangs parmi les chefs actuels du gouvernement, ils redoutaient — et ils ne s'en cachaient pas — l'armée de Samos et Alcibiade ; ils craignaient que les ambassadeurs envoyés à Lacédémone ne prissent sans la participation du peuple quelque mesure compromettante pour la république ; aussi, tout en se gardant de dire qu'il fallait modifier l'ordre actuel comme concentrant le pouvoir dans un cercle trop étroit, ils réclamaient pour les cinq mille une action politique réelle et non plus nominale, et un gouvernement plus conforme aux principes d'égalité. Mais la raison politique, mise ainsi en avant, n'était qu'un leurre ; en réalité, la plupart d'entre eux, dans des vues d'ambition privée, cédaient à des préoccupations personnelles, fatales surtout à une oligarchie issue de la démocratie. Car alors une rivalité incessante s'établit entre tous ; ce n'est plus à l'égalité qu'on aspire : chacun veut primer de beaucoup tous les autres. Sous le régime démocratique, au contraire, où c'est l'élection qui décide, on accepte plus aisément le résultat, parce qu'on ne se croit pas rabaissé par ses égaux [1]. Ce qui fortifiait surtout ces tendances, c'était la forte position prise par Alcibiade à Samos et la conviction que l'oligarchie n'avait pas d'avenir. On briguait donc à l'envi le rôle de chef du peuple, et c'était à qui arriverait le premier.

XC. Ceux des quatre cents qui étaient le plus opposés à cette forme politique et qui avaient la haute direction des affaires, Phrynichos, autrefois adversaire d'Alcibiade, lors de son commandement à Samos, Aristarchos, depuis longtemps l'ennemi le plus déclaré de la démocratie, Antiphon et quelques autres des chefs les plus puissants, avaient précédemment envoyé à Lacédémone des députés pris parmi eux, aussitôt après la révolution. Lorsque Samos se fut insurgée contre eux en faveur de la démocratie, ils en firent partir d'autres, donnèrent tous leurs soins au maintien de l'oligarchie et se mirent à élever un fort au lieu nommé Éétionée. Ils redoublèrent d'activité, lorsqu'après le retour des ambassadeurs qu'ils avaient envoyés à Samos, ils virent le changement qui s'opérait dans la multitude et chez ceux des leurs qu'ils croyaient auparavant dévoués. Inquiets et à l'intérieur et du côté de

---

[1] C'est-à-dire par ceux qui concourent avec vous à l'élection. Comme on est l'égal de chacun d'eux, leur choix ne fait déchoir personne, d'autant plus que chacun peut toujours intérieurement protester contre les résultats de l'élection, et se croire supérieur à ceux qui ont été favorisés. Dans une oligarchie, au contraire, on ne s'élève qu'en abaissant les autres et en leur faisant sentir sa supériorité.

Samos, ils envoyèrent sur-le-champ à Lacédémone Antiphon, Phrynichos et dix autres députés, avec mission de ménager un accommodement avec les Lacédémoniens, à quelque prix que ce fût, pour peu que les conditions fussent tolérables. Ils pressèrent encore plus la construction du mur d'Éétionée. L'objet de ce mur, au dire de Théramènes et de ses adhérents, n'était pas de fermer l'entrée du Pirée à l'armée de Samos, si elle venait l'attaquer de vive force, mais plutôt de favoriser, quand on le voudrait, l'admission des ennemis par terre et par mer. En effet, Éétionée forme dans le Pirée une saillie le long de laquelle se trouve immédiatement l'entrée du port : on éleva donc une muraille reliée à celle existant précédemment du côté de la terre ferme, de telle sorte qu'un petit nombre d'hommes placés entre deux pût commander l'entrée du port [1] ; car l'ancien mur du côté de la terre ferme, et le nouveau, le mur intérieur [2], élevé du côté de la mer [3], aboutissaient tous les deux à l'une des tours situées à l'entrée du port, qui est étroit. On éleva aussi dans le Pirée une immense galerie distincte du nouveau mur, mais presque immédiatement contiguë ; les quatre cents en disposaient seuls. Chacun fut tenu d'y déposer le blé qu'il pouvait avoir et celui qui arrivait par

---

[1] Les deux longs murs qui s'étendaient d'Athènes au Pirée aboutissaient, l'un à Éétionée, l'autre en face, et ne laissaient entre eux qu'une ouverture étroite commandée par les deux tours qui terminaient les murs. Les quatre cents élevèrent, à partir de la tour d'Éétionée, une nouvelle muraille plus rapprochée du port que la première et formant triangle avec elle. C'est dans l'intervalle qu'ils devaient placer les troupes.

[2] C'est-à-dire élevé entre les deux longs murs.

[3] Du côté du port.

mer [1] ; c'était de là qu'on devait le tirer pour le mettre en vente.

XCI. Théramènes donc récriminait partout à ce sujet ; et, lorsque les députés furent revenus de Lacédémone sans avoir conclu aucun accord général [2], il dit qu'Athènes risquait fort de périr par ce mur. En effet, il se trouva qu'à cette même époque une flotte forte de quarante-deux vaisseaux, parmi lesquels des bâtiments italiens de Tarente et de Locres et quelques vaisseaux siciliens, était partie du Péloponnèse sur l'appel des Eubéens. Le Spartiate Hagésandridas, fils d'Hagésandros, la commandait. Déjà elle mouillait à Las, en Laconie, et se disposait à faire voile pour l'Eubée. Théramènes prétendit qu'elle était destinée à ceux qui fortifiaient Éétionée, bien plutôt qu'à l'Eubée, et que, si on ne se hâtait de se mettre en garde, on serait surpris et écrasé. Ceux sur qui tombait cette accusation y prêtaient jusqu'à un certain point, et ce n'était pas tout à fait une calomnie sans fondement ; leur but, était, avant tout, de maintenir le gouvernement oligarchique et de conserver l'autorité, même sur les alliés ; sinon, de disposer de la flotte et des murs pour assurer leur indépendance ; que si même ce dernier espoir leur échappait, ils voulaient, pour ne pas tomber les premiers sous les coups du parti populaire revenu au pouvoir, introduire les ennemis, traiter avec eux moyennant le sacrifice des murs et de la flotte, et conserver, à telles conditions que ce fût, l'administration

---

[1] C'était un moyen de contenir la ville par la famine.
[2] Ils pouvaient avoir traité personnellement, dans l'intérêt des quatre cents, mais non pas au nom de la république.

des affaires, afin de garantir du moins leur sécurité personnelle.

XCII. Aussi s'empressaient-ils d'achever ces fortifications ; ils ménageaient de petites portes, des entrées, des passages pour les ennemis, et voulaient que tout fût terminé avant le moment décisif.

D'abord les murmures circulèrent secrètement et entre peu de personnes. Mais, sur ces entrefaites, Phrynichos, au retour de son ambassade à Lacédémone, fut frappé de guet-apens et tué sur le coup par un des péripoles, en pleine place publique, au moment de la plus grande affluence et presque au sortir du sénat. Le meurtrier s'échappa ; un Argien, son complice, arrêté et mis à la question par les quatre cents, ne dénonça aucun instigateur et dit seulement qu'il était à sa connaissance que de nombreuses réunions avaient lieu chez le commandant des péripoles et dans d'autres maisons. Comme il ne fut donné aucune suite à cette affaire, Théramènes, Aristocrates et tous ceux qui pensaient de même, soit parmi les quatre cents, soit en dehors, mirent la main à l'œuvre avec plus de résolution. Déjà, en effet, la flotte partie de Las était parvenue, en côtoyant, jusqu'à Épidaure, et avait fait de là une pointe sur Égine. Théramènes faisait remarquer qu'il n'était pas vraisemblable, si sa destination était l'Eubée, qu'elle fût entrée dans le golfe d'Égine, ni qu'elle fût revenue stationner à Épidaure si elle n'eût été mandée précisément dans le but que lui-même ne cessait de dénoncer ; qu'il n'était donc plus possible d'hésiter à agir. Enfin, après bien des discours propres à semer le soupçon et la sédition, on en vint aux effets. Les hoplites qui élevaient au Pirée les fortifications d'Éétionée, et au milieu desquels Aristocrates se trouvait, comme taxiarque, à la tête de sa tribu, saisirent Alexiclès, l'un des généraux du parti oligarchique, tout dévoué à ses collègues, le conduisirent chez lui et l'y tinrent aux arrêts. Ils étaient secondés entre autres par Hermon, commandant des péripoles en garnison à Munychie; mais ce qu'il y avait de plus grave, c'était que la masse des hoplites partageait les mêmes dispositions.

Les quatre cents se trouvaient alors en séance au sénat : à la première nouvelle du mouvement, ils se disposèrent à courir aux armes, — excepté pourtant ceux qui n'étaient pas dans les mêmes sentiments, — et se répandirent en menaces contre Théramènes. Celui-ci, pour se justifier, déclara qu'il était prêt à aller sur-le-champ avec eux délivrer Alexiclès ; il prit avec lui un des généraux, qui partageait ses vues, et courut au Pirée. Aristarchos s'y porta également avec des jeunes gens de l'ordre des chevaliers. Le tumulte et l'épouvante étaient partout : à la ville, on se figurait déjà que le Pirée était pris et le prisonnier égorgé ; au Pirée, on s'attendait d'un moment à l'autre à une irruption du côté de la ville. Dans la ville, on se précipitait de toutes parts et on courait aux armes ; ce ne fut qu'à grand'-peine que les vieillards et Thucydides de Pharsale, proxène d'Athènes, qui se trouvait là, parvinrent à les contenir ; Thucydides se jetait au-devant de chacun, leur criait de ne pas perdre la patrie qund l'ennemi était aux portes et épiait le moment ; enfin ils se calmèrent et n'en vinrent pas aux mains.

Théramènes arriva au Pirée : comme il était lui-même général, il s'emporta fort contre les hoplites, mais seulement en paroles. Aristarchos, au contraire, et les ennemis de la faction populaire étaient réellement indignés. Cependant la plupart des hoplites, loin de témoigner aucun repentir, n'en continuaient pas moins d'aller à l'ouvrage[1] : ils demandèrent à Théramènes s'il lui semblait que les fortifications fussent élevées à bonne intention, et s'il ne valait pas mieux qu'elles fussent détruites. Il répondit que, s'ils croyaient devoir les démolir, c'était aussi son avis. Dès lors les hoplites et une grande partie de la population du Pirée s'empressèrent de monter sur le mur et de le renverser. Dans l'appel à la multitude, la phrase convenue était que, quiconque voulait le gouvernement des cinq mille au lieu des quatre cents, devait mettre la main à l'œuvre. On s'abritait encore sous le nom des cinq mille pour ne pas dire ouvertement « quiconque veut le gouvernement du peuple ; » car on craignait que ces cinq mille ne fussent réellement constitués, et, faute de se connaître mutuellement, on ne voulait pas se compromettre en s'avançant trop. C'était pour cela, du reste, que les quatre cents n'avaient voulu ni donner une existence réelle aux cinq mille, ni laisser percer qu'ils n'existaient pas : ils sentaient d'une part qu'admettre une telle multitude au partage du pouvoir, c'était revenir au gouvernement populaire, et, de l'autre, que le doute sur leur existence entretenait les défiances réciproques[2].

XCIII. Le lendemain, les quatre cents, malgré leur trouble, se réunirent en conseil. Les hoplites du Pirée relâchèrent Alexiclès qu'ils avaient arrêté ; après la

[1] C'est-à-dire détruire le mur.
[2] Et par conséquent affermissait le pouvoir aux mains des oligarques.

destruction du mur, ils se rendirent au théâtre de Bacchus, dans le Pirée, près de Munychie, s'y établirent en armes et se formèrent en assemblée. Après délibération, ils se transportèrent aussitôt à la ville et s'installèrent dans l'Anacion [1]. Quelques délégués des quatre cents vinrent les y trouver, s'entretinrent individuellement avec eux, et engagèrent ceux qu'ils voyaient les plus modérés à se tenir en repos et à contenir les autres. Ils leur dirent qu'on allait faire connaître les cinq mille ; que ce serait de ce corps que seraient tirés, à tour de rôle, les quatre cents, suivant le mode adopté par les cinq mille eux-mêmes ; qu'en attendant il ne fallait rien faire qui pût perdre la république et la livrer à l'ennemi. Après de nombreux entretiens particuliers dans ce même esprit, toute cette multitude d'hoplites se calma, surtout dans la crainte de mettre l'État tout entier en péril : on convint de tenir à jour dit une assemblée au temple de Bacchus, afin de s'entendre.

XCIV. Le jour fixé pour l'assemblée dans le temple de Bacchus, et au moment même où l'on allait se réunir, la nouvelle arriva qu'Hagésandridas, parti de Mégare avec ses quarante-deux vaisseaux, côtoyait Salamine. Il n'y eut aucun des hoplites qui ne vît dans cet événement la réalisation des craintes exprimées autrefois par Théramènes et ses partisans; on crut que cette flotte venait occuper les fortifications et qu'on avait eu raison de les démolir. Et dans le fait c'était peut-être par suite de quelques intelligences qu'Hagésandridas croisait en vue d'Épidaure et dans les envi-

---

[1] Temple de Castor et Pollux, au pied de l'Acropole.

rons ; mais il n'est pas non plus invraisemblable que, voyant Athènes en proie aux factions, il se soit arrêté de lui-même dans ces parages, pensant arriver à propos. Les Athéniens, à cette nouvelle, coururent en masse au Pirée, jugeant leurs divisions intestines d'un intérêt moindre que la guerre étrangère [1], surtout quand l'ennemi, au lieu d'être au loin, se trouvait en vue du port. Ceux-ci s'embarquaient sur les vaisseaux qui se trouvaient à flot, ceux-là tiraient des bâtiments à la mer ; quelques-uns couraient à la défense des murs et de l'entrée du port.

XCV. La flotte péloponnésienne, après avoir rangé la côte et doublé Sunium, mouilla entre Thoricos et Prasies, puis gagna Oropos. Les Athéniens dirigèrent sur Érétrie une flotte commandée par Timocharès ; mais ils avaient été obligés d'appareiller à la hâte et d'employer des équipages mal exercés, conséquence nécessaire des troubles politiques et de l'empressement qu'ils mirent à secourir la plus importante de leurs possessions ; car, l'Attique investie, l'Eubée était tout pour eux. Cette flotte, réunie aux bâtiments qui se trouvaient précédemment en Eubée, comptait trente-six vaisseaux et fut tout d'abord obligée à combattre. En effet, Hagésandridas mit à la voile d'Oropos, aussitôt après le premier repas. — Oropos n'est séparé d'Érétrie que par un bras de mer de soixante stades. Dès qu'on le vit s'avancer, les Athéniens s'empressèrent d'embarquer leurs équipages, persuadés que leurs soldats étaient à portée des vaisseaux. Mais ceux-ci,

---

[1] Je lis avec la plupart des interprètes, et conformément à la correction du scoliaste de Thucydide : ὡς τοῦ ἰδίου πολέμου μείζονος τοῦ ἀπὸ τ. π.

n'ayant pas trouvé de vivres pour leur repas sur le marché, où les Érétriens n'avaient à dessein rien laissé mettre en vente, étaient allés en chercher dans des maisons particulières aux extrémités de la ville. Le but était de retarder l'embarquement, pour que les ennemis pussent tomber sur eux avant qu'il fût terminé et les forcer à combattre dans l'état où ils se trouveraient. Un signal fut même élevé à Érétrie pour faire connaître à Oropos le moment où il fallait mettre en mer. Ce fut dans ce triste état que les Athéniens appareillèrent. Le combat s'engagea au-dessus du port d'Érétrie : ils tinrent néanmoins quelque temps ; mais, bientôt mis en fuite, ils furent poursuivis jusqu'à la côte. Ceux d'entre eux qui se réfugièrent à Érétrie, comme dans une place amie, furent les plus maltraités ; car on les y égorgea ; ceux au contraire qui purent gagner le fort que les Athéniens occupaient dans le pays pour le contenir, furent sauvés. Il en fut de même des vaisseaux qui cherchèrent un refuge à Chalcis. Les Péloponnésiens prirent vingt-deux bâtiments athéniens, tuèrent une partie des hommes, firent les autres prisonniers et élevèrent un trophée. Peu après, ils insurgèrent toute l'Eubée, à l'exception d'Oréos que les Athéniens occupaient eux-mêmes, et pourvurent à l'organisation du pays.

XCVI. Quand on apprit à Athènes les événements d'Eubée, ce fut une consternation jusque-là sans exemple : ni le désastre de Sicile, quelque immense qu'il eût semblé alors, ni aucun autre malheur n'avait causé encore une telle stupeur. L'armée de Samos insurgée cont. eux ; ni vaisseaux de rechange, ni équipages pour les monter ; la sédition dans la ville, sans qu'on sût quand on en viendrait aux mains ; pour comble de misères, un désastre qui leur enlevait et leur flotte, et, ce qui était le pire, l'Eubée, plus utile pour eux que l'Attique même ! Comment n'eussent-ils point été découragés ? Le danger le plus pressant, ce qu'on redoutait par-dessus tout, c'était que l'ennemi vainqueur n'osât se présenter au Pirée, alors dégarni de vaisseaux. D'un moment à l'autre on s'attendait à le voir paraître. Et, en effet, avec plus d'audace c'était chose facile : il suffisait de mouiller devant la ville pour y augmenter les dissensions ; ou, si l'on s'arrêtait à en former le siége, on obligeait les soldats de Samos, quoique ennemis de l'oligarchie, à ramener la flotte au secours de leurs parents et de la république entière. Dès lors, on était maître de l'Hellespont, de l'Ionie, des îles, de tout le pays jusqu'à l'Eubée, et, pour ainsi dire, de la domination athénienne tout entière. Mais ce n'est pas la seule circonstance où ce fut un bonheur pour les Athéniens d'avoir à combattre les Lacédémoniens de préférence à tout autre peuple ; il en fut de même dans bien d'autres occasions. La profonde opposition des caractères, la vivacité et l'esprit entreprenant des uns opposés à la lenteur et à la timidité des autres, donnèrent un immense avantage aux Athéniens, surtout pour conquérir l'empire des mers. Les Syracusains l'ont bien fait voir ; personne ne ressemblait plus aux Athéniens ; aussi n'eurent-ils pas d'ennemis plus redoutables.

XCVII. Cependant, sur ces nouvelles, les Athéniens équipèrent vingt vaisseaux et se formèrent aussitôt en assemblée dans le lieu nommé Pnyx, consacré autrefois à cet usage : c'était la première réunion depuis la révolution. Là, ils déposèrent les quatre cents, et conférèrent par décret le pouvoir aux cinq mille, en y admettant tous ceux qui étaient complètement armés. Défense fut faite, sous peine de malédiction, de recevoir aucun salaire pour quelque fonction que ce fût ; il y eut ensuite un grand nombre d'autres assemblées : on y vota la création de Nomothètes et d'autres décrets organiques. Du reste, cette première période [1] me paraît une de celles où Athènes fut le plus sagement gouvernée, du moins de mon temps : l'oligarchie et la démocratie se tempéraient mutuellement, et la république commença alors à se relever de ses précédents désastres. On y décréta le rappel d'Alcibiade et d'autres exilés, et on lui transmit, ainsi qu'à l'armée de Samos, l'invitation de prendre vigoureusement en main la conduite des affaires.

XCVIII. Au milieu de cette révolution, Pisandre, Alexiclès et tous les principaux partisans de l'oligarchie se sauvèrent aussitôt à Décélie. Seul parmi eux, Aristarchos, qui était aussi général, prit à la hâte quelques archers des plus barbares et se dirigea vers Œnoé, fort des Athéniens sur les frontières de la Béotie. Les Corinthiens qui avaient contre cette place un grief particulier, la perte de leurs gens, tués par ceux d'Œnoé, à leur retour de Décélie, l'assiégeaient en leur propre nom, avec le secours de quelques Béotiens qu'ils avaient appelés. Aristarchos se mit en rapport avec eux et trompa la garnison d'Œnoé, en lui disant qu'à la ville on était d'accord avec les Lacédémoniens sur tous les points et qu'ils devaient eux-mêmes livrer Œnoé, sui-

---

[1] Depuis la restauration de la démocratie.

vant une des clauses du traité. Les troupes le crurent en sa qualité de général, d'autant plus qu'étant assiégées, elles ne savaient rien de ce qui se passait : elles sortirent de la place sous la foi publique. C'est ainsi que les Béotiens se mirent en possession d'Œnoé et que cessèrent à Athènes l'oligarchie et les séditions.

XCIX. Vers la même époque de cet été, les Péloponnésiens qui étaient à Milet se lassèrent de leur situation : ils ne recevaient plus le subside d'aucun des agents que Tissaphernes avait chargés de le payer, lors de son départ pour Aspendos ; ni la flotte phénicienne, ni Tissaphernes ne paraissaient ; Philippe, envoyé à la suite de Tissaphernes, et Hippocrates, autre Spartiate, alors à Phasélis, écrivaient à Mindaros, commandant de la flotte, que les vaisseaux ne viendraient pas ; qu'en tout Tissaphernes les trahissait ; que d'un autre côté Pharnabaze les appelait ; qu'il était disposé, si on lui amenait la flotte, à faire soulever contre les Athéniens, comme l'avait fait Tissaphernes, le reste des villes de son gouvernement, dans l'espoir de tirer de là quelque avantage. Par ces divers motifs, Mindaros donna soudain l'ordre du départ, afin d'en dérober la connaissance à la flotte de Samos ; il mit à la voile avec beaucoup d'ordre et se dirigea de Milet vers l'Hellespont. Déjà seize vaisseaux y étaient entrés, dans le cours du même été, et, avaient porté le ravage dans une partie de la Chersonnèse. Mindaros, battu par une tempête, fut forcé de relâcher à Icaros, où il séjourna cinq ou six jours, et aborda ensuite à Chio.

C. Thrasylle, dès qu'il apprit son départ de Milet, mit lui-même à la voile sur-le-champ, et se porta rapidement de Samos vers l'Hellespont, afin de n'y être pas prévenu par l'ennemi. Informé de sa présence à Chio, et pensant bien qu'il y séjournerait, il plaça des vigies à Lesbos et sur le continent en face de Chio, pour que la flotte ne pût faire le moindre mouvement à son insu. Lui-même se rendit à Méthymne où il ordonna de réunir des blés et des approvisionnements de tout genre, dans le dessein de faire des courses de Lesbos sur Chio, si les choses traînaient en longueur. Comme d'ailleurs Eressos, dans l'île de Lesbos, avait fait défection, il voulait y aborder et s'en rendre maître, s'il était possible. Des bannis de Méthymne, appartenant aux plus riches familles, s'étaient procuré à Cymé, grâce à leurs relations d'amitié, une cinquantaine d'hoplites, en avaient soudoyé d'autres sur le continent et réunissaient environ trois cents hommes. Anaxandros de Thèbes les commandait, en raison de sa parenté avec eux. D'abord ils attaquèrent Méthymne ; mais la tentative échoua, grâce à l'arrivée de la garnison athénienne de Mytilène. Vaincus dans un second combat et rejetés hors du pays, ils traversèrent la montagne et allèrent insurger Eressos. Thrasylle fit donc voile contre cette place, avec l'intention de l'attaquer. Déjà Thrasybulle l'y avait précédé avec cinq vaisseaux qu'il amena de Samos à la première nouvelle de cette expédition des bannis. Mais, n'ayant pu prévenir l'insurrection, il avait, à son arrivée, jeté l'ancre devant Eressos, où il fut rejoint par deux bâtiments qui retournaient de l'Hellespont à Athènes et par la flotte de Méthymne. Soixante-sept vaisseaux se trouvant ainsi réunis devant la place, on se disposa à faire dresser par les troupes tirées de la flotte des machines contre les murs, et à tout mettre en œuvre pour s'en emparer.

CI. Cependant Mindaros et la flotte péloponnésienne en relâche à Chio, après avoir fait des vivres pendant deux jours et levé sur les habitants trois tessaracostes de Chio par homme, partirent de Chio le troisième jour. Craignant, s'ils prenaient le large, de rencontrer la flotte d'Éressos, ils laissèrent Chio sur la gauche, se dirigèrent vers le continent et touchèrent au port de Carteries, dépendance de Phocée, où ils prirent leur premier repas. De là ils côtoyèrent le rivage de Cymé et allèrent souper aux Arginuses, sur le continent, en face de Mytilène. Ils continuèrent à ranger la côte une grande partie de la nuit, et arrivèrent à Harmatous, snr le continent, en face de Méthymne. Après le repas du matin, ils longèrent rapidement Lectos, Larissa, Hamaxitos et les autres places de ces contrées, et arrivèrent avant le milieu de la nuit à Rhœtion, qui est déjà sur l'Hellespont. Quelques vaisseaux abordèrent à Sigée et sur d'autres points de cette plage.

CII. Les Athéniens, qui étaient à Sestos avec dix-huit bâtiments, furent avertis par les feux de leurs vedettes et par le grand nombre de ceux qu'ils virent tout à coup s'allumer dans les campagnes ennemies, que les Péloponnésiens entraient dans l'Hellespont. Ils se dérobèrent cette nuit même, avec toute la célérité possible, se dirigèrent vers la Chersonnèse et rangèrent la côte jusqu'à Éléous, afin d'éviter la flotte ennemie en gagnant le large. Ils échappèrent aux seize vaisseaux d'Abydos [1], quoique la flotte péloponnésienne qui arrivait eût prévenu ces derniers de faire bonne garde, et de se tenir prêts pour le cas où les Athéniens

---

[1] Aux vaisseaux péloponnésiens.

tenteraient de sortir. Mais à l'aurore ils découvrirent les vaisseaux de Mindaros et se hâtèrent de fuir, sans pouvoir cependant échapper à tous. La plupart se réfugièrent à Imbros et à Lemnos ; mais les quatre vaisseaux qui fermaient la marche furent atteints en côtoyant Éléous : l'un, poussé à terre vers la chapelle de Protésilas, fut pris avec son équipage ; deux autres étaient abandonnés quand ils tombèrent aux mains de l'ennemi ; le dernier, également abandonné, fut brûlé près d'Imbros.

CIII. Les Péloponnésiens réunirent ensuite les deux flottes, comprenant en tout quatre-vingt-six vaisseaux, et assiégèrent ce même jour Éléous ; mais l'entreprise échoua et ils se retirèrent à Abydos. Les Athéniens, mal servis par leurs vigies et persuadés que la flotte ennemie ne pouvait passer à leur insu, continuaient à battre à loisir les murs d'Éressos. A la première nouvelle, ils abandonnèrent le siége et se dirigèrent en toute hâte vers l'Hellespont. Deux vaisseaux péloponnésiens qui, dans l'ardeur de la poursuite[1], s'étaient trop avancés en mer, tombèrent au milieu d'eux et furent pris. Ils arrivèrent le lendemain à Éléous, y mouillèrent, recueillirent tous ceux de leurs bâtiments qui s'étaient réfugiés à Imbros, et pendant cinq jours se préparèrent au combat.

CIV. L'action s'engagea ensuite dans l'ordre suivant : les Athéniens, rangés à la file, longeaient la côte de Sestos ; les Péloponnésiens, qui d'Abydos avaient vu leur mouvement, s'avançaient à leur rencontre.

---

[1] Très-probablement en poursuivant les vaisseaux partis de Sestos.

Quand on reconnut que le combat était inévitable, les deux flottes étendirent leurs lignes : celle des Athéniens, forte de soixante-seize vaisseaux, occupait, le long de la Chersonnèse, depuis Idacos jusqu'à Harrhianes ; celle des Péloponnésiens s'étendait d'Abydos à Dardanos et comptait quatre-vingt-dix-huit bâtiments. A la droite des Péloponnésiens étaient les Syracusains ; à l'autre aile Mindaros et les vaisseaux qui manœuvraient le mieux. Du côté des Athéniens, Thrasylle occupait la gauche, Thrasybule la droite ; entre eux deux étaient les autres généraux, chacun à leur rang. Les Péloponnésiens, impatients de commencer, donnèrent les premiers : ils voulaient, en étendant leur gauche, dépasser la droite des Athéniens, les empêcher, s'il était possible, de gagner le large, les charger au centre et les pousser à la côte qui n'était pas éloignée. Les Athéniens, voyant cette manœuvre, s'étendirent du côté où l'ennemi voulait les enfermer, prirent l'avance et le débordèrent. Leur gauche avait déjà dépassé le promontoire de Cynossêma, de sorte que, par cette manœuvre, ils se trouvaient n'avoir plus au centre que des vaisseaux faibles, épars, moins nombreux d'ailleurs que ceux de l'ennemi. De plus, la côte de Cynossêma formant une courbe profondément dentelée, il était impossible d'apercevoir de là ce qui se passait plus loin.

CV. Les Péloponnésiens se jetèrent donc sur le centre, poussèrent à sec les vaisseaux athéniens, poursuivirent l'ennemi à terre, et obtinrent sur ce point une supériorité marquée. Il était impossible à Thrasybule, occupé par la multitude de vaisseaux qu'il avait devant lui, de se porter de la droite au centre, et Thrasylle ne le pouvait pas davantage de la gauche ; car, outre que le promontoire de Cynossêma l'empêchait de voir ce qui se passait, il avait en face des vaisseaux syracusains et autres, tout aussi nombreux que les siens, et qui ne lui permettaient pas de s'écarter. A la fin, cependant, les Péloponnésiens, rendus plus confiants par le succès, commencent à poursuivre isolément les vaisseaux ennemis; il en résulte quelque trouble dans leur ordre de bataille : Thrasybule, remarquant quelque hésitation dans les vaisseaux qui lui sont opposés, cesse aussitôt d'étendre sa ligne, tourne droit à l'ennemi, l'attaque et le met en fuite. Il se porte ensuite sur le point où les Péloponnésiens ont eu l'avantage, les surprend disséminés et brise leurs vaisseaux; la panique est telle que la plupart ne tentent même pas de combattre. Déjà les Syracusains avaient cédé de leur côté devant la division de Thrasylle ; ils précipitèrent leur fuite lorsqu'ils virent la déroute des autres.

CVI. La défaite était décidée : les Péloponnésiens s'enfuirent pour la plupart vers le fleuve Midios d'abord, et ensuite vers Abydos. Les Athéniens ne prirent qu'un petit nombre de vaisseaux ; car, en raison du peu de largeur de l'Hellespont, l'ennemi n'avait que peu de chemin à faire pour se mettre à l'abri. Néanmoins rien ne pouvait arriver plus à propos pour eux que cette victoire navale : jusque-là ils redoutaient la marine péloponnésienne, par suite des revers qu'ils avaient éprouvés coup sur coup et de leur désastre de Sicile : ils cessèrent dès lors de se défier d'eux-mêmes et de faire quelque estime de leurs adversaires comme puissance maritime. Cependant ils prirent sur l'ennemi huit vaisseaux de Chio, cinq de Corinthe, deux d'Ambracie, deux de Béotie, un de Leucade, un de Lacédémone, un de Syracuse et un de Pellène. Ils perdirent de leur côté quinze vaisseaux. Ils élevèrent un trophée sur le promontoire où est le Cynossêma[1], recueillirent les débris, rendirent aux ennemis leurs morts par convention et envoyèrent une trirème annoncer cette victoire à Athènes. L'arrivée de ce vaisseau et la nouvelle de ce bonheur inespéré relevèrent les courages abattus par les récents revers d'Eubée et les malheurs des dissensions intestines : les Athéniens crurent qu'en s'appliquant à leurs affaires avec ardeur, il était encore possible de reprendre leurs avantages.

CVII. Le quatrième jour après ce combat naval, les Athéniens qui étaient à Sestos, après avoir réparé à la hâte leurs vaisseaux, firent voile pour Cyzique, insurgée contre eux. Ils aperçurent à l'ancre, aux environs d'Harpagion et de Priapos, les huit vaisseaux de Byzance[2], voguèrent sur eux, battirent les équipages qui étaient à terre et prirent les bâtiments. Arrivés à Cyzique, qui n'était pas fortifiée, ils la firent rentrer dans la soumission et levèrent sur elle une contribution.

Cependant les Péloponnésiens passèrent d'Abydos à Éléous, et recouvrèrent ceux de leurs vaisseaux pris par l'ennemi qui étaient en bon état. Les autres avaient été brûlés par les Éléousiens. Ils envoyèrent ensuite en Eubée Hippocrates et Épiclès, pour en ramener les vaisseaux qui s'y trouvaient.

[1] Le monument du chien. Diodore appelle ce même point le tombeau d'Hécube.
[2] Ch. 80.

CVIII. Vers la même époque, Alcibiade revint avec ses treize vaisseaux de Caune et de Phasélis à Samos, annonçant qu'il avait détourné la flotte phénicienne de se joindre aux Péloponnésiens et fortifié encore les bonnes dispositions de Tissaphernes pour les Athéniens. Il équipa neuf bâtiments, outre ceux qu'il avait déjà, leva à Halicarnasse une forte contribution pécuniaire, entoura Cos d'une muraille, y installa des magistrats et revint à Samos vers l'automne.

Lorsque Tissaphernes apprit que la flotte péloponnésienne avait quitté Milet pour l'Hellespont, il partit d'Aspendos, et appareilla pour l'Ionie.

Pendant que les Péloponnésiens étaient dans l'Hellespont, les habitants d'Antandros, qui sont Éoliens, ayant à se plaindre du Perse Arsacès, lieutenant de Tissaphernes, firent venir par terre, à travers le mont Ida, des hoplites d'Abydos et les introduisirent dans leur ville. Arsacès avait indignement traité les Déliens qui s'étaient établis à Atramyttion, depuis leur expulsion de Délos par les Athéniens, à propos de la purification de cette île : sous prétexte de quelque vengeance secrète à exercer, il avait invité à une expédition les principaux d'entre eux, à titre d'amis et d'alliés, et, saisissant le moment où ils dînaient, il les avait fait entourer par ses gens et tuer à coups de flèches. Les habitants d'Antandros, effrayés de cette perfidie qui leur faisait redouter pour eux-mêmes quelque attentat du même genre, et ne pouvant plus supporter les charges qu'il leur imposait, chassèrent sa garnison de la citadelle.

CIX. Tissaphernes, sentant que ce nouveau coup partait des Péloponnésiens, tout aussi bien que ce qui s'était passé à Milet [1] et à Cnide, d'où ses garnisons avaient également été chassées, craignit de leur être devenu tout à fait odieux et d'avoir à souffrir encore de leur hostilité. Il ne voyait pas d'ailleurs sans quelque dépit Pharnabaze, qui les entretenait depuis moins longtemps et à moins de frais, en voie de réussir mieux que lui-même dans la guerre contre les Athéniens. Il résolut donc de les aller trouver dans l'Hellespont, de se plaindre à eux de ce qui s'était passé à Antandros, et de se disculper le mieux possible des reproches qui lui étaient faits au sujet de la flotte phénicienne et sur d'autres points. Il se rendit d'abord à Éphèse, et offrit un sacrifice à Diane.

Quand viendra la fin de l'hiver qui suivit cet été, la vingt et unième année de la guerre sera terminée [2].

[1] Voyez l. xiv, ch. 84.
[2] Que cette phrase appartienne à Thucydide, ou qu'elle ait été ajoutée plus tard, ce qui est beaucoup plus probable, elle prouve suffisamment que l'histoire de la guerre du Péloponnèse n'a jamais été achevée. Le huitième livre tout entier ne paraît même, à part quelques passages, qu'une espèce de journal, une collection de matériaux destinés à entrer plus tard dans une composition plus parfaite.

INDEX [1]

A

ABDÈRE, II, 97 et n.
ABRONYCHOS, fils de Lysiclès, I, 91.
ABYDOS, VIII, 61, 62, 79, 102, 103, 104, 106, 107, 108.
ACAMANTIDE (tribu), IV, 118.
ACANTHE, colonie d'Andros, IV, 84, 88 et n. ; 114, 120 ; V, 18.
ACANTHIENS, Brasidas leur fait la guerre, IV, 85, 88, 124.
ACANTHOS, le premier qui ait disputé nu le prix de la course, I, 6, n.
ACARNANES, leurs mœurs, I, 5 et n. ; II, 81 ; entrent dans l'alliance des Athéniens, II, 7, 9, 68 ; VII, 57 ; attaqués par les Ambraciotes, II, 80, 83 ; excellents frondeurs, II, 81 ; demandent aux Athéniens un général parent de Phormion, III, 7 ; accompagnent Démosthènes à Leucade, III, 94 ; vont au secours d'Argos Amphilochique, III, 105 ; nomment Démosthènes général de leur confédération, III, 107 ; battent les Ambraciotes, III, 108 ; poursuivent les vaincus à Idoméné, III, 111 ; ne veulent pas avoir les Athéniens pour voisins, III, 113 ; font la paix avec Ambracie, III, 114 ; colonisent Anactorion, IV, 49 ; font entrer les Agréens dans l'alliance d'Athènes, IV, 77 ; font voile pour la Béotie avec Démosthènes, IV, 79 ; fournissent à Démosthènes des frondeurs pour l'expédition de Sicile, VII, 31, 60.
ACARNANIE, ainsi nommée d'Acarnane, fils d'Alcméon, II, 102 ; située en face de Céphallénie, II, 30 ; les Lacédémoniens envoient Cnémos la soumettre, II, 80 et suiv. ; Phormion y pénètre, II, 102.

ACESINE, fleuve de Sicile, IV, 25.
ACHAÏE et ACHÉENS : Homère donne ce nom à tous les Grecs, I, 3 ; leur retour de Troie, IV, 120 ; VI, 2 ; leurs rapports avec les Athéniens et les Lacédémoniens, I, 111, 115 ; II, 9 ; V, 82 ; colonisent Zacynthe, II, 68 ; secourent la flotte de Corinthe, VII, 34.
ACHÉENS PHTHIOTES, VIII, 3, 4.
ACHARNÉ, canton de l'Attique, ravagé par Archidamos, II, 19, 20, 21, 23.
ACHARNÉENS, II, 21.
ACHÉLOÜS, fleuve ; sa source, son parcours, II, 102.
ACHÉRON, fleuve de la Thesprotide, I, 46.
ACHÉRUSIEN (le lac), I, 46.
ACHILLE. Les Phthiotes, ses compagnons, portent seuls le nom d'Hellènes dans Homère, I, 3.
ACRAGAS, fleuve de Sicile, VI, 4.
ACRE, ville de Sicile, fondée par les Syracusains, VI, 5.
ACRÉON-LEPAS, rocher de Sicile, VII, 78 et n.
ACRITAS, promontoire de Messénie, IV, 13 et n.
ACROPOLE, ancien emplacement, et plus tard citadelle d'Athènes, II, 15.
ACROTHOOS, ville, IV, 109.
ACTÉ. Ce que c'est que cette contrée, villes qu'elle renferme, IV, 109.
ACTIUM, I, 29 et n.
ADIMANTOS, père d'Aristée, I, 60.
ADMÈTE, roi des Molosses, reçoit Thémistocle, I, 136.
Æ. Voyez E.
AGAMEMNON, détails sur l'origine de sa puissance, I, 9.
AGATHARCHIDAS, général corinthien, II, 83.

[1] La lettre P renvoie à la préface ; la lettre N aux notes qui sont au bas des pages.

INDEX.

AGATHARCHOS, commandant de la flotte de Syracuse, VII, 25, 70.

AGESANDROS, député de Lacédémone, I, 139.

AGESANDROS, père d'Agésandriosas. Voy. HÉGESANDROS et HÉGESANDRIDAS.

AGESIPPIDAS, Lacédémonien, V, 56.

AGIS, fils d'Archidamos, roi de Lacédémone, III, 89; commande diverses expéditions militaires, IV, 2; V, 54, 57, 58, 59, 60; est accusé par les Lacédémoniens, *ibid.*, 63; entre en campagne contre les Argiens; sa victoire, *ibid.*, 63, 65 et suiv., 72, 73 et suiv.; fortifie Décélie dans l'Attique, VII, 19; détails sur ses expéditions contre les Athéniens, VII, 27; VIII, 71; sa puissance, VIII, 3, 5, 7, 8, 9, 10, 11; son inimitié contre Alcibiade, VIII, 12, 45; traite avec l'aristocratie athénienne, VIII, 70.

AGNON. Voy. HAGNON.

AGRAÏDE, IV, 111 et n.

AGRÉENS, peuple, II, 102; III, 106, 111, 113, 114; entrent dans l'alliance des Athéniens, IV, 77; les soutiennent, IV, 101.

AGRIANES, III, 96.

AGRICULTURE chez les peuples primitifs de la Grèce, I, 2.

AGRIGENTE, ville de Sicile, VI, 4 et n.; VII, 32, 33, 46, 50, 58.

AÏMNESTOS, père de Lacon, III, 52.

ALCAMÈNES, Lacédémonien, VIII, 5, 8, 10, 11, 85.

ALCÉE, archonte, V, 19, 25.

ALCIBIADE, nom lacédémonien, VIII, 6 et n.; — Alcibiade, fils de Clinias; détails sur ses débuts dans la vie politique, V, 43 et n., 45 et suiv.; ses expéditions militaires (Péloponnèse, Argos), V, 52, 84; choisi pour l'expédition de Sicile; son discours, VI, 8, 15, 16; opinion de Nicias sur son compte; inimitiés réciproques, VI, 12, 15; son caractère, ses prodigalités, accusations auxquelles il est en butte, VI, 12, 15, 16, 28, 29, 53, 61; est envoyé en Sicile; ce qu'il pense de cette guerre, VI, 29, 48; est rappelé pour se justifier, *ibid.*, 53, 61; son exil, sa condamnation, *ibid.*, 61; se rend à Sparte, excite à la guerre contre les Athéniens, *ibid.*,

88, 89; provoque et commande l'expédition de Chio, VIII, 6, 11, 14, 17, 26; son séjour auprès de Thissaphernes, VIII, 45, 46, 47, 50, 51, 52; est rappelé de l'exil; sa conduite, VIII, 81, 82, 86, 88, 97, 108.

ALCIDAS, commandant de la flotte lacédémonienne, III, 16; ses expédition, *ibid.*, 26, 30, 3., 32, 33; son retour dans le Péloponnèse, *ibid.*, 69; il se dirige vers Corcyre, *ibid.*, 76; est l'un des fondateurs de la colonie d'Héraclée, *ibid.*, 92.

ALCINIDAS, V, 19, 24.

ALCINOÜS, enceinte qui lui est consacrée à Corcyre, III, 70.

ALCIPHRON, V, 59.

ALCIPPIDAS, éphore de Lacédémone, VIII, 50.

ALCISTHÈNES, père de Démosthènes, III, 91; IV, 66; VII, 16.

ALCMÉON, fils d'Amphiaraüs; ce qu'Apollon lui prédit, II, 102.

ALCMÉONIDES, VI, 59.

ALEXANDRE, père de Perdiccas, I, 57. 137; II, 29, 99 et n.

ALEXARCHOS, général corinthien, VII, 19.

ALEXICLÈS, général de l'oligarchie, VIII, 92, 93, 98.

ALCIYÉENS, VII, 32.

ALLIANCES. Cérémonies qui accompagnent, V, 47, 56; entre les Lacéd. et les Ath., I, 112; autre alliance, I, 115; sa rupture, II, 2, 7; I, 23; entre Sitalcès et les Athéniens, II, 29; entre les Éléens, Corinthiens, etc., et les Athéniens, II, 29, 31, 46, 47; entre les Argiens et les Lacédémoniens, II, 76, 77; entre Pausanias et les Platéens, III, 68; entre les Acarnanes et les Amphilochiens, III, 114; entre les Lacédémoniens et les Argiens, V, 15; entre les Athéniens et les Lacédémoniens, V, 17; sa formule, V, 18; sa rupture, *ibid.*, 25; autre alliance entre les mêmes, V, 22, 3; entre Thissaphernes et les Lacédémoniens, VIII, 17, 18, 36, 37, 57, 58.

ALLIÉS des Athéniens et des Lacédémoniens, II, 9; des Ath. et des Syrac., VII, 57; dépendance des alliés d'Athènes, V, 47 et n.

ALOPÉ (bataille d'), II, 26.

ALYZIA, VII, 31.

AMBASSADES, ambassadeurs. *Voy.* Députés.

AMBRACIE ou AMPRACIE, colonie de Corinthe, I, 27 et n.; II, 80 et n.; III, 105; les Acarnanes peuvent s'en emparer et traitent avec elle, III, 113; reçoit une garnison corinthienne, III, 114.

AMBRACIE (golfe d'), I, 29, 55.

AMBRACIOTES, secondent les Corinthiens à Corcyre, I, 27 et n.; leurs guerres, II, 68 et n., 80, 81; III, 69, 102, 105, 108, 113, 114; secourent les Syracusains, VI, 104; VII, 7, 25, 58.

AMERISTOS, député de Lacédémone, mis à mort, II, 67.

AMINIADÈS, fils de Philémon, II, 67.

AMINIAS, député lacédémonien, IV, 132.

AMINOCLÈS, de Corinthe, constructeur de vaisseaux, I, 13.

AMMÉAS, fils de Corœbos, III, 22.

AMOLPES, peuple, II, 99.

AMORGÈS, bâtard de Pissuthnès, se révolte, VIII, 5, 19; est pris, *ibid.*, 28.

AMPÉLIDAS, V, 22.

AMPHIARAOS, père d'Amphilochos, II, 68; père d'Alcméon, II, 102.

AMPHIAS, député d'Épidamne, IV, 119.

AMPHIDOROS, député de Mégare, IV, 119.

AMPHILOCHIE; détails sur les peuples qui l'habitent, sur son territoire, II, 68; III, 102, 105, 107, 108, 112, 114.

AMPHIPOLIS; son ancien nom, I, 100; son origine, ses guerres, ses alliances, IV, 102 et n., 103 et n., 104, 105, 132; V, 3, 6, 10, 11, 18, 21, 35, 46, 83; VII, 9.

AMPHISSA, de Locride, III, 101 et n.

AMPRACIE. *Voy.* AMBRACIE.

AMYCLÉON, temple d'Apollon, V, 18 et n.

AMYNTAS, fils de Philippe, II, 95, 100.

AMYRTÉE, roi d'Égypte, I, 112.

ANACION, temple de Castor et de Pollux, VIII, 63 et n.

ANACTORION, ville et contrée, I, 29; où située, I, 55; par qui possédée, *ibid.*, IV, 49.

ANAPOS, fleuve d'Acarnanie, II, 82 et n.; de Sicile, VI, 66 et n., 96; VII, 42, 78.

ANAXAGORE, maître de Thucydide, préf. 10.

ANAXARCHOS ou ANAXANDROS, Thébain, VIII, 100.

ANAXILAS, tyran de Rhéges, VI, 4.

ANDOCIDE, commandant de la flotte d'Athènes, I, 51 et n.

ANDROCLÈS, chef de faction à Athènes, ennemi d'Alcibiade, VIII, 65.

ANDROCRATES, son temple, III, 24.

ANDROMÈDES, député de Lacédémone, V, 42.

ANDROS, île, II, 55; rapports de ses habitants avec les Athéniens, IV, 42; VII, 57.

ANDROSTHÈNES, d'Arcadie, vainqueur aux jeux olympiques, V, 49.

ANÉA, retraite des exilés samiens, III, 32 et n.; IV, 75; VIII, 19.

ANÉITES, peuple d'Ionie, 20 et n.

ANÉRISTOS, député lacédémonien, II, 67.

ANTANDROS, ville, IV, 52, 75; VIII, 108, 109.

ANTENNES des bâtiments, VII, 34 et n.

ANTHÉMOUS, partie de la Macédoine, II, 99 et n.

ANTHÈNE, ville de la Cynurie, V, 41.

ANTHESTÉRION, II, 15.

ANTHIPPOS, Lacédémonien, V, 19, 24.

ANTICLÈS, commandant de la flotte d'Athènes, I, 117.

ANTIGÈNES, père de Socrate, II, 23.

ANTIMÉNIDAS, Lacédémonien, V, 42.

ANTIMNESTOS, commandant de la flotte d'Athènes, III, 105.

ANTIOCHOS, roi des Orestes, II, 80.

ANTIPHÉMOS de Rhodes, fondateur de Géla, VI, 4.

ANTIPHON, Athénien, orateur et homme politique, préf. p. 10; VIII, 68, 90.

ANTISSA, ville, III, 18 et n., 28; VIII, 23.

ANTISTHÈNES, commandant de la flotte lacédémonienne, VIII, 39, 61.

APHRODISIA, IV, 56.

APHYTIS, ville de la presqu'île de Pallène, I, 64 et n.

INDEX. 375

APIDANOS, fleuve de la Thessalie, IV, 78.

APODOTES (les), nation étolienne, II, 94.

APOLLODORE, père de Chariclès, VII, 20.

APOLLON; ses autels, VI, 3 et n., 54, 99; ses temples, I, 29; II, 15, 91, 102; III, 3 et n., 94, 104; IV, 90; V, 47; VII, 26; ses fêtes, III, 3; contrées qui lui sont dédiées, I, 13; III, 104; Apollon Pythien, V, 53 et n.

APOLLONIE, colonie de Corinthe, I, 26.

AQUEDUC de Syracuse, VI, 100.

ARCADIE. Ne change pas d'habitants, I, 2 et n.; soumise en partie par les Mantinéens, V, 29.

ARCADIENS. Agamemnon leur donne des vaisseaux, I, 9; mercenaires, III, 34 et n.; leur rôle dans la guerre de Syracuse, VII, 57.

ARCADIENS-HÉRÉENS, V, et 6, n.

ARCÉSILAS, père de Lichas, VIII, 39.

ARCHÉDICE, fille d'Hippias, VI, 59.

ARCHÉLAOS, fils de Perdiccas; ses actions, II, 100 et suiv.

ARCHEPTOLÉMOS, IV, 16 et n.

ARCHESTRATOS, I, 57; VIII, 74.

ARCHIAS de Camarina, IV, 25; Archias, Corinthien, fondateur de Syracuse, VI, 3.

ARCHIDAMOS, roi de Lacédémone, son caractère; donna son nom à la guerre du Péloponnèse, I, 79 et n.; son discours, ibid., 80; commande une expédition en Attique, II, 10; détails sur cette expédition, ibid., 11, 12, 13, 18, 19, 20; commande une seconde expédition dans l'Attique, II, 47; III, 1; en commande une autre contre Platée, II, 71, 72.

ARCHIPPOS, père d'Aristide, IV, 50.

ARCHONIDAS, roi de Sicile, VIII, 1.

ARCHONTES; leur nombre, leur pouvoir, I, 126; époque de leur entrée en charge, II, 2 et n.

ARCTURUS (ce qu'on doit entendre par le lever d'), II, 78 et n.

ARGIENS. Valeur de ce nom dans Homère, I, 3; ennemis des Lacédémoniens, I, 102; secourent les Athéniens, I, 107; expiration de la trêve de trente ans entre eux et les Lacédémoniens, V, 14; guerre contre Lacédémone et alliances, V, 14, 27, 28, 29, 31, 36, 37, 41, 44 et suiv.; leur gouvernement populaire, V, 44; leurs magistrats, V, 47; alliance avec Athènes, ibid.; leur organisation militaire, V, 59, 72; VII, 44; secourent les Éléens, V, 50; guerre contre Épidaure, V, 53; guerre contre Lacédémone, V, 57, 59 et suiv.; 61, 64, 73, 76, 77; le peuple renverse l'oligarchie, V, 82; reprise de la guerre avec Lacédémone, V, 84, 115, 116; VI, 7; prennent part à l'expédition de Sicile, VI, 67, 70, 100; VII, 44, 58; vaincus par les Milésiens, VIII, 25; promettent des secours à l'armée athénienne de Samos, VIII, 86.

ARGILA, ville, I, 132 et n.; IV, 103; V, 18.

ARGILIEN, qui trahit Pausanias, I, 132 et n.

ARGINON, VIII, 34.

ARGINUSES (îles), VIII, 101.

ARGOS. Délimitation de son territoire, II, 27; IV, 56; Thémistocle exilé s'y retire, I, 135, 137; les rois de Macédoine en étaient originaires, II, 99; envoie aux Corinthiens avis de l'irruption des Athéniens, IV, 42; son temple de Junon incendié, IV, 133; sa constitution, V, 44, 81; assiégée par les Lacédémoniens, V, 57.

ARGOS-AMPHILOCHIQUE, origine de ce nom, II, 68 et n.; détails historiques sur cette ville, ibid.; III, 102, 105, 106, 107.

ARIANTHIDAS, fils de Lysimachos, IV, 91.

ARIPHRON, père d'Hippocrate, IV, 66.

ARISTAGORAS, Milésien, IV, 102.

ARISTARCHOS, l'un des chefs de l'oligarchie, VIII, 90, 92, 98.

ARISTÉE, fils de Pellichos, I, 29.

ARISTÉE, fils d'Adimante, I, 60.

ARISTÉE, de Corinthe, II, 67.

ARISTÉE, de Lacédémone, IV, 132.

ARISTIDE, fils d'Archippos, IV, 50.

ARISTIDE LE JUSTE, chargé de la répartition du Phoros, I, 96 et n.; V, 18 et n.

ARISTIDE, général athénien, IV, 75.

ARISTIDE, fils de Lysimaque, I, 91.
ARISTOCLÈS, frère de Plistoanax, roi de Lacédémone, V, 16.
ARISTOCLÈS, polémarque lacédémonien, V, 71, 72.
ARISTOCLIDÈS, général athénien, II, 70.
ARISTOCRATÈS, député athénien, V, 19, 24; un des généraux athéniens, VIII, 9; fils de Scellias, VIII, 89; autre, VIII, 92; I, 20.
ARISTOGITON, Athénien, VI, 54.
ARISTON, fils de Pyrrhichos, pilote syracusain, VII, 39.
ARISTONOÜS, de Larisse, II, 22.
ARISTONOÜS, fondateur d'Agrigente, VI, 24.
ARISTONYMOS, général, II, 33; IV, 119.
ARISTOPHON, VIII, 86.
ARISTOTE, commandant de la flotte athénienne, III, 105.
ARMATOUS ou HARMATOUS, VIII, 101.
ARMÉE; à Athènes, II, 32; à Lacédémone, V, 66, 70; la plus belle de la Grèce, V, 60; réflexions sur les armées, VI, 49; VIII, 80.
ARMEMENTS (premiers) des Grecs, I, 21.
ARMES; peuple qui en portent, ou en portaient habituellement, I, 5, 6. On se rendait sans armes aux assemblées, IV, 74; VI, 58; VIII, 93. Armes en usage dans la procession des Panathénées, VI, 56, 58.
ARNÉ, ville de la Thessalie, I, 12.
ARNÉ, ville de la Chalcidique, IV, 103.
ARNISSA, ville macédonienne, IV, 128 et n.
ARRHIANES ou HAR, VIII, 104.
ARRHIBÉE, roi des Lyncestes, IV, 79, 83, 124, 125, 127.
ARSACÈS, lieutenant de Thissaphernes, VIII, 108.
ART des sièges chez les anciens, II, 76 et n.
ARTABAZE, I, 129.
ARTAPHERNES, IV, 50.
ARTAS, roi des Iapygiens, VII, 33.
ARTAXERXÈS, I, 104 et n.; commencement de son règne, I, 137; sa mort, IV, 50 et n.; envoie Mégabaze en Grèce, I, 109; Thémistocle se retire auprès de lui, I, 137; père de Darius, VIII, 5.
ARTÉMISION, nom d'un mois chez les Grecs, V, 19.
ARTÉMISION (bataille navale d'), III, 54.
ARTYNES, magistrats argiens, V, 47 et n.
ASIE inférieure, VIII, 5 et n.
ASINÉ, ville de Messénie, IV, 13 et n, 54; VI, 93.
ASOPOS, fleuve, II, 5.
ASOPIOS, père de Phormion, I, 64.
ASOPIOS, fils de Phormion, commandant d'une flotte athénienne, III, 7 et 8.
ASOPOLAOS, père d'Astymachos, III, 52.
ASPENDOS, VIII, 81, 87, 88, 99, 108.
ASSINAROS, fleuve de Sicile, VII, 84.
ASSYRIEN (lettres écrites en), IV, 50.
ASTACOS, ville d'Acarnanie, II, 30, 102.
ASTACOS, ou ARSACÈS, lieutenant de Tissaphernes, VIII, 108.
ASTYMACHOS, fils d'Asopolaos, III, 52.
ASTYOCHOS, commandant de la flotte lacédémonienne, VIII, 20; ses expéditions, ibid., 23, 24, 26, 31, 32, 33, 36, 38; est accusé à Lacédémone, ibid., 38; continue ses opérations, ibid., 40, 41, 45; trahit Phrynicos, ibid., 50; fait voile pour Samos, 63; est accusé par les soldats, 78, 83; comment il échappe à la mort, ibid., 84; rentre à Sparte, ibid., 85.
ASYLES, V, 16 et n.
ATHALANTE, île, II, 32; III, 89; V, 18.
ATHALANTE, ville de Macédoine, II, 100.
ATHÈNES. Origine de sa grandeur, I, 2 et 98; accueille les étrangers, I, 2; ses colonies, I, 12; sa politique avec les alliés, I, 19 et n.; sa destruction par les Mèdes, I, 89 et n.; ses richesses, II, 13; sa circonférence, ses murs, etc., ibid.; ses temples, II, 15, 38 et n.; sa population, II, 17; éloge d'Athènes, II, 40 et suiv.; son élégance, II, 41; peste, II, 47 et suiv.; son gouvernement d'abord démocratique, II, 37 et n.; transformé en oligarchie, VIII, 42, 63, 66, 68.

INDEX.

ATHÉNIENS; leur caractère, leurs mœurs, I, 70, 80, 102; II, 40; VII, 14, 48; déposent les premiers le fer, I, 6; aiment les procès, I, 77; revenus, forces de terre et de mer, II, 13; leurs habitudes journalières, II, 37; fête funèbre, II, 34 et 38; revenus qu'ils tirent des tribunaux, VI, 91; leur activité, VI, 87; purifient Délos, I, 8; III, 104; font la guerre aux Eginètes, I, 14; forment une marine, I, 18; abandonnent leur ville pour se faire hommes de mer, I, 18, 73, 74; leurs dissensions intérieures, I, 18; leur influence sur les peuples de la Grèce, I, 19, 76, 99; VI, 76; envoient des secours à Corcyre, I, 44 et suiv.; combattent la flotte de Corinthe, I, 49; conditions qu'ils imposent aux habitants de Potidée, I, 56; leur guerre contre Perdiccas, I, 59, 61; avec Corinthe et Potidée, I, 62, 64; leurs députés répondent aux Corinthiens, I, 72, 73; bâtissent une enceinte à leur ville, I, 89; leur guerre contre les Perses, I, 94; lèvent des tributs sur leurs alliés, I, 96; leur dureté envers les autres peuples, I, 99 et n.; battent les Mèdes, I, 100; battent les Thasiens, I, 101; commencement de leur mésintelligence avec les Lacédémoniens, I, 102; envoient une colonie à Naupacte, I, 103; font une expédition en Egypte, I, 104; leurs guerres avec Corinthe, Epidaure, Egine, Lacédémone, I, 104, 105; avec les Béotiens, les Locriens, Lacédémone, I, 107; ravagent le Péloponnèse, I, 108; sont chassés de l'Egypte, I, 109, 110; leur expédition contre Sicyone, I, 111; font la paix avec les Péloponnésiens, I, 112; sont chassés de la Béotie, I, 113; font une expédition dans l'Eubée, I, 114; font un traité avec les Lacédémoniens, I, 115; leur expédition contre Samos, I, 116, 117; tiennent une délibération au sujet de la guerre du Péloponnèse, I, 139 et suiv.; détails sur la forme de leur gouvernement, leur manière de vivre, II, 14, 15; leur territoire ravagé par Archidamos, ce qu'ils font en cette occasion, II, 20, 21, 22; envoient une flotte autour du Péloponnèse, II, 23; attaquent Méthone, II, 25; leur expédition dans la Locride, II, 26; s'allient à Sitalcès, II, 29; prennent Solion, Astacos, etc., II, 30; envahissent la Mégaride, II, 31; fortifient Athalante, II, 32; élèvent un monument funèbre à leurs guerriers, II, 34; sont ravagés par la peste, II, 47 et suiv.; envoient une flotte contre le Péloponnèse, II, 56; assiégent Potidée, II, 58; s'irritent contre Périclès, II, 59, 65; enlèvent les députés de Lacédémone, III, 67 et suiv.; prennent Potidée, II, 70; envoient des navires à Naupacte, II, 69; ce qu'ils disent aux députés platéens, II, 73; leur guerre contre les Chalcidiens, II, 73; combats divers qu'ils livrent aux Péloponnésiens, II, 83, 85 et suiv., 90 et suiv.; envoient une flotte à Lesbos, III, 3; assiégent et prennent Mytilène, III, 6, 18, 27, 49; attaquent Minoa, III, 51; envoient des navires en Sicile, III, 86; sont ravagés par une nouvelle peste, III, 87; attaquent les îles d'Eole, III, 88; ce qu'ils font en Sicile, III, 90, 99, 103, 115; en Acarnanie, III, 94; dans le Péloponnèse, III, 91; contre les Étoliens, III, 97, 98; envoient une flotte en Sicile, IV, 2; occupent Pylos, IV, 3, 4; prennent Eion, IV, 7; événements divers de leur guerre avec les Lacédémoniens, IV, 13, 14, 16, 23; combattent contre les Syracusains, IV, 25; assiégent Sphactérie, IV, 26; combattent contre les Lacédémoniens, IV, 32, 33; attaquent Corinthe, IV, 42 et suiv.; prennent Anactorion, IV, 49; font détruire les murailles de Chio, IV, 51; occupent Cythère, IV, 53 et suiv.; prennent Tyréa, IV, 57; prennent Mégare, 68; et Niséa, 69; reprennent Antandros, IV, 75; leur expédition en Béotie, IV, 90, 96, 101; font une trêve avec les Lacédémoniens, IV, 117; prennent Mende, IV, 130; assiégent Scione, IV, 132; chassent les habitants de Délos, V, 1; leur expédition dans la Thrace, V, 2; sont battus par Brasidas, demandent la paix, V, 10, 14; font un traité avec les Lacédémoniens, V, 18, 23; ils le rompent, V, 24, 43; prennent Scione, V, 32; s'allient aux Argiens, V, 47; font

32.

une expédition contre Mélos, V, 84, 114, 116; en Sicile, VI, 1, 6, 8, 25, 31, 43, 46, 62, 63, 67, 70; font une enquête sur un sacrilége, VI, 53; rappellent Alcibiade, VI, 61; recherchent l'alliance de Camarina, VI, 75; négocient une alliance avec les Sicèles et les Etrusques, VI, 88 et suiv.; combattent les Syracusains, VI, 97, 98, 101, 103; déclarent la guerre aux Lacédémoniens, VI, 105; leur flotte observe la Sicile, VII, 5; font divers armements, VII, 16, 20, renvoient les mercenaires thraces, VII, 29; combattent les Corinthiens, VII, 34; et les Syracusains, VII, 40, 41; sont battus à Epipolæ, VII, 43 et suiv.; délibèrent s'ils évacueront le territoire de Syracuse, VII, 47 et suiv.; une éclipse les empêche de partir, VII, 50; sont battus par les Syracusains, désastre de leur armée, VII, 52, 53, 57, 60, 70, 71 et suiv., 75, 80, 81, 87; consternation qu'ils éprouvent de ces désastres, 8, 1, 2; attaquent et bloquent la flotte péloponnésienne, VIII, 10, 11; abandonnés par leurs alliés, font de grands armements, VIII, 15; leur expédition contre Clazomènes, VIII, 23; contre Chio, VIII, 24; contre Milet, VIII, 30; sont battus par les Péloponnésiens, VIII, 42; cherchent en vain à s'allier à Thissaphernes, VIII, 56; combattent contre les habitants de Chio, VIII, 61; perdent la liberté dont ils jouissaient depuis l'expulsion des tyrans, VIII, 68; interviennent dans les luttes politiques des Samiens, VIII, 73; sont battus par les Péloponnésiens, VIII, 95, 96; en triomphent dans un combat naval, VIII, 104, 106.

ATHÉNAGORAS, orateur syracusain, VI, 35, 36 à 41.

ATHÉNAGORAS, père de Timagoras, VIII, 6.

ATHÉNÉOS, fils de Périclidas, IV, 119, 122.

ATHLÈTES. Détails qui les concernent, I, 6.

ATHOS, montagne, IV, 109.

ATINTANES, II, 80 et n.

ATRAMYTION, ville d'Asie, V, 1 et n.; VIII, 108.

ATRATOS, bois dont on faisait les flèches, IV, 40 et n.

ATRÉE, fils de Pélops, I, 9.

ATTIQUE. Détails historiques et géographiques, 1, 2, 114; II, 10, 12, 18, 19, 47; III, 1; IV, 2; VII, 19.

AULON, IV, 103.

AUTELS : d'Apollon, VI, 3; VI, 5; des Euménides, I, 126; des douze dieux, à Athènes, VI, 54; de Jupiter Olympien, V, 50.

AUTOCLÈS, fils de Tolméos, IV, 53, 119.

AUTONOMIE, V, 18 et n., 27 et n.

AXIOS, fleuve, II, 99.

B

BACCHUS; son temple, ses fêtes, II, 15 et n.; son temple à Corcyre, III, 81; théâtre de Bacchus à Athènes, VIII, 93.

BARBARES; ce nom est inconnu à Homère, I, 3; vaquent en armes à toutes les fonctions de la vie, I, 6 et n.; détruisent Athènes, I, 89; leur manière de combattre, IV, 126; B. Amphilochiens, II, 68; B. Chaoniens, etc., II, 80; B. Macédoniens, IV, 126.

BATIMENTS de transport pour la cavalerie, II, 56; IV, 42.

BATTOS, général corinthien, IV, 43.

BÉOTARQUES, II, 2 et n.; IV, 91; V, 37; VII, 30 et n.

BÉOTIE, contrée fertile, I, 2; les Péloponnésiens y séjournent, I, 107; tremblements de terre, III, 87.

BÉOTIENS; origine, situation, I, 2, 10, 12; III, 95; troupes, organisation, II, 9; IV, 93; leurs guerres, I, 108; IV, 72, 96, 100; V, 3, 39, 40, 46, 64; VI, 61; VII, 19, 43.

BÉROÉ, ville, I, 61 et n.

BISALTIE, province de la Macédoine, II, 99 et n.; IV, 109.

BITHYNIENS (Thraces), IV, 75.

BOEON, ville, I, 107.

Bois sacrés, défense d'y rien couper, III, 70 et n.

BOLBÉ, lac, I, 58; IV, 103.

BOLISSOS, VIII, 24.

BOMIENS, peuple, III, 96.

INDEX.   379

Boriades d'Euryte, III, 100.
Bottiée, I, 65 et n.
Bottiéens, peuple, I, 57; II, 79, 99, 100.
Bottique, contrée entre la Chalcidique et la Thrace, I, 65 et n.; II, 100 101.
Boucolion, ville d'Arcadie, IV, 134.
Boudoron, forteresse, II, 94 et n.; promontoire, III, 51.
Brasidas, fils de Tellis, général lacédémonien, défend Méthone, II, 25; conseiller de Cnémos, II, 85; exhorte ses soldats, II, 86; ravage Salamine, II, 93; est le conseiller d'Alcidas, III, 69, 76, 79; combat à Pilos, IV, 11, 12; est blessé, *ibid.*; secourt les Mégariens, IV, 70 et suiv.; ses expéditions contre les Athéniens, IV, 73; dans la Thrace, IV, 78; en Thessalie, IV, 81, 108; V, 7; contre les Lyncestes, IV, 83; contre Acanthe, IV, 84, 88; discours qu'il prononce, IV, 85; ses expéditions contre Amphipolis, III, 102, 108; contre Argila, IV, 103; contre Eion, 107; voir encore, IV, 109, 112, 115 et suiv.; 120, 121, 123, 124, 125, 126, 127, 128, 135; V, 6 et suiv.; 8, 9, 16; sa mort, ses funérailles, V, 10, 11; est honoré d'une couronne d'or, IV, 121; Hilotes, qui ont combattu sous ses ordres, déclarés libres, V, 34.
Brauro, femme du roi Pittacos, IV, 107.
Bricinnes, forteresse, V, 4 et n.
Brilessos, montagne, II, 23.
Bromischos, IV, 103.
Brulot, lancé contre la flotte athénienne, VII, 53.
Byzance, I, 94 et n.; III, 117, 128.

C

Cacyparis, fleuve, VII, 80.
Cadméide (la), ancienne Béotie, I, 12.
Caducée. Sa forme et son usage, I, 53 et n.
Caïcos, fleuve, III, 103. *Voy.* Cécinos.
Calex, fleuve, IV, 75.
Callias, père de Callicrates, I, 29.

Callias, père d'Hipponicos, III, 91.
Callias, fils de Calliadès, général athénien, I, 52, 61, 63.
Callias, fils d'Hypérochidas, VI, 55.
Callicrates, général corinthien, fils de Callias, I, 29.
Calliens, peuple, III, 96.
Calligitos, fils de Laophon, VIII, 6, 8, 39.
Callimachos, père de Phanomachos, II, 70.
Callimachos, père de Léarchos, II, 67.
Callirhoé, fontaine, II, 15 et n.
Calydon, ancienne Éolide, III, 102.
Camarina, ville; détails historiques et géographiques, III, 88; IV, 25 et n.; VI, 5, 52, 75, 76, 78 et suiv.; VII, 58 et 80.
Cambyse, fils de Cyrus, I, 13.
Camicos, ville des Sicanes, VI, 4 et n.
Camiron, ville rhodienne, VIII, 44.
Canal du roi, IV, 109 et n.
Canastréon, IV, 110.
Capaton, père de Proxénos, III, 103.
Carcinos, fils de Xénotimos, II, 23.
Cardamyle, promontoire de Chio, VIII, 24 et n.
Carie, province, I, 116; II, 9.
Cariens, chassés des Cyclades par Minos, I, 4 et n.; les Athéniens empruntent d'eux l'usage des vêtements de lin, I, 6 et n.; inventeurs des aigrettes, peintures des boucliers, anses, I, 8 et n.
Carnéen (le mois), V, 54 et n.; fêtes célébrées dans ce mois à Lacédémone, V, 75 et n., 76.
Carrières de Syracuse, VI, 86.
Cartéria. *Voy.* Cratéria.
Carthaginois, I, 13.
Caryes, ville de Laconie, V, 55 et n.
Carystiens, peuple d'Eubée, I, 98 et n.; leurs rapports avec les Athéniens, I, 98 et n.; IV, 42; VII, 57; VIII, 69.
Casméné, ville, VI, 5.
Catane, ville, et Catanéens, III, 116; VI, 3, 20, 51, 64, 98; VII, 14, 49, 60, 80, 85.
Caulonia, port d'Italie, VII, 25 et n.
Caune, ville de Carie, I, 116; VIII, 39, 42, 57, 88, 108.

CÉADA, I, 131,
CÉCALOS, père de Nicasos, IV, 119.
CÉCINOS, fleuve, III, 103,
CÉCROPIE (la), dans l'Attique, II, 19.
CÉCROPS, roi d'Athènes, II, 15.
CÉCRYPHALIE, I, 105 et n.
CENCHRÉE, IV, 42, 44; VIII, 10, 20, 23.
CÉNÉON, promontoire, III, 93 et n.
CENTORIPE, ville des Sicules, VI, 94 et n.; VII, 32.
CÉOS, île, VII, 57.
CÉPHALLÉNIE, île, I, 27 et n,; II, 30.
CÉRAMIQUE, place d'Athènes, II, 34; VI, 57 et n.
CERCINE, montagne, II, 98.
CERDYLION, V, 6, 10.
CÉRYCES (les), famille sacerdotale, VIII, 53 et n.
CESTRINE (la), I, 46.
CHALCÉ, VIII, 41, 44, 55.
CHALCÉDON, colonie de Mégare, IV, 75.
CHALCIDÉOS, commandant de la flotte lacédémonienne, VIII, 8, 11 à 17, 18, 24, 25.
CHALCIDIQUE (ou Epithrace) et Chalcidiens, I, 57, 58, 62, 65; II, 70, 79, 95, 99, 101; IV, 7, 79, 81, 100, 103, 109, 114, 120, 124; V, 3, 6, 10, 21, 31, 80; I, 7; leur cavalerie, II, 79; V, 10; leurs peltastes, IV, 123; V, 6, 10.
CHALCIDIQUES (villes) de Sicile, III, 86; VI, 3.
CHALCIOEQUE (Minerve), I, 128.
CHALCIS, en Eubée, et Chalcidéens, I, 15, 57, 58; II, 79; IV, 61; V, 31; VI, 4, 76; VII, 29, 57; VIII, 95.
CHALCIS, ville de l'Arcarnanie, I, 108; II, 83 et n.
CHAONIENS, peuplade barbare, II, 68 et n., 80, 81.
CHARADRON, torrent, V, 60.
CHARICLÈS, fils d'Apollodoros, VII, 20, 26.
CHARMINOS, général athénien, VIII, 30, 42, 73.
CHARŒADÈS, commandant de la flotte athénienne, III, 86, 90.
CHARYBDE, IV, 24.
CHÉNICE, mesure attique, IV, 16 et n.; VII, 87.

CHÉRÉAS, fils d'Archestrates, VIII, 74, 86.
CHÉRONÉE, ville de la Béotie, I, 113; IV, 76.
CHERSONNÈSE de Thrace, I, 11.
CHERSONNÈSE du Péloponnèse, IV, 42.
CHIMÉRION de Thesprotide, I, 30, 46 et n.
CHIO : est assiégée, VIII, 38, 45; renferme un grand nombre d'esclaves, VIII, 40; rapports et guerres de ses habitants avec les Athéniens, I, 95; IV, 51; VIII, 15, 24, 25, 39, 40, 55.
CHŒRADES, îles de l'Iapygie, VII, 33 et n.
CHŒURS (dépense des), III, 104 et n.
CHORÉGE, magistrat athénien, VI, 16 et n.
CHROMON, Messénien, III, 98.
CHRYSIPPE, fils de Pélops, I, 9.
CHRYSIS, prêtresse de Junon, à Argos, II, 2 et n.; IV, 133.
CHRYSIS, de Chœrinthe, II, 33.
CILICIENS, peuple, I, 112.
CIMON, père de Lacédémonius, I, 45.
CIMON, fils de Miltiade, I, 98, 100, 102 et n., 112.
CINQ CENTS (les), sénat d'Athènes, VIII, 86;
CINQ MILLE, à Athènes, forment le gouvernement, VIII, 97.
CITHÉRON, montagne, II, 75; III, 24.
CITION, ville de Cypre, I, 112.
CLAROS, île, III, 33.
CLAZOMÈNES, VIII, 14, 23.
CLÉANDRIDAS, père de Gylippe, VI, 93.
CLÉARCHOS, fils de Rhamphias, VIII, 8, 39, 80.
CLÉARIDÈS, commandant d'Amphipolis, IV, 132; V, 6, 8, 10, 11, 21, 34.
CLÉIPPIDÈS, commandant de flotte, III, 3, 7,
CLÉOBULOS, éphore lacédémonien, V, 36, 37, 18.
CLÉOMBROTES, père de Pausanias, I, 94; II, 71; et de Nicomède. I, 107.
CLÉOMÈDES, fils de Lycomèdes, V, 84.

CLÉOMÈNES, Lacédémonien, I, 126 ; oncle de Plistoanox, III, 26.
CLÉON, fils de Cléénètes, III, 36 et n.; accuse Périclès, II, 65 et n.; son caractère, son éloquence, son orgueil, IV, 21, 22, 27 et suiv. ; V, 7 ; son discours contre Diodote, III, 37 et suiv.; fait mettre à mort les auteurs de la défection de Mytilène, III, 50; son rôle à Athènes, IV, 21, 22, 27 ; ses expéditions, IV, 28, 30 à 41; V, 2 et suiv., 10 ; sa mort, ibid.; pourquoi il était ennemi de la paix, V, 16.
CLÉONES, ville aux environs du mont Athos, IV, 109.
CLÉONES, ville de l'Argolide, VI, 95 et n.
CLÉONÉENS, peuple de l'Argolide, V, 67.
CLÉONYMOS, père de Cléaridas, IV, 135.
CLÉOPOMPOS, fils de Clinias, II, 26, 58.
CLINIAS, père d'Alcibiade, II, 26, 58.
CLINIAS, aïeul d'Alcibiade, V, 43 et n.
CNÉMOS, commandant de la flotte de Lacédémone, II, 66, 80, 81, 82, 83, 84, 85, 86, 93.
CNIDE, VIII, 35, 41, 42, 43, 52, 109. — Colonie de Cnide, III, 88.
CNIDIS, Lacédémonien, V, 51.
COLONES, ville de la Troade, I, 131.
COLONES (temple de Neptune à), VIII, 67.
COLONIES. Comment on les fondait, I, 24 et n., 27 ; leurs rapports avec la métropole, I, 25, 34, 38 ; III, 34; VI, 4, 5 ; fête en l'honneur du fondateur, V, 11 et n.; colonies lacédémoniennes, I, 12 et n.
COLOPHON, III, 34.
COLOPHONIENS (port des), dépendance de Toroné, V, 2 et n.
COMBATS. Le plus ancien combat naval entre les Corcyréens et les Corinthiens, I, 13; autre entre les mêmes, I, 29 ; autre, I, 40 ; le plus grand combat naval jusqu'à la guerre du Péloponnèse, I, 50 ; entre les Athéniens et les Corinthiens, I, 62 et suiv., 105 ; II, 83 et suiv.; IV, 34 ; VII, 34 et suiv.; entre les Athéniens et les Perses, I, 100; entre les Athéniens et les Thasiens, I, 100 ;

entre les Athéniens et les Péloponnésiens, I, 100, 105 ; II, 83 et suiv., 98 et suiv.; VIII, 104 et suiv.; entre les Athéniens et les Eginètes, I, 105 ; entre les Athéniens et les Lacédémoniens, I, 108 ; IV, 11 et suiv. ; entre les Athéniens et les Phéniciens, I, 110 ; entre les Athéniens et les Béotiens, I, 108, 113 ; IV, 93 et suiv.; entre les Athéniens et les Samiens, I, 117 ; entre les Athéniens et les Chalcidiens, II, 79 ; entre les Chaoniens et les Stratiens, II, 81 ; entre les Péloponnésiens et les Corcyréens, III, 77 et suiv. ; entre les Ambraciotes et les Acarnanes, III, 107 et suiv., 112 ; entre les Athéniens et les Syracusains, IV, 25 ; VI, 67 et suiv.; VII, 22 et suiv., 38 et suiv., 43 et suiv., 52 et suiv., 70 et suiv., 79 ; entre les Mantinéens et les Tégéates, IV, 134; entre les Lacédémoniens et les Argiens, V, 65, 74 ; entre les Athéniens et les Milésiens, VIII, 25; entre les Athéniens et Chio, VIII, 62.
COMMERCE. Ce qu'il était chez les anciens Grecs, I, 2, 13 ; entre les Péloponnésiens et les Athéniens, II, 1.
CONON, commandant de Naupacte, VII, 31.
CONSEILLERS adjoints aux généraux lacédémoniens, II, 85 ; III, 69 ; V, 63 ; VIII, 39.
COPÉENS, peuple, IV, 94.
CORCYRE, métropole d'Epidamne, I, 24 ; ses premiers habitants, détails géographiques, I, 25, 36, 37, 44, 46, 68 ; ses guerres contre Epidamne, I, 26 ; contre Corinthe, I, 29, 48 et suiv.; contre la flotte du Péloponnèse, III, 77 et suiv.; s'allie aux Athéniens, I, 31, 32, 45 ; II, 7, 9 ; VII, 57 ; bien traitée par Thémistocle, I, 136 ; son état politique, III, 70 et suiv., 81 et suiv.; harangue des Corcyréens à Athènes, I, 81 ; secourent les Athéniens dans la guerre de Syracuse, VII, 57.
CORINTHE. Premiers temps de cette ville, I, 13 ; Corinthiens alliés d'Epidamne, I, 25, 26 ; guerres qu'ils soutiennent contre Corcyre, I, 26, 27, 29, 30, 31 ; et les Athéniens, I, 47, 48, 49, 50, 51 ; contre les Athéniens, I, 62, 103, 105, 106 ; II, 84 ;

IV, 43 et suiv.; ses alliances, I, 30, 60; V, 31; VI, 93; VII, 17 et suiv.; discours des Corinthiens, I, 37, 68, 120; demandent la mort de Nicias, VII, 86; refusent de secourir Lesbos, VIII, 32; attaquent Œnoé, VIII, 98.
CORINTHIE, IV, 42; VIII, 10.
COROEBOS, III, 22.
CORONÉE, I, 113; III, 62, 67; IV, 92.
CORONÉENS, peuple, IV, 93.
CORONTES, en Arcanie, II, 102 et n.
CORYCOS, VIII, 14.
CORYPHASION, IV, 3, 118; V, 18.
COS-MÉROPIS, VIII, 41.
COTYLE, mesure de capacité, IV, 16; VII, 87.
COTYRTA, IV, 56.
CRANIENS, peuple de Céphallénie, II, 30, 33; V, 35, 36.
CRANONIENS, II, 22.
CRATÉMÉNÈS, de Chalcis, VI, 4.
CRATÉRIA, VIII, 101.
CRATÉSICLÈS, IV, 11.
CRÉNÆ, III, 105, 106.
CRESTONIE, I, 89; IV, 109.
CRÉSUS, I, 16.
CRÈTE (île de), II, 9, 85 et suiv., 92; III, 69; VIII, 39.
Crétois. Fondent Géla, VI, 4; VII, 57; archers, VI, 25, 43; mercenaires, VII, 57.
CRISSA (golfe de), I, 107; II, 69, 83, 86.
CROCYLION, ville d'Étolie, III, 96.
CROMMYON, aux environs de Corinthe, IV, 42, 44, 45.
CROTONIATES, peuple, VII, 35.
CRUSIS, ville dans le golfe Thermaïque, II, 79 et n.
CULTE primitif des Grecs, I, 16.
CYCLADES, îles, I, 4; II, 9.
CYCLOPES, VI, 2.
CYDONIE, ville, II, 85.
CYLLÈNE, ville, I, 30; II, 84, 86; III, 69, 76; VI, 88.
CYLON, Athénien, I, 126 et suiv.
CYMÉ, ou Cume, en Éolie, III, 31 et n.; VIII, 22, 101.
CYMÉ, ville chalcidéenne, VI, 4.
CYNÉTAS, fils de Théolutos, II, 102.
CYNOSSÉMA, promontoire, VIII, 104, 105, 106 et n.

CYNURIE, contrée, IV, 56; V, 14 et n., 41.
CYPRE, I, 94, 104, 112, 128.
CYPSÉLA, forteresse, V, 33.
CYRÈNE, ville, I, 110.
CYRRHOS, II, 100.
CYRUS, roi des Perses, I, 13, 16; II, 65.
CYTHÈRE, îles, IV, 53, 54; V, 14, 18; VII, 46, 57.
CYTHÉRODICE, juge de Cythère, IV, 53 et n.
CYTINION, place forte, I, 107; III, 95, 102 et n.
CYZIQUE, ville ouverte, VIII, 107.

D

DAÏMACHOS, père d'Eumolpidas, III, 20.
DAÏTOS, Lacédémonien, V, 19, 24.
DAMAGÉTOS, ibid.
DAMAGON, Lacédémonien, III, 92.
DAMOTIMOS, fils de Naucratès, IV, 119.
DAPHONTE, VIII, 23, 31.
DARDANOS, VIII, 104.
DARIQUE, monnaie, VIII, 28 et n.
DARIUS, roi des Perses, successeur de Cambyse, I, 14, 16; combat à Marathon contre les Athéniens, VI, 59.
DARIUS, fils d'Artaxerxès, VIII, 5; fait un traité avec les Lacédémoniens, VIII, 18, 37, 58.
DASCON, fondateur de Camarina, VI, 5.
DASCON, golfe de Sicile, VI, 66 et n.
DASCYLITIS, satrapie, I, 129.
DAULIE, ville de Phocide, II, 29; oiseau de Daulie, ibid.
DAUPHINS, machines de guerre, VII, 41.
DÉCÉLIE, ville de l'Attique; sa fondation, I, 122 et n.; VI, 91 et n., 93; VII, 18, 19, 20, 27, 28; VIII, 3, 5, 70, 71, 98.
DÉCEMVIRS créés à Athènes, VIII, 67 et suiv.
DÉESSES vénérables (Euménides), I, 126 et n.
DÉFECTIONS CÉLÈBRES : des peuples grecs qui se séparent des Athé-

niens; motifs, I, 99; de Naxos, I, 98; de Thasos, I, 100; de l'Eubée et de Mégare, I, 114; de Samos et de Byzance, I, 115; de Potidée, etc., I, 48.

Délion, lieu consacré à Apollon, à Tanagre, IV, 76, 90, 96, 100; défaite des Athéniens à Délion, V, 14, 15.

Délos : purifiée par les Athéniens, I, 8; III, 104 et n.; V, 1 et n.; trésor des alliés d'Athènes, I, 96 ; tremblement de terre, II, 8 ; les députés des quatre cents y séjournent, VIII, 77, 86.

Déliaques (jeux), III, 104.

Déliens, chassés de leur île, V, 1 et n., se retirent à Atramytion, VIII, 108 ; ramenés dans leur patrie, V, 32.

Delphes (temple et oracle de), I, 112, 121; IV, 134; V, 16, 18.

Delphinion, forteresse de Chio, VIII, 38.

Démarate, Athénien, VI, 105.

Démarchos, Syracusain, VIII, 85.

Déméas, père de Philocrates, V, 116.

Démiurges, magistrats de Mantinée, V, 47 et n.

Démocratie (jugement sur la), VI, 89 ; II, 37; sa chute à Athènes, VIII, 47, 63 et suiv.; à Argos, V, 81 ; à Mégare, IV, 74 ; elle est rétablie à Athènes, VIII, 73 et suiv., 89 et suiv.; rétablie à Argos, V, 82.

Démodocos, général athénien, IV, 75.

Démosthènes, fils d'Alcisthènes, général athénien, III, 91. — Son expédition en Éolie, III, 94, 98, 105; est nommé général en chef de l'armée des alliés ; ce qu'il fait en cette qualité, III, 107 et suiv.; IV, 3 et suiv.; expédition de Pylos, IV, 3, 38 ; attaque Mégare, IV, 66 et suiv.; attaque Nisée, IV, 69 ; diverses expéditions, IV, 76, 77, 89, 101; V, 80 ; son expédition, ses revers et sa mort en Sicile, VII, 16, 26, 34, 42, 43 et suiv., 47, 49, 69 et suiv., 82, 86.

Démotélès, IV, 25.

Départ de la flotte athénienne pour la Sicile, VI, 30 et suiv.

Députés envoyés au roi de Perse par les deux partis, II, 7 ; des Lacédémoniens pris par les Athéniens et mis à mort, II, 67 ; les dép. Corcyréens sont jetés en prison, III, 72 ; députés d'Archidamos non admis à Athènes, II, 12; les Athéniens et les Lacédémoniens s'envoient mutuellement des députés, I, 126.

Dercylidas, de Sparte, VIII, 61 et suiv.

Derdas, I, 57, 59.

Derséens, peuple, II, 101.

Détournement des prisonniers de guerre, VII, 85 et n.

Deucalion, I, 3.

Devins; leurs prédictions, II, 8, 21 ; irritation des Athéniens contre eux, VIII, 1.

Diacritos, père de Mélésippus, II, 12.

Diagoras, père de Doriée, VIII, 35.

Diane éphésienne, III, 104; VIII, 109.

Diasia, nom d'une fête en l'honneur de Jupiter, I, 126.

Dictidiens, peuple, V, 35, 82.

Didymé, île, III, 88.

Diemporos, général thébain, II, 2.

Diens, II, 96; V, 82; VII, 27.

Diitréphès, Athénien, VII, 29; III, 75; IV, 119; VIII, 64.

Diniadas, sujet de Lacédémone, VIII, 22.

Dinias, père de Cléippides, III, 3.

Dioclidès, VI, 60 et n.

Diototos, fils d'Eucratès, III, 41, 42, 43.

Diomédon, général athénien, VIII, 19, 20, 23, 24, 54, 55, 73.

Diomilos, exilé d'Andros, VI, 96, 97.

Dion, ville de Macédoine, IV, 78.

Dion, ville de l'Athos, IV, 109.

Dioscures, IV, 110.

Diotimos, Lacédémonien, I, 45.

Discours. Leur rôle dans l'histoire de Thucydide, préf. 21 et suiv.; I, 22 et n.; I, 76 et n.

Discours d'Alcibiade, VI, 16 à 18, 89 à 92.

Discours d'Archimados, I, 80 à 85 ; II, 11, 72, 74.

Discours d'Athénagoras, VI, 36 à 40.

Discours des Athéniens à Lacédémone, I, 73 à 78.

384 INDEX.

Discours de Brasidas, IV, 85 à 87, 126; V, 9.
Discours de Cléon, III, 37 à 40.
Discours de Cnémos, II, 27.
Discours des Corcyréens, I, 32 à 36.
Discours des Corinthiens: contre les Corcyréens, I, 37 à 43; dans l'assemblée des alliés, I, 68 à 71, 120 à 124.
Discours de Démosthènes, général athénien, IV, 10.
Discours de Diodote contre Cléon, III, 42 à 49.
Discours d'Euphémos aux habitants de Camarina, VI, 82 à 87.
Discours de Gylippe et de ses collègues aux Syracusains, VII, 66 à 68.
Discours d'Hermocrates, IV, 59 à 64; VI, 33 à 34, 76 à 80.
Discours d'Hippocrates, général athénien, IV, 95.
Discours des Lacédémoniens, pour demander la paix, IV, 17 à 28.
Discours des Méliens, avec la réponse des Athéniens, V, 85 à 111.
Discours des Mytiléniens, III, 9 à 14.
Discours de Nicias, VI, 9 à 14, 20 à 23, 68; VII, 61 à 64, 77.
Discours de Pagondas, IV, 93.
Discours de Périclès, I, 140 à 144; II, 35 à 46; III, 60 à 64.
Discours de Phormion, général athénien, II, 89.
Discours des Platéens, II, 53 à 59, 71.
Discours de Sthénélaïdas, I, 86.
Discours de Teutiaples, IV, 30.
Discours des Thébains, III, 61 à 67.
Dobères, ville de Péonie, II, 98 et n., 100.
Dolopes, peuple, I, 98 et n.; II, 102; V, 51.
Dorcis, général lacédémonien, I, 95.
Doriée, Rhodien, III, 8; commandant de la flotte de Thurium, VIII, 35, 84.
Doriens, peuple, occupent le Péloponnèse, I, 12; fondent Lacédémone, I, 18; détails divers relatifs à ce peuple, I, 107; II, 9; III, 92; IV, 61; V, 9, 54; VI, 4, 77, 80, 82; VII, 5, 57; VIII, 25; langue dorienne, IV, 112; VI, 5.
Doros, Thessalien, IV, 78.

Drabisque, en Édonie, I, 99; IV, 102.
Drachme d'Égine et d'Athènes; leur valeur, I, 27 et n.
Drimusse, île, VIII, 31.
Droens, peuple thrace, II, 101
Dryoscéphales, III, 24.
Dymé, ville d'Achaïe, II, 85 et n.

E

Éantidès, tyran de Lampsaque, VI, 59.
Eau sacrée de Délium, IV, 97.
Eccritos, général lacédémonien, VII, 19.
Échécratidès, roi de Thessalie, I, 111.
Échétimidas, père de Tauros, IV, 119.
Échinades, îles, II, 102.
Éclipses de soleil, I, 23; II, 28; IV, 52; de lune, VII, 50.
Éditions de Thucydide, préf. 28 et suiv.
Édonie, province, I, 100 et n.; II, 99; IV, 102, 107, 108, 109.
Édoniens, vainqueurs des Athéniens, I, 100 et n.
Éétionée, VIII, 70, 92.
Égaléos, montagne, II, 19.
Égée (mer), I, 98; IV, 109.
Égeste, ville des Élymes, VI, 2, 8, 13, 44, 46, 62; VII, 47.
Égine, Éginètes; ses flottes, I 14; ses guerres avec Athènes, I, 67, 105, 108; II, 27; VII, 57 et n.; VIII, 92; les Éginètes s'établissent à Thyrée, IV, 57; obole et drachme d'Égine, IV, 47.
Égition, ville d'Étolie, III, 97 et n.
Égypte, I, 104 et suiv., 109, 110, 112; VII, 35.
Éion, en Thrace, IV, 7 et n.
Éion, place forte, à l'embouchure du Strymon, I, 98 et n.; IV, 50, 102, 104, 106 et suiv.
Élaphébolion, mois grec, IV, 118; V, 19.
Éléatide, partie de la Thesprotide, I. 46.
Élections, I, 89 et n.
Élée, V, 34.
Éléens, II, 25; V, 31.

INDEX.

Éléon, île, VIII, 26.
Éléonte, VIII, 102, 107.
Éleusinion, temple de Cérès à Athènes, II, 18 et n.
Éleusis, ville de l'Attique, I, 114; II, 15, 17.
Élide, province, II, 25, 66.
Elixos, commandant de flotte, VIII, 80.
Ellomène, place de Leucadie, III, 94.
Élymes, peuple, VI, 2.
Embatos d'Érythrée, III, 29.
Empédias, Lacédémonien, V, 19.
Endios, éphore de Sparte, V, 44; VIII, 6, 12.
Énéas, fils d'Ocytès, IV, 119.
Énésias, éphore, II, 2.
Enfants des guerriers morts pour la patrie, élevés à Athènes par la république, II, 46.
Énianes, V, 51.
Énipée, fleuve, IV, 78.
Énomotarques, V, 56 et n.
Énomotie, ibid.
Énos, ville de Thrace, IV, 28 et n.; VII, 57.
Entimos, fondateur de Géla, VI, 4.
Éolades, VI, 91.
Éole (îles d'), III, 88, 115.
Éolide, contrée nommée aussi Calydon, III, 102.
Éoliens, VII, 57; VIII, 100, 108.
Éordie, partie de la Macédoine, II, 99.
Éordiens, II, 99.
Éphèse (jeux d'), III, 104.
Éphores lacédémoniens, I, 86, 87, 131, 133, 134; V, 19, 46; VIII, 6, 12, 58.
Éphyre, ville de Thesprotide, I, 46.
Épiclès, d'Athènes, I, 45; II, 23.
Épiclès, Péloponnésien, VIII, 107.
Épicure, père de Pachès, III, 18.
Épicydidas, Lacédémonien, V, 12.
Épidamne, ville, I, 24 et n., 25, 26, 29; III, 70.
Épidaure, ville de l'Argolide, II, 36; IV, 45; V, 25, 54, 56; VI, 31; VIII, 10, 92, 94.
Épidaure-Liméra, IV, 56 et n.; VI, 105; VII, 18, 26.
Épidémiurges, administrateurs des colonies, I, 56 et n.

Épipolæ, VI, 75 et n., 96, 101, 102, 103; VII, 1, 2, 4, 5, 42 et suiv.
Épire, III, 102.
Épitadas, fils de Molobrus, IV, 8, 31, 38.
Épitélidas, commandant de Torone, IV, 132.
Épithrace (Chalcidique), I, 56 et n.
Éræ, ville, VIII, 19.
Érasinidès, Corinthien, VII, 7.
Érasistratres, V, 4.
Ératoclidès, Corinthien, I, 24.
Érechtée, roi d'Athènes, II, 15.
Érésiens, VIII, 23.
Érésos et Éressos, ville forte, III, 18, 35; VIII, 23, 100.
Érétrie (peuple d'), I, 15; IV, 123; VII, 67; VIII, 95.
Érétrie (ville d'), VIII, 60, 95.
Érinéos, ville dorique, I, 10.
Érinéos d'Achaïe, VII, 34.
Érinéos, fleuve d'Achaïe, VII, 80, 82.
Érythréens, VIII, 5, 6, 14, 33.
Érythres, ou Érythrée, en Ionie, III, 33; VIII, 24, 28, 32, 33.
Érythres, en Béotie, III, 24 et n.
Eryx, ville des Élymes, VI, 2, 46.
Éryxidaïdas, Lacédémonien, IV, 119.
Ésimidès, navarque corinthien, I, 47.
Éson, ambassadeur argien, V, 40.
État primitif de la Grèce, I, 2 et n.
Étéonicos, commandant d'une flotte, VIII, 23.
Éthéens, peuple, I, 101.
Éthiopie, II, 48.
Etna, III, 116.
Étoliens, peuple belliqueux, I, 5 et n.; III, 94; leurs guerres contre Athènes, III, 95, 98.
Eubée, IV, 76; VI, 3.
Eubéens, I, 98; leurs exilés, I, 113; défection, I, 114; soumis aux Athéniens, I, 23; II, 2 et n.; les Athéniens y envoient leurs troupeaux, II, 14; tremblement de terre, III, 87, 89; projets des Lacédémoniens contre l'Eubée, III, 92; elle est défendue par les Athéniens, III, 17; VIII, 1, 74; avantages qu'ils en retirent, VII, 28; VIII, 95; les Eubéens, sujets d'Athènes, VII, 57;

défection générale, VIII, 5, 60, 91, 95, 96.
EUBULOS, commandant de flotte, VIII, 23.
EUCLÉES, général athénien, IV, 104.
EUCLÉS, général syracusain, VI, 103.
EUCLIDES, fondateur d'Himère, VI, 5.
EUCRATES, père de Diodotos, III, 41.
EUCTÉMON, commandant de flotte, VIII, 30.
EUDÈMOS ou EUTHYDÈMOS, commandant de flotte, VII, 69.
EUMACHOS, fils de Chrysis, II, 33.
EUMÉNIDES, I, 126.
EUMOLPIDES, famille sacerdotale, VIII, 53 et n.
EUMOLPOS, II, 15.
EUPÉIDAS, IV, 119.
EUPHAMIDAS, fils d'Aristonymos, II, 33; IV, 119.
EUPHAMIDAS, Corinthien, V, 55.
EUPHÉMOS, député athénien, VI, 75, 81, 88.
EUPHILÉTAS, père de Charéadas, III, 86.
EUPOLION, en Locride, III, 96, 102.
EUPOMPIDÈS, fils de Démachos, III, 20.
EURIPE, VII, 29, 30.
EURIPIDE, père de Xénophon, II, 70, 79.
EUROPE, II, 98.
EUROPOS, place forte de la Macédoine, II, 100 et n.
EURYBATE, Corcyréen, I, 47.
EURYÈLOS, en Sicile, VI, 97; VII, 2, 43.
EURYLOCHOS, général de Sparte, III, 100, 101, 102, 106, 109.
EURYMACHOS, Thébain, II, 2.
EURYMÉDON, fleuve, I, 100.
EURYMÉDON, général athénien; ses expéditions à Corcyre, II, 80, 81, 85, 91 ; III, 115 ; en Sicile, IV, 2, 3, 8, 46, 65 ; VII, 16, 31, 42, 43, 49 ; est tué, VII, 52.
EURYSTÉE, roi de Mycènes, I, 9.
EURYTANES, peuple d'Étolie, III, 94 et n.
EURYTIMOS, Corinthien, I, 29.
EUSTROPHOS, ambassadeur lacédémonien, V, 40.

EUTHYCLÈS, I, 46; III, 114.
EUTHYDÈME, Athénien, V, 19, 24; VII, 16, 69.
EUXIN (le Pont), II, 96, 97.
ÉVALAS, général de Sparte, VIII, 22.
ÉVARCHOS, tyran d'Astacos, II, 30, 33.
ÉVARCHOS, autre que le précédent, VI, 3.
ÉVÉNOS, fleuve, II, 83.
ÉVESPÉRITES, peuple, VII, 50.
ÉVÉTION, général athénien, VII, 9.
EXÉCESTAS, père de Sicanos, VI, 73.

F

FACTIONS, IV, 71. Voy. SÉDITIONS.
FAMINE de Potidée, II, 70.
FASTES, histoire des rois de Perse, I, 131 et n.
FÊTES de Jupiter, I, 126 ; cause de désastres pour les Lacédémoniens, IV, 5 ; V, 82; ce qu'en pensent les Athéniens, I, 70 ; fêtes d'Apollon, III, 3 ; fêtes du mois carnéen, à Lacédémone, V, 75, 76 ; fêtes funèbres, II, 34. *Xynœcia*, fêtes, II, 15; fêtes lustrales, III, 104.
FLOTTE ; détails sur la puissance, l'origine, l'organisation des flottes grecques, I, 10, 14, 15 ; III, 16 ; VI, 30 et suiv. Voy. NAVIRES.
FONTAINE de Callirhoë, II, 15.
FONTAINE de Pylos, IV, 26.
FONTAINES (les), nom d'un terrain de l'Amphilochie, III, 105, 106.
FUNÉRAILLES, II, 34.

G

GALEPSOS ou GAPSELOS, colonie thrace, IV, 107; V, 6.
GAULITÈS, Carien, VIII, 85.
GÉLA, fleuve, VI, 4.
GÉLA, ville, VIII, 50, 80 ; sa fondation, VI, 4 ; ses tyrans, *ibid.* ; habitants de Géla, IV, 58; fondent Agrigente, VI, 4 ; sont des colons de Rhodes, VII, 57.

INDEX. 387

Gélon, tyran de Syracuse, I, 14 et n.; VI, 4.
Géranie, montagne de la Mégaride, I, 105 et n., 107, 108; IV, 70.
Gérastion, mois grec, IV, 119.
Gètes, peuple, II, 96 et n.
Gigonos, I, 61.
Glaucé, sur le territoire de Mycale, VIII, 79.
Glaucon, fils de Léagrus, I, 51.
Goaxis (les enfants de), IV, 107.
Gongilos, d'Érétrie, I, 128.
Gongylos, général corinthien, VII, 2.
Gortynie, ville, II, 100.
Gouvernement primitif de la Grèce, I, 13 et n.
Grèce. Ses premiers habitants, I, 2; ce qu'elle était avant la guerre de Troie, I, 3; après cette guerre, I, 3 et suiv.; fonde des colonies, I, 12; forme des flottes, I, 13, 14; soumise aux tyrans, I, 17; ce qu'elle a souffert par la guerre et les séditions, III, 82; ses premières villes, I, 7; mœurs de ses anciens habitants, I, 5, 6; ce qu'ils font dans la guerre de Troie, I, 9, 11; commencent à s'occuper de marine, I, 13; leur ancienne manière de combattre, I, 15; prennent parti, les uns pour Athènes, les autres pour Lacédémone, I, 10.
Grestonie ou Crestonie, province, II, 99 et n.; III, 109.
Guerre du Péloponnèse; ses causes, son importance, etc., I, 23, 24, 56, 66, 88; ses préparatifs, son commencement, II, 1, 7; première année de cette guerre, II, 47; seconde année, II, 70; troisième année, II, 103; quatrième année, III, 25; cinquième année, III, 88; sixième année, III, 116; septième année, IV, 51; huitième année, IV, 116; neuvième année, IV, 135; dixième année, V, 24; onzième année, V, 39; douzième année, V, 51; treizième année, V, 56; quatorzième année, V, 81; quinzième année, V, 83; seizième année, VI, 7; dix-septième année, VI, 93; dix-huitième année, VII, 18; dix-neuvième année, VIII, 6; vingtième année, VIII, 60; vingt et unième année, VIII, 109.

Guerre de Chalcis et d'Érétrie, I, 15.
Guerre contre les Mèdes, I, 23.
Guerre de Corcyre et de Corinthe, I, 24 et suiv.
Guerre d'Ambracie et d'Amphilochie, II, 60.
Guerre de Lacédémone et d'Argos, V, 83; VI, 7, 96.
Guerre d'Épidamne et d'Argos, V, 53.
Guerre sacrée, I, 112.
Guerre (troisième) de Messénie, I, 101.
Guerre de Sicile, VI, 1.
Guerre. Comment la faisaient les Grecs, I, 62 et suiv.; II, 84 et suiv., 90, 93; III, 107; IV, 32, 67, 73, 100; VI, 102; VII, 73.
Gylippe, fils de Cléandridas, général lacédémonien; ses expéditions en Sicile, VI, 93, 104; VII, 1, 3, 4, 5, 6, 22, 37, 43, 46, 50, 53, 65, 69, 74, 85, 86 et suiv.; VIII, 13.
Gymnopédies, V, 82 et n.

H

Hagnon, envoyé au secours de Périclès, I, 117; collègue de Périclès, attaque Potidée, II, 58, 95; fondateur d'Amphipolis, IV, 102; V, 11.
Hagnon, père de Théramènes, VIII, 68.
Halex, fleuve, III, 99.
Haliarte, IV, 93.
Halicarnasse, VIII, 42, 108.
Halies, ville d'Argolide, I, 105 et n.; II, 56.
Halys, fleuve, I, 16.
Hamaxitos, VIII, 101.
Hamippes, V, 57 et n.
Harmatous, VIII, 101.
Harmodios, I, 20; VI, 54, 56.
Harmostes, à Lacédémone, VIII, 5.
Harpagion, VIII, 107.
Hèbre, fleuve, II, 96.
Hégésandridas, de Sparte, VIII, 91, 94.
Hégésandros, commandant de Torone, IV, 132.
Hégésandros, de Thespies, VII, 19.

HÉGÉSIPPIDAS, gouverneur d'Héraclée, V, 52.
HÉLÈNE, I, 9.
HÉLIXOS, de Mégare, VIII, 80.
HELLEN, fils de Deucalion, I, 3.
HELLEN, ville en ruines, près de Pharsale, I, 3 et n.
HELLÉNOTAMES, magistrats athéniens, I, 96.
HELLESPONT, I, 89, 128; II, 9, 96; VIII, 6, 8, 22, 23, 39, 80, 86, 96, 99, 100, 103, 106, 108, 109.
HÉLORINE (voie), VI, 70; VII, 80.
HÉLOS, ville du Péloponnèse, IV, 54.
HÉMONIE, nom primitif de la Thessalie, I, 2 et n.
HÉMOS, montagne de la Thrace, II, 96.
HÉRACLÉE, ville de Trachinie, III, 92 et n.; IV, 78 et n.; V, 12, 51 et n., 52.
HÉRACLÉE, dans le Pont, IV, 75.
HÉRACLIDES (les), fils d'Hercule, I, 9, 12.
HÉRACLIDÈS, fils de Lysimaque, général syracusain, VI, 73, 103.
HERCULE; son culte à Syracuse, VII, 73, 101; son temple dans la campagne de Mantinée, V, 64, 66.
HÉRÉA, V, 67 et n.
HERMÉONDAS, de Thèbes, III, 5.
HERMÈS (les); ce que c'était à Athènes, VI, 27 et n., et suiv.; enquête au sujet de leur mutilation, VI, 53.
HERMIONE (territoire d'), II, 56; galère, I, 128.
HERMIONIENS, I, 27.
HERMOCRATES, fils d'Hermon, IV, 58; son caractère, VI, 72; nommé général, VI, 73; conseils qu'il donne, IV, 59; sa conduite, ses discours, VI, 33, 72, 73, 76, 96, 99; VII, 22, 73; VIII, 26, 29, 45, 85.
HERMON, père d'Hermocrates, IV, 58; VI, 32.
HERMON, commandant de Munychie, VIII, 92.
HÉRODOTE. Critiques indirectes de Thucydide, préf. 15; I, 21 et n., 22.
HÉSIODE; sa mort, III, 96.
HESSIENS, peuple, III, 101.

HESTIÉE, ville; ses habitants expulsés par les Athéniens, I, 114; VII, 57 et n.
HESTIÉENS, habitants d'Hestiée, en Eubée, VII, 57.
HESTIODORE, fils d'Aristoclidès, II, 70.
HIÉRA, île, III, 88.
HIÉRAMÈNES, VIII, 58.
HIÉRIENS, peuple, III, 92.
HIÉROPHON, fils d'Antimnestos, III, 105.
HILOTES, I, 101 et n., 102, 128; IV, 8, 26, 41, 56, 80 et n.; V, 14, 34, 56, 57, 64; VII, 19.
HIMÈRE, VI, 5, 62.
HIMÉRÉENS, VII, 1, 58.
HIPPAGRÈTES, Lacédémonien, IV, 38.
HIPPARQUE, frère d'Hippias et de Thessalos, fils de Pisistrate, I, 20; VI, 54, 56, 57.
HIPPIAS, frère aîné du précédent; histoire de sa domination à Athènes, comment il est renversé du pouvoir, I, 18 et n., 20; VI, 54, 55, 59.
HIPPIAS, chef des Arcadiens, III, 34.
HIPPIAS, père de Pisistrate, IV, 54.
HIPPOCLÈS, tyran de Lampsaque, VI, 59.
HIPPOCLÈS, fils de Ménippe, VIII, 13.
HIPPOCRATES, fils d'Ariphron, général athénien, IV, 66; fortifie Délion, IV, 90; attaque les Mégariens, IV, 66 et suiv.; s'empare de Nisée, IV, 69; combat les Béotiens, est tué, IV, 95, 101.
HIPPOCRATES, tyran de Géla, VI, 5.
HIPPOCRATES, de Sparte, VIII, 35, 99.
HIPPOLOCHIDAS, IV, 7.
HIPPONICOS, général athénien, III, 91.
HIPPONOÏDAS, polémarque, V, 71.
HISTOIRE; d'après quelles sources et comment Thucydide l'écrit, I, 21, 22.
HISTOIRE d'Hellanicos, I, 97.
HOMÈRE, cité, I, 3 et n., 9, 10; II, 41; III, 104.
HOPLITES athéniens, II, 13; leur paye, III, 17.
HYACINTHE, ses fêtes à Lacédémone, V, 23, 41.

INDEX.

HYBLA, place forte, VI, 62, 63.
HYBLON, roi des Sicules, VI, 4.
HYCCARA, ville de Sicile, VI, 62; esclaves d'Hyccara, VII, 13.
HYÉENS, peuple, III, 101.
HYLIAE, fleuve, VII, 34.
HYLLAÏQUE (le port), III, 72, 91.
HYPERBOLOS, citoyen athénien, VIII, 73.
HYPÉRÉCHIDAS père de Callias, VI, 55.
HYSIES, ville de Béotie, III, 24.
HYS·ES, ville d'Argolide, V, 83 et n.
HYSTASPE, père de Pissuthnès, I, 115.

I

IASIQUE (le golfe), VIII, 26.
IAPYGIE, nom d'un promontoire et d'une province, VI, 30, 44.
IAPYGES, VII, 23 et n., 57.
IASOS, ville d'Ionie, VIII, 28, 29, 36, 54.
IBÈRES, peuple, VI, 2 et n., 90.
IBÉRIE, VI, 2.
ICARA, III, 29; VIII, 99.
ICHTHYS, promontoire, II, 25.
IDA, IV, 52; VIII, 108.
IDOMÉNÉ, ville de Macédoine, II, 100.
IDOMÉNÉ, ville d'Amphilchie, III, 112.
IÉGÆ, forteresse des Sicules, VII, 2.
IELYSOS, ville rhodienne, VIII, 44.
ILLYRIENS, peuple, I, 26; IV, 124, 125.
IMBROS, VIII, 102, 103; V, 8 et n.
IMBROS (habitants d'), III, 5; IV, 28; VII, 57.
INAROS, fils de Psamméthichos, roi des Libyens, I, 104, 110.
INESSA; la même que Nessa, place de Sicile, III, 103; VI, 94 et n.
INSCRIPTION de Pausanias sur le trépied de Delphes, I, 132; sur l'autel d'Apollon, VI, 54; d'Archédice, à Lampsaque, VI, 59.
IOLAÜS, I, 62.
IOLCIOS, Athénien, V, 19.
ION, de Chio, père de Tydée, VIII, 38.

IONIE (golfe d'), I, 24; II, 97; VI, 30, 34, 104; VII, 33.
IONIE, IONIENS, colons d'Athènes; conformité d'origine, I, 2, 6, 12, 95; II, 15; III, 86; IV, 61; VI, 82; leur flotte, I, 13; soumis par Cyrus, I, 13, 16; secouent le joug des Perses, I, 89, 95; VI, 76; ennemis des Doriens, VI, 83. *Voir encore :* III, 31, 32, 33, 36, 92, 104; VII, 57; VIII, 6, 11, 25, 39, 56.
IONIENNES (îles) soumises à la Perse par Darius, I, 16 et n.
IPNÉENS, peuple, III, 101.
ISAGORAS (faction d'), I, 126 et n.
ISARCHIDAS, général corinthien, I, 29.
ISCHAGORAS, Lacédémonien, IV, 132; V, 19, 21.
ISOCRATES, général corinthien, II, 83.
ISOLOCHOS, père de Pythodoros, III, 115.
ISTER, fleuve, II, 96, 97.
ISTHMES, position recherchée pour la fondation des villes, I, 126 et n.; de Pallène, I, 56; de Leucade, III, 81; de Corinthe, I, 13; II, 10, 13; III, 89; V, 75; VIII, 7, 11.
ISTHMIQUES (jeux), VIII, 10.
ISTHMIONICOS, Athénien, V, 19.
ISTONE, montagne, III, 85; IV, 46.
ITALIE, I, 36, 44; VI, 91; origine de son nom, VI, 2; de ses villes, I, 12; ses rapports avec la Grèce, VI, 90, 103; VII, 14, 25.
ITALIOTES, VI, 90; VII, 87.
ITALOS, roi des Sicèles, VI, 2.
ITAMANÈS, III, 34.
ITHÔME, ville, I, 101, 102, 103.
ITONIENS, colons des Locriens, V, 5.
ITYS, II, 29.

J

JEUX en l'honneur de Diane Éphésienne, III, 104.
JUNON; ses temples, I, 24; III, 68, 79, 81; IV, 133; V, 75.
JUPITER ITHOMÉTAS, I, 103; Milichios, I, 126; Libérateur, II, 71; Néméen, III, 96; Olympien, V, 31, 50. *Voir encore :* I, 15; III, 14; VIII, 19.

L

LABDALOS, forteresse, VI, 97; VII, 43.
LACÉDÉMONE, LACÉDÉMONIENS; leur origine, leurs mœurs, leur état politique, I, 6 et n., 8, 10 et n., 18 et n., 40; leur caractère, leur organisation politique et militaire, I, 60, 67, 70, 84 ; II, 10, 12, 37, 38, 39 ; III, 15; IV, 17; V, 66, 68, 74, 75, 76 ; VIII, 84 ; ennemis des Athéniens, pourquoi ? I, 19 et n., 23, 24 et suiv., 56, 66, 88, 102 ; convoquent leurs alliés, exposent leurs griefs, déclarent les traités rompus avec les Athéniens, I, 67, 79, 87, 118 ; comment ils votent dans les assemblées politiques, I, 20, 87 et n.; envoient des députés aux Athéniens et sont dupés par Thémistocle, I, 90 et suiv.; rappellent Pausanias pour le juger, 95, 128 ; se plaignent de Thémistocle, I, 135 ; sont sur le point d'envahir l'Attique, I, 101 ; font la guerre aux Hilotes d'Ithôme, I, 101 et suiv ; rompent ouvertement avec les Athéniens et leur livrent une bataille navale, I, 102, 105; donnent des secours aux Doriens, I, 107; battent les Athéniens à Tanagre, I, 108 ; font une trêve, I, 112 ; entreprennent la guerre sacrée, *ibid.;* envahissent l'Attique, I, 114 ; font une trêve avec les Athéniens, I, 115; sont lents à s'engager dans une guerre, I, 118 ; délibèrent au sujet de la guerre et la déclarent aux Athéniens, I, 119, 125 ; leur demandent diverses satisfactions, I, 126 et suiv.; veulent les obliger à lever le siège de Potidée, I, 139 ; font, avec leurs alliés, des dispositions pour entrer en campagne, II, 7 et suiv., 9 ; leur expédition dans l'Attique, I, 18, 19, 23 ; donnent Thyrée aux Éginètes, II, 27 ; envahissent de nouveau l'Attique, II, 47; attaquent l'île de Zacynthe, II, 66; leurs députés sont pris par les Athéniens et mis à mort, II, 67 ; attaquent Platée, II, 71, 75, 77 ; envahissent l'Acarnie, II, 80; engagements divers qu'ils soutiennent contre les Athéniens, II, 83, 84, 85 et suiv., 87, 90 et suiv.; tentent un coup de main contre le Pirée, II, 93 et suiv.; envahissent l'Attique, III, 1 ; préparent une expédition par terre et par mer, III, 15, 16 ; envahissent l'Attique, III, 26 ; expédition de leur flotte ; les Athéniens la poursuivent, III, 29, 33 ; s'emparent de Platée ; ce qu'ils font des habitants, III, 52, 57 et n., 58 ; expédition de leur flotte contre Corcyre, III, 69, 78, 81 ; s'effrayent des tremblements de terre, III, 89 ; fondent la colonie d'Héraclée, III, 92 ; font une expédition dans l'Amphilochie, III, 105 et suiv., 109 ; envahissent l'Attique, IV, 2 ; retournent chez eux après une campagne de quinze jours, IV, 6 ; attaquent Pylos, IV, 8, 11 et suiv.; sont battus par les Athéniens, IV, 14 ; font une trêve, IV, 16 ; envoient des députés à Athènes, IV, 15, 17, 22 ; sont assiégés dans Sphactérie, battus et forcés de se rendre, 30 à 38 ; sont prisonniers à Athènes, IV, 41 ; triste état de leurs affaires, IV, 55 ; se débarrassent des Hilotes, IV, 80 ; prennent Amphipolis, IV, 106 ; font une trêve, IV, 117 ; sont disposés à la paix, V, 14 ; font un traité avec les Athéniens, V, 18, 23 ; accusent les Corinthiens, V, 30 ; leur expédition en Arcadie, V, 33 ; donnent la liberté aux Hilotes, V, 34 ; inspirent de la défiance aux Athéniens, V, 35 ; s'allient aux Béotiens, V, 39 ; leurs différends avec Athènes au sujet de Panacton, place forte, V, 42 ; sont exclus du temple de Jupiter Olympien, V, 49 ; leur caractère temporisateur, V, 54 et n.; secourent les Épidauriens, V, 56 ; prennent les armes contre les Argiens, V, 57 ; accusent Agis, V, 63, 65 ; secourent Tégée, V, 64 ; livrent une grande bataille aux Argiens, à Mantinée, V, 66 à 74, 75 ; font la paix, et des traités, V, 77, 79 ; établissent l'oligarchie à Argos, V, 81 ; détruisent les murailles d'Argos, V, 83; ravagent l'Argie, VI, 7 ; expédition de Syracuse, VI, 93; VII, 2, 5 et suiv.; envahissent l'Attique, VII, 19 ; envoient des secours en Sicile, *ibid.;* envoient Gylippe aux Syracusains avec des troupes, VII, 21 ; secourent Chio, VIII, 6 ; sont battus par

Athéniens, VIII, 10; font un traité avec les Perses, VIII, 18, 37, 58; sont cernés par les Athéniens, VIII, 20; prennent Iasos, VIII, 28; envoient une flotte en Asie, VIII, 39; battent les Athéniens, VIII, 42; envoient des vaisseaux à Pharnabaze, VIII, 80; battent les Athéniens, VIII, 95; sont battus par eux dans un combat naval, VIII, 104, 106.

LACEDÉMONIOS, fils de Cimon, I, 45.

LACETS pour détourner les machines, II, 76.

LACHÈS, fils de Mélanopos, général athénien; ses expéditions en Sicile, III, 86, 90, 99, 115; VI, 1, 6, 75; contre la Locride, III, 103, 115. *Voy. encore :* IV, 118; V, 19, 24, 43, 61.

LACON, fils d'Aïmnestos, III, 52.

LACON, Lacédémonien, III, 5.

LACONIE, III, 107; IV, 53, 56; VI, 104, 105; VII, 26, 31; VIII, 6, 91.

LADÉ, île, VIII, 17, 24.

LAMACHOS, général athénien; son expédition dans le Pont, IV, 75; en Sicile, VI, 8, 49; est tué, VI, 101.

LAMACHOS, Athénien, V, 19, 24.

LAMIS, fondateur de Trotilos, VI, 4.

LAMPHILOS ou LAPHILOS, Lacédémonien, V, 19, 24.

LAMPON, Athénien, *ibid*.

LAMPSAQUE, I, 138; VI, 59; VIII, 62.

LAODICÉE, ville de l'Orestide, IV, 134.

LAOPHON, de Mégare, VIII, 6.

LARISSE, en Thessalie, IV, 78; en Asie, VIII, 101.

LARISSÉENS, II, 22.

LAS, en Laconie, VIII, 91.

LAURION, montagne, II, 55; VI, 91.

LÉAGROS, Athénien, I, 51; dirige une expédition contre les Thraces, I, 100 et n.

LÉARCHOS, député d'Athènes, II, 67.

LEBÉDOS, VIII, 19.

LECTOS, VIII, 101.

LÉCYTHOS, forteresse, IV, 113, 115, 116.

LÉLÈGES, peuple, II, 96, 97.

LÉLANTION, territoire contesté entre Chalcis et Érétrie, I, 15 et n.

LEMNOS, île; Lemniens, I, 115; II, 47; III, 5; IV, 28, 109; V, 8 et n.; VII, 57.

LÉOCORION, temple d'Athènes, I, 20 et n.

LÉOCRATES, général athénien, I, 105.

LÉOGORAS, Athénien, I, 51.

LÉON, Lacédémonien, fondateur d'Héraclée, III, 92; ambassadeur lacédémonien, V, 44.

LÉON, père de Pédaritos, VIII, 28.

LÉON, général athénien, VIII, 23, 22, 54, 55.

LÉON, Spartiate, VIII, 61.

LÉON, nom de lieu, IV, 97.

LÉONIDAS, père de Plistarchos, I, 132.

LÉONTIADÈS, père d'Eurymachos, II, 2.

LÉONTIUM, LÉONTINS, fondée par les Chalcidiens, VI, 3, 4, 76, 79; leur rapport avec les Athéniens, VI, 6, 8, 19, 47, 48, 50, 76; font la guerre aux Syracusains, III, 86; alliés des Naxiens, IV, 25; leur dissensions, V, 4 et n.; leurs émigrations à Syracuse, *ibid*.

LÉOTYCHIDAS, roi de Lacédémone, I, 89 et n.

LÉPRÉON, V, 31, 34, 49; ses habitants font la guerre aux Arcadiens, V, 31.

LÉROS, île, VIII, 27.

LESBOS; alliée des Athéniens, après Mycale, I, 95, n.; ses alliances avec Lacédémone, III, 2, 15; soumise aux Athéniens, I, 19; III, 51; VIII, 5; attaquée par Chio, VIII, 22; punie par les Athéniens, III, 50.

LESPODIAS, général athénien, VI, 105; VII, 86.

LESTRYGONS, peuple, VI, 2.

LEUCADE, II, 84; III, 7, 80, 81 et n., 94; VI, 104; VII, 2, 13; colonie de Corinthe, I, 27 et n., 30.

LEUCADE (isthme de), III, 81 et n.; IV, 8.

LEUCADIENS; envoient un secours à Épidamne, I, 26; fournissent des vaisseaux aux Corinthiens et aux Péloponnésiens, I, 27, 46; II, 9; III, 69; VII, 7, 58; VIII, 106; leurs vaisseaux, II, 91, 92; VI, 104; se joignent aux Ambraciotes, II, 80; en guerre avec les Athéniens, III, 7, 94; IV, 42.

LEUCIMNE, promontoire de Corcyre I, 30, 47 et n.; III, 79.

LEUCORION, VIII, 24 et n.

LEUCTRES, V, 54.

LIBYE, I, 104, 110; IV, 53; VI, 2;

VII, 50, 58 ; ravagée ar la peste, II, 48.
LICHAS, de Lacédémone, vainqueur aux jeux olympiques, V, 50 et n.; député de Lacédemone, V, 22, 76 ; hôte des Argiens, V, 76 ; président du conseil adjoint à Astyochos, VIII, 39, 42, 43, 52, 87; sa mort, VIII, 84 et n.
LIGYENS, VI, 2,
LIMÉRA. *Voy.* ÉPIDAURE.
LIMNÉE, bourg, II, 80; III, 106.
LIMNÉEN (Bacchus), II, 15.
LINDOS, ville rhodienne, VIII, 44.
LIPARA, île, III, 88.
LIPARIENS, colons de Cnide, III, 88.
LITHOBOLES, VI, 69 et n.
LOCHAGE, V, 56 et n.
LOCHOS, *ibid.*
LOCRIENS OZOLES, peuple, I, V ; occupent Naupacte, I, 103 ; alliés des Athéniens, III, 95.
LOCRIENS d'Oponte, I, 108, 113; II, 9, 26, 32 ; III, 89, 41 ; VII, 93.
LOCRIENS EPIZÉPHYRIENS, VII, 1 ; ennemis de Rhégium, IV, 1, 24 ; alliés des Athéniens, V, 5 ; refusent de les laisser aborder, VI, 44 ; envoient des secours aux Péloponnésiens, VIII, 91.
Loi athénienne contre les traîtres, I, 138 et n,
Lois ; la stabilité dans les mauvaises vaut mieux que la mobilité dans les bonnes, II, 37.
LUNE. *Voy.* ÉCLIPSE.
LYCÉE, dans les campagnes de Leuctres, V, 16, 54.
LYCIE, II, 69 ; VIII, 41.
LYCOMÈDES, père d'Archestrate, I, 57; père de Cléomède, V, 84.
LYCOPHRON, général corinthien, IV, 43, 44.
LYCOPHRON, Lacédémonien, II, 85.
LYCOS, père de Thrasybule, VIII, 75.
LYCURGUE ; sa réforme, I, 18 et n.
LYNCESTES, peuple, II, 99 ; IV, 83 et n., 124.
LYNCOS, IV, 83, 124, 129.
LYSANDRE, auteur du décret qui rappelle les exilés, préf. 11.
LYSICLÈS, père d'Abronychus, I, 91.
LYSICLÈS, envoyé des Athéniens, III, 19 ; est tué, *ibid.*

LIMYSACHOS, père d'Aristide, I, 91 ; père d'Héraclite, VI, 73 ; et d'Arianthidès, IV, 91.
LYSIMÉLIA, marais près de Syracuse, VII, 53.
LYSISTRATES. Olynthien, IV, 110.

M

MACARIOS, de Sparte, III, 100, 109.
MACÉDOINE, I, 58 ; description de ce pays, II, 99, n. et suiv.; ses rois, V, 80, 100 ; barbares macédoniens, IV, 124, 126 ; cavaliers macédoniens, I, 124 ; exilés macédoniens, VI, 7.
MACHAON, commandant de Corinthe, II, 83.
MACHINES de guerre, II, 75 et suiv.; IV, 100.
MAGNÉSIE d'Asie, lieu de la sépulture de Thémistocle, I, 138; VIII, 50.
MAGNÈTES, II, 101.
MAINS de fer, pour arrêter les vaisseaux, IV, 25 ; VII, 61.
MALÉE, promontoire de Lesbos, III, 4, 6.
MALÉE, promontoire du Péloponnèse, IV, 54; VIII, 39 ; Apollon d..., III, 3.
MALÉE, golfe, VIII, 3.
MANTINÉE, V, 55 ; VI, 16 ; plaines de Mantinée, bataille de ce nom, V, 64, 65, n. et suiv.; Mantinéens, III, 107, 108 et suiv.; combattent contre les Tégéates IV, 134 ; s'allient aux Argiens, V, 29; font la guerre aux Lacédémoniens, V, 33 ; reviennent à leur alliance, V, 41, 47, 78.
MARAIS (le), en Égypte, I, 110.
MARATHON (bataille de), I, 18, 73 ; II, 34 ; VI, 59.
MARATHUSE, île, VIII, 31.
MARCELLINOS, biographe de Thucydide, préf. 9 et n., 11.
MARÉE, ville d'Égypte, I, 104 et n.
MARINE des Grecs, I, 13, 36 ; II, 85 et n.
MARSEILLE, fondée par les Phocéens, I, 13.
MÉANDRE (plaine de), III, 19.
MÉCYBERNE, place forte, V, 18 et n., 39.

MÉDÉON, III, 106.
MÈDES, I, 18, 41, 69, 74, 89, 128, 142; II, 16, 21; III, 54, 57, 58; VI, 4, 17, 77, 82; VIII, 62. (*Voy.* Marathon.)
MÉGABATÈS, satrape de Dascylion, I, 129.
MÉGABAZE, envoyé d'Artaxerxès, I, 109.
MÉGABAZE, Perse, autre que le précédent, fils de Zopyros, I, 109.
MÉGARE, ville de la Grèce, I, 103; II, 93, 94; VII, 94; défendue par Brasidas, IV, 70 et suiv.; durée de son oligarchie, IV, 74; son territoire ravagé par les Athéniens, II, 31 et suiv.; IV, 66; secourt les Corinthiens, I, 27; les habitants exclus du marché de l'Attique, I, 67 et n.; s'allient aux Athéniens, I, 103; s'en séparent, I, 114; quelques-uns d'entre eux veulent livrer leur ville aux Athéniens, qui tentent de s'en emparer, IV, 66 et suiv.; bannis Mégariiens, *ibid. Voyez encore* : I, 48, 144; II, 9; IV, 100; VIII, 33.
MÉGARÉE, ville de Sicile, VI, 4 et n., 75, 94.
MÉLANCRIDAS, Lacédémonien, VIII, 6.
MÉLANOPOS; père de Lachès, III, 86.
MÉLANTHOS, Lacédémonien, VIII, 5.
MÉLÉAS, Lacédémonien, II, 5.
MÉLÉENS, V, 5.
MÉLÉSANDROS, général athénien, II, 69.
MÉLÉSIAS, VIII, 86.
MÉLÉSIPPOS, envoyé lacédémonien, I, 139; fils de Diacritos, II, 12.
MÉLITIA, ville d'Achaïe, IV, 78 et n.
MÉLOS, île, l'une des Cyclades, II, 9; III, 91, 94; V, 84 et n., 85, 112; VIII, 39, 41; ses habitants, colons lacédémoniens, V, 84; leurs conférences avec les députés athéniens, V, 85 et suiv.; sont attaqués et vaincus par les Athéniens, V, 114, 115.
MEMPHIS, prise par les Athéniens, I, 104, 109.
MÉNALIE, province, V, 64.
MÉNALIENS, V, 67.
MÉNANDRE, général athénien, VII, 16, 43, 69.
MÉNAS, Lacédémonien, V, 19, 24.

MENDE, ville dans l'isthme de Pallène IV, 121, 123; prise par les Athéniens, IV, 130 et suiv.; fonde une colonie à Éion, IV, 7.
MENDÉSIEN, bras du Nil, I, 110.
MÉNÉCOLOS, fondateur de Camarina, VI, 5.
MÉNÉCRATÈS, Mégarien, IV, 119.
MÉNÉDÉS, de Sparte, III, 100, 109.
MÉNIPPOS, VIII, 13.
MÉNON, de Pharsale, II, 22.
MER : de Grèce, I, 4; Égée, I, 98; de Crète, IV, 53; V, 110; de Sicile, IV, 24, 53; VI, 13; de Tyrrhénie, *alias* de Tyrsénie, IV, 24.
MERCURE. *Voy.* HERMÈS.
MESSAPIENS, peuple d'Italie, III, 101; VII, 33.
MESSÈNE, ville de Sicile, III, 88; IV, 1, 25; VI, 48; prise par les Athéniens, III, 90; leur est enlevée, IV, 1; occupée par les Locriens, V, 5; attaquée vainement par les Athéniens, VI, 74; attaque Naxos, IV, 25.
MESSÈNE, MESSÉNIE, dans le Péloponnèse, IV, 3, 4.
MESSÉNIENS, I, 101; se séparent des Péloponnésiens, ;, 101, 103; sont établis à Naupecte, *ibid.*, II, 9; s'emparent de Phia, II, 25; secondent les Athéniens, II, 90, 102; III, 75, 81, 95 et suiv.; secourent Argos Amphilochique, III, 107 et suiv.; leur langue, III, 112; IV, 3; leurs expéditions avec Démosthènes, à Pylos, etc., IV, 9, 32, 36, 41; V, 35, 56; accompagnent les Athéniens en Sicile, VII, 31, 57.
MÉTAGÉNÈS, V, 19, 24.
MÉTAPONTE, en Italie, VII, 33, 57.
MÉTHONE, ville de Laconie, II, 25.
MÉTHONE, entre Épidaure et Trézène, IV, 45; V, 18.
MÉTHONE, ville frontière de la Macédoine, VI, 7.
MÉTHONIENS, IV, 129.
MÉTHYDRION d'Arcadie, V, 58.
MÉTHYMNE, ville de Lesbos, fidèle aux Athéniens, III, 2 et n.; ses habitants battus par ceux d'Antissa, III, 18; fournissent des navires aux Athéniens, VI, 85; VII, 57; VIII, 100.

MÉTOEQUES, I, 143 et n.; II, 43, 31; IV, 90; VII, 63 et n.
MÉTROPOLES; leurs rapports avec les colonies, I, 25, 34, 38.
MÉTROPOLIS, ville, III, 107.
MICIADÈS, commandant de flotte, I, 47.
MIDIOS, Grave, VIII, 106.
MILET, MILÉSIENS, I, 115 et suiv.; VIII, 17, 24, 25, 26, 29, 30, 32, 61, 84.
MILICHIOS (Jupiter), I, 126.
MILTIADE, père de Cimon, I, 100.
MIMAS, VIII, 34.
MINDAROS, commandant de flotte, Lacédémonien, VIII, 85, 99 et suiv., 104.
MINE, monnaie, III, 50 et n.; V, 49 et n.
MINERVE au temple d'airain, I, 128, 134; son temple à Lécythos, IV, 116; à Athènes, II, 13; V, 23; à Amphipolis, V, 10.
MINES d'or à Thasos, I, 100; IV, 105 et préf. 8.; d'argent. *Voyez* LAURION.
MINOA, île voisine de Mégare, III, 51 et n.; IV, 66, 67 et n., 118.
MINOS; sa marine, I, 4 et n., 8.
MOIS lacédémoniens, IV, 19; V, 19, 54.
MOLOBROS ou MÉLOBROS, père d'Épitadas, IV, 8.
MOLOSSES, I, 135; II, 80 et n.
MOLYCRION, colonie de Corinthe, II, 84; III, 102. Rhion de Molycrie, II, 86.
MONUMENTS des grands hommes, en quoi ils consistent, II, 43.
MORGANTINE, ville de Sicile, IV, 65 et n.
MORT (peine de) à Sparte, I, 132.
MOTYE, VI, 2.
MUNYCHIE, II, 13; VIII, 92, 93.
MUR-BLANC, quartier de Memphis, I, 104.
MURS (longs) : d'Athènes, I, 69, 90, 93, 107, 108; II, 13, 17; VIII, 80 et n.; des Mégariens, I, 103; IV, 66, 69, 109; des Argiens, V, 83, 84; élevés par les Lacédémoniens pour bloquer les Platéens, II, 78; III, 21; élevés par les Athéniens contre Syracuse, VI, 98, 103.
MYCALE, I, 89; VIII, 79.

MYCALESSOS, ville, VII, 29.
MYCÈNES, ville, I, 9, 10.
MYCONE, île, III, 29.
MYGDONIE, province, I, 58; II, 99, 100.
MYLÆ, place forte, III, 90.
MYLÉTIDES, nom des bannis de Syracuse, VI, 5.
MYONÈSE, dans le pays des Téiens, III, 32.
MYONIENS, peuple de Locride, III, 101 et n.
MYONTE, ville de Carie, I, 138 et n.; III, 19.
MYRCINE, ville de l'Édonide; Myrciniens, IV, 197; V, 6, 10.
MYRRHINE, fille de Callias, VI, 55.
MYRTILOS, Athénien, V, 19, 24.
MYSCON, Syracusain, VIII, 85.
MYSTÈRES profanés à Athènes, VI, 28, 53, 60 et suiv.
MYTILÈNE, ville de Lesbos, III, 2 et n.; se sépare des Athéniens, *ibid.*; assiégée par eux, III, 6, 18; se rend, III, 28; cruellement traitée par les vainqueurs, III, 36 et suiv., 49 et suiv.; échappe de nouveau aux Athéniens, VIII, 22; est reprise, VIII, 23.
MYTILÉNIENS, célèbrent la fête d'Apollon, III, 3; battus sur mer par les Athéniens, III, 4; envoient des députés à Athènes, III, 5; à Lacédémone, III, 3, 4, 8, 9; attaquent Méthymne, III, 18.

N

NAUCLIDE, Platéen, II, 2.
NAUCRATÈS, IV, 119.
NAUPACTE, ville, I, 103 et n.; II, 69, 80 et suiv.; 84, 90 et suiv., 102 et suiv.; III, 7, 78, 94, 96, 98, 100 et suiv.; IV, 77; occupée par les Locriens Ozoles, I, 103; prise par les Athéniens, *ibid.*; station pour les vaisseaux athéniens, III, 69, 75, 114; IV, 13; VII, 17, 19, 31, 34.
NAVARQUES, II, 80 et n.
NAVIRES; leurs différentes espèces chez les Grecs, I, 10, 13, 14; IV, 42; VI, 25; VIII, 30; leurs noms, III, 33, 77; VI, 53; consacrés à Neptune, II, 92; de pirate, I, 10; de charge,

INDEX.

VII, 25 ; leurs formes primitives, I, 13 ; grandeur de ceux qui ont été à la guerre de Troie, I, 10 ; nombre de navires armés en diverses circonstances par les Athéniens, II, 13 ; VI, 25, 31, 43; par les Lacédémoniens, II, 7 ; III, 16.

Naxos, île; assiégée par les Athéniens, I, 137 ; soumise par eux, I, 98.

Naxos-Chalcidique, ville de Sicile, IV, 25 ; VI, 3 et n.; favorise les Athéniens, VI, 20, 50, 72, 98 ; VII, 20, 57 ; bat les Messéniens, IV, 25.

Néapolis, en Afrique, VII, 50.

Némée, III, 96 ; V, 58, 59, 60 ; Jupiter Néméen, III, 96.

Néodamodes, classes d'affranchis à Sparte, V, 34 et n.; VII, 58.

Neptune ; son temple, I, 128 ; VIII, 67; offrande qui lui est faite, II, 92.

Néricos, à Leucade, III, 7.

Nestos, fleuve, II, 96.

Neuf-Voies, plus tard Amphipolis, I, 100 ; IV, 102.

Neuf-Canaux, fontaine à Athènes, II, 15.

Nicanor, général des Chaoniens, II, 80.

Nicasos, IV, 119.

Nicératos, père de Nicias, III, 51 ; IV, 119.

Niciadès, IV, 118.

Nicias, Crétois, II, 85.

Nicias, père d'Hagnon, II, 58.

Nicias, fils de Nicératos, III, 91 ; IV, 119 ; VI, 8 ; son caractère, son éloge, VII, 50, 77, 86 et suiv.; discours qu'il prononce, VI, 9, 20, 68; VII, 61, 77; s'empare de l'île de Minoa, III, 51 ; attaque Mélos, III, 91 ; bat les Tanagréens, III, 91 ; les Corinthiens, IV, 43, 44 ; cède le commandement à Cléon, IV, 28; prend Cythère, IV, 54; prend Mende, IV, 130 ; assiége Scione, ibid.; conseille et fait la paix avec les Lacédémoniens, V, 16, 43, 46 ; VII, 86 ; est nommé général de l'expédition de Sicile, VI, 8, 9, 47; bat les Syracusains, 68 et n., 72 et n.; sa lettre à Athènes pour rendre compte de la guerre, VII, 8, 11 ; attaque Syracuse, VII, 42, 48 ; se rend à Gylippe, VII, 85 ; est tué, VII, 86.

Nicolaos, député de Lacédémone, II, 67.

Nicomachos, Phocéen, IV, 89.

Nicomèdes, fils de Cléombrote, I, 107.

Nicon, Thébain, VII, 19.

Niconidas, de Larisse, IV, 78.

Nicostratos, fils de Diitréphès, IV, 119 ; V, 61 ; secourt les Corcyréens, III, 75; s'empare de Cythère, IV, 53; de Mende, IV, 129 et suiv.; assiége Scione, IV, 130 ; sa mort, V, 61.

Nisée, ville de la Mégaride, I, 103 et n., 104, 114, 115; II, 31, 93 et suiv.; IV, 21, 66, 69, 85, 100, 118; V, 17.

Nisos (temple de), IV, 118.

Nomothètes, VIII, 97.

Notion, ville des Colophoniens, III, 34 et n.

Nymphodoros, fils de Pythès, II, 29.

O

Obole ; sa valeur, 47 et n.; VIII, 47 et n.

Ocytès, père d'Énéas, IV, 119.

Odomantes, peuple, II, 101 ; V, 6.

Odryses, peuple, II, 29, 96, 97, 99 ; IV, 101.

Œanthées, peuple, III, 101.

Œnéon, ville, III, 95, 98, 102.

Œniades, peuple, I, 111 ; II, 82, 102 ; III, 7, 94, 114 ; IV, 77.

Œnobios, auteur du décret qui rappelle Thucydide, préf. 11.

Œnoé, petite province de l'Attique, II, 18 et n., 19 ; VIII, 98.

Œnophytes, nom de lieu, dans la Béotie, I, 108 ; IV, 95.

Œnusses, îles, VIII, 24.

Œsimé, colonie de Thasos, IV, 107.

Œta, Œtéens, III, 92 ; VIII, 3.

Oligarchie ; les Lacédémoniens en favorisent l'établissement chez leurs alliés, I, 19 ; est constituée à Samos, I, 115 ; les Samiens veulent la renverser, VIII, 21 ; est établie à Argos, V, 81, 82; établie à Athènes, VIII, 63 et suiv., 73 et n.; est renversée, VIII, 89, 97 et suiv.; ce qu'on en pense, III, 62 ; VI, 38, 39 ; IV, 48.

Olophyxos, ville, IV, 109.

OLOROS, père de l'historien Thucydide, IV, 104.
OLPES, place forte, III, 105, 107, 111, 118; Olpéens, III, 101.
OLYMPE, mont, IV, 78.
OLYMPIE, ville, III, 8; V, 47; fêtes olympiques du Péloponnèse, I, 126 et n.; jeux olympiques, V, 49; vainqueurs des jeux olympiques, I, 126; III, 8; V, 49, 50; VI, 16; les athlètes y portaient anciennement des ceintures, I, 6.
OLYMPIÉON, près de Syracuse, VI, 64, et n., 65, 70, 75; VII, 37.
OLYNTHE, ville, I, 58 et n., 63; II, 79; IV, 123; V, 18.
OLYNTHIENS, V, 3; prennent Mecyberne, V, 39.
ONASIMOS, fils de Mégaclès, IV, 119.
ONÉTORIDÈS, père de Diemporus, II, 2.
ONION, montagne, IV, 44.
ONOMACLÈS, général athénien, VIII, 25, 30.
OPHIONIENS, peuple, III, 94.
OPICIE, contrée d'Italie, VI, 5 et n.
OPONTE, II, 32. Voy. LOCRIENS.
ORACLE de Delphes, I, 25, 28, 103, 118, 123, 126, 134; II, 8 et n., 17, 54, 102; III, 96; IV, 118; V, 32.
ORACLES nombreux avant la guerre du Péloponnèse, II, 8, 21.
ORCHOMÈNE de Béotie, I, 113; III, 87; IV, 76.
ORCHOMÈNE d'Arcadie, V, 61, 62, 63, 77.
ORÉDOS, roi des Paravéens, II, 80.
ORÉOS, ville de l'Eubée, VIII, 95.
ORESTES, roi de Thessalie, I, 111.
ORESTES, peuple de Thrace, II, 80 et n.
ORESTHION, dans la Ménalie, V, 64.
ORESTIDE, province, IV, 134.
ORNÉES, VI, 7; V, 67.
OROBIE, dans l'île d'Eubée, III, 89.
OROPOS, OROPIE, OROPIENS, sujets d'Athènes, II, 23; III, 91; IV, 91, 96; VII, 28; VIII, 60, 95.
ORTYGIE, île, VI, 3.
OSCIOS, fleuve, II, 96.
OSTRACISME, VIII, 73 et n.
OZOLES, Voy. LOCRIENS OZOLES.

P

PACHÈS, fils d'Épicure, général athénien, III, 18; s'empare de Mytilène, III, 28; de Notion, III, 34; de Pyrrha et d'Éressos, III, 35; reçoit l'ordre de faire périr les Mytiléniens, III, 36, 49; son accusation et sa mort, III, 50 et n.
PAGONDAS, fils d'Éoladas, béotarque thébain, IV, 91, 92; livre bataille aux Athéniens, IV, 96.
PAIX de Nicias, II, 52 et n.
PALÉ, ville de Céphallénie, I, 27; II, 30.
PALLAS CHALCIDIQUE, I, 128 et n.
PALLÈNE, ville, I, 56, 64; IV, 116, 120 et suiv., 129; isthme de la Chalcidique, I, 56 et n., 64; IV, 120.
PAMILLOS, fondateur de Sélinonte, VI, 4.
PAMPHYLIE, I, 100.
PANACTON, forteresse de l'Attique, V, 18; prise par les Béotiens, V, 3, 18, 35, 36; détruite, V, 39 et n., 40, 42, 46.
PANATHÉNÉES (les grandes), fêtes quinquennales, I, 20 et n.; V, 47 et n.; VI, 56 et n.
PANCRACE (prix du), V, 49.
PANDION, roi d'Athènes, II, 29.
PANÉENS, II, 101.
PANÉROS, V, 78.
PANGÉE, montagne, II, 99.
PANORME, en Achaïe, II, 86 et n.
PANORME, en Sicile, VI, 2.
PANORME, dans la campagne de Milet, VIII, 24.
PANTACYAS, fleuve, VI, 4.
PARALIENS, en Thessalie, II, 22.
PARALOS, région de l'Attique, II, 55 e n.
PARALOS, trirème athénienne; à quoi destinée, III, 33 et n., 77; VIII, 74 et n.; son équipage, VIII, 73, 86.
PARAVÉENS, peuple, II, 80.
PARIENS, peuple, IV, 104.
PARNASSE, III, 95.
PARNÈS, montagne, II, 23; IV, 96.
PARRHASIENS, peuple d'Arcadie, V, 33.
PASITÉLIDAS, commandant de Torone, pris par les Athéniens, V, 3.

INDEX.

PATMOS, île, III, 33.
PATRAS, ville d'Achaïe, II, 80 et n., 83, 84; V, 52.
PATROCLÈS, IV, 57.
PAUSANIAS, fils de Cléombrote, général grec, I, 94, 115 ; soumet Cypre, force Bysance, I, 94 ; s'y conduit avec dureté et est rappelé, I, 78 et n., 95 et n., 96 ; est accusé et condamné, I, 128 ; se retire dans l'Hellespont, *ibid.*; ses rapports et sa correspondance avec Xerxès, *ibid.* et 129, 130 ; sommé par les Lacédémoniens de revenir à Sparte pour rendre compte de sa conduite, I, 131 ; moyens qu'emploient les Éphores pour surprendre de sa bouche même l'aveu de ses rapports avec les Perses, I, 132 ; sa fin tragique, I, 134.
PAUSANIAS, fils de Plistoanax, Lacédémonien, III, 26.
PAUSANIAS, fils ou frère de Derdas, I, 61.
PAUSANIAS, historien ; son témoignage sur le rappel de Thucydide, préf. 11.
PÉAN, chant militaire, I, 50 ; II, 91 ; IV, 43 ; VII, 44.
PÉDARITOS, fils de Léon, VIII, 28, 33, 38, 40, 55.
PÈGES, soumise aux Athéniens, I, 103, 107, 111 ; rendue aux Péloponnésiens, I, 115 ; IV, 21 ; habitée par les exilés de Mégare, IV, 66 et n., 74.
PÉLASGES, I. 3 ; Pélasges Tyrrhéniens, peuple, IV, 109. (*Voir* HELLÈNES).
PÉLASGICON, quartier d'Athènes, II, 17 et n.
PELÉ, île, VIII, 31.
PELLA de Macédoine, II, 99, 100.
PELLÈNE d'Achaïe, sur le golfe de Corinthe, II, 9 et n.; IV, 109, 120 ; V, 58 ; VIII, 3 et 106.
PELLICHUS, père d'Aristée, I, 29.
PÉLOPS, donne le nom à une contrée, I, 9.
PÉLOPONNÈSE ; origine de ce nom, I, 9 et n.; comment divisé, I, 10 et n.; habité par les Doriens, I, 12 ; ses habitants fondent des colonies, I, 141 ; leur caractère, leurs vertus guerrières, I, 141 et suivant. (*Voy.* ATHÈNES et LACÉDÉMONE.

PÉLORIS, promontoire de Sicile, IV, 25 et n.
PENTACOSIOMÉDIMNES, classe de citoyens d'Athènes, signification de ce mot, III, 16 et n.
PENTÉCONTÈRES, V, 66 et n.
PENTÉCONTORES, I, 13 et n.
PENTÉCOSTYS, peloton de l'armée lacédémonienne ; ce que c'était, V, 66 et n.
PÉONIENS, II, 96, 98.
PÉPARÈTHOS, île, III, 89.
PERDICCAS, fils d'Alexandre, roi de Macédoine, I, 57 ; II, 29, 99 ; frère de Philippe, I, 57 ; père d'Archélaüs, II, 100 ; sa rupture avec les Athéniens, I, 57 ; conseils qu'il donne aux Chalcidiens, I, 58 ; s'allie aux Athéniens, I, 61 ; s'en sépare, I, 62 ; se réconcilie avec eux, II, 29 ; attaque les Chalcidiens, *ibid.*; est attaqué par Sitalcès, II, 95 et suiv.; marie sa sœur à Seuthès, II, 101 ; appelle à son aide l'armée de Brasidas, IV, 79 ; est déclaré ennemi des Athéniens, IV, 82 ; fait la guerre à Arrhibée, IV, 83 et suiv., 124 et suiv.; traite avec les Athéniens, IV, 132 ; est de nouveau déclaré leur ennemi, V, 83 ; attaqué par les Athéniens, VI, 7 ; conduit une armée à Amphipolis, VII, 6.
PÉRÉBIA, IV, 78.
PÉRICLÈS, fils de Xanthippe, général athénien, I, 111, 127 et n.; ses rapports avec Thucydide, préf. 10 ; ses expéditions dans le Péloponnèse et l'Acarnanie, I, 111 ; soumet l'Eubée, I, 114 ; et Samos, I, 116 et suiv.; son origine maternelle, I, 127 ; sa puissance à Athènes, *ibid.* et 139 ; sa haine contre Lacédémone, I, 139 ; son caractère, sa conduite politique, II, 13, 22, 65 et n.; prononce un discours funèbre, II, 35 et suiv.; fait l'apologie de sa conduite, II, 60 à 65 ; offre de donner ses biens à la république, II, 13 ; fait l'énumération des ressources d'Athènes, *ibid.*; sa conduite prudente pendant l'invasion des Péloponnésiens, II, 21, 22 ; condamné à l'amende par les Athéniens, puis élu général, II, 65 ; sa mort, *ibid.* et n.; appréciation, *ibid.*
PÉRICLIDAS, Lacédémonien, IV, 119.

Périoeces, IV, 8 et n.; VIII, 6 et n.
Péripoles, IV, 87 et n.
Perses (rois des) : Cyrus, I, 13 ; Cambyse, ibid.; Darius, I, 14 ; II, 65; Artaxerxès, I, 104, 137; Darius, VIII, 5, 37.
Perses, combattent aux Thermopyles, IV, 36 ; coutumes et langage, I, 129, 130 ; II, 97 ; IV, 36, 50.
Persides, descendants de Persée, I, 9.
Peste d'Athènes, II, 47 et suiv., 54 et n.; éclate une seconde fois à Athènes, III, 87 ; nombre de citoyens qu'elle enlève, II, 58 ; III, 87.
Peste dans le Péloponnèse, II, 54 et n.
Pétra, dans le pays de Rhégium, VII, 35.
Phacion, IV, 78.
Phagrès, II, 99.
Phaïnis, prêtresse de Junon, IV, 133.
Phalère, I, 107 ; II, 13.
Phalios, fondateur d'Épidamne, I, 24.
Phanes, VIII, 24 et n.
Phanomachos, général athénien, II, 70.
Phanotée, IV, 76, 89.
Pharax, père de Styphon, IV, 38.
Pharnabaze, père de Pharnace, II, 67.
Pharnabaze, fils de Pharnace, VIII, 6, 8, 39, 62, 80, 99, 109.
Pharnace, père d'Artabaze, I, 129 ; donne Atramytion aux Déliens, V, 1.
Pharnace, fils de Pharnabaze, II, 67.
Pharnace, père de Pharnabaze, VIII, 6, 58.
Pharos, île à l'embouchure du bras Canopique, I, 104 et n.
Pharsale, ville de Thessalie, I, 3 et n., 101; II, 22; IV, 78.
Phasélis, en Lycie, II, 69; VIII, 88, 99, 108.
Phéaciens, I, 25.
Phédimos, Lacédémonien, V, 42.
Phénicie, II, 69 ; flotte phénicienne, I, 16, 100, 110, 116, 116; VIII, 46, 59, 78, 81, 87, 99, 108, 109.
Phéniciens, mode de sépulture, I, 8, et n., 112; VI, 2.
Phia, en Élide, VII, 31.
Philémon, père d'Aminiadès, II, 67.
Philidès, père de Pythangélos, II, 2.

Philippe, frère de Perdiccas, fils d'Alexandre, I, 57, 59; II, 95.
Philippe, Lacédémonien, VIII, 87, 99.
Philocharidas, fils d'Éryxidaïdas, Lacédémonien, IV, 119; V, 19, 24, 44.
Philocratès, général athénien, V, 116.
Philoctète, I, 10.
Phliasiens, peuple, I, 27; IV, 70; V, 58, 59.
Phlionte, IV, 133; V, 57, 58.
Phocée, ville d'Ionie, VIII, 31. Or de Phocée, IV, 52 et n.
Phocéens, fondateurs de Marseille, I, 13.
Phocées, forteresse de Sicile, V, 4.
Phocide, province de la Grèce, I, 108.; ses habitants font la guerre aux-Doriens, I, 107 et suiv.; les Athéniens leur donnent le temple de Delphes, I, 112; sont amis des Athéniens, III, 95.
Phœnicous, port de mer, VIII, 34.
Phormion, général athénien, assiége Potidée, I, 64; ravage la Chalcidique et la Bottique, I, 65; commande une flotte dans la guerre de Samos, I, 117; son expédition dans la Chalcidique, II, 29, 58; secourt les Acarnanes, II, 68, 102, 103; commande la flotte d'Athènes, II, 69, 88; combat contre les Péloponnésiens, II, 83 ; les bat, II, 84; battu dans une seconde rencontre, II, 85 à 90; remporte la victoire dans un troisième engagement, II, 91, 92; sa mort, III, 7 et n.
Photis, II, 80.
Phrygie, lieu de l'Attique, II, 22.
Phrynichos, général athénien ; ses exploits, son caractère, VIII, 25, 27 et suiv.; son opposition contre Alcibiade, intrigues qu'il ourdit contre lui, VIII, 48, 50 et suiv.; est privé de son commandement, VIII, 54; soutient la cause de l'oligarchie, VIII, 68, 90; est envoyé à Lacédémone, sa mort, VIII, 92.
Phrynis, Lacédémonien, VIII, 6.
Phthiotide, province, I, 3 et n.
Phthiotes, peuple de la Thessalie, VIII, 3.
Physca, II, 99 et n.
Phytia, III, 106.

INDEX. 399

Piènes, II, 99.
Piérie, province, II, 99 et n., 100.
Piérique (golfe), II, 99.
Pinde, montagne, II, 102.
Pinaïque (la), province habitée par les Oropiens, II, 23.
Piraterie, I, 4 et n.; I, 5 et n., 8, 13; III, 51; IV, 67.
Pirée, port d'Athènes, I, 93, 107; II, 13, 93, 94; VIII, 90, 92.
Pinéos, port de la campagne de Corinthe, VIII, 10.
Pisandre, Athénien; ce qu'il fait pour renverser le gouvernement démocratique, VIII, 49, 53 et suiv., 65, 68, 73, 90; se réfugie à Décélie, VIII, 98.
Pisistrate, tyran, père d'Hippias, d'Hipparque et de Thessalos, I, 20; III, 104; VI, 54.
Pisistrate, fils d'Hippias et petit-fils du précédent, VI, 54.
Pisistratides; leur gouvernement, VI, 54, 55.
Pissuthnès, fils d'Hystaspe, I, 115; III, 31.
Pissuthnès, père d'Amorgès, VIII, 5, 28.
Pitanates, prétendu corps de troupes lacédémoniennes, I, 20.
Pithias, sénateur de Corcyre, III, 70.
Pittacos, roi des Édoniens, IV, 107.
Platée, ville de la Béotie occupée par les Thébains, II, 2 et n.; sa distance de Thèbes, II, 5; attaquée par les Thébains, ibid.; ravitaillée par les Athéniens, II, 6; assiégée par les Lacédémoniens; détails sur ce siége, II, 71, 75 et n., 76 et suiv.; fondée par les Thébains, III, 61; et détruite par eux, III, 68; Platéens, alliés des Athéniens, II, 2; guerre qu'ils soutiennent contre les Thébains, II, 3, 4, 5; refusent de traiter avec les Lacédémoniens, II, 74; sont assiégés par eux, III, 20 et suiv.; se rendent; sont accusés par les Lacédémoniens de diverses offenses envers les Grecs; présentent leur défense; sont condamnés en grand nombre et mis à mort, III, 52, 54 et n., 69.
Plemmyrion, promontoire, VII, 4 et n., 22, 23, 24, 25, 31, 32, 36.
Pleuron, dans l'Éolide, III, 102.

Plistarchos, fils de Léonidas, I, 132.
Plistoanax, fils de Pausanias, roi de Lacédémone, I, 107, 114; II, 21; son exil, III, 26 et n.; V, 16 e. suiv., 33, 75.
Plistolas, éphore lacédémonien, V, 19, 24, 25.
Pnyx; ce que c'était à Athènes, VIII, 97.
Poètes; sont disposés à exagérer, I, 10, 21.
Polémarques, officiers lacédémoniens, V, 47 et n.; leurs fonctions, IV, 66 et n.
Polis, bourgade des Hyéens, III, 101.
Pollès, roi des Odomantes, V, 5.
Pollis, citoyen d'Argos, II, 67.
Pollux et Castor; leur temple, III, 75.
Polyanthès, commandant de la flotte de Corinthe, VII, 34.
Polychna, ville de Crète, II, 85.
Polycrate, tyran de Samos, I, 13; III, 104.
Polydamidas, Lacédémonien, IV, 123, 129.
Polymédès, général thessalien, II, 22.
Pont, province, III, 2; IV, 75.
Port (ou tonnage) des vaisseaux, VII, 25 et n.
Ports, II, 94; III, 51; IV, 8; VII, 59; VIII, 90; de Syracuse, VI, 101; VII, 22, 36, 56.
Pontus de Thrace, V, 10.
Potamis, général syracusain, VIII, 85.
Potidania, ville d'Étolie, III, 96.
Potidée, ville de l'isthme de Pallène, I, 56 et n., 63; se détache des Athéniens, I, 59; est assiégée vivement par eux, I, 64 et suiv.; II, 58; se rend et est repeuplée par une colonie d'Athènes, II, 70; est attaquée par Brasidas, IV, 135; voy. encore: I, 62, 124, 139; II, 79; IV, 120 et suiv., 129 et suiv.
Prasies, ville maritime de la Laconie, II, 56 et n.; VII, 18.
Prasies, territoire de l'Attique, VIII, 95.
Présents; comment donnés et reçus, II, 97.
Priapos, ville, VIII, 107.
Priène, I, 115.
Prisonniers de guerre; ce qu'on en fait, I, 29.

TABLE

	Pages
Livre cinquième	1
Livre sixième	93
Livre septième	192
Livre huitième	276
Index	372

FIN DE LA TABLE

CORBEIL. Typ. et stér. CRÉTÉ.

TICHI N, en Étolie, III, 96.
TICHIUSSE, dans la campagne de Milet, VIII, 26, 28.
TILATÉENS, peuple, II, 96.
TIMAGORAS, fils d'Athénagoras de Cyzique, VIII, 6, 39.
TIMAGORAS, de Tégée, II, 67.
TIMANOR, Corinthien, I, 29.
TIMOCHARÈS, commandant d'une flotte athénienne, VIII, 95.
TIMOCRATE, Lacédémonien, II, 85, 92.
TIMOCRATE, Athénien, père d'Aristote, III, 105.
TIMOCRATE, Corinthien, II, 33.
TIMOXÈNE, Corinthien, II, 33.
TISAMÈNE, député des Trachiniens, III, 92.
TISANDROS, député étolien, III, 100.
TISIAS, fils de Tisimachus, V, 84.
TISIMACHOS, ibid.
TISSAPHERNES, lieutenant de Darius dans l'Asie Mineure, VIII, 5, 16, 25; s'allie avec les Péloponnésiens contre les Athéniens, VIII, 17 et suiv., 36 et suiv., 57 et suiv.; est vaincu à Milet par les Athéniens, VIII, 25; met une garnison à Iasos, VIII, 29; paye la flotte lacédémonienne, ibid.; sa colère contre les envoyés de Lacédémone, VIII, 43; diminue la solde qu'il payait aux Lacédémoniens, VIII, 45, 46; cherche à rentrer en grâce avec les Péloponnésiens, VIII, 56, 57; les matelots péloponnésiens s'emportent contre lui, VIII, 78; motifs qui l'ont empêché de conduire aux Péloponnésiens la flotte phénicienne, VIII, 81, 87; veut se justifier vis-à-vis des Lacédémoniens, VIII, 85, 109; offre un sacrifice à Diane Éphésienne, VIII, 109.
TOLMÆOS, père de Tolmidès, I, 108, 113.
TOLMÉOS, père d'Autoclès, IV, 53, 119.
TOLMIDÈS, père du devin Théénète, III, 20.
TOLMIDÈS, général athénien, I, 108, 113.
TOLOPHONIENS, peuple, III, 101.
TOLOPHOS, député étolien, III, 100.
TOMÉE, nom de lieu, IV, 118.
TORONE, ville de la Chalcidique, IV, 110; prise par Brasidas, IV, 111 et suiv.; reprise par les Athéniens, V, 3, 18.
TORYLAOS, de Pharsale, IV, 78.
TRACHINIE, province, III, 92, 100; V, 12.
TRADUCTIONS françaises de Thucydide, préf. 31 et suiv.
TRAGIE, île, I, 116.
TRAITÉS entre les Athéniens, et les Lacédémoniens, IV, 15, 16, 117, 118 et n.; inscrits sur des colonnes, V, 23 et n.; formules captieuses dans les traités, V, 30 et n.; rupture des traités, V, 56 et n. Voy. ALLIANCE.
TREMBLEMENTS de terre, II, 8 et n. V, 45 et n.
TRÈRES, peuple, II, 96.
TRÉSOR d'Athènes, II, 13; VI, 26 et n.
TRÊVES; de trente ans entre les Athéniens et les Lacédémoniens, I, 23, et n.; trêve olympique, V, 49 et n.; trêve de dix jours, V, 26 et n.; trêve sacrée, VIII, 10 et n.
TRIBALLES, peuple, II, 96; IV, 101.
TRIBUT levé par les Athéniens sur leurs alliés, II, 13 et n.; sur les Grecs, I, 96; réglé par Aristide, V, 18; VII, 28; payé au roi des Odryses, II, 97.
TRIÉRARQUES, à Athènes, VI, 31; VII, 70.
TRINACRIE. Voy. SICILE.
TRIOPION, promontoire, VIII, 35, 60.
TRIPODISCON, bourg de la Mégaride, IV, 70.
TRITÉENS, peuple, III, 101.
TROADE, I, 131.
TROEZÈNE, ville, I, 115; IV, 118, fournit des vaisseaux aux Corinthiens, I, 27; son territoire ravagé, II, 56.
TROGYLOS, bourg de Sicile, VI, 99 et n.; VII, 2.
TROIE, TROYENS, I, 9, 10, 11, 12; IV, 120; VI, 2.
TROPHÉES: des Acarnanes, III, 109, 112; des Athéniens, I, 63, 105; II, 84, 92; IV, 12, 14, 25, 38, 44, 72, 131; V, 3, 6, 70, 94, 98, 103; VII, 5, 23, 34, 54; VIII, 24, 25, 106; des Béotiens, IV, 67; de Brasidas, IV, 124; V, 10; des Corcyréens, I,

30, 54; des Corinthiens, I, 54; VII, 34; des Mantinéens, IV, 134; de Perdiccas, IV, 124; des Péloponnésiens, II, 22, 92; V, 74; VIII, 42, 95; des Sicyoniens, IV, 101; des Stratiens, II, 82; des Syracusains, VII, 24, 41, 45, 54, 72; des Tégéates, IV, 134.

TYDÉE, fils d'Ion, VIII, 38.

TYNDARE, I, 9.

TYRANS : dans la Grèce, I, 13, 17, 18 et n.; VI, 53, 54, 59; dans la Sicile, I, 14, 17, 18.

TYRSÉNIENS, IV, 109; VII, 53, 54.

TYRTÉE, V, 69 et n.

U

ULYSSE, IV, 24.

V

VAISSEAUX. Voy. NAVIRES.

VÉNUS; son temple à Éryx, VI, 46.

VÊTEMENTS des Lacédémoniens et des Athéniens, I, 6; vêtements consacrés aux morts, III, 58 et n.

VICTIMES; gâteaux représentant des animaux pour remplacer les victimes, I, 126 et n.

VILLES : dans la Grèce primitive, I, 2; dans quels lieux elles sont bâties, I, 7; comment gardées, IV, 135 et n.

VULCAIN, où sont ses forges, III, 88.

X

XANTHIPPE, père de Périclès, I, 111, 127; II, 13, 31.

XÉNARÈS, éphore à Sparte, V, 36, 37, 38, 46.

XÉNARÈS, Lacédémonien, général des Héracléotes, V, 51.

XÉNOCLIDÈS, général corinthien, I, 46; III, 114.

XÉNON, général thébain, VII, 19.

XÉNOPHANES, père de Lamachus, VI, 8.

XÉNOPHANTIDAS, Lacédémonien, VIII, 55.

XÉNOPHON, fils d'Euripide, général athénien, II, 79.

XÉNOTIMOS, père de Carcinos, II, 23.

XERXÈS, I, 14, 114, 118, 129; sa lettre à Pausanias, I, 129.

XERXÈS, père d'Artaxerxès, I, 137; IV, 50.

XYNŒCIA, fête religieuse, II, 15 et n.

Y

YSIES, III, 24 et n.; V, 83.

Z

ZACYNTHE, île, I, 47; II, 7, 9, 66, 80, IV, 8, 13; VII, 57.

ZANCLE, ville, VI, 4, 5.

ZEUGITES, rameurs, IV, 32 et n.

ZEUXIDAMOS, père d'Archidamos, II, 19, 47; III, 1.

ZEUXIDAS, Lacédémonien, V, 19, 24.

ZOPYRE, Perse, père de Mégabaze, I, 109.

FIN DE L'INDEX.

TARYPOS, roi des Molosses, II, 80.
TARENTE, VI, 34, 44, 104; VII, 1; VIII, 91.
TAULANTIENS, barbares illyriens, I, 24.
TAUROS, Lacédémonien, IV, 119.
TAXIARQUES, officiers athéniens, IV, 4 et n.; VII, 60 et n.
TÉGÉE, ville du Péloponnèse, V, 32; assiégée par les Argiens, V, 64; fait la guerre aux Mantinéens, IV, 134.
TELLIAS, général syracusain, VI, 103.
TELLIS, Lacédémonien, V, 19, 24; père de Brasidas, III, 69; IV, 70.
TÉMÉNOS; ses descendants font la conquête de la Macédoine, II, 99 et n.
TÉMÉNITÈS, quartier de Syracuse, VI, 75 et n., 99; VII, 3.
TEMPLES : d'Apollon, I, 29; II, 91; III, 94; VII, 26; d'Apollon Pythien, II, 15; IV, 118; V, 53; VI, 54; de Bacchus, II, 15; III, 81; VIII, 93; de Castor et Pollux, III, 75; IV, 110; VIII, 93; de Diane, VI, 44; d'Éleusis, II, 17; d'Hercule, V, 64, 66; de Jupiter Néméen, III, 96; de Jupiter Olympien, II, 15; de Junon, I, 24; III, 68, 75, 79, 81; IV, 133; V, 75; de Mercure, VII, 29; de Neptune, IV, 118; de Pallas, IV, 116; V, 10; de Pallas au temple d'airain, I, 134 ; de Protésilas, VIII, 102; de la Terre, II, 15; de Thésée, VI, 61; de Vénus, III, 146; *voir sur les temples en général*, II, 52 ; IV, 97, 98. — Temples communs à tous les Grecs, V, 18 et n.
TÉNARE, promontoire de Laconie, I, 128, 133 et n. ; VII, 19 ; son asile, V, 18 et n.
TÉNÉDIENS, alliés des Athéniens, III, 2 ; leurs sujets, VII, 57.
TÉNÉDOS, III, 28.
TÉNOS, l'une des Cyclades, VIII, 69.
TÉOS, ville, VIII, 16, 19, 20 ; Téiens, III, 32 ; VII, 57.
TÉRÈS, père de Sitalcès, premier roi des Odryses, autre que TÉRÉE, II, 29, 67, 95.
TÉNIAS, fleuve de Sicile, VI, 94 et n.
TÉRINA (golfe de), VI, 104 et n.
TERRAINS consacrés, III, 50 et n.
TERRE (tremblements de), I, 23, 101,
123 ; II, 8 ; III, 54, 87, 89 ; IV, 52 ; V, 45, 50 ; VIII, 6.
TESSARACOSTES, monnaie de Chio, VIII, 101.
TEUTIAPLE d'Élée, III, 29, 30.
TEUTLUSSE, île, VIII, 42.
THALAMIENS, rameurs, IV, 4 et n. 32; VII, 60 et n.
THAPSOS, presqu'île, VI, 97, 99, 101, 102 ; villes de cette presqu'île, VI, 4.
THASOS, île, colonie de Paros, I, 100 et n. ; IV, 104 ; évènements dont elle est le théâtre, VIII, 64 et n., et suiv. ; ses guerres contre les Athéniens. I, 100, 101.
THÉAGÈNES, Athénien, IV, 27 ; V, 19, 24.
THÉAGÈNES, tyran de Mégare, 1, 126.
THÉATRE de Bacchus, à Athènes, VIII, 93.
THÈBES, I, 9 ; III, 22, 24 ; sa distance de Platée, II, 5 ; expédition des Thébains contre Platée, II, 2, 4, 5 ; ils occupent Platée pendant la paix, III, 56 ; répondent au discours des Platéens, III, 61 ; services qu'ils ont rendus à la Grèce, III, 62 et suiv.; vainqueurs des Thespiens, IV, 133; poursuivent les Thraces, VII, 30. *Voy. encore :* I, 27 ; II, 2, 45 ; IV, 93 ; VI, 5 ; VII, 30.
THÉÉNÈTE, devin, III, 20.
THÉMISTOCLE, créateur de la marine d'Athènes, I, 14, 74, 93 ; ses qualités guerrières, I, 74 et n.; est envoyé en ambassade à Lacédémone, I, 90 ; fait construire les murs d'Athènes et termine le Pirée, I, 90, 91 et suiv., 93 ; exerce une magistrature annuelle, I, 91 ; exilé, se retire à Argos, I, 135 et n. ; accusé de favoriser les Mèdes, s'enfuit à Corinthe, I, 136 et n.; et de là chez Admète, roi des Molosses, *ibid.*; vicissitudes diverses qu'il éprouve, I, 137 et n.; se réfugie auprès du roi de Perse, son éloge, sa mort, I, 138 et n.
THÉODORE, père de Proclès, III, 91.
THÉORES, V, 16 et n.; V, 47 et n.; VI, 3 ; VIII, 10, 47.
THÉRA, une des Cyclades, II, 9.
THÉRAMÈNES, Lacédémonien, conduit une flotte en Asie, VIII, 26 ; conclut un traité avec les Perses, VIII, 36, 37, 43 ; sa mort, VIII, 38.

THÉRAMÈNES, Athénien, opposé au gouvernement populaire, VIII, 68; se favorise plus tard, VIII, 89, 90, 91, 92, 97.

THERMÉ, ville de Macédoine, I, 61; II, 29.

THERMON, Spartiate, VIII, 11.

THERMOPYLES, II, 101; III, 92; IV, 36.

THÉSÉE, fondateur de la cité d'Athènes, II, 15; son temple, VI, 61.

THESMOPHYLACES, magistrats à Élis, V, 17 et n.

THESPIES, THESPIENS, IV, 76, 93, 96, 133; VI, 95; VII, 25.

THESPROTIDE, province d'Épire, I, 30 et n., 46; II, 80.

THESSALIE; change fréquemment d'habitants, I, 2; précédemment appelée Pyrrhée et Hémonie, *ibid.* et n.; détails géographiques, IV, 78; Thessaliens, amis des Athéniens, *ibid.*, I, 102; expulsent les habitants d'Arné, I, 12; envoient des secours aux Athéniens, I, 102, 107; II, 22; combattent contre les Béotiens, *ibid.*; leurs possessions, leur gouvernement, III, 93; IV, 78; combattent les habitants d'Héraclée, V, 51; se plaignent des Lacédémoniens, VIII, 3.

THESSALOS, fils de Pisistrate, I, 20; VI, 55.

THÈTES, quatrième classe du peuple à Athènes, III, 16; VI, 48; VIII, 24 et n.

THORICOS, VIII, 95.

THOUCLÈS, père d'Eurymédon, III, 80, 91; VI, 3; VII, 16.

THRACES; leur origine, leur caractère, leurs diverses races, I, 100; regardent comme une honte de labourer, I, 5 et n.; II, 29, 95, 96, 97, 98, 101; VII, 27, 29; battent les Athéniens, I, 100; IV, 102; leur guerre contre les Thébains, VII, 30; ce qu'ils font en Macédoine, II, 100; mercenaires à la solde des Athéniens, IV, 129; V, 6; VII, 27; à la solde des Lacédémoniens, V, 6.

THRANITES, rameurs, IV, 32 et n.; VI, 31 et n.

THRASYBULE, fils de Lycus, VIII, 75; favorise la démocratie, VIII, 73, 75; est nommé général à Samos, *ibid.* et 76; fait rappeler Alcibiade,

VIII, 81; bat la flotte péloponnésienne, VIII, 100, 104, 105.

THRASYCLÈS, Athénien, V, 19, 24; VIII, 15, 17, 19.

THRASYLLE, Athénien, partisan de la démocratie, VIII, 73, 75; nommé général par les soldats, VIII, 76; se rend dans l'Hellespont, VIII, 100, 104, 105.

THRASYLLE, Argien, V, 59, 60.

THRASYMÉLIDAS, commandant la flotte lacédémonienne à Pylos, IV, 11.

THRIA (campagnes de), I, 114; II, 19 et n., 20, 21.

THRONION, en Locride, II, 26.

THUCYDIDE, historien, fils d'Oloros, préf. 8; IV, 104; sa vie, son exil, préf. 7, 8 et suiv.; rival d'Hérodote, préf. 7 et 15; pourquoi et comment il a écrit la *Guerre du Péloponnèse*, I, 1, 20, 21, 22, 23; V, 20, 26; est malade de la peste, II, 48; revêtu d'un commandement en Thrace, y possède des mines d'or, préf. 8; IV, 105; secourt Amphipolis, préf. 8; IV, 106; défend Éion contre Brasidas, IV, 107 et suiv.; vit pendant vingt ans en exil, V, 26; époque de son rappel, préf. 9 et suiv.; époque de la publication de son ouvrage, préf. 9 et suiv.; ses rapports avec ses contemporains, préf. 10; son mariage, *ibid.*; sa mort, préf. 15; sa bonne foi, son impartialité, préf. 12 et suiv.; son respect pour les traditions religieuses, préf. 13; comment il envisage l'histoire, préf. 15 et suiv.; intention dramatique dans son ouvrage, préf. 19 et suiv.; son style, préf. 23 et suiv.

THUCYDIDE, autre que le précédent, collègue d'Hagnon et de Phormion, I, 117.

THUCYDIDE, de Pharsale, autre que les précédents, VIII, 92.

THURIUM, ville d'Italie, VI, 61; VII, 33, 35.

THURIATES, peuple du Péloponnèse, I, 101 et n.

THYAMIS, fleuve, I, 46 et n.

THYAMOS, montagne, III, 106

THYRÉE, IV, 56; V, 41; donnée par les Lacédémoniens aux Éginètes, II, 27; IV, 56; prise par les Athéniens, IV, 57.

THYSSOS, ville, IV, 109.

mière guerre du Péloponnèse, II, 34 suiv.; lois des sépultures violées à Athènes pendant la peste, II, 52; sépulture dans l'intérieur des villes, V, 11 et n.

SERMENT; ses diverses formules, V, 18 et n., 47; VIII, 75.

SERMYLIS, ville de Chalcidique, I, 65; V, 18.

SESTOS, son importance pour les Mèdes, I, 89 et n.; VIII, 62, 102, 104, 107.

SEUTHÈS, fils de Sparadocos, II, 101; IV, 101; successeur de Sitalcès, II, 97; IV, 101; épouse la sœur de Perdiccas, II, 101.

SICANIE, ancien nom de la Sicile, VI, 2; Sicanes, *ibid*.

SICANOS, fleuve d'Ibérie, VI, 2 et n.

SICANOS, fils d'Exécestès, VI, 73; VII, 46, 50, 70.

SICILE, appelée primitivement Trinacrie et Sicanie, VI, 2; son étendue, VI, 1; ses habitants, VI, 2 et suiv.; à quelle distance elle est du continent, IV, 24; VI, 1; ainsi nommée, à cause des Sicèles, peuple de l'Italie, VI, 2; une partie de la Sicile habitée par les Grecs, VII, 58; pourquoi les Athéniens y portent la guerre, IV, 60, 61; VI, 6, 24, 33, 90 et suiv.; VII, 66; *voir encore* I, 12, 14, 17, 18, 36; II, 7; III, 90, 103, 115; IV, 25, 58, 65; V, 4; VI, 2, 3 et suiv., 62, 65, 88; VII, 1, 2, 32, 52; VIII, 29, 91; différence des Siciliens et des Sicèles ou Sicules, IV, 58 et n.

SICYONE, I, 111; IV, 70; soumise à l'oligarchie, V, 81; VII, 58.

SICYONIENS, vaincus par les Athéniens, I, 108, 111, 114; II, 9, 80; V, 52; VII, 19, 58; vainqueurs des Platéens, IV, 102.

SIDUSSA, forteresse sur le territoire d'Érythres, VIII, 24.

SIGÉE, VIII, 101.

SIGNAUX de combat, I, 49 et n.; II, 94; III, 22, 80.

SIMÆTHOS, fleuve, VI, 65.

SIMONIDE, général athénien, IV, 7.

SIMOS, fondateur d'Himère, VI, 5.

SINGÉENS, peuple, V, 18 et n.

SINTES, peuple, II, 98.

SIPHÉ, place forte, IV, 76, 89.

SITALCÈS, fils de Térès, roi des Thraces, II, 29; allié des Athéniens, *ibid.*; ses expéditions contre les Macédoniens et les Chalcidiens, II, 95 et n.; 96 et suiv.; ses États et sa puissance, II, 96; est tué dans une bataille contre les Triballes, IV, 101.

SIX-CENTS (les), magistrats d'Élis, V, 47.

SOCRATE, fils d'Antigènes, II, 23.

SOLEIL, *voyez* ÉCLIPSE.

SOLION, ville des Corinthiens, II, 30; III, 95; V, 30.

SOLOÏS, ville de Sicile, VI, 2.

SOLYGIE, colline, IV, 42.

SOPHANÈS, dirige une expédition athénienne contre les Thraces, I, 100 et n.

SOPHOCLE, fils de Sostratidès, général athénien, III, 115; est envoyé en Sicile, IV, 2; va à Corcyre, IV, 3; livre au peuple les bannis de Corcyre, IV, 46; est exilé, IV, 65.

SPARADOCOS, père de Seuthès, II, 101.

SPARTE, *voyez* LACÉDÉMONE.

SPARTIATES (distinction des) et des Lacédémoniens, IV, 8 et n.

SPARTOLOS, ville de la Bottique, II, 79 et n.; V, 18.

SPHACTÉRIE, île, IV, 3 et n.; où située, IV, 8; bloquée par la flotte d'Athènes, IV, 14 et suiv.; ravagée par le feu, IV, 29; combats qu'y soutiennent les Lacédémoniens, IV, 8, 26, 31 et n., 39; V, 34.

SPONDOPHORES, V, 49 et n.

STADE grec, II, 13 et n.

STAGIRA, colonie d'Andros, IV, 88 et n.; se révolte contre les Athéniens, V, 6, 18.

STATÈRE, monnaie de Phocée, III, 70 et n.; IV, 52; darique, VIII, 28 et n.

STÉSAGORAS, I, 116.

STHÉNÉLAÏDAS, éphore lacédémonien, I, 85; discours qu'il prononce, I, 86. — Père d'Alcamènes, VIII, 5.

STRATAGÈMES militaires: d'Aristée et de Callias, I, 62 et suiv.; des Stratiens contre les Chaoniens, II, 81; des Platéens contre les Péloponnésiens, II, 75 et suiv.; de Phormion contre la flotte péloponnésienne, II, 84; des Péloponnésiens contre

INDEX. 403

Phormion, II, 90; des Péloponnésiens contre le Pirée, II, 93. De Démosthènes contre les Ambraciotes, III, 107 et suiv.; de Démosthènes contre Sphactérie, IV, 32; du même à Épidaure, V, 80; des Mégariens, IV, 67; de Brasidas à Mégare, IV, 73; des Béotiens à Délion, IV, 100; de Brasidas contre Cléon à Amphipolis, V, 6 et suiv., 10; des Athéniens contre les Syracusains, VI, 64 et suiv.; des mêmes à leur départ de Syracuse, VII, 78, 80; de Nicias pour défendre le retranchement circulaire, VI, 102; d'Hermocratès, pour empêcher la fuite des Athéniens, VII, 73; d'Aristarchos, pour s'emparer d'Œnoé, VIII, 98.

STRATAGÈMES politiques et autres : I, 73, 90, 91, 95, 132; II, 13; III, 52; IV, 46, 80; V, 17, 22, 45; VI, 20, 46, 58, 60; VIII, 50, 81, 82, 88, 108.

STRATODÉMOS, ambassadeur de Lacédémone, II, 67.

STRATONICE, femme de Seuthès, sœur de Perdiccas, II, 101.

STRATOS, ville de l'Acarnanie, II, 80, 81, 82, 102.

STRŒBOS, Athénien, père de Léocratès, I, 105.

STROMBICHIDÈS, commandant d'une flotte athénienne; ses expéditions, VIII, 15, 16 et suiv., 30, 62, 79.

STROMBICHOS, père de Diotimos, I, 45.

STRONGYLE, île, III, 88.

STROPACHOS, IV, 78.

STRYMON, fleuve, I, 100; II, 96, 99, 101; IV, 102, 108; V, 7; VII, 9.

STYPHON, fils de Pharax, IV, 38.

STYRÉENS, peuple, VII, 57.

SUBSISTANCES dans les villes assiégées, IV, 26.

SUNION, VII, 28; VIII, 4, 95.

SURNOMS, VII, 69 et n.

SYBARIS, fleuve, VII, 35.

SYBOTA, port de la Thesprotide, I, 50 et n.; III, 76.

SYBOTA, île, I, 47 et n.

SYBOTA, port de cette île, I, 52, 54.

SYKÉ, VI, 98.

SYMBOLES offerts dans les sacrifices, IV, 126 et n.

SYMÉ, île, VIII, 41, 43.

SYMÉTHOS, fleuve, VI, 65.

SYNŒCIA, fêtes, II, 15.

SYRACUSE, fondée par Archias, VI, 3, 5 et n.; sa population, VI, 17; ses dissensions intestines, VI, 38; assiégée par les Athéniens, VI, 99, 103; fait la guerre aux Léontins, III, 86; Syracusains battus par les Athéniens, IV, 24, 25; soutiennent une nouvelle guerre contre les Athéniens, et sont battus, VI, 45 et suiv., 63, 67, 70 et suiv.; fortifient leur ville, VI, 75; envoient des députés à Camarina, VI, 75, à Corinthe et à Sparte, VI, 73, 88; ravagent le territoire de Catane, VI, 75; engagent encore un combat contre les Athéniens, VI, 96; sont battus, VI, 97, 98; élèvent une muraille pour arrêter leurs ennemis, VI, 99 et suiv.; VII, 4; entament des négociations avec Nicias, VI, 103; préparent une flotte contre les Athéniens, VII, 21; les attaquent par terre et par mer, VII, 37; les battent, et reprennent courage, VII, 41, 45, 46; les attaquent de nouveau et les battent encore, VII, 50 et suiv.; leurs alliés, VII, 57; se préparent à un combat décisif VII, 65; leur victoire, VII, 71, 72; usent d'un stratagème pour empêcher les Athéniens de partir, les harcèlent dans leur marche, et les poursuivent dans leur fuite, VII, 73, 78, 81 et suiv.; comment ils traitent les prisonniers athéniens, VII, 87; envoient des auxiliaires aux Péloponnésiens, VIII, 26, 105.

T

TABLEAU de la Grèce au commencement de la guerre, préf., 17 et suiv.

TAGÈS ou OTAGÈS, lieutenant de Tissaphernes, VIII, 16.

TALENT, monnaie, VIII, 29 et n.; mille talents mis en réserve par les Athéniens, II, 24; VII, 15; on estimait par talents le tonnage des bâtiments, VI, 25 et n.

TAMOS, hipparque d'Ionie, VIII, 31, 87.

TANAGRE, en Béotie, I, 108; III, 91 97.

TANTALOS, fils de Patroclès, général lacédémonien, IV, 57.

PROCLÈS, fils de Théodore, commandant de la flotte athénienne, III, 91, 98.
PROCLÈS, Athénien, autre que le précédent, 7, 19, 24.
PROCNÉ, fille de Pandion, II, 29.
PRONÉENS, peuple de l'île de Céphallénie, II, 30.
PROPYLÉES de la citadelle d'Athènes, II, 13 et n.
PROSCHION, dans l'Étolie, III, 102, 106.
PROSOPITIS, île, I, 109.
PROTÉ, île déserte, IV, 13.
PROTÉAS, général athénien, I, 45; II, 23.
PROVERBE grec, V, 65.
PROXÈNE, général locrien, III, 103.
PROXÈNES, magistrats, III, 70 et n.; VI, 89 et n.
PRYTANÉE, II, 15 et n.
PRYTANES, magistrats athéniens, IV, 118; V, 47; VI, 14 et n.; VIII, 70.
PSAMMÉTICHOS, père d'Inaros, I, 104.
PTÉLÉON, ville, V, 18; VIII, 24, 31.
PTOEODOROS, banni de Thèbes, IV, 76.
PTYCHIA, île, IV, 46 et n.
PURIFICATION de Délos, I, 8; III, 104.
PYDNA, ville de Macédoine, I, 61, 137.
PYLOS, ville de Messénie; détails géographiques, IV, 3 et n.; est fortifiée par les Athéniens, IV, 9; est assiégée par les Lacédémoniens, IV, 9, 11 et suiv.; sa garde onéreuse aux Athéniens, IV, 26 et n.; les Athéniens en font sortir les habitants, V, 35; autres détails, V, 35, 39, 45, 56, 115; VI, 105; VII, 18, 26, 57.
PYRRHA, ville lesbienne, III, 18, 25, 35; VIII, 23.
PYRRHÉE, nom primitif de la Thessalie, II, 2.
PYRRHICHOS, père du pilote Ariston, VII, 3.
PYSTILOS, fondateur d'Agrigente, IV, 4.
PYTHANGÉLOS, béotarque thébain, II, 2.
PYTHEN, Corinthien, IV, 104; VII, 1.
PYTHÈS, père de Nymphodore, II, 29.
PYTHIENS (jeux), V, 1; oracle pythien, I, 103; Apollon Pythien, V, 53; VI, 54.
PYTHION, temple d'Apollon, VI, 54 et n.

PYTHODOROS, archonte d'Athènes, II, 2.
PYTHODOROS, général athénien, III, 115; IV, 2, 65; V, 19, 24; VI, 105,

Q

QUATRE-CENTS (les), chefs de l'oligarchie athénienne; détails sur leur gouvernement, leurs actes politiques, VIII, 63, 67, 70, 71, 72, 86, 90, 92; sont renversés, VIII, 97.

R

RELIGION; indifférente aux Athéniens pendant la peste, II, 53.
RÉPUBLIQUE; comment constituée à Athènes, II, 37; à Lacédémone, I, 141; quelle est la meilleure forme de république, VIII, 97.
RETRANCHEMENT circulaire des Athéniens à Siké, VI, 98 et n.; des Syracusains, VII, 7 et n.
REVENUS : des Athéniens, II, 13; des tribunaux, VI, 91 et n.; de Seuthès, II, 97.
RHAMPHIAS, Lacédémonien, I, 139; V, 12, 13.
RHAMPHIAS, père de Cléarque, VIII, 8, 39.
RHÉGIUM, promontoire d'Italie, IV, 24; VI, 44.
RHÉGIUM, ville d'Italie, III, 86; VII, 35; est en proie aux dissensions, IV, 1.
RHÉGIENS, peuple de Rhégium; leur origine, leurs alliances, III, 86, 115; IV, 1; VI, 44, 79; en guerre avec les Locriens, IV, 1, 24; restent neutres dans la guerre de Syracuse, VI, 44, 79.
RHÉNIE, île, I, 13; III, 104.
RHION, promontoire voisin de Molycrium, II, 84, 86.
RHION, promontoire de l'Achaïe, situé en face du précédent, II, 86, 92; V, 52.
RHITÉ, dans l'Attique, II, 19.
RHITON, dans la Corinthie, IV, 42.
RHODES, île; se détache des Athéniens et est attaquée, VIII, 141, 44, 45.

INDEX.

RHODIENS; sont Doriens d'origine, VII, 57; fondent Géla, VI, 4. *Voy.* VI, 43; VIII, 44.
RHODOPE. montagne, II, 96 et n.
RHOETION, IV, 52; VIII, 101.
RHYPÉ (campagne de), VII, 34.
ROIS de Lacédémone; peuvent être emprisonnés par les éphores, I, 131; leur nombre, V, 75; leur pouvoir, V, 60 et n.; V, 66; leur suffrage, I, 20.
ROIS de Macédoine, II, 100 et n.
RÔLES pour la conscription des troupes, VI, 43 et n.
ROYAUTÉ; ce qu'elle était primitivement dans la Grèce, I, 13.
RUISSEAUX (les), cours d'eau dans l'Attique, II, 19 et n.

S

SABYLINTHOS, tuteur du roi des Molosses, II, 80.
SACON, fondateur d'Himère, VI, 5.
SACRIFICES religieux, V, 54 et n., 55; VI, 69.
SACRILÉGES, I, 126, 128; IV, 118.
SADOCOS, fils de Sitalcès, II, 29, 67.
SALAMINE, ville de Cypre, I, 112.
SALAMINE (combat naval de), I, 73.
SALAMINIENNE (la), nom d'un vaisseau d'Athènes, III, 33 et n., 77; VI, 53.
SALÆTHOS, Lacédémonien, envoyé à Mytilène, III, 25, 27; pris par les Athéniens et tué, III, 35, 36.
SALYNTHIOS, rois des Agréens, III, 111, 114; IV, 77.
SAMÉENS, peuple de l'île de Céphallénie, II, 30.
SAMINTHOS, V, 58.
SAMOS, attaquée et vaincue par les Athéniens, I, 116, 117; soumise à un gouvernement populaire, I, 115; Samiens insurgés contre les Athéniens, I, 40; rentrent sous la domination d'Athènes, I, 41, 95 et n.; font la guerre aux Milésiens, I, 115; s'établissent à Zancle et en sont chassés plus tard, VI, 4, 5; — détails géographiques sur Samos; sa puissance, son gouvernement; VII, 21, 73, 76; séjour des Athéniens à Samos, VIII, 47, 48 et suiv.; 63, 72 et suiv.; 86, 88 et suiv.
SANDIOS, monticule, III, 19 et n.
SANÉ, colonie d'Andros, IV, 109; V, 18.
SANÉENS, V, 18 et n.
SARDES, ville, I, 115.
SARGÉE, général sicyonien, VII, 19.
SCANDIE, ville de l'île de Cythère, IV, 54.
SCAPTÉ-HYLÉ, Thucydide s'y établit, pr. 10.
SCELLIAS, VIII, 89.
SCIONE, ville de l'isthme de Pallène, IV, 120, 121, 123, 130; assiégée par les Athéniens, IV, 133; prise par eux, et cruellement traitée, V, 32.
SCIRITES, troupes lacédémoniennes, V, 67 et note, 68, 71, 72.
SCIRITIS, province de la Laconie, V, 32.
SCIRONIDÈS, général athénien, VIII, 25, 54.
SCIRPHONDAS, béotarque thébain, VII, 30.
SCOLOS, ville, V, 18 et n.
SCOMBROS, montagne, II, 96.
SCYLLÉON, V, 53.
SCYNOS, île, prise et ravagée par les Athéniens, I, 98.
SCYTALE, I, 131 et n.
SCYTHES, peuple, II, 96; leur supériorité sur les autres peuples, 97 et n.
SÉDITIONS: à Épidamne, I, 24 et suiv.; à Corcyre, III, 69 et suiv.; 81 et suiv.; IV, 48; à Samos, VIII, 21, 73; à Mégare, IV, 74; à Lacédémone, I, 18; en divers lieux, III, 34, 82; VII, 34, 46, 57.
SÉLINONTE, ville, et Sélinontins, VI, 4, 6, 8, 13, 20, 47, 48, 62, 65, 67; VII, 50, 57, 58; VIII, 26.
SÉNAT; les Béotiens en ont quatre, V, 38; sénat de la Fève à Athènes, VIII, 66 et n., 69 et n.; de Corcyre, III, 70; d'Argos et de Mantinée, V, 47; de Chio, VIII, 14.
SÉPULTURE; interdite aux traîtres sur le territoire de l'Attique, I, 138; où est la véritable sépulture des grands hommes, II, 43; sépulture des Athéniens morts dans la pre-

www.ingramcontent.com/pod-product-compliance
Lightning Source LLC
Chambersburg PA
CBHW052136230426
43671CB00009B/1267